한 중앙정보 분석관의 삶 1

편조백방(遍照百邦), 투시백년(透視百年)의 기세로

한 중앙정보 분석관의 삶 1
- 편조백방(遍照百邦), 투시백년(透視百年)의 기세로 -

강인덕 지음

경인문화사

국가 중앙정보기관에 근무했던 요원들 사이에는 묵시적 준칙 같은 것이 있다. 그 중 하나가 근무시 인지한 기밀은 무덤까지 갖고 가야 한다는 것이다. 이 묵시적 준칙은 나에게도 해당되리라 생각한다. 나도 우리나라 최초 중앙정보기관인 「중앙정보부(KCIA)」에서 16년간 근무한 제1세대 정보분석관이기 때문이다.

그러나 나는 이 묵시적 준칙의 일부를 파기하기로 했다. 그것은 다음의 두 가지 이유 때문이다.

그 하나는 후대 집권세력들이 앞을 다투듯 주창한 「중앙정보부」와 그 근무자에 대한 비난과 매도에 답하기 위함이며, 또 다른 하나는 나의 경험을 통해 직업적, 프로급 공작원과 정보분석관의 양성과 성장에 얼마나 오랜 시간과 많은 자금이 소요되는가? 나아가 이들의 역할이 국가안보에 얼마나 중요한가를 알리기 위함이다.

주지하는 대로 1961년 6월 창설된 「중앙정보부」는 5·16 군사혁명— 지금은 성공한 군사쿠데타로 비하되었지만—을 주도한 군부 개혁세력이 반혁명세력의 저항을 제압하고 혁명공약 실현을 위한 중심 권력기관으로, 동시에 국가 안전보장의 초석이 되는 국가 최고의 정보기관 창설을 목적으로 건립된 기관이다.

그 때문에 창설 초기 중앙정보부는 '무소불위의 권력기관'이라는 악평(?)을 받게 되었고, 부 본부가 충무로에서 남산으로 올라가는 길목에 위치했다고 하여 '남산'이라는 별칭으로 불리기도 했다.

그러나 국가 중앙정보기관으로서의 진면모를 과시한 부서는 '남산'이 아닌 청량리 밖 '이문동'에 자리하고 있어 일반인에게는 가리워진 존재였다. 그 때 이 기관에서 근무한 우리들은 냉전시대의 엄혹한 국제정세를 분석·평가하며, 간단없이 계속되는 북한 공산집단의 군사적·비군사적 각종 도전과 도발에 대응··응징하며 국가 안전보장을 위해 헌신하는 국가 최고 정보기관의 요원으로서의 역할을 묵묵히 수행했다.

당시의 중앙정보부는 오늘날과 같이 누구나 손쉽게 사용하는 컴퓨터나 글로벌 IT 통신망이 형성된 시기가 아니어서 하나부터 열까지 분석관 각 개인의 지적 역량과 감수성에 의지하여 정보 분석·판단 업무를 수행해야 했다.

다행스럽게도 정보분석관 각 개인의 지적 능력은 대학 또는 대학원 과정을 이수한 수준이어서 매일매일 산더미처럼 쌓이는 북한을 비롯한 소련, 중공, 동유럽 사회주의 국가에 관한 공개정보 문건을 남김없이 소화했다. 또한 우리들은 해외공작원이 수집해 보내는 각종 실물자료—자동차, 트랙터, 각종 선반과 기계, 군 장비와 병기, 심지어 일반 생활필수품인 의류, 농·수산물과 식품 등을 전문 과학자, 기술자와 함께 분석·평가하기에 여념이 없었다.

한마디로 당시 중앙정보부 대외정보분석관은 「음지에서 일하고 양지를 지향한다」는 부훈에 따라 그늘에서 불철주야 정보분석에 전념했다. 솔직히 말해 이들 정보분석관은 청사 출입 이외에 자신의 신분을 밝히는 경우가 거의 없었다. 있다면 외부 과학·기술자들과의 공동작업을 추진하는 그런 때뿐이었다.

우리들은 일반 공무원처럼 정시 출근, 정시 퇴근이나 휴일에는 편안한 기분으로 집에서 쉬는 일도 거의 없었다. 항시 긴장하며 비상사태에 대비하는 자세로 그날그날을 보내야 했고, 그렇다고 초과 근무수당 같은 것을 생각해본 일도 없었다. 가끔 상사가 촌지를 보내오는 일이 있었지만 그 돈 가지고는 수십 명의 분석관이 다 같이 저녁식사를 하기에도 태부족이었다.

이처럼 개인의 사사로운 일을 버리고 맡겨진 책무 수행에 여념이 없던 우리들이었지만, 일반 청년 지식인들처럼 낙관적인 낭만마저 잃어버리는 일은 없었다. 이따금 저녁 7~8시 퇴근 시간이 되면 삼삼오오, 뒷골목 대포집에 들려 드럼통에서 피어오르는 구멍탄에 돼지갈비 몇 대를 구워 소주 한 잔하며 그날의 피로를 풀었다.

문제는 각자의 호주머니 사정이 얇아 외상으로 손목시계를 풀어 주막집 여주인에게 맡기는 일도 잦았다. 그러다보니 월말이 되면 밀린 외상값을 갚고 남은 가벼운 월급봉투를 흔들며 집식구에게 변명거리를 찾는 서글픈 장면을 연출하기 일쑤였다. 그러나 정보분석 업무 그 자체가 새로운 지식을 터득하는 학구의 연장이라고 인식하고 부지런히 정보 문건을 작성했다.

이처럼 일했던 16년간의 정보분석관 시절에 형성된 인지능력과 사물과 사건에 대한 분석방법이 그 후 50여 년간 나의 일상생활을 구속하는 생활패턴이 되어 나이 90이 된 오늘날까지 이어지고 있다.

한 가지 유감스러운 것은 보다 구체적으로 그때의 일을 회상하며 팩트를 제시하고 싶지만, 지금 내 수중에 남아 있는 것은 귀가하여 내일을 위해 일기장에 메모했던 글 줄기뿐이다.

이런 사정에서 지난날을 회고하다보니 석연치 않은 부분이 한두 가지가 아니다. 고맙게도 잊혀진 기억을 되살리는 데 도움이 되는 조용하고 아늑한 연구실을 마련해준 경남대학교 박재규 총장의 배려에 감사한다.

한편 20년 이상 내 연구소에서 연구활동을 하며 나의 기억을 되살려주기 위해 누렇게 변한 신문·잡지와 자료를 찾아주며 난필의 원고를 깨끗이 타자하고 교정해준 명지대학교 윤홍석 객원교수와 이 회고록 집필을 독려해준 북한대학원의 신종대 교수, 그리고 출판을 흔쾌히 맡아주신 경인문화사의 한정희 사장에게 감사한다.

아울러 혈혈단신 월남한 실향청년인 나를 천생배필로 삼아 가난과 병마에 시달리며 세 자녀(정욱, 정은, 정수)를 낳아 키웠고, 이미 성인으로 자란 여섯 손자·손녀와 함께 단란한 우리 가정의 중심을 지켜준 사랑하는 아내 배정숙에게 더없이 감사하며 이 책을 드린다.

*추이 : 나는 지난 6월 25일 조간신문에서 61년 전 중앙정보부 창설 당시의 부훈 – "우리는 음지에서 일하고 양지를 지향한다"를 서도가 고송 정연두(孤松 鄭然斗) 부원의 글씨체로 새겼던 그 부훈석이 다시금 제자리에 거치된다는 기사를 읽었다. 참으로 감개무량하다. 이런 결정을 내린 김규현 국정원장과 후배 부원들에게 진심에서 우러나는 감사의 뜻을 전한다.

2022년 12월 30일

이촌동 우거에서
회달(檜達) 강인덕 씀

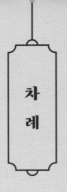

차례

제3부　1970년대 전반　　고향땅을 다시 밟다

제4부   1970년대 후반   다양한 중앙정보 분석관의 역할 경험

제 1 부

1950년대

평생 갈 길을 찾다

8·15 해방의 기쁨

곧이어 닥친 이산(離散)의 아픔

1945년 8월 15일.

아침부터 한 여름의 뜨거운 폭염을 느끼게 하는 청명한 날씨였다. 당시 중학교 1학년생(평양 제3중학교)이었던 나는 등교 여부를 알기 위해 학우를 찾아갔다.

예년 같으면 여름방학 때인지라 등교 여부가 문제될 리 없지만, 당시는 학생보국대에 동원되는 것이 예사였고 더구나 나는 학질(말라리아)에 걸려 며칠 간 앓고 난 후인지라 학교일이 궁금했다.

부모님이 시골에 계셔 형수님과 지키고 있던 동대원(東大院, 대동강 건너편 동평양) 집을 나서 큰 거리에 이르자 왠지 긴장감을 느끼기 시작했다. 오고 가는 사람들의 걸음걸이도 빠른 것 같았고, 서로 수군대며 지나가는 것이 평상시의 평양거리와는 달랐다.

대동교 다리 동쪽 전차 정류장까지 왔다.

사람들이 여기 저기 모여 벽에 붙은 벽보를 읽고 있었다.

"고금 미증유의 중대방송이 정오에 있으니 1억 국민은 개청(皆聽)하라."

무슨 방송인가? 예부터 지금까지 들어본 적이 없는 중대방송이 12시에 있다니 무슨 일인가? 갑자기 불안해졌다.

벌써 몇 차례 B29가 날아왔고, 소련이 대일선전을 포고한 지 1주일이 지났다. 평양에도 함경도와 만주 쪽에서 밀려드는 피난민의 수가 급격히 증가되고 있던 시기인지라, 분명히 전쟁과 관계있는 일일 것이라 생각했다.

혹시 「1억 국민」이 미·영·소·중의 연합군과 죽을 각오로 싸우자는 결의를 강조할 것인가? 벽보를 읽고 난 시민들이 떠나면 또 다른 시민이 다가섰다. 큰 일이 생긴 것은 틀림없구나….

나도 달음박질 쳐 집으로 돌아왔다. 그리고 그 길로 자전거를 타고 시골집으로 달려갔다. 시골집은 평양 남쪽 20리쯤 되는 대동군 용연면 소리(大同郡 龍淵面 巢里)였다.

벌써 시골집에서도 이 중대방송 소식을 듣고 있었다. 정오의 중대방송—"히로히토 일왕이 무조건 항복한다"는 내용이었다.

나는 도대체 이 말이 무엇을 의미하는지 알 수가 없었다. 그저 아버지의 얘기만 들을 뿐이었다.

"이제 일본은 망했으니 경찰서에 갇혀 있는 네 두 형과 매부가 나오게 되겠구나…. 앞으로는 네 어머니와 형수 그리고 누나들이 경찰서 청소용 싸리 빗자루를 엮지 않아도 되고, 사식을 넣어주기 위해 경찰서 문을 들락날락하지 않아도 될 것이다…."

지난 10개월여 우리집은 얼마나 큰 고통을 받아왔는가. 하루가 천추같이 길고 지루한 불안의 나날을 지냈다. 일본 메이지(明治)대학을 다니다 돌아온 둘째 형은 물론, 셋째, 넷째 형님이 모두 징병에 해당되었다.

일본군에 끌려가지 않기 위해 둘째 형이 생각해 낸 것이 평양시내에서 평천리(平川里) 병기창에 들어가는 것이었다. 마침 큰 형이 하선교리(下船橋里)에서 숭인철공소(崇仁鐵工所)라는 규모가 꽤 큰 공장을 경영하고 있었기 때문에 이 일이 가능했다.

병기창에 들어간 둘째 형은 가만있지 않았다. 그곳에 징발되어 온 학생들과 청년들을 규합하기 시작했고, 드디어 1944년 7월까지 200명에 가까운 항일무장청소년조직을 만들어 냈다.

그러나 눈을 뻘겋게 하여 감시하던 일본 헌병대와 경찰에게 아니 발각될 수 있었겠는가? 그해 가을부터 체포되기 시작했다. 12월 삭풍이 몰아치는 겨울까지 네 명의 형과 아버지, 그리고 자형까지, 남자라곤 막내인 나 하나만 제외하고 모두 체포되었다.

다행히도 이듬해 봄까지 아버지와 큰 형, 셋째 형이 풀려나왔고, 나머지 세 분은 미결수로 갇혀 있었다. 이들은 해방 직후인 8월 16일과 17일에야 석방되었는데, 나는 그 때 비로소 이 조직의 이름이 「조국 해방단」이라는 것을 알았다.

후일 이 조직은 김성주(金成柱, 김일성)의 4촌 동생 김원주(金元柱)가 끼여 있었다는 이유로 이른바 김일성의 국내조직으로 둔갑되어 그들의 역사책(『조선전사』 제22권, 과학백과사전출판사, 1980, pp.55~56)에 버젓이 기록되고 있다. 이런 일로 인해 형님을 비롯한 조직원들이 해방 이듬해인 1946년 모두 월남하게 되지만, 어떻든 나는 당시 아버지의 그 기쁜 얼굴, 감격스러워하던 그 얼굴을 지금도 잊을 수가 없다.

━ 처음 본 '급조(急造)' 태극기

나는 그길로 다시 평양에 돌아왔다.

그리고 가까운 친구 집으로 달려가서 그와 함께 거리로 나왔다. 대동강 다리를 건너 시청 앞으로 갔다. 거리에 사람들의 왕래가 늘어나고, 여기저기 술렁이는 사람들 사이에서 일본이 망했다는 소리가 크게 들려왔다.

저녁 때가 되었다.

다시 대동강 다리를 건너 집 있는 쪽으로 건너서는데, 맞은편 신리(新

里)와 율리(栗里) 쪽에서 "만세" 소리가 들리기 시작했다. 우리는 그쪽으로 뛰어갔다. 100여 명의 어른들이 "조선독립만세"를 외치고 있었다. 그들 손에는 이제 막 일본 기를 고쳐 만든 태극기가 쥐어져 있었다. 그 때 처음으로 태극기를 보았다. 우리도 함께 만세를 부르고는 불안하고 두려운 생각이 들어 골목길로 헤어져 돌아왔다.

지금 생각해보면 왜 그날, 그 감격의 8·15 해방의 날, 평양시는 이상하다고 느낄 만큼 조용한 편이었다.

왜 영화에서 보는 것처럼 교회의 종소리가 요란하게 울리고 모든 시민이 거리로 쏟아져 나와 서로 얼싸안고 환호하며 춤을 추는 감격의 그 날이 되지 못했던가?

당시 평양에는 우리나라 어느 지역보다 많은 일본군이 주둔하고 있었다. 그리고 당장 뛰어나와 평양시민에게 해방의 기쁨과 그 의미를 알려줄 지도자도 없었다. 후일 알게 되었지만 평양의 거목, 민족의 지도자 고당 조만식(古堂 曺晩植) 선생은 일본인들의 감시를 피해 평양에서 70리나 떨어진 강서군 반석면 반일리(江西郡 班石面 班一里)로 피신해 계셨고 그 외 지도자, 예를 들면 민족지도자 오윤선(吳允善) 장로(아들은 극작가인 오영진 선생)와 같은 분도 대동군 고평(大同郡 古坪)으로 피신해 계셨다.

평양은 전국 어느 도시보다 교회가 많았지만, 교회의 종은 일본인들이 모두 징발해 갔으니 종을 울릴 수도 없었다.

그날 밤 나는 평양 집으로 돌아온 모든 식구와 함께 흥분한 채로 집안을 서성거렸다. 아버지, 어머니 그리고 형수들은 어찌하여 형님들의 석방소식이 없는가 하고 안절부절 못하시는 것이었다.

그런데 밖에 나갔던 아버지가 들어오면서 모란봉(牡丹峯)에서 큰 불길이 솟아오르고 있다고 말했다. 이내 모두가 뛰어나가 대동강 제방에 올라갔다. 붉은 불길이 계속 시야에 들어왔다. 일본제국주의 침략의 상징인 평양신사(神社)가 불타는 것이었다. 후일 아무것도 모르고 평안남도 도 경찰국 유치장 창 너머로 이 불타는 신사를 본 둘째 형님과 넷째 형님도 무엇인가 큰 일이 생겼다는 것을 짐작할 수 있었다고 하였다.

누가 그 침략의 상징에 성냥을 그어 대었을까? 그가 누군지 알 수 없지만 역시 평양사람의 기질이 이 한 가지 사실에서 역력히 드러남을 알 수 있었다.

━━ 일본인 교장의 "조선독립만세" 선창

이튿날인 16일 나는 학교에 등교했다. 율리(栗里)에 있는 우리 학교(평양 제3중학교)는 일본군에 징발되어 평양시청 뒤에 있는 평양 제1중학교(일본학생 중심)와 통합되어 있었다.

오전 9시에 등교하자 보국대에 동원되었던 선배들을 포함하여 모든 학생을 강당에 집합시켰다. 우노(宇野勇彦) 교장이 일본의 패망을 학생들에게 알렸다. 그리고는 이 일본인 교장이 큰 소리로 "조선독립만세"라고 외쳤다. 일본학생, 조선학생 모두 함께 만세를 불렀다. 그리고는 웅성거리는 학생들을 일본인 학생과 조선인 학생으로 갈라 세웠다.

먼저 일본인 학생을 퇴장시키고 한참 후에 우리들을 퇴장시켰다. 뒤늦게 강당을 나온 우리는 앞으로 뛰어가는 상급 학생들의 외침을 들었다.

"속았어. 왜놈 새끼들 다 도망갔어…. 쫓아가 잡아…." 우리는 도망가는 일본인 학생 쪽으로 뛰어갔다.

그러나 이미 그들은 부모들과 함께 학교와 가까운 곳에 있던 일본군 부대(아키오츠부대, 秋乙部隊) 쪽으로 피신해버린 후였다. 이 때 상급생들이 불러 다시 강당으로 모였다. 모든 학생은 치안대에 참가한다는 것이었다. 길거리로 나가 거리질서를 유지하며 혹시 있을지 모를 일본인의 최후의 발악적 난동에 대비하여 싸워야 한다는 것이었다.

우리는 상급생들이 장(長)이 되어 편성한 치안대원이 되어 우리 학교가 있는 동평양 일대에 배치되었다.

어제의 평양 모습과는 전혀 달라졌다. 하루만에 해방이 무엇인가를 온 시민이 깨닫고 있었다. 평양시는 신이 난 시민들의 기쁜 모습으로 출렁이었다. 청년들이 가득 찬 트럭이 지나갈 때마다 "조선독립만세"를 서로 부르며 화답했다.

오고가는 전차에는 태극기가 꽂혔고 「조선독립만세」의 플래카드가 붙여졌다. 서투른 우리의 교통정리 신호에도 시민들은 잘 따라주었다. 일본인이 거주하는 동평양의 문수리(紋繡里) 일대는 쥐죽은 듯 조용했다. 강 건너 본 평양의 신시가지(대동교 서쪽 근처 일본인 거주지역)도 조용하기는 마찬가지였다. 그러나 그 외 지역은 명절날보다 더 흥겨웠다.

저녁 때 집에 돌아왔다. 아직 형님들의 석방 소식은 없었다. 그러나 아버지와 큰 형님은 아마 오늘 중에 무슨 소식이 있을 거라 하였다.

이미 민족지도자의 한 분인 오윤선 선생이 고평(古坪)에서 돌아와 저녁 7시 평양방송을 통해 해방을 맞이한 평양시민들에게 보내는 당부의 말씀이 있었다.

"이미 곱게 우리 손으로 넘어온 일본이 건설한 모든 시설을 우리 손으로 파괴하는 우를 범하지 말자. 패망한 국가의 생명과 신흥을 우리 민족의 생명과 바꾸지 말자. 동포여! 경거망동으로 하나의 생명이라도 희생해서는 안 될 것이다. 우리 한 사람은 일본인 열 사람의 할 일보다 더 많은 일을 할 때이다. 모두가 자기 직장을 지키면서 침착과 냉정을 유지하자."

아버지는 이러한 방송이 나온 것을 보면 이미 우리의 지도자들이 일본 관헌들과 논의하면서 행정권 인수를 준비하고 있을 것이라고 말씀하셨다. 이 때만 해도 일본군은 서기산(瑞氣山)의 병영과 율리(栗里) 병영

고당 조만식 선생

에 사단급 이상의 병력을 유지하고 있었다. 만약 일본인과 우리 사이에 불상사가 일어나면 무슨 짓을 할 지 모른다는 기우가 민족지도자들의 생각이 있었으며, 때문에 조용하게 모든 행정권을 인수해야 한다는 것이었다.

　고당 조만식(古堂 曺晩植) 선생이 은거지인 평안남도 반석면 반일리를 떠나 평양으로 돌아오신 것은 8월 17일 새벽 2시였다. 그는 15일 평안남도 지사 이시가와(石川)가 보낸 차를 물리치고 하루 늦게 돌아오신 것이다.

　평양에 돌아오신 조만식 선생은 8월 17일 오윤선 선생 댁에서 자신을 수반으로 하는 「조선건국평남준비위원회(평남건준)」를 조직하였다. 이 조직은 지방정권도 아니고 정당도 아니었다. 중앙정권이 확립되고 중앙정부가 수립되는 즉시 모든 권리와 사무를 이양하기 위한 과도적이고 순수 민간적인 애국단체에 불과한 것이었다. (오영진, 『소군정하의 북한: 하나의 증언』, 신한인쇄소, 1952, pp.24~25)

　오후 2시 각 부서의 인사가 결정되자 이 사실을 이주연(李周淵, 후일 북한 부수상)으로 하여금 종로거리에 운집한 시민들 앞에서 발표케 하였다. 위원장 조만식, 부위원장 오윤선, 총무부장 이주연, 치안부장 최능진, 선전부장 한재덕, 교육부장 홍기주, 산업부장 홍정모, 재정부장 박승환, 생활부장 이종현, 지방부장 이윤영, 외교부장 정기수, 그 외 무임소위원 김병연, 한근조, 김익진, 김주교, 지창규, 박현숙, 김병서, 김동원 등 평양의 각계 명사들이 망라되었다.

이 때부터 평양의 모든 질서는 일사분란하게 이 「평남건준」의 명령 지휘에 의해 관리되었다. 평남건준 사무소는 백선행(白善行) 기념관에 있었다. 우리 같은 홍안소년에게는 윗분들의 경력이 어떻든 관계없었다. 그저 고당 조만식이라는 위대한 애국자가 평양시를 영도하게 되었다는 사실만이 중요했다.

─ 혈육 석방의 기쁨

8월 17일 우리 집에도 경사가 났다. 1년 가까이 평안남도 경찰국 유치장에서 참혹한 고문을 용케도 이겨내고 사선을 넘은 두 형들과 자형이 석방돼 나왔기 때문이다.

동대원 둘째 형 집에서는 친척, 친지들이 가득 모여 서로 위로하며 기뻐했다. 김이 무럭무럭 나는 순두부를 하나 가득 입에 물고 꿀꺽 삼키던 형들의 모습이 지금도 선하다.

집안의 모든 시름이 없어진 우리 집은 그저 기쁘기만 했다.

다음날 학우들과 같이 율리(栗里)에 있는 교사로 갔다.

평양 경마장을 가로질러 학교에 들어섰더니 산더미 같은 각종 군수품이 쌓여 있었다. 거의 대부분이 비행기 부속품이었다.

일본군은 눈에 띄지 않았다. 유리 같은 것이 쌓여있기에 그중 하나를 깨뜨리려 했지만, 잘 깨어지지 않았다. 그리고 유리조각을 코에 대보았더니 향기가 나는 것이었다. 한아름 주워갖고 친구들과 함께 돌아왔다.

선배들은 여전히 완장을 두르고 길가에서 교통정리를 하고 있었고, 일부 과격한 선배들은 못되게 굴던 일본인 학생 집을 찾아가기도 하였다. 그동안 여러 차례 일본군이 우리를 공격할 것이라는 말이 있었으나 별일 없이 지나갔다.

때로는 악질 모리배들이 산적한 군수품을 제멋대로 가져가고 있다는 소식이 우리 학생들에게 전해졌다. 그러면 즉각 그곳으로 쫓아가 그들을 쫓아내고 물자를 빼앗아 오기도 하였다.

이렇게 1주일이 경과하였다. 그러자 곧 「위대한 해방군」인 소련군이 평양에 입성할 것이라는 소문이 돌았다. 우리는 그들을 맞이할 준비를 하였다. 그러나 8월 하순 평양에 입성한 소련군은 우리의 「해방군」이 아니라 바로 약탈자, 무법자임을 그들의 행동에서 알 수 있었다.

다시 평양은 무서운 공포 속에 빠져들었다. 일본제국주의 식민지 때보다 더 무서운 전율이 느껴졌다. 모든 집의 대문이 굳게 닫혔고, 사람들은 두려움에 몸을 떨게 되었다. 평양의 자유는 불과 10일간만 계속되었을 뿐이다.

겨우 10일간 뿐이었지만, 우리 식구들은 왁자지껄 모두 모여 평양의 형님 댁과 고향집에서 즐거운 나날을 보냈다. 매일처럼 찾아오는 손님들 대부분은 해방으로 형무소에서 석방된 형님 동지들이었고, 이들을 대접하기 위해 부엌에서는 형수들의 손길도 바쁘게 움직였다.

그런 가운데 8월 25일 북한 점령 소련군사령부가 평양 철도호텔에 설치되고 군정이 시작되었다. 다음날 소련군 지시로 민족·공산 양측 대표가 참가하는 「평남인민정치위원회」가 구성(32명)되었는데, 최초 계획은 16 : 16으로 합의했으나 결과는 14 : 18로 좌익 다수로 편성되었다.

해방 후 1개월이 지난 9월 19일 김일성, 최용건, 김책 등 소련군 극동사령부 예하 88특수여단 소속 항일 빨치산파 50여 명이 이동화 소좌 지휘 하에 원산에 상륙했지만 일반 주민들은 이런 사실을 전혀 알지 못했다. 10월에 들어서자 조만식 선생을 위원장으로 하는 「북조선 5도 인민 정치위원회」가 개최(10.8)되어 ① 주 소련군 식량 공출, ② 군수공장의 민수공장 전환(수풍발전소, 흥남질소비료공장, 남포제철의 주요 설비를 소련으로 반출), ③ 소련군 군표(軍票) 발행 등이 결정되었다.

양곡 반출 상황

도별	1945	1946
평안북도	60만 섬	70만 섬
평안남도	55만 섬	73만 섬
황해도	90만 섬	95만 섬
함경북도	15만 섬	22만 섬
함경남도	21만 섬	25만 섬
강원도	3만 섬	5만 섬
합계	244만 섬	290만 섬

가축 반출 상황

종별	1945	1946
소	약 150,000마리	약 130,000마리
말	약 3,000마리	약 1,000마리
돼지	약 50,000마리	약 90,000마리
계란	약 3,000,000꾸러미	약 200,000꾸러미

산업시설 반출상황

공장명	반출기계 종류	수량	연월일
함흥 본궁화학공장	6만kV변압기	1대	1945. 8. 26
원산 조선석유회사	주요기계	전부	소련군 주둔 직후
원산 정제회사	주요기계	〃	〃
원산 조선은행지점	현금	3천만 원	1945. 9. 19
압록강 수력전기주식회사	60사이클 10만kV A발전기	3대	1945. 11. 5
〃	50사이클 10만kV 발전기	3대	〃
진남포 제련소	금	2톤	소련군 진주 직후

〃	아연	400돈	〃
〃	동	300돈	〃
〃	철판제조기	전부	〃
청진 일철공장	공작기계류	2,100대	〃
〃	수력발전기	15대	〃
〃	전동기	40대	〃
〃	전기로	전부	〃
〃	변압기	6,000대	〃
〃	철재, 화물, 전선, 철선 등	다량	〃
〃	공작기계	3,000대	1945. 11. 말
청진 미츠비시제철소	전기로, 전기장치 부품, 기동기, 전동기, 변압기	전부	〃
청진 어항어구 물자창고	어업물자	대부분	1945. 10. 말
청진 일본원철회사	공작기계	1,300대	〃
〃	전동기, 변압기	1,000대	〃
〃	철재, 사무용품	다수	〃
무산 철광	공작기계	약간	소련군 진주 직후
청진 일본 고주파공장	선반기계, 공작기계, 제판, 제련기계 등	2,100대	〃
〃	전기로, 전기장치	대부분	〃
청진 일본마그네사이트회사	생산품, 전동기, 변압기	다량	1945. 11. 30
청진 일본방직회사	방직기계	600여 대	1945. 10. 15
〃	전동기, 변압기	250대	〃

군표발행

연월일	내용
1945. 9. 21	북한점령 소련군은 일방적으로 군표(軍票: 점령군이 인쇄하여 사용한 화폐)했으나 북조선인민정치위원회는 전혀 알지 못했음 ※ 재정부장: 타당성을 홍보하여 소련의 입장을 정당화 ※ 경찰서장: 사용거부자는 엄벌하라고 지시
1947. 12. 1	북조선인민위원회 화폐개혁 단행: 이때 군표도 신화폐로 교환했는데 그 액수가 얼마인지 불명, 수집된 군표 100억 원 이상을 소각

출처: 1950년 한국정부 공보처 발행, 「소련군정의 시말(始末)」, 『이념지도전서』(극동문제연구소, 1987), p.563.

조만식 편에 선 형님들의 항일 무장투쟁조직

10월 14일「소련 해방군 환영대회」가 평양 공설운동장에서 개최되었
는데 우리 학교 동급생들과 함께 참가했다.

지금도 생생하게 기억나는 것은 소련군 장성이 나와 "위대한 김일성
장군을 소개하겠다"고 하여 운동장을 가득 메운 참가자들이 일제히 일
어났는데, 뜻밖에 소개된 그 김일성 장군은 새파랗게 젊은이 김성주(金
成柱)였다. 그를 본 군중들은 "저거 가짜 아니야?"라고 웅성거렸다.

그러나 형님의 조직에 그의 4촌 동생 김원주(金元柱)가 있어, 형님들
은 그를 김일성 장군으로 인정하는 것 같았다.

김일성이 평양시민 앞에 공식 등장한 후 형님들은 정식으로「조국해
방단」결성을 선포하며「평남 건준」의 선전부장으로 지명된 바 있는 한
재덕(韓載德) 씨와 이틀에 걸친 인터뷰를 가졌다. 한재덕은『김일성 개선
기』를 쓴『평양민보』기자였고, 후일 북한정부(내각)의 기관지『민주조
선』의 책임 주필이 되었다. 6·25 전쟁 후 와세다(早稻田)대학 출신 때문
인지 공작활동을 명받아 일본에서 활동했다. 나중에 서울을 거쳐 평양
으로 돌아가던 중 우리 경찰에게 체포되어 조사도중 귀순하여 서울에
서 생활하다 사망한 인물이다.

한재덕은 1945년 10월 27일과 28일 이틀 동안 형님들과 가졌던 인
터뷰 기사를『평양민보』에 게재했다. 나는 지금도 이 기사를 실은『평
양민보』를 찾고 있다. 북한에서 출판한『조선전사(朝鮮全史)』제22권
(pp.54~55)에 이 신문을 소개하고 있는 것으로 보아, 북한의 사료보관소
에는 분명 이 신문이 소장되어 있다고 생각한다.

왜 내가 이 신문을 찾고 있는가? 그 이유는 작고하신 형님과 형님들
동지들도「항일투쟁 공로자」를 인정받아야 하기 때문이다.

1945년 10월 14일 평양 공설운동장에서 개최된 소련해방군 환영 군중대회

　형님과 그 동지들이 살아계실 때 자신들을 우리 정부 보훈처에 진정했지만 번번이 거부당했다. 해방 당시 이들은 모두 평안남도 도 경찰국 유치장에 수감된 「미결수」였기 때문에 재판받지 않고 석방되어 그 기록이 조선총독부(서울)에는 없다는 것이다.

　한재덕의 증언을 첨부하여 공적서를 제출했지만 여전히 거부되었다. 그 이유는 이 신문을 증거로 제시해야만 형님과 그 동지들이 독립유공자로 인정할 수 있다는 것이었다.

　「소련 해방군 환영대회」가 끝나자 김일성을 중심으로 하는 북한 거주 공산주의자들이 「조선공산당 분조선 분국」을 결성했다. 이미 박헌영 일당이 서울에서 조선공산당을 재건했기 때문에 1국 1당 원칙에 의해 북한에는 같은 이름의 공산당을 조직할 수 없기 때문에 「북조선 분국」으로 결성한 것이다.

형님들과 그 동지들은 김일성이 조직한 공산당의 외곽조직인 청년단체로 참여할 것인가를 놓고 격론을 벌인 끝에 「김일성 편」이 아니라 「조만식 편」에 서기로 결정했다. 대부분이 교회에서 자란 기독 청년들이었기 때문에 당연한 결정이었다. 11월 3일 조만식 선생이 주도하는 「조선민주당」이 창당되자, 모두 이 당에 가입했다.

당시 나는 일본 학생들과 공학이었던 평양 제3중학교에서 다시 태어난 동명중학교(東明中學校) 1학년생이 되었다. 해방되자 평양의 중학교는 모두 새로운 교명을 갖게 되었는데 평양 제2중학교를 서광중학교(瑞光中學校)로, 평양 제3중학교는 고구려 동명성왕의 이름을 따 「동명중학교」라고 개칭하여 개교했다. 교가도 「대성산(大城山) 바라보는 성도 평양 동녘에 웅장하게 솟아있는 우리들의 모교, 거룩하다 동명, 역사 깊은 그 이름」로 새로 지었다.

내가 학교에서 돌아오면 열정적으로 활동하는 형님들을 피부로 느낄 수 있었다. 그런데 늦가을부터 형님들의 분노 섞인 말들이 들려왔다. 바로 신의주 학생들의 반공 데모(11월 23일)가 소련군과 공산당원에 의해 무참히 진압되었고 그 과정에서 여러 명의 희생자를 냈다는 소식이 전해졌기 때문이었다.

조선민주당 당원인 형님들로서는 분노하지 않을 수 없는 사건이었다. 그렇다고 평양에서의 항의 데모를 준비하는 것 같지는 않았다. 데모하다가는 모두 체포되어 시베리아 유형(流刑)에 처해질 것이 확실했기 때문이었다.

이런 가운데 그해 겨울 모스크바에서 미·영·소 3개국 외상이 모여 우리나라에 대한 미·영·소·중 4개국의 4년 내지 5년간의 신탁통치를 가결했다는 소식이 전해졌다.

조만식 선생을 비롯한 평양의 조선민주당과 민족 세력은 물론 모든 정치세력과 청년학생들이 일제히 반대운동에 나섰다. 공산당원을 비롯한 좌익세력들도 민족진영과 함께 반대편에 섰다. 그러나 2~3일 지나자 공산당을 비롯한 좌익은 "모스크바삼상회의 결정 지지"를 표명했다. 모스크바 크렘린의 지지 지령이 내려왔기 때문이었다. 이런 현상은 남한에서도 마찬가지였다.

─── 해방의 기쁨 5개월, 이산의 고통 70여 년

소련군사령부는 1월 2일 고당 조만식 선생을 체포하였다. 그리고 조선민주당을 비롯한 민족진영 주요 인사에 대한 검거에 착수했다. 그러자 검거 대상에 오른 조선민주당의 주요 인사들이 38선을 넘어 남으로 도망치기 시작했다.

이 때부터 우리 집안은 또 다시 불행한 「이산의 아픔」에 휩싸이게 되었다. 1946년 정초에는 넷째 형 인성(仁成)이 맨 먼저 월남했고, 3월 이후에는 둘째 형 인준(仁俊), 셋째 형 인순(仁淳)이 월남했다.

아버님은 세 며느리들에게 아이들을 데리고 뒤따라 월남하라고 하시면서 갖고 있던 현금과 돈이 될만한 패물을 주면서 남쪽에서의 생활기반 마련을 준비하라고 말씀하셨다.

결국 부모님과 장형인 인영(仁永)과 그 가족, 누님 인숙(仁淑)과 자형 가족 그리고 막내인 내가 평양과 시골 고향집에 남았다. 나는 1947년 북조선 인민위원회가 단행한 교육개혁에 의해 중학교 2년을 마치고 평양 제1고급중학교에 입학했다.

서울에 도착한 세 형님과 가족들은 월남할 때 가지고 간 돈과 아버님이 보낸 자금으로 그럭저럭 지낼 수 있었다고는 하나 고향 떠난 그 고생을 어찌 말로 다 할 수 있을까! 북한군이 남침한 6·25 당시 피난을 가지 못하고 서울에 남아있던 넷째 형님(仁成)은 인민군에 납치되어 행방불명이 되었다.

내가 남북조절위원회 위원으로 두 번째 평양에 갔을 때(1973년 3월), 북측으로부터 납치된 넷째 형님이 김원주(김일성의 사촌 동생)의 도움으로 처형되지 않고 당학교(黨學校) 교관으로 근무하게 되어 고향에 남아 계신 부모님을 모셨으며, 아버님과 어머님이 세상을 떠났을 때 넷째 형님이 주관하여 장례를 치렀다는 소식을 들었다. 그 순간 가슴이 터질 듯한 아픔을 느끼면서 며칠 밤을 새워야 했다.

이렇게 하여 우리 가정은 1946년을 기점으로 70여 년간 이산의 아픔을 겪게 되었고, 지금은 6남매가 모두 작고하시고 나만 살아있다.

내가 죽으면 우리 집 후대들이 과연 내가 두고 온 고향집을 찾아 할아버지, 할머니의 묘비를 찾을 수 있을까? 지극히 의문이다.

평양 제1고급중학교 시절
그리고 월남

1950년 6월 25일 김일성 일당의 남침으로 전쟁이 발발했던 당시 나는 평양 제1고급중학교 3학년이었다.

북한당국은 "이승만 도당이 북침해 와서 이를 격퇴하며 반격 중"이라는 라디오 방송을 내보냈다. 나는 이 방송을 들은 다음 날 여느 날처럼 학교에 갔다. 전쟁이 났다는 얘기는 들었지만, 졸업반이었던 3학년 학생들은 학교에 가서 이틀 후 시작될 기말시험 준비를 해야 했기 때문이다.

돌이켜보면, 전쟁이 일어나기 전부터 학교는 시끄러웠다. 2학년생 후배나 3학년 동기생 한두 명이 인민군 군관학교로 떠나는 일이 생겼기 때문이다. '무슨 일이 일어나겠구나!' 싶었지만 그렇게 빨리 전쟁이 일어날 줄은 꿈에도 생각하지 못했다. 또한 막상 전쟁이 터지고 전시체제가 되자 몇몇 동급생들은 자원해서 인민군에 들어가기도 했다.

─── 6·25 발발

내가 다닌 평양 제1고급중학교는 1948년 우리가 신입생으로 입학하던 당시에는 평양 시내에 하나밖에 없는 고등학교였다.

1948년 북조선 인민위원회 제41차 회의에서 학제개편 및 진학에 관한 결정으로 초등학교 5학년을 졸업한 학생들이 들어가는 중학교를 여럿 두었으나, 중학교 졸업생이 진학하는 고급중학교 즉, 고등학교(3년제)는 일개교만 두었다. 그래서 대학진학을 원하는 학생들은 평고(평양고급중학교)에 진학해야만 했다.

우리 학교 이외의 모든 공립·사립 4년제 중학교는 모두 전문학교—경제전문, 체신전문, 철도전문 등 기술학교—로 만들고, 대학진학이 가능한 고등학교는 우리 학교 하나만 남겼다. 그러다보니 당이나 정권기관의 간부 자제들, 월북한 남로당원의 자제들, 예를 들면 허정숙의 아들 등이 전부 우리 학교에 입학했다.

우리 학교에서 김일성대학을 지원하면 대체로 80% 정도가 입학하지만 지방에서는 한두 명밖에 못 들어간다는 평판이 나올 정도로 「평고」는 북쪽에서는 최우수 고등학교로 공인되었다.

전쟁 소식을 들으면서 학교 정문에 도착했더니 학교가 인민군에게 포위된 듯한 인상이었다. 학교당국은 교내 민주청년동맹이 중심이 되어 학생들이 인민군에 지원하도록 설득하라고 선생님들을 닦달하고 있었다. 일부 선생님은 눈치를 봤지만, 몇몇 기개 있는 선생님은 학교당국의 말을 듣지 않았다.

유엔군의 평양 철수시(1950년 12월) 월남하여 용산고등학교 역사 교사를 지낸 차창열(車昌烈) 선생님, 연세대학에서 형법을 가르친 정용석(鄭容碩) 선생님은 대학입학 시험 얘기를 하시면서 딴청만 부리기도 하셨다. 이분들이 몇 시간씩 인민군 지원을 언급하지 않고 능청을 부리는 사이 미군의 B-29 폭격이 시작되어 평양 전체에 사이렌 소리가 울렸다.

기회는 그 때 뿐이었다. 졸업시험 준비를 하던 우리들은 학교 뒷담을 넘어 사방으로 도망을 갔다. 지금도 그 때 멀리서 우리를 보고 있었을 선생님들의 모습이 아련하게 느껴진다.

나는 한달음에 시골집으로 내달렸다. 혹시 인민군으로 끌려가지 않았을까 걱정하고 계셨던 부모님이 나를 무척 반기셨다. 위에서 언급한 대로 우리 형제는 5남 2녀지만 맨 위 큰누님이 일찍 돌아가셔서 해방 당시는 5남 1녀였다. 이중 형님 세 분은 이미 월남했고 큰 형님은 평양 시내에 살았고 나만 토요일, 일요일에 아버님이 계신 소리 집으로 가곤 했다.

아버님은 젊었을 때 고향마을 인근에 약 1만여 평의 땅을 사서 농사를 지었다. 아버님은 지주가 아니고, 큰 자작농이었다. 우리 가족의 집을 짓고 조카들과 집안 손자에게 땅을 나눠주며 이웃에 집을 짓게 했다. 한마디로 '강씨(康氏)' 가족의 작은 집성촌(集姓村)을 만들었다. 나중에 항공사진으로 우리 고향마을을 보니, 마을과 따로 떨어져 있는 정사각형 모양의 작은 강씨 집성촌의 윤곽이 뚜렷이 남아 있었다.

전쟁 중에 고향집이 중공군의 야전병원이 됐다는 얘기를 들었다. 강씨만의 작은 집성촌을 만들겠다던 아버님의 바램과 달리, 고향집은 듣지도 보지도 못했던 외국 성씨(姓氏)들의 집합소가 되었던 것이다.

6월 말부터 아버님이 마련해준 은신처(토굴, 천장)에 숨어있던 나는 인민군이 후퇴하던 10월 중순 3개월여 만에 피신처에서 나왔다. 10월 16일(1950년)로 기억한다. 아버님이 불러서 집밖에 나가 보니, 영국군 선발대가 우리 집 마당에 짐을 풀고 있었다. 당시 우리 집은 넓은 마당이 있는 집이었기 때문에 영국군 선발대가 우리 집에서 하룻밤 숙식을 해결했다.

─ 전쟁기간 중 남하 준비

4개월 만에 은신처에서 나온 나는 고등학교에서 배운 짧은 영어로 영국군의 심부름도 했다. 이 때부터 나는 동리 청년들과 동리 치안대에 참가하거나 평양 시내 친구들을 찾기에 여념이 없었다. 유엔군이 평양을 점령한지 1개월이 지났을 무렵 11월 하순 아버님이 나를 부르더니 "서울로 가라"고 하셨다. 서울로 떠난 세 형님의 안위가 궁금했기 때문이었다.

아버님은 국군 1사단·유엔군과 함께 서울에서 돌아온 집안 조카와 형님 친구들로부터 월남한 형님들 소식을 듣고 있었다. 나에게는 구체적으로 밝히지 않았지만, 넷째 형님이 서울에서 인민군에게 체포되어 행방불명이라는 것, 형님들이 월남 후 아버님이 보낸 돈을 전달하는 사람이 제대로 전하지 않아 공장운영에 큰 고통이 있었다는 점 그리고 그 돈을 가로 챈 사람이 맏형님의 처남 되는 사람이어서 형님들과 몹시 싸웠다는 등등….

아버지는 내게 "인덕아, 전황이 좋지 않은 것 같으니 어물거릴 때가 아니다. 먼저 남으로 내려가거라. 둘째, 셋째 형이 서울에 있다고 하니 우선 서울로 내려가거라. 서울에 가면 서울 복판에 있는 영락교회를 찾아가거라. 그 교회에 가서 네 형 이름을 대면 아마도 누구든 네 형에게 안내해 줄 것이다."

나는 아버지 말씀대로 남행을 준비했다. 어머니(김병기, 金秉基)는 저의 허리춤에 미숫가루 전대를 채워주셨다. 배낭에는 겨울에 입을 내복과 비상약 몇 가지와 작은 금붙이를 챙겨주셨고 눈물로 기도도 해주셨다. "주님, 우리 막내를 지켜주옵소서. 7남매의 막내로 우리 내외가 제일 아끼던 막내아들입니다."

── 화물열차를 타고 서울로 남하

그 당시의 전선은 평안북도 일대에 형성되었기에 평양 일대는 평온했다. 서울로 내려가는 길은 아직도 국군과 연합군 차지였다. 내 선배 중 인민군 포로를 남쪽으로 수송하는 열차를 타고 있던 통역장교가 있었다. 그를 통해 남행열차는 역포(力浦)와 중화(中和)에서 타는 것이 쉽다는 말을 들었기에 곧장 6~7km 거리에 있는 역포와 중화의 중간지점에서 화물열차를 타고 고생 없이 수색까지 왔다.

수색에서 곧장 아버님이 말씀하시던 영락교회로 가서 형님친구들을 만나 쉽사리 둘째 형님과 형수님을 상봉했다. 둘째 형님은 장충단 공원 근처에 방 두 개의 비교적 아담한 개인주택에 살고 계셨다. 이 때가 1·4후퇴 한 달 전이었다. 셋째 형님은 제주도에 갔다고 했고, 넷째 형님은 서울에서 납치되었고 넷째 형수는 부산에 계셔서 만나지 못했다.

일주일 동안 둘째 형님과 지내는 동안 평양에서 들려오는 소식은 절망적이었다. 중공군의 개입으로 유엔군이 철수하기 시작하여 평양은 또 다시 붉은 적귀(赤鬼)에게 점령당하게 될 것이라는 것이었다. 영락교회에 나갔더니 벌써 평양에서 만났던 선배 몇 명이 나와 있었다.

이 때부터 나는 고향에 계신 부모님 걱정으로 안절부절 불안감에서 헤어날 수 없었다. 그러나 한 가지 희망은 맏형님과 자형이 계시니 지체 없이 부모님을 모시고 피난길을 떠났을 것이라는 기대뿐이었다.

더구나 자형이 유엔군 평양 점령시 동평양 치안대장을 담당했던 지라 국군과 함께 돌아온 여러 명의 친구들이 있어 누구보다 정보획득이 빠를 것이라 자위하며 부모님, 맏형님과 자형 가족의 소식을 기다렸다.

그러나 6·25 때 서울에 남아 모진 고생을 했던 둘째 형님으로서는 중공군이 남하하는 상황에서 더 이상 서울에 앉아 부모님과 형님 소식을 기다리고 있을 수만은 없었다. 12월 20일경 형님은 내게 "더 기다리지 말고 남으로 떠나자, 아마도 큰 형이 평양을 떠났다면 부모님을 모시고 남쪽으로 올 지도 모르니 대전이나 대구로 가서 기다리자"는 것이었다.

솔직히 나로서는 불만이었으나 형님의 이 말씀에 응할 수밖에 없었다. 서울은 나에게 너무나 낯선 곳이었다. 전란으로 거리건, 건물이건, 인심이건 모든 것이 부서지고 사라진 서울에 정이 갈 리가 없었다. 형님 네 분 중 누구보다 나를 사랑했던 일곱 살 위 넷째 형님이 행방불명되었으니 더욱 음산하고 불안한 심정이었다. 둘째 형님과 나는 5명의 조카를 데리고 서울을 떠나 대전을 거쳐 12월 23일 대구에 도착하여 대구 제일교회로 갔다.

그런데 이 교회에서 기다렸던 자형을 만났다. 혼자 내려왔다는 것이었다. 왜 혼자 왔느냐고 추궁하듯 물었더니 아버님의 엄명 때문이었다는 것이다. 집을 떠나 소달구지 3대에 부모님, 큰형님 가족, 자형과 누님 가족, 사촌형 가족이 나누어 타고 피난 오는 길에 유엔군기의 폭격을 받았다고 한다.

위기를 넘겼으나 눈보라 치는 겨울날 오늘내일 순산을 앞둔 만삭의 누님이 큰 걱정이었는데, 아버님이 이 상태로 가다가는 딸의 생명이 위태롭게 된다고 말씀하셨다고 한다. 당신께서 누님을 데리고 귀가할 것이나 맏형님과 자형은 빨리 남으로 내려가라고 엄명하여 할 수 없이 헤어졌다는 것이었다. 헤어져 오는 도중 사리원을 지날 무렵 유엔군기의 기총소사와 폭탄투하로 맏형님과 서로 헤어졌는데, 부산을 목표로 만나기로 했으니 아마도 무사히 피난했을 것이라는 얘기였다.

학도의용대 입대

정훈요원으로

━ 학도의용대 지원

이 말을 들은 나는 침통한 심정으로 대구 제일교회에서 크리스마스 이브와 예배를 보고 형님들에게 부산으로 내려가시라고 권고했다. 이어 나는 군에 입대하겠다고 말씀드리고 곧장 헤어져 「학도의용대」를 모집하는 국방부 정훈국(대구 효성여대에 위치)로 갔다. 교정에는 입추의 여지가 없을 정도로 학생들이 운집해 있었다.

그러나 내 머리 속은 고향으로 돌아가셨다는 부모님의 생각으로 가득차 있었다. 평양에서 나를 떠나보내던 그 때 같이 왔으면 아무 일 없이 서울에 오셨을 터인데…. 그러나 이런 생각은 한낱 부질없는 생각일 뿐이었다.

육군 소위가 나누어 주는 지원서를 받아 성명, 나이, 출신학교 등 간단한 기재사항을 적어 제출한 후 자기 이름을 부를 때까지 기다리고 있었다. 그런데 주변에 평안도 사투리를 쓰는 두세 명의 청년들―평양이 아니라 평북 출신―이 있어서 함께 기대 앉아 기다리고 있었다.

강당인지, 큰 교실인지 기억이 없으나 가냘프고 키가 크지 않은 한 분이 우리 앞으로 지나갔다. 얼핏 보니 평양에서도 가끔 뵙던 분이었다. 나는 얼떨결에 "혹시 김동진 선생님 아닙니까?"라고 물었다. 그랬더니 뒤돌아보면서 "나를 아나?" 하는 것이었다.

나는 김동진 선생님을 자주 뵌 일은 없었다. 해방 전 어릴 때 김 선생은 둘째 형님의 숭실(崇實)중학교 후배이기 때문에 둘째 형님 집에 오셔서 오르간에 앉아 강찬선 선생(강경화 전 외교장관의 부친) 등과 노래하시던 모습을 기억한다. 바로 그 김동진 선생이었다.

"너희 평양놈들이구나!" 하시더니 "따라와, 저기 피아노(오르간) 있는 데로 가자"고 하시는 것이었다. 3~4명이 따라갔다. 그러더니 피아노 앞에 앉아 군가 몇 곡을 연주하시면서 따라 부르라는 것이었다. 두세 곡을 부른 것 같다. 그 중 "무찌르자 오랑캐 몇 백 만이냐?" 하는 노래를 부른 것을 기억한다. 후에 안 일이지만 이 노래 가사는 국방부 정훈국장 이선근 장군이 작사한 노래였다.

한참 큰 소리로 노래를 부르는데 중위인지, 대위인지 장교가 옆에 왔다. 김 선생은 "얘들은 평양(출신) 고등학교 학생들"이라고 말했다. 그랬더니 현역 장교가 우리를 보고 "너희들은 정훈병과가 좋겠다"라는 것이었다. 사실 나는 그 때까지 군대에 들어가 북한군과 싸울 생각뿐이었지 포병이니 보병이니 하는 병과 개념도 없었다. 그러니 정훈병과가 무엇을 담당하는지 알 리가 없었다.

── 예비병력으로 대기

어떻든 김동진 선생과 헤어진 후 우리는 정훈요원으로 분류되어 30~40명이 무리를 지어 남쪽으로 걸어서 이동하기 시작했고, 삼량진인가 어딘가에서 화물차 칸에 실려 하루 정도 간 후 내린 곳이 마산이었다.

실제로 마산까지 온 학도의용 지원자는 30명 내외였다. 숙소로 지정된 건물은 역사책에도 나오는 그 유명한 몽고정(우물) 앞에 있는 양조장이었다. 식사라야 보리밥을 빚은 주먹밥이었다. 개성에서 왔다는 청년이 우리 키보다 더 깊은 나무 술통에서 양동이로 술을 퍼내 나누어 마시던 기억이 지금도 생생하다. 나는 이 때 처음으로 탁주(막걸리)를 마셨다.

1주일 여를 양조장에서 지낸 후 구마산 소학교 교사로 이동했다. 이 학교는 전란에 시달린 흔적이 전혀 없었다. 아이들 책상과 걸상을 치우고 가마니를 깔고 잠자리를 만들어 숙식하라는 지시가 있었다.

우리가 이 학교에 도착한지 며칠 지나 국군 위문공연단원들이 도착했는데 30~40명 규모였다. 그러나 이들은 날이 갈수록 줄어들었고 같이 온 학도의용군 지원자의 수도 줄어들기 시작했다. 처음에는 이유를 알지 못했다. 그러나 며칠 지나면서 알 수 있었다.

첫째로 우리에게는 군복을 지급하지 않았다. 둘째로 우리를 지휘한다는 장교는 현역장교가 아니라 방위군 장교였다. 사실 우리들 중에는 방위군을 지원한 사람은 한 사람도 없는데, 왜 방위군 장교가 지휘관 행세를 하는지 알 수 없었다.

한마디로 우리는 정식 국군 편성에 들어있는 정훈부대 요원이 아니라 예비병력(방위군)이었다. 들리는 말로는 진짜 현역 정훈요원은 신마산에 있는 정훈국 직속의 교육대에서 교육받고 있다고도 했다. 당시 나로서는 의논할 사람이나 도움을 요청할 사람이 아무도 없었다. 아버님과 4명의 형님과 헤어져 갑자기 고아가 된 외로움에 젖어 있었다.

뒤에 안 일이지만 내가 대구에서 학도의용병에 입대하여 정훈요원으로 분류되어 김동진 선생과 노래하고 헤어지던 그 때, 바로 그 건물에는 둘째 형님과 가장 가까운 숭실학교 동창생인 강영식(姜永植) 선생이 정훈장교로 근무하고 있었다는 사실을 전혀 몰랐다. 아마 내 형님 자신도 그처럼 가까운 동창생이 대구에 와있는지 전혀 몰랐던 것이다. 알았다면 반드시 나를 소개했을 터인데….

그러나 다행스럽게도 구마산의 소학교 교사에 수용된 그 때 나는 처음으로 남한의 역사책을 읽었고 여러 종류의 팸플릿, 심지어 일본어로 된 『나가사키의 종』—일본이 망하던 1945년 8월 나가사키에 원폭이 투하되어 아비규환을 일으켰던 당시의 상황을 기술한 책—을 읽었다. 국군 위문연예단이 갖고 온 책 중에는 이북에서 고등학교를 다닌 나로서는 전혀 접할 수 없었던 반공 책자들이 여러 권 있었다. 이런 문헌들을 남기고 위문단원들이 떠났기에 나는 외로움을 달래며 이 책을 읽었다.

우리는 일반 현역병으로 입대한 사병들이 받는 사격훈련은 물론 제식훈련도 받지 않았다. 총은 고사하고 군번도 부여받지 못했다. 대구에서 입대지원서를 낼 때 입은 그 복장—민간복, 학생복—을 그대로 입고 지냈다. 그저 대기하는 예비병력에 불과했다.

1~2개월 지나는 사이에 우리 상관이라는 방위군 장교도 우리보다 며칠 앞서 방위군에 소집되어 약간의 훈련을 받았을 뿐이라는 사실도 알게 되었다. 방위군 소위-대위(역시 예비군)로 임명된 사람들은 거의 대학 재학생이었다. 이 때 나를 친절하게 지도해준 분이 안화영 선생(바로 유명한 배우 안성기의 부친)이다.

나는 학교에서 공부하는 식으로 이들 상관에게 질문도 하고, 해방 이후 우리 정부수립 과정의 역사도 배웠고, 특히 새로 보는 역사책의 내용에 대한 해석도 들었다.

주둔지가 마산인지라 밥은 비록 보리밥이지만 부식으로 생선국이 나왔다. 하루 세끼 꼬박꼬박 굶지 않고 먹을 수 있어 건강을 해치지는 않았다. 이렇게 4개월을 지내는 동안 안화영 선생을 비롯한 대부분의 대원들이 알게 모르게 떠나갔다. 처음에는 이들이 떠나는 이유를 알지 못했으나 4월 말경 그 이유를 알게 되었다. 국방부 명령에 의해 학도의용대 정훈공작대가 해산하게 되었다는 것이었다.

우리도 바로 이 정훈공작대의 대원으로 여기까지 왔지만 별다른 특기가 없었다. 우리는 계속 대기하게 되었고, 남은 대원은 불과 20명 내외에 불과했다. 때문에 학교 교실은 더욱 조용하고 적막했다. 무료한 나날을 지내기 위해서 위문공연 대원들이 남기고 간 희곡 연극대본, 역사책, 반공 팸플릿을 더 가까이 할 수밖에 없었다.

── 정훈요원으로 군복무 시작

그런데 6월초 갑자기 여름옷 같은 군복을 지급해주었다. 뿐만 아니라 임시 군번이라며 각자에게 일러주었다. '이제 우리도 병정 구실을 하게 되는구나' 하는 생각을 갖게 되었는데, 곧이어 인천으로 이동하라는 지시가 내려왔다.

인솔자로 온 사람은 현역 장교 지휘관이 아니고 계급장도 없는 군속 같은 사람이었다. 같은 또래의 우리들 학도병 20여 명은 안내자의 지시를 따라 마산항에서 처음 보는 군함 LST(해병대 상륙함정)에 승선했다. 특별히 흥분하거나 긴장되는 느낌도 없었다. 그저 5개월여 갇혀있다 풀려나는 기분이었다. 그래서 가끔 선창에 누워있다 선상 갑판으로 나오곤 했다.

그 때 지급받은 C-레이숀은 유엔군이 평양 점령 후 민간에게 널리 공급했던 C-레이숀과 달리 일본어로 표기된 것이 있고 품질도 한참 떨어지는 느낌이었다. 나는 어딘가 의문스럽다는 생각을 했다. 일본이 참전했다는 소식을 들은 바 없으나 미군이 주둔하고 있어 유엔군 작전을 위한 가장 가까운 후방 보급기지이고, 따라서 일본에서 생산한 것이라 생각하면서 하루 세끼를 때우고 있었다.

그런데 배멀미가 나서 갑판에 나갔던 나는 뜻하지 않은 인물과 마주

쳤다. 내가 배멀미 때문에 갑판 한 옆에서 바다를 내려다보고 있는데 종이 주머니를 든 중년 정도의 동양인이 다가와 "여기에 토하라"라고 일본말로 말하는 것이었다. 나는 그가 건네는 종이 주머니를 받으면서 일본말로 "고맙습니다(아리가토 고자이마스!)"라고 답했다. 그랬더니 그는 "전쟁은 고생이다. 그러나 자유를 위해 싸워야 하지 않는가!"라며 내 어깨를 두드려주고 선실로 향했다. 바로 일본인 선원이었다.

훗날 내가 일본 방위성 방위연구소에서 근무하는 무로오카(室岡) 교수(군사이론 담당, 당시 연구소 도서관장)에게 이 말을 했더니 즉각 역사기록을 찾아봐 주었다. 그는 "당시 일본 선원들이 참전한 것이 사실이라고 하면서 선원뿐만 아니라 함선 수리와 수선을 위해 많은 일본인 기술자들이 참전했고, 유엔군의 원산 상륙시(1950년 10월)에는 직접 구일본 해군의 소해정 근무자들이 원산 근해 북한군 기뢰를 제거했다"라고 확인해 주었다.

우리는 LST 함정으로 6월 중순 인천에 상륙해 곧장 의정부에 신설된 제101예비사단(별칭 노무사단) 창설 기간요원으로 배치되었다. 나는 사단본부 정훈부에 배치되었다.

그런데 이 사단본부의 규모는 정규사단과는 도저히 비교할 수 없이 작았다. 방위군 출신의 50세 가까운 분(성명 잊었음)이 정훈부 부장이라고 임명되었고 부요원은 불과 5명이었다. 사단장은 구 일본군 대좌 출신인 유승렬 준장(劉升烈, 유재홍 장군의 부친)이었다. 아마 임시로 임명한 것 같았다. 한 개의 천막 막사에 제대로 된 책상도 없이 포탄이나 포장상자를 책상으로 사용했다.

나는 이 사단본부에서 1개월 정도 있다가 연대가 편성되었다고 하여 의정부 북쪽의 덕정리─동두천에 주둔한 3연대본부 정훈과로 재배치되었다. 미군 트럭을 타고 동두천 연대본부에 도착하고 보니 나이 많은 수

1950년 12월 학도의용대 입대,
육군 101사단 3연대본부 정훈과 시절

십 명의 노무자들이 있었다. 그들의 도움으로 천막을 치고 연대본부를 설치했는데, 연대본부 창설 기간요원은 모두 합해도 20명 내외였다. 이때부터 우리는 비록 예비역 병사지만 현역과 같은 계급제를 적용받았다. 그러니 계급장은 장교인 경우 현역 소위계급장, 사병인 경우 일등병 또는 중사 등 현역 계급장을 달게 되었다.

그러나 우리들은 여전히 현역병이 아닌 예비병으로 전선 사단에 배치되는 일 없이 후방에서 노무자를 관리하는 신세를 면치 못했다.

동두천 101예비사단에서의
병영생활

연대본부의 막사가 정리되자 상관인 장교들(방위군 출신이라 이들도 여전히 예비역 소위였다)이 이웃 미군부대와 교섭하더니 미군이 사용하는 오일 스토브를 구해왔을 뿐만 아니라 간이침대도 구해왔다. 그래서 사병들을 5~6명씩 나누어 3~4개 막사에 간이침대를 놓고 내무생활을 하게 되었다.

비록 가까운 곳에서 포성은 들리지만 총탄이 날아오는 전선지대가 아니라 저녁 취침도 큰 지장 없이 1개월여를 지냈다. 그러던 중 노무자로 징집돼 온 50세 가까운 분이 우리 정훈과를 찾아왔다. 자신을 소개하면서 "나는 유엔군을 따라 원산에서 온 심영순이고 주일날 예배를 보고 싶다. 가까운 곳 어딘가에 교회가 없는가?"라는 것이었다. (심영순 집사는 15년이 지난 1965년경 내가 중앙정보부 북한과장 시절 여러 고등학교의 초청을 받아 북한정세에 대해 강의한 일이 있는데 이 때 정신여자고등학교 정문 수위로 있는 그를 다시 만났다.)

그러나 나는 연대본부에서 아직 외출한 적이 없어 어디에 교회가 있는지 알 수 없었다. 그래서 "이웃 미군부대는 예배 보는 장소가 있을 것이니 다음 주일날까지 외출해서 찾아보겠다"고 답을 하고 그를 돌려보냈다. 이들 징집된 노무자들은 연대본부 바깥에 10여 개의 막사를 치고 숙식케 하며 전방사단에서 요청이 있으면 분대, 소대 규모의 편대를 편

육군 101사단 3연대 천만교회,
심영순 집사와 함께

성하여 지원하곤 했다.

나는 월요일부터 외출 허가를 받아 고향집을 떠나온 지 8개월 만에 동두천 농촌 일대를 돌아보았다. 우리가 주둔한 지역은 의정부와 연천을 잇는 큰 도로에서 2km 서쪽으로 들어간 야산 밑 분지 같은 곳이었고, 냇가를 끼고 있는 밭이 있었다. 때문에 근방에는 애초부터 마을 같은 것은 없었다. 미군 세탁부대를 지나 동쪽으로 나가 봤더니 미군의 야전병원과 전투부대가 엄청나게 넓은 지역을 점령하고 있었다.

── 동두천 주민의 6·25 경험담

더 이상 동쪽으로 갈 수가 없어 다시 되돌아 길가를 건너 남쪽으로 향해 3~40분 갔더니 마을이 있었다. 10여 채의 초가집이 있는 작은 마을인데 4~50대 아낙네와 농부들이 있었다. 나는 이들에게 인사하고 이 근방에 교회가 있는가라고 물었더니 동두천읍 유엔군이 주둔한 그 일대에는 교회가 있었는데 지금은 없다고 했다.

나는 기왕 여기까지 왔으니 잠깐 쉬어갈 생각으로 '점심 먹을 곳이 있는지' 물으면서 백에서 갖고 온 C-레이숀과 담배를 내놓았다. 그랬더니 대단히 반가워하면서 "보리밥이고 반찬도 신통치 않지만 같이 점심을 먹자"는 것이었다. 아주머니가 내주는 냉수를 벌컥벌컥 마시면서 더위를 식히고 나는 C-레이숀과 화랑담배 한 갑을 그들에게 주고 함께 식사하면서 얘기를 나누었다.

이 마을 사람들은 남으로 피난 갔다가 유엔군의 진격으로 다시 돌아왔지만 아직 대부분이 서울이나 의정부에서 돌아오지 않고 있다고 했다. 그러면서 "본래 동두천-포천 일대는 북에서 내려오는 사람들의 월남 통로였고 동두천에는 국군 7사단 1연대가 주둔해 있었다. 그런데 6·25 그날 전차부대와 함께 북한군(인민군 4사단)의 기습으로 일거에 무너지고 말았는데, 우리는 미처 피난 갈 여유가 없어 그대로 남아 있다가 모진 고생을 했다"면서 장황하지만 자세하게 6·25 직후의 참상을 들을 수 있었다. 나로서는 밥맛을 잃고 고향에 계신 부모님을 떠올리며 노인의 6·25 때 당한 경험담을 진지하게 들었다.

그날 이후 나는 거의 매일 외출하여 동두천과 덕정리 일대의 마을을 돌아보았다. 유엔군의 부대로 꽉 찬 동두천이었지만 서북, 서남쪽에는 여러 마을이 있었고, 창문이 떨어져 나간 소학교 그리고 반쯤 파괴된 교회 두세 곳을 볼 수 있었다.

특히 흥미로웠던 것은 동두천 동쪽 빈터에 장이 서는 것이었다. 흔히 읍, 면 소재지에 열리는 5일장이니 6일장이니 하는 건물이 있는 장터가 아니라 아무 건물도 없는 벌판에 수십 명의 농민들이 집에서 키운 닭이나 농산물 과일, 야채를 들고 나와 거래하는 것이었다. 내가 처음 이 장터에 왔을 때는 비가 와서 냇가가 넘쳐 통나무 몇 개를 걸쳐 놓고 간신히 건너가고 건너오는 아낙네들의 모습이 위태롭게 보였다.

─── 교회 재건 지원

내가 1주일간 여기저기를 돌아보고 상관인 고정균(高正均) 소위에게 보고하자, 뜻밖에 "이 사람아, 나도 기독교인이야" 하는 것이었다. 참으

1952~1953년
육군 101사단 3연대 정훈과 시절

로 놀랍기도 했지만 한편으로는 신뢰감이 더해 친형님을 만난 듯한 안도감이 느껴졌다. 그래서 미군부대에는 어느 곳이나 교회가 있고 군목이 있으며 우리 한국군 사단에도 목사님이 종군했는데(1사단에는 황은근 목사가 종군), 우리 부대는 그럴 수 없는 상황이기에 가까운 마을의 무너진 교회를 재건하는데 우리가 협력하면 좋겠다고 말씀드렸다. 고 소위는 사단 정훈부와 연락해 보자고 했다.

그 주 일요일 약속했던 심 선생이 왔기에 1주일 동안 이 근방을 돌아본 현장상황을 말했더니 자기도 가까운 마을을 다녀왔다고 하면서 "우리끼리 예배보자"고 하는 것이었다. 그래서 고 소위와 내가 의자를 돌려놓고 고 소위가 심 선생에게 "나는 평집사고 당신은 안수집사님이니 예배인도를 하시라"고 부탁했다.

심 집사는 주머니에서 작은 성경책을 꺼내 몇 절을 읽고 기도하며 간단하게 예배인도를 했다. 나는 그 때 성경의 어느 구절을 읽었는지 생각나지 않지만 눈물로 통곡하듯이 말 그대로 성령이 충만한 그의 기도에 감동하지 않을 수 없었다.

나보다 더 감동한 사람은 고 소위였다. 그는 평북 출신으로 내 형님들처럼 1947년 월남하여 영락교회를 다니면서 서북청년회에 가입하여 남로당 세력과 피 흘려 싸운 적도 있다고 했다. 1949년 대학에 입학하여 2학년이 되던 때 6·25를 만나 피난 갔다 부산에서 입대했는데 공교롭게 방위군 사관으로 임명되어 이 101사단에 배속된 분이었다.

그 후 고 소위는 심 집사를 정훈과 요원으로 배속시켰고, 이어 사단 사령부 정훈과에 연대교회 설치를 건의했다. 1년쯤 지난 후 연대본부에 천막교회를 세우게 되었고 또 한 명의 교인을 배속 받아 교회집사로 사역토록 했다. 이 때부터 나와 심 집사 그리고 또 한 명의 집사는 동두천 일대의 교회를 찾아다니면서 재건을 돕는 일을 했다. 필요한 기자재는 동두천 일대에 포진하고 있는 미군부대를 찾아가 포탄 상자나 각종 장비 포장지를 지원 받아 교회창문이나 무너진 서까래를 대체했다. 동시에 파괴된 학교건물 수리 또는 동두천 장터 정비를 위한 건설 등을 지원했다.

── 미군과의 즐거운 한 때

한편 나는 사단본부로부터 예하부대 장병이나 노무자들이 읽을 수 있는 전우신문이나 정훈국에서 발간한 소책자를 공급받아 배부하기도 했다. 즐거웠던 것은 비가 오지 않는 저녁이 되면 이웃 미군 세탁부대 빈터의 야외 영화상영장에서 상연하는 서부 활극영화나 디즈니랜드에서 제작한 만화영화를 보는 것이었다.

이웃 한국 부대원에게까지 부담 없이 자기들이 보는 영화를 보도록 초청해 줄 뿐만 아니라 때로는 초콜릿과 맥주, C-레이숀을 내놓아 길게 다리를 뻗고 같이 영화를 보며 즐겼다. 나에게는 이 기회야말로 실용적인 영어회화를 배울 절호의 기회였는데 나의 비사교적이고 수줍은 성격으로 인해 이 친절한 백인, 흑인 병사와의 밀접한 사교의 기회를 놓치고 말았다. 지금도 그 때를 생각하면 아쉬움을 느낀다.

여름철에는 어둠이 깃들기 시작할 무렵부터 2시간 정도 영화 상연이 있었다. 그러나 겨울이 되면 이 즐거운 야외 영화장은 폐쇄되고 미군들 천막 내로 이동하여 우리들 한국군까지 수용하기에는 장소가 비좁아 영화를 볼 기회가 줄었다.

「위문편지」로 맺어진 천생배필

내가 동두천의 병영에서 1년쯤 지난 무렵 1주일간 휴가를 허락 맡아 부산으로 갔다. 그 이유는 말할 필요도 없이 1950년 겨울에 헤어진 형님들의 소식을 듣기 위해서였다. 그동안 피우지 않아 모아두었던 「화랑담배」를 팔아 모은 돈과 동료들이 보태준 얼마간의 돈으로 여비를 충당키로 했다.

서울까지는 지나가는 군 트럭에 타고 서울역에 와서 군 열차를 주관하는 군 철도 사무실에서 승차권을 얻어 남행열차에 몸을 실었다. 그런데 그 때의 객차 안에는 웬 빈대가 그처럼 많은지, 낮에도 목덜미에서 내의 안으로 기어들어와 가려움을 이기기 어려울 정도였다.

── 첫 휴가 : 부산에서 이산가족 찾기

하룻밤을 지나 다음날 저녁에 부산진역에 도착했다. 갈 데가 없으니 그날 저녁은 역사 입구에 있는 장병 휴게소에서 하룻밤을 지낼 생각이었다. 그런데 차에서 내려 개찰구를 나오는데 어떤 부인이 나를 불렀다. "혹시 젊은 군인, 어디에 갈 곳이요?"라고 묻는 것이었다. 분명히 경상도 말씨는 아니었다. "아니오, 없는데요, 왜 그러십니까?"라고 반문했더니, "갈 곳이 없으면, 우리 집으로 갑시다"라는 것이었다.

나는 처음 밟은 부산 땅이라 '혹시 매춘하는 아주머니가 아닌가?' 의심스러운 마음으로 머뭇거렸더니, "내 아들과 거의 같은 나이같고 모습도 비슷해서 얘기한 겁니다. 내 아들도 지금 일선에서 싸우고 있는데 혹시 휴가차 오지 않을까? 헤어진 지 해를 넘겼는데 엄마가 부산에 와있는지도 모르고 있을터라 매일 이 역에 나와 기다립니다"라는 것이었다. 나는 고맙기도 하고 송구스럽기도 했다.

우리 어머님보다는 한참 연하인 것 같지만 어머니를 만난 것 같은 기분이었다. 나는 "고맙습니다"라고 대답하고는 그 아주머니를 따라갔다. 한참 동안을 산마루와 방촌(바라크 촌)을 따라 작은 골목길을 올랐다. 방 두 칸의 작은 판잣집이었다. 남편 되신 분은 부두에서 일하신다고 하면서 세숫물을 내놓으셨다.

나는 부대에서 동생처럼 생각하는 유영식(공주농고 출신)이 빌려준 작은 가죽 백을 벗어놓고 방으로 들어갔다. 잠시 후 흔히 집에서 먹던 김치와 국 그리고 흰 쌀밥을 차린 저녁식사를 내놓아 감사하게 먹었다.

유감스럽게도 그 때 그 아주머니의 이름을 묻지 않아 기억하지 못하지만 나로서는 더없이 따뜻한 대접을 받고 하룻밤을 편히 쉬고 다음날 아침 일찍 작별인사를 드리고 나왔다. 아침식사를 하고 떠나라는 아주머니의 간곡한 말씀이 있었지만, 조반 준비가 채 되지 않은 것 같았고 나로서도 아침부터 「국제시장」이란 곳을 돌아다니면서 혹시 아는 사람이 있을까, 탐문해보기 위한 급한 심정이기 때문이었다.

나로서는 처음 온 부산이라 방향을 찾기조차 어려웠다. 길 가는 분들에게 여러 차례 물어 국제시장에 도착했다. 아직 문을 연 집이 몇 집밖에 없었지만 국밥집에 들려 아침식사를 했다. 평안도식으로 돼지고기나 소고기 국밥이 아니라 무슨 생선인지 알 수 없는 큰 생선토막이 들어간 국밥이어서 좀 비리다는 느낌이었다.

그리고 나서 오전 내내 국제시장 이곳저곳을 훑어보았다. 그러나 알 만한 사람은 한 명도 만나지 못했다. 실망스럽기 그지없었지만 다른 도리가 없었다. 나는 부둣가로 가서 미군부대 장비 하역작업을 하는 근로자들에게 이것저것 문의하기도 했으나 가족 소식은 접할 수 없었다.

후에 안 일이지만 이 때는 형님 세 분 가족 모두가 제주도로 건너가 계시던 때였으며, 사촌 형님과 큰집 조카가 부산 해운대 근방에 와 있었지만 알 길이 없어 만나지 못했다.

── 위문편지를 보낸 여학생 집 찾기

나는 부산진역 근방 군인 숙소(텐트)에서 하룻밤을 자고 그 길로 다시 군용열차를 탔다. 그 이유는 휴가 시간을 아껴 또 한 곳을 찾아가기 위해서였다. 그 곳은 경상북도 대구다. 물론 대구라는 곳도 나에게는 초행길이고, 그렇다고 나를 기다리는 사람이 있는 것도 아니다. 그저 가느다란 희망을 갖고 갈 뿐이었다.

그 희망이란 무엇인가? 한 여중생이 보낸 위문편지다. 이 때는 후방의 소·중·고등학교에서 전교생이 전선에서 싸우는 「국군아저씨」에게 보내는 위문편지를 쓰던 시대였다.

노무사단이지만 우리 연대에도 수십 통의 위문편지가 전달되었다. 이를 받아 배부하는 일은 우리 정훈과의 책임이었다. 나는 1951년 가을 도착한 여중학생들의 위문편지 중 아주 예쁘게 그리고 또박또박 정성 들여 쓴 편지 한 통을 갖고 있었다. 경북 대구시 신명여자중학교 1학년 학생들이 보낸 편지 중 「배정숙」이란 학생의 편지였다. 고맙게도 편지 끝머리에 자기 집 주소를 밝히고 있었다.

나는 휴가를 떠나면서 몇 개월 전에 받은 이 편지에 적혀있는 주소를 찾아 이 여중생을 만나봐야겠다고 생각했다. 나는 이날 저녁 대구역에 도착해 군인 숙소 천막에서 자고 다음 날 오전 10시경 이 주소를 찾아 나섰다. 바로 대구의과대학 건너편 동인동이었다. 골목길을 따라 한참 들어갔더니 대문에 붙은 명패가 있었다. 「배명득」(裵命得, 여학생의 부친)이라는 이 집 주인의 성함이 쓰여 있었고, 소학교 2~3년 정도의 소년이 대문에 걸터앉아 있었다.

나는 그 소년에게 "이 집이 배정숙 학생 집이냐?"고 물었다. 그랬더니 그 소년은 진한 경상도 말로 "배정숙, 제 누난데요? 왜 그러세요?"라는 것이었다. 나는 제대로 찾아왔구나 하는 안도감으로 "나는 누나의 위문편지를 받은 군인인데, 혹시 집에 있느냐?"라고 물었다.

그랬더니 선뜻 집에 있다는 것이었다. 그리고 이 소년이 집 안으로 들어가 어머니와 누이들에게 어떤 군인이 찾아왔다고 소리치듯 알렸다. 어린 두세 명의 소녀와 부인 그리고 내가 찾던 여중생이 한꺼번에 집안에서 마당으로 나왔다.

━━ 천생배필과의 만남

나는 우선 어머니 되시는 분에게 인사하고 내 가죽백에서 그 위문편지를 꺼내 보였다. 모두가 크게 환영하면서 집안으로 들어오라는 것이었다. 얼핏 밖에서 본 규모는 내 고향집보다 작은 초가집이었지만 안채와 사랑채가 거의 같은 넓이의 집이었다. 마당에는 큰 감나무가 있고 그 밑에 우물이 있었다. 바깥어른은 보이지 않았다. 나는 어머니의 안내로 안채의 가운데 마루에 앉았다.

여학생의 어머니는 찬물을 떠와 내 앞에 놓으시면서 "얼마나 고생이 많은가? 위험한 곳은 아닌가? 고향은 어딘가? 부모님은? 학교는?" 흔히

1957년 12월 대학졸업을 앞두고 결혼

첫 만남에서 집안 어른들이 묻는 물음을 조용하게 하셨다. 참으로 인연이란 것은 우연에서 생기나 보다. 어머니와 마주 앉아 얘기하다보니 고향에서 헤어진 내 어머니 또는 누나를 만난 듯 반가웠다. 옆에 앉아 가만히 듣고 있었던 여학생의 그 모습은 청아하고 예쁘기 그지없었다. 하기야 고등학교 졸업 후 일시 영화관련 회사에 취직했을 때 '배우하라'는 청원을 받은 여인이니까!

그러면서 어머니는 "기왕 우리 집에 왔으니 아무 염려 말고 며칠간 쉬고 가라"고 말씀하셨다. 어머니의 말이 떨어지자 배정숙 여학생은 내 가방과 모자를 갖고 자기 방으로 들어갔다. 어머니는 곧 부엌으로 나가 내 점심을 준비했다.

나는 어린 여동생 3명과 남동생 1명 그리고 언니 1명, 모두 6~7명의 이집 가족들에게 둘러싸여 낯선 경상도 사투리의 질문공세를 받았다. 7남매 막내로 태어난 나로서는 처음 겪는 경험이었다.

갑자기 6~7명의 동생이 생긴 것 같은 느낌이었다. 점심 때가 되어 어머님이 차린 밥상에 어린 동생들과 같이 앉았다. 어머니는 우물에 챙겨 두었던 막걸리를 올려와 마시라고 했다.

저녁에 아버님이 돌아와서 크게 반기며 "잘 왔다, 전선에서 얼마나 고생했느냐? 쉬고 가라, 사실은 우리 집 큰 아들이 대구의과대학에 다녔는데 공비 토벌 작전에 나갔다가 몸이 아파 현재 입원 중이다"라고 했다.

이 어여쁜 배정숙 여학생이 7년 후 천생배필이 된 오늘의 내 아내다. 나는 휴전 이후 또 한 차례 대구 집에 내려갔고 대학 4년 동안 우리 둘은 사랑을 나눴다. 그리하여 대학졸업을 앞두고 1957년 겨울(12월) 내가 처음 대문 턱을 넘어 마주보았던 감나무와 우물가에서 7년만에 동네 어른의 주례 하에 우리식 전통 결혼식을 올렸다. 아무것도 가진 것이 없는 빈털터리인 나를 이 집은 5명의 남여 동생의 「친형·친오빠」로 맞이해주었다.

한국외국어대학
노어과 입학

　지금까지 귀중히 갖고 있는 1952년의 「진중일기」를 읽어보다가 60여 년 전 101예비사단 3연대 본부 정훈과의 선임하사관 시절이 생각났다. 군목업무를 함께 담당했던 나는 분주하게 예배를 인도하고 근처 교회 유년부를 가르치고, 서울에서 위문차 부대를 방문하려 온 YMCA 성가대와 고등학교 합창단을 맞이하던 기억이 떠올랐다.

　정전협정이 조인된 1953년 7월초 우리 예비사단 근무 학도병 출신들에게 정식 군번이 나왔다. 내 군번은 0704288이었다. 그러나 내 신분이나 계급에 군번을 받았다고 하여 큰 변화가 있는 것도 아니고 나 자신도 무슨 특별한 감응을 느낀 것 같지도 않았다. 그저 종전대로 사단 사령부에서 배포해준 정훈교재를 받아 각 대대로 보내고, 주일이면 천막교회에서 예배 보는 일이 많았다.

━━ 대학입학 준비

　그러나 1953년 7월 휴전 후 겨울이 되면서 '더 이상 포성 소리를 듣지 않게 되었구나'라는 실감을 느끼게 되자, 나는 문득 대학 입학문제를 고민하게 되었다. 얼마 전 외출하여 안정을 되찾아 가는 서울 종로에 나갔다가 서울고등학교 졸업반에 재학 중인 윤영민(尹永敏) 군을 만났다. 그는 늦게나마 서울고등학교에 편입하여 대학진학에 열중하고 있었다.

평양 선교리 성동(城東)초등학교 동기동창이기도 한 윤영민 군은 형님 중에 외무부 근무자가 계시어 국내대학 입학보다 미국유학을 생각하고 있다고 했다. 2년 후인 1956년 그는 조지워싱턴대학에 유학하였고 졸업 후 시민권을 수여받고 귀국치 않고 미국시민으로 일생을 마쳤지만, 윤군을 만난 후 내 기분이 영 편치 않았다.

휴전되기 전 사단본부로부터 4년제 육군사관학교생도 모집공고가 우리 연대에도 하달되었지만 내 실력으로 합격할 자신도 없고 그렇다고 내 성격상 군인이 맞지 않는 것 같다는 생각이 들어 흘려듣고 말았다. 그 후 육군 보병학교 입학 권고를 받고 2~3명의 전우와 함께 전남 광주시 근교 송정리까지 간 일도 있지만 더 이상 군생활을 계속할 용기가 나지 않아 주저앉은 나였다.

그러나 이제는 나도 대학에 입학문제에 대해 고민하지 않을 수 없었다. 1954년 1월 서울에 외출했더니 상이용사회 서울지부장으로 계시던 외6촌 형님(김치환, 金致煥)을 만나 대학입학 문제를 얘기했더니, 얼마 안 돼 서울 문리대와 한국외국어대학에서 입학생을 모집한다는 얘기를 들었다. 그 길로 동숭동 서울 문리대 캠퍼스를 찾아갔다.

한쪽 구석에서는 한국외국어대학 창립 홍보와 영어과, 독일어과, 프랑스어과, 중국어과, 노어과 등을 모집한다고 안내하고 있었다. 나는 창구에 가서 이것저것 묻고 가장 자신 있는 학과를 선택키로 했다. 바로 노어과다. 노어는 평양고급중학교 시절 기초과정을 완전히 이수했기 때문에 무리가 없을 것 같았다. 저녁 때 형님께 말씀드리고 입학원서 값(얼마인지 잊었지만)을 받았다.

그런데 문제가 생겼다. 나는 평양고급중학교 졸업장이 없다. 그러니 입학원서의 가장 중요한 구비서류를 갖출 길이 없었다. 그래서 한국외국어대학 입학원서접수 창구를 다시 찾아가 그 사정을 얘기했더니 친절하게 설명해주는 분이 있었다.

지금도 똑똑히 기억하고 있지만 후일 노어과에 입학(1기생)하여 첫 수업을 받을 때 들어오신 2명의 교수—함일근(咸逸根) 교수와 동완(董琓) 교수—중 한 분이신 동완 선생이었다. 동 교수는 나에게 "나도 북에서 왔다. 지금 곧 장충단에 있는 이북5도청에 가서 평고 졸업인정서를 받아오라"는 것이었다.

나는 즉시 장충단 네거리 근방에 위치했던 이북5도청에 갔다. 그곳에서 동향, 동문의 반가운 얼굴 몇 분을 만날 수 있었다. 내가 졸업인정서 발급을 신청하자 담당자는 즉각 직인을 찍어 주었다.

그것도 그럴 수밖에 없는 일이다. 평양고급중학교를 나왔다고 하면 곧바로 "학교의 위치는 어디였는가? 담임선생 성함은 무엇이냐? 졸업생 또는 재학생 중 누구누구를 아느냐?"고 묻는다. 이런 몇 가지 질문으로 쉽게 사실 여부를 확인할 수 있기 때문이다. 이렇게 이북5도청이 발행한 평고 졸업인정서를 첨부하여 입학원서를 제출했다.

─── 군복무와 대학생활 병행

며칠 후 외출하여 입학시험을 치루고 합격통보를 받았다. 이 합격통보서를 받은 이상 이제는 상사에게 이실직고 할 수밖에 없었다. 그래야 마음 놓고 학교수업을 이유로 외출허가를 받을 수 있기 때문이었다. 뜻밖에도 고정균 소위(과장), 신 집사 그리고 전우들 모두가 축하해주면서 걱정 말고 수업 받도록 하라는 것이었다.

나는 1주일에 월, 화 또는 금요일에 등교하기로 했다. 왜냐하면 휴전 후 토요일과 일요일은 의례 외출·외박 날로 정해져 있었기 때문에 1주

1950년 12월~1955년 5월까지
고락을 같이한 전우들

일에 하루이틀 정도 자리를 비우는 것은 큰 문제가 아니었다. 더욱이 내 경우는 본부에 앉아있는 시간보다 인근 소학교나 교회를 지원하기 위해 자주 외출하기 때문에 내가 자리를 비운다고 특별히 관심 가질 사람도 별로 없었다.

서울까지 나가는 방법은 간단했다. 동두천 헌병검문소에 나가면 의정부나 서울로 향하는 군 트럭을 쉽게 얻어 탈 수 있었다. 주로 미아리 고개를 넘어 용산이나 영등포까지 가는 트럭을 얻어 타고 중도에서 내려 등교했다. 다행이었던 것은 외국어대학 교사가 서울시내 한복판인 종로1가 YMCA 건너편 영보빌딩에 있었다는 것이다.

한국외국어대학교 1기생의 경우 여학생 외 남학생의 절반 이상이 고등학교를 졸업하고 곧장 대학에 입학한 학생이 아니라 전쟁으로 인해 대학과정을 이수하던 중 군에 입대하여 한국군이나 미군부대에 근무 중인 학생들이었다. 그 때문에 연령적으로 4~5세 차이, 학교경력으로 3~4년 차이가 나는 경우가 많았다.

나 역시 고등학교 졸업 후 3년이 지났고, 특히 노어과 1기생 중에는 북한에서 고등학교 노어 교사를 하던 박길봉(朴吉鳳) 형과 그 학교 학생이었던 이철(李澈, 후일 외대 노어과 주임교수) 군과 같이 1기생이었다. 그러니 학교수업이 주일 수 없고 제각기 직장에 다니면서 대학졸업장을 얻는 것이 목적인 사람도 적지 않아 출석부는 요령껏 서로 돌아가며 사인해주는 경우가 허다했다.

나도 그랬지만 노어과 1기생의 대부분이 1학년 1학기 과정을 지나면서 2학기 학비 걱정을 하지 않을 수 없는 처지였으니 용돈이 풍족할 리가 없었다. 그 해 여름 대구 출신 이수기(李修基, 미국 이민) 군이 자기가 거주하는 숭덕(崇德)학사에 가자고 했다. 내 딱한 처지를 알았기에 나도 자기와 같이 학사에서 기숙하도록 알선해줄 생각이었다.

── 국군방송국 대북방송 원고 집필

그래서 이수기 군과 함께 장충단에서 약수동 쪽으로 가는 언덕 위 우측에 있는 숭덕학사에 갔다. 이 숭덕학사는 대구출신 박영출(朴永出, 목사·국회의원)이 서울유학 중에 있는 대구출신 대학생을 후원하기 위해 세운 학사였다. 나는 여기에서 이수기 군의 소개로 육군본부 심리전감실에 근무하면서 서울대학교 대학원 출신인 최 선생(이름을 잊었음)과 인사를 나누었다.

그랬더니 그 자리에서 최 선생은 "강군, 우리 국방부 국군방송국에 인민군과 이북 청년 학생들에게 보내는 방송 프로그램이 있는데 자네 원고 한 번 써보지 않겠나? 내가 보기에는 평양고등학교 출신인 자네가 가장 적당할 것 같은데…"하시는 것이었다. 그러면서 원고가 되는 대로 내게 가져 오면 검토해 보겠다고 부언했다.

나는 당황스럽게 느끼면서도 고향 청소년들에게 보내는 얘기라면 해방 후 5년 동안 공산치하에서 자라며 공부하면서 겪은 경험, 예를 들면 민주청년동맹의 압박을 받던 일 또는 군중대회에 동원되던 일들을 주제로 하면 되겠다고 생각했다. 그래서 최 선생의 제의에 응하기로 하고 며칠 동안 연대본부 정훈과 막사에서 「북한 청소년 학생들에게」라는 10분간의 방송 원고를 집필하고 이수기 군을 통해 선생에게 전했다.

그 후 2~3일이 지나자 이수기 군으로부터 최 선생이 국군방송국(지금의 조선일보사) 근처에서 기다린다고 하니 오후 늦지 않게 가보라는 것이었다. 나는 이군의 말대로 정동 KBS 방송국 곁에 있는 국군방송국에 가서 최 선생을 만났다.

그는 내 방송 원고가 훌륭하다고 하면서 특히 평안도 사투리가 들어 있는 것이 더 좋을 것 같다고 하면서 시간 있는 대로 방송 원고를 써오라는 것이었다. 그 후 나는 방송국 측에서 잡아주는 주제로 방송 원고를 집필했다. 그 때 받은 원고료가 얼마인지 기억나지 않으나 궁색한 내 호주머니 용돈으로 큰 도움이 됐다.

나는 국방부 국군방송국의 원고 집필 사실을 부대 동료에게 알렸다. 그랬더니 모두 자랑스럽게 생각했고, 특히 고정균 과장은 "염려하지 말고 학교공부에 전진하라"고 격려해 주면서 특별한 일이 있으면 그 즉시 알려줄테니 부대 일은 염려 말라고 말해주었다. 나는 이 때부터 1학년이 끝날 때까지 한 주일에 한두 번 서울에 외출하여 학교 수업을 받았고, 내 임무인 주일예배나 정훈 관련 배포물을 각 대대에 배부하는 일을 하면서 힘들었지만 대학과정을 이어갔다.

─ 대북방송 진행

가을 2학기 등록금은 서울에 돌아오신 형님들의 도움을 받아 겨우 납부할 수 있었다. 그 후 얼마 되지 않아 이수기 군이 최 선생이 다급하게 부르니 숭덕학사로 오라는 것이었다. 급히 가서 최 선생을 만났더니 "KBS의 강찬선 아나운서가 너에 대해 묻더라"고 말씀하시면서 "시간나는 대로 KBS 방송국에 가보라"는 것이었다.

나는 더없이 기뻤다. 위에서 잠깐 기술한 대로 강찬선 아나운서는 내둘째 형님과 숭실중학교 동기 동창생이고 내가 어렸을 때 가끔 우리 집에도 오셨지만 해방 후에는 만나 뵐 수 없었기 때문이다.

나는 다음날 정동 KBS 방송국으로 강찬선 아나운서를 찾아갔다. 그는 1·4 후퇴 시 남하하여 KBS 방송국의 아나운서로 일하고 계셨다. 국방부 방송국에서 진행하는 대북방송의 내 원고를 보고 혹시 강인준(康仁俊)의 막내 동생이 아닌가 생각나서 나를 보자고 했다는 것이었다.

강찬선 아나운서를 만난 지 1주일이 지났을 무렵 "최 선생이 직접 마이크 잡고 방송해 볼 생각이 없느냐"고 묻기에 해보겠다고 했더니 원고를 갖고 오라는 것이었다. 그런데 황송하게도 내 방송의 아나운서 코멘트를 강찬선 아나운서가 직접 해주시었다. 나는 미안하기도 하고 멋쩍기도 한 기분이었으나 용기를 내 10분 동안 방송 원고를 읽었다.

내 첫 방송이 나간 후 '강찬선 형님으로부터 너를 보자는 분이 있으니 KBS 북한계(北韓係)로 나오라는 전갈이 왔다'는 소식을 이수기 군이 전해주었다. 당시 나에게는 전화 연락이 닿을만한 곳이 없었기에 최 선생을 통해 그리고 이수기 군을 경유하여 나에게 전달한 것이다.

나는 수업이 끝난 오후 정동 KBS 방송국 북한계로 갔다. 거기에는 강찬성 형님이 와계셨다. 북한계가 생긴 것은 그리 오래지 않으나 여러 명의 작가들과 아나운서들이 대북심리전 방송을 전담하고 있었다. 여기에서 강찬선 형님으로부터 소개받은 한 분이 김창순 선생이다. 그는 당시 치안국 특정과 특수계에서 경찰관을 위한 정보지 『사찰(査察)』에 북한 정세 분석부분을 전담 집필하고 계셨다.

김창순 선생은 6·25 전까지 북한 내각 기관지 『민주조선』의 간부기자였고, 6·25 남침 시 보도요원으로 인민군과 함께 남파되어 활동했다. 그러다가 인천상륙작전(9월 15일)으로 전세가 역전돼 인민군이 전면 퇴각할 때 따라가지 못하고 지리산 빨치산 부대로 잔류하게 되었다.

그러나 아군의 공비토벌 작전으로 괴멸위기에 처하자 김창순 일당은 아군에게 귀순했고, 아군 토벌부대는 김창순 씨에게 공비의 투항, 귀순을 권고하는 「보아라 부대」를 편성시켜 토벌작전을 돕게 하였다. 경찰 토벌부대가 지리산에서 철수하자, 김창순 씨도 함께 철수하여 치안국 특정과의 촉탁 자문역 비슷하게 근무하게 된 것이다.

김 선생은 나와 마주 앉아 "강 선생으로부터 자네 말을 듣고 그 방송 원고를 읽어보았네! 나와 함께 치안국에서 일할 생각이 없나?"라는 것이었다. 내가 "할 수 있다면 저로서도 영광입니다만 무슨 일을 하는 것입니까?"라고 되물었더니 "치안국에 가보면 알 것"이라고 말했다.

금기된 「공산권 연구」의
행운을 잡다

　김창순 선생과 인사를 나눈지 2~3일 후 김 선생과 함께 방송국에 온 까만 지프차를 타고 치안국으로 갔다. 당시 치안국은 오늘의 을지로 입구에 위치한 하나외환은행 자리였다. 일제시대 우리나라 농민을 착취하고 농토를 침탈했다는 동양척식주식회사 본사 자리에 내무부가 있었고, 그 한편에 치안국 청사가 있었다.

　나는 김 선생의 안내를 받아 치안국 2층에 위치한 특수정보과 과장실로 갔다. 당시 치안국 특수정보과는 오늘날 국정원의 업무(임무)인 대공 정보 수집·분석을 담당하는 막강한 권력부서였다. 특수정보과 과장은 평안북도 출신인 이하영(李夏永) 씨였다. 이 분은 휴전회담 당시 한국군 판문점 연락단장이었고 후일 프랑스 대사를 지낸 이수영(李壽永) 대령의 형님이었다.

　나는 이하영 과장께 인사드렸다. 뜻밖에도 이 과장은 내 형님들 얘기를 하시면서 "제주도에서 올라오셨는가?" 하고 물으셨다. 아마도 내가 불안해하는 것 같아 안심시키기 위해 하시는 말씀같이 느꼈다.

　그는 나에게 "국방부에서 진행한 자네의 방송을 들었네. 휴전된 지금은 군사력 가지고 작전할 때가 아니라 비군사력을 가지고 정치·사상전을 전개할 때인데… 자네와 같은 젊은이들이 공산주의 정수를 연구하여 정치·사상전을 담당해주는 것이 필요해. 그래서 우리는 한두 명을 선발하여 공산주의를 연구시켜 심리전을 담당
토록 하는 한편, 공산당의 간접침략을 저지하기
위한 역량을 키우기로 했어. 자네가 김창순 선생
밑에서 자료를 정리하며 공부하면 어떤가?"라는
일장의 훈시 같은 권고의 말씀하시는 것이었다.

　나는 황송한 마음으로 이하영 과장의 말씀을
듣고 "하겠다"고 답했다. 솔직히 말하면 나는 당
시 이 과장의 권고를 거부하고 말고 할 여유가

김창순 선생

없었다. 학비는 물론 침식할 곳도 변변치 않은 상황이었기 때문이다. 제
주도에서 막 올라오신 형님들이 계시지만 거의 판잣집에서 거주하고
있었고, 세 형님 모두 자식이 3~4명이나 되니 이 어려운 가정 살림에
나까지 빌붙어 지낼 처지가 아니었다. 나로서는 참으로 호박이 굴러들
어온 기분이었다.

　이 과장은 김창순 선생과 함께 방을 나서는 나에게 "학비 걱정 하지
말고, 촌분을 아껴 공부해…"하시며 어깨를 두드려 주었다. 나는 김창
순 선생이 안내해주는 곳으로 갔다. 내무부 건물 뒤쪽 어두컴컴한 창고
같은 방이었다. 10여 평 넓이의 이 방에는 지리산에서 노획한 적성문건
과 함께 시중에서 압수한 좌익 계통의 서책 수백 권이 쌓여 있었다. 한
쪽 서적은 비가 새서 썩을 정도였다.

　김 선생은 담당 경찰관을 소개하면서 "이제부터는 자네가 책임지고
이 자료를 정리하라"는 것이었다. 나는 수많은 자료를 보고 놀라면서도
그 중 많은 서책이 일본어로 된 마르크스-레닌주의 관련 책이었고, 일
부는 우리말로 번역된 것이어서 크게 어렵지는 않겠다고 생각했다.

　문제는 습기가 차고 어둡다는 것이었다. 그래서 담당 경찰관에게 선
풍기 한 대를 지원해달라고 부탁했고 촉수 높은 전구 몇 개를 요구했다.

이 때부터 나는 이 방에서 홀로 산더미 같이 쌓인 자료를 정리하며 힘겨운 「공산주의 연구」와의 싸움을 시작해야 했다. 그렇다고 정식 직원이 아닌 임시 직원—지금의 말로 아르바이트였다.

━ 공산주의 연구의 시작

오전, 오후 몇 시간은 을지로에서 청계천을 건너 곧바로 종로1가 YMCA 건너편 영보빌딩에 가서 대학수업을 받고나서, 곧바로 을지로입구 내무부 청사의 구석 「창고」로 향하는 단순한 일과가 시작되었다. 문제는 나 혼자 감당하기에는 작업량이 너무 많고 능률도 오르지 않는 것이 문제였다. 그래서 김창순 선생에게 "나와 비슷한 경력의 친구와 함께 일하도록 허락해 줄 수 없겠는가?" 하고 말씀드렸다. 그랬더니 "그렇지 않아도 혼자서는 무리라고 생각했다⋯ 네가 추천해보라"고 하시기에 곧장 김재구(金在九) 동문을 불렀다.

그는 나와 같은 외대 노어과 1기생이다. 함경도 북청 출신으로 거기에서 고급중학교를 졸업하고 1·4 후퇴 때 백골부대에 입대하여 작전 중 왼팔에 화상을 입어 상이군인으로 제대한 말 그대로 생활력이나 인내력이 나보다 훨씬 강한 친구였다. 나는 김재구 군에게 자초지종을 말했더니 그 자리에서 응낙했다. 그 역시 상이군인들이 모인 숙소에서 거주하는 것이 부담스러웠기 때문이었다.

나는 김창순 선생께 김재구 군을 소개하고 나와 똑같은 대우를 약속받았다. 곧바로 우리는 남대문시장에 가서 간이침대를 사들고 돌아왔다. 여기서 숙식을 공히 해결하기로 했기 때문이다. 여름밤에는 모기가 많아 고통스러웠지만 그럭저럭 지냈고 겨울에는 석탄난로를 놓고 잠을 잤다.

문제는 어떻게 군 생활과 이 치안국 아르바이트를 병행하면서 대학 과정을 이수하는가 하는 것이었다. 특히 4~5개월의 남은 군 복무기간은 어떻게 지낼 것인가 하는 것이었다. 나는 이 문제를 연대본부 정훈과장과 동료들과 논의해야겠다고 생각하고, 용기 내어 자초지종을 토로했다. 그랬더니 고정균 소위와 동료들이 장기 외출증을 끊어주겠다면서 일주일 중 한 번 정도 얼굴을 내밀라는 것이었다. 이런 동료들의 고마운 협조를 약속받은 나는 용기를 내어 치안국 특정과 아르바이트에 전념했다.

쌓여 있는 적성 문서와 책자를 분류하고 정리하는 일은 4개월이면 족했다. 책자가 아닌 문서, 예를 들면 지리산 빨치산으로부터 얻은 노획물은 모두 경찰학교로 보냈다. 정리하고 나니 방이 넓어져 4~5개 책상을 들여놓고도 남을 정도였다. 그러자 김창순 선생과 박동운 선생(한국일보 논설위원), 허우성 선생(외대 중국어과 주임교수), 김일평 선생(중국연구가) 그리고 홍태식 선생(남로당 서울시당 부장·미술가) 등 특정과 자문위원들이 이 방으로 옮겨왔다.

나는 이 방에서 1954년 가을부터 대학졸업 때까지 만 3년을 보냈다. 아침, 저녁 식사는 구내식당에서, 커피는 명동입구 가락지 다방에서 그리고 낮 시간은 학교로, 오후부터 밤늦게까지 김재구 군과 언제나 함께 열심히 책자와 문건을 정리했다. 토요일, 일요일 등 일주일에 2~3일은 부대로 돌아가 예배도 보고 밀린 업무를 처리했다.

2학년이 시작된 지 얼마 안 돼 연대본부의 전우 유영식(兪永植) 군으로부터 곧 제대 명령이 나온다는 소식을 들었다. 1950년 겨울 학도의용병으로 입대했던 나는 1955년 5월 15일부로 제대 명령을 받았다. 이미 전우들이 제각기 보따리 싸들고 떠나갔으니 부대에 들어갈 필요가 없다고 했다. 나는 가슴에 뭉친 덩어리가 쿵 소리를 나며 떨어져 나가는 기분을 느끼며 자유로운 신분이 되었음에 감사 기도를 되뇌었다. 그 후 가끔 서울에서 옛 부대동료 2~3명을 만나 회포를 풀기도 했다.

이 때부터 나는 후일 해병대사령부 G-2 전략정보분석관으로, 다시 중앙정보부 공산권 담당 정보분석관으로서의 새로운 인생 도정의 길을 밟을 기초학문 연구를 본격적으로 시작한 것이다. 정말 행운을 잡은 것인가?

── 여러 스승으로부터 가르침을 받다

산더미같이 쌓였던 붉은 책자와 문서를 정리하고 본격적인 공산주의 공부를 시작하자, 책을 읽는 것만으로는 공산주의 이론이나 공산당의 전략전술을 이해하기에는 역부족이었다.

우선 북한 공산주의 관계는 김창순 선생이 같은 방에 계셨으니 큰 문제가 없었고, 중국 공산주의와 중국공산당에 대해서는 김일평(金一平) 선생, 허우성(許宇成) 선생님이 계셔 지도받을 수 있었다. 그러나 치안국 내에는 마르크스, 레닌의 원전과 소련 공산주의와 소련공산당에 대해 지도해 주실 선생님이 없었다. 마르크스의 공산당선언이나 자본론 또는 19세기 후반 유럽에서의 공산주의 운동에 대한 지도를 누구에게서 받을까?

나는 고려대학교 철학과 조교로 있는 평고 동창생인 신일철(申一澈, 고려대 철학과 교수) 군과 의논했다. 그랬더니 "너, 이동화(李東和) 선생님 모르니?" 하는 것이었다. 모른다고 답했더니, "이 분은 김일성대학 초대 철학강좌장이었는데, 지금 성균관대 교수로 계시고 안국동 풍문여고 근방에 연구실을 갖고 있다"고 말해주었다.

이 말을 들은 나는 신일철 군에게 "이 선생님을 같이 찾아뵙자"고 말했더니, 흔쾌히 승낙하기에 곧장 이 선생 연구실을 방문하여 간곡히 사사를 부탁했다. 그리하여 이동화 선생께서는 일주일에 한 번씩 4~5시간 정도 마르크스, 엥겔스, 레닌 등 공산주의 원론을 가르쳐 주시었다.

1956년부터는 외대 교사인 영보빌딩에서 한두 건물 지나면 한청빌딩인가에 위치한 장준하(張俊河) 선생이 경영하던 「사상계(思想界)사」를 자주 방문했다. 사상계사를 방문하게 된 동기는 김준엽 선생(金俊燁, 고려대 아시아문제연구소 창설자·고대 총장)이 신문에 기고한 칼럼을 봤기 때문이다. 김준엽 선생의 신문 칼럼은 「이제는 북한을 비롯한 공산주의 연구를 민간기관이 할 수 있도록 공산권 자료를 열람토록 조치할 때다. 그 방법으로 군 정보기관이 보유하고 있는 여분의 자료를 민간에게 인계하면 어떤가?」라는 취지였다.

나는 이 칼럼을 읽고 사상계사 부사장으로 계신 김준엽 선생께 편지를 썼다. 그랬더니 "시간 있는 대로 찾아오라"는 답을 주셨고, 그래서 사상계를 방문한 것이다.

지금도 똑똑히 기억하고 있지만 장준하 선생이 깡통 음료수를 갖고 나와 "강군, 이것이 미국 사이다야" 하시면서 코카콜라인가, 펩시콜라인가를 따라 주시면서 김준엽 선생과 마주 앉은 애송이 공산주의 연구자인 나를 격려해 주셨다. 장준하 선생님과 김준엽 선생님 모두 이북 평안북도 출신으로 일제시대 학도병으로 징집되어 중국에 배치 받았다가 탈출하여 상해 임시정부 김구 선생 산하에서 광복군에 참여하신 애국투사이고 물론 중국전문가이시다.

내가 찾아뵙던 당시 김준엽 선생은 미국 포드재단의 지원을 받아 연구소 설립을 계획하고 계셨는데, 오늘의 고려대학교 아시아문제연구소가 바로 선생님의 노력으로 창설된 것이다. 후일 1964~5년 중앙정보부 공산과장을 담당하던 나를 불러 "자네도 아시아문제연구소 연구원 아닌가? 홍콩에서 중국공산당의 신화(新華)통신의 기사를 마이크로 필름에 담은 자료를 구했는데, 대학에서는 수입할 수 없다고 하니 자네가 국제우체국에 가서 찾아줄 수 없느냐?"라고 부탁하시기에 즉시 그러겠다고 답하고 중앙정보부장께 자초지종을 보고한 후 내 이름으로 고려대 아시아문제연구소가 수입하는 중국공산당 관련 기사를 비롯한 공산권 관계 자료들을 받아 전하기도 했다.

사상계사 방문을 계기로 나에게 많은 것을 가르쳐주신 양호민(梁好民) 선생도 만날 수 있었다. 양 선생은 평양 숭인상업학교 출신이고 서울대와 미국, 유럽 각국 대학 연구기관에서 공산권을 연구하신 국내에서 자타가 공인하는 국제공산주의 연구자였다.

내가 중앙정보부에서 나온 뒤 1980~1990년대 선생님이 조선일보 논설위원으로 있을 때, 그 후 은퇴하여 춘천의 한림대학교 교수로 계실 때 매년 정초마다 평양냉면의 명가 「우래옥」에서 만나 함께 점심식사를 나누었다. 식사를 마치면 곧장 조선호텔이나 다른 조용한 장소에서 커피를 마시면서 저녁때까지 북한정세, 공산권 정세 또는 국제정세 전반을 전망하는 얘기를 나누고 헤어졌다. 이런 양 선생님과의 정초 만남은 연례행사처럼 10여 년간 계속되었다. 이처럼 국내 최고의 공산주의, 공산권 연구 전문가들에게 개인교사나 마찬가지로 단독으로 강의 받는 특전(?)을 누리면서 공부했다.

── 절실하게 느낀 「학문적 빈곤」

그러던 내가 절실한 「학문적 빈곤」을 느낀 적이 있다. 1956년 2월 소련공산당 제20차 대회에서 흐루시초프의 「스탈린 격하와 미·소 공존」이 발표된 때였다. 하기야 아무리 국내 석학들을 찾아다니면서 공산주의 공부를 본격으로 시작했다 하더라도 거우 1년도 채 안되던 시기라 당연히 내 지식은 얕고 빈곤 수준일 수밖에 없었다.

소련공산당 제20차 당대회는 세계 공산주의 운동에서 일대 전기를 가져온 대회였다. 1917년 10월 러시아에서 레닌이 이끄는 러시아 공산당이 짜르정권을 타도하고 볼셰비키 공산정권을 수립하였다. 그 후 1924년 레닌이 사망하자 스탈린이 권력을 장악하였고, 그는 1953년 3월 그가 사망할 때까지 30년 가까이 역사상 유례없는 독재정치를 자행했다. 1928년부터 1930년경까지 농업을 집단화하고 중공업 우선정책을 전개함으로써 많은 소련 인민이 기아와 압제에 시달렸으며 수천만 명이 굶어죽거나 무고한 죄로 처형되었다.

이런 스탈린의 사망으로 그의 공포정치가 끝나고 그동안 당내 쌓였던 모순과 권력투쟁의 후유증을 정리한 소련공산당 신지도부는 획기적인 2대 노선을 제시했다. 그것이 바로 스탈린의 죄과를 단죄하는 「스탈린 격하」(레닌묘에 나란히 안장된 그의 시신을 꺼내 크렘린 담장 밑으로 옮겼다)와 미국과의 핵전쟁을 회피하자는 「미·소 평화공존 노선」이다.

소련공산당의 새로운 노선이 제기되자 중국공산당의 마오쩌둥(毛澤東) 주석은 이를 「수정주의」로 비난하였고, 이윽고 격렬한 이데올로기 논쟁이 시작되었다. 북한 노동당에서는 「북한의 작은 스탈린」인 김일성을 규탄하는 사건이 발생했다. 이른바 1956년 8월 종파사건이다.

이처럼 세계공산주의 운동에서 대변혁이 일어났는데 나의 지식으로서는 그 실태를 이해하고 파악할 수 없었다. 소련공산당 기관지 『프라우다』에 흐루시초프의 보고 전문이 실렸는데, 암만 읽어봐도 스탈린 격하라는 말이 한마디도 없었다. 도대체 스탈린 격하라는 이 말 자체를 이해할 수 없었다. 노어 사전을 찾아가면서 한줄한줄 거의 열흘 동안 흐루시초프의 보고 전문을 읽고 또 읽었다. 그러나 왜 이런 현상이 일어났는지 이해하지 못했다.

양호민 선생처럼 국제공산주의 전반에 관한 연구자는 계셨지만, 우리나라에는 소련공산당을 전공한 소련 전문가는 단 한 명도 없었다. 위에서 기술한 대로 중국공산당 연구자는 여러 명 계셨다. 국민당에서 일했던 분, 중국공산당 교육기관에서 공부하신 분. 예를 들면 동아일보 논설위원이었던 신상초(申相楚) 선생은 일제 말기 도쿄제국대학(東京帝國大學) 영문과 재학중 학병으로 징집되어 중국 일선부대에 배치되었다가 탈출하여 김구 선생이 계신 광복군을 찾아나섰지만, 중국 공산군에게 체포되어 연안(延安)으로 옮겨져 그곳 중국공산당 군정학교에서 해방을 맞이한 분이다.

그러니 어떤 분을 찾아뵙고 지도를 받을까? 외대 노어과 교수인 동완 선생은 일본이 패망한 후 소련군의 포로가 되어 시베리아에서 구금생활을 하신 분이라 노어는 잘 하시지만 소련공산당 연구자는 아니었다. 이처럼 고민하던 중 일본 도쿄에 있는 대륙문제연구소에서 발간하는 『대륙문제』라는 얇은 월간지를 찾아낼 수 있었다. 이 연구소는 일본이 만주를 지배하던 1931~1945년까지 관동군 사령부 정보국에서 일했던 고급장교들이 만든 연구소였다. 말 그대로 일본 최고의 소련연구자들이 세운 소련연구 전문 민간연구소였다.

제2차 세계대전에서 패배한 후에도 이들은 소련연구를 계속하였고, 특히 냉전이 격화되면서 이들의 지식은 일본뿐만 아니라 미국을 비롯한 서방진영 모두에게 중요한 자산으로 인정되었다. 소련공산당 제20차 당대회가 끝난지 1개월도 안 돼 대륙문제연구소는 기관지(誌)인 월간 『대륙연구』에 소련공산당 제20차 당대회에 대한 분석기사를 게재했다. 나는 『대륙연구』를 보고 이 연구소에 편지를 썼다. 그랬더니 그와 관련된 자료를 보내주었다. 나는 이 때부터 이들과의 인간적, 학문적 교류를 시작했다.

예를 들면 관동군 정보국장 도이 아키오(土居明夫, 육군 중장) 선생과 군사 전문가인 시시쿠라 쥬로(宍倉寿郎, 소코로프 소련군 원수가 쓴 『소련 군사전략』 감수자·소좌) 선생, 일본 공안조사청 조사과장 고다니 세츠오(甲谷悦雄, 제2차 세계대전 당시 일본군 대본영 전쟁지도과장) 선생 등과의 문통(文通)으로 지도를 받았다. 이런 식으로 대학졸업 때까지 열심히 소련공산당과 소련공산주의 혁명이론과 전략·전술을 공부했다.

해병장교 임관

대학을 졸업한 후 1958년 2월 진해 해병학교에 입교했다. 내가 다시금 군대—육군이 아닌 해병대에 입대한 것은 문희석 해병대령(文熙奭, 5·16 혁명 직후 문교부장관·해병 준장)의 권유 때문이었다.

한참 여기저기 선생님들을 찾아다니면서 공산주의 공부에 전념하던 1955년 말 경으로 기억하는데, 해병대 고급장교인 문희석 대령이 치안국 특정과 자료실을 찾아오셨다. 당시 문 대령은 국방대학원 교수부장이라고 했다. 김창순 선생과 공산권 자료 문제를 얘기하던 문 대령이 나와 김재구 군이 소련 신문 『프라우다』를 펼쳐 놓은 것을 보고 다가오셔서 몇 마디 물으시고 돌아가셨는데, 10여 일이 지난 뒤 다시 방문해서 나를 따로 부르시는 것이었다. 치안국 건너편 명동 입구에 있는 다방으로 갔다.

그 자리에서 문 대령은 뜻밖의 제의를 하셨다. "나는 병법(兵法)을 연구하는 사람인데 우리나라의 군사학 연구가 대단히 미흡해서 걱정이다. 자네가 공산주의를 연구하고 있다고 하니, 소련이나 중국 군사를 연구하면 어떻겠나? 나와 함께 우리나라 군사학계를 발전시키기 위해 같이 일하자"는 것이었다. 나로서는 안하겠다고 할 이유가 없었다. 볼셰비키 공산당의 혁명전략은 바로 '붉은 군대의 힘이 그 원천'임을 터득하고 있었기에 쾌히 받아들였다.

해병학교 입교

대학졸업 무렵인 1957년 말 문 대령이 오셔서 "해병대 장교로 입대하면 어떠냐? 장교가 되면 많은 군 전문지, 군사기밀 문서에 접할 수 있고, 생활 걱정 없이 군사학을 공부하려면 현역군인이 되는 것이 제일 안전하다"는 말씀과 "3개월간의 해병학교를 졸업하면 해병 소위로 임관과 동시에 해병대사령부에 근무하며 군사전략을 공부하도록 하겠다"는 말씀이 있었기에 며칠간 생각 끝에 그의 제의를 받아들여 해병학교 입교를 결심하게 되었다.

그런데 내가 입대한 해병학교 제26기부터 수업기간이 3개월에서 9개월로 학제가 바뀌어 그 모진 해병장교 양성과정을 이겨내느라 고생했다. 문 대령은 약속대로 소위 임관과 동시에 해병대사령부로 보직 명령을 내주었다. 그러나 나로서는 전방근무가 필요하다고 판단했다. 왜냐하면 소위가 사령부에 근무하는 예가 없었기 때문이다. 1개월이 지나기 전에 나는 전방근무 의사를 작전교육국장인 문 대령에게 말씀드렸다.

그랬더니 즉각 홍성철 중령(洪性澈, 후일 내무부 장관·노태우정권 청와대 비서실장)이 대대장으로 있는 해병 3연대 3대대(탄현, 한강하류 방어담당 부대)로 보내주었다. 나는 3대대 3중대 1소대장으로 한강변 탄현에서 3개월 정도, 그 후 포항으로 이동해 그해 가을까지 6개월여 간(1959년 9월까지) 소대장으로 근무했다. 그 때 홍성철 대대장이 나의 처지를 잘 알고 계셨기에 사령부에 연락하여 자신과 경기고 동창인 조봉식(趙鳳植) 대령이 국장으로 있는 해병대사

해병학교 시절

해병학교 졸업(1958.4~1959.1), 해병학교 소위로 임관

령부 정보국에 보내 전략분석관으로 임명토록 도와주었다.

━━━ 해병대사령부 전략분석관 근무

1959년 가을, 나는 포항에서 서울로 올라와 해병대사령부 정보국 전략분석관에 보직되었다. 정보국 내에서는 최말단 장교였지만 조봉식 국장을 비롯하여 이웃에 자리한 고삼석 대위(高三錫, 해군사관학교 9기)의 따뜻한 배려로 일상근무에 큰 어려움 없이 지내고 있었다. 가끔 김포, 서해도서의 일선 소대장으로 또한 정찰항공 조종사로 야전에서 고생하는 동기생들을 만날 때마다 미안한 마음이 느끼기도 했다.

한편 아내는 우환으로 여윈 몸이지만 응암동 단칸 셋방에서 초급장교의 박봉으로 겨우겨우 첫 아들을 키우며 생활을 영위해주었다. 감사하게도 정시에 출근하고 정시에 퇴근하여 마치 정부의 사무직원처럼 근무하면서 읽고 싶은 책을 읽으며, 서툰 작문이지만 원고지를 메우며 『해병』지에 투고하는 기회도 갖게 되었다.

특히 고마웠던 것은 해병대사령부 정훈감이 바로 고향의 대선배이신 김득주(金得柱) 대령이었다. 사령부 부임한 지 10여 일 되던 때, 정훈감실에서 부르기에 갔더니 뜻밖에도 나의 여러 형님들과 가까운 친구이고 맏형님들이 평양 선교리에서 숭인철공소를 경영할 때 이웃집에 사시던 김득주 선배님이 바로 눈앞에 계신 해병사령부 정훈감이 아닌가!

당시 소학교 학생이던 나는 가끔 연희전문학교(오늘의 연세대학교) 학생이던 김 대령님이 형님들과 술자리를 같이하며 울분을 터트리는 장면을 보기도 했다. 바로 이 분이 사령부 정훈감인지는 꿈에도 생각한 바 없었는데, 막상 마주 대하게 되니 눈물이 쏟아지도록 반가웠다.

김 대령님은 내 손을 잡고 어깨를 두드리며 "오늘 참모 회의에서 문희석 작전교육국장과 조봉식 정보국장이 네 얘기를 하는 것을 듣고 혹시 강씨집 막둥이가 아닌가? 해서 너를 불렀다"는 것이었다.

그 후 김 대령님은 내게 "월간지 『해군·해병』이나 『전우신문』에 투고하라"고 권고하셨고, 특히 6·25 전쟁 10주년 기념식이 명동 시공관에서 개최될 때 나를 해병대 대표 연사로 추천해 주었다. 나는 육·해·공군의 영관급 연사와 함께 강연했는데 그것이 『경향신문』에 게재되었다. 해병대는 고급장교가 아닌 초급장교 강 소위가 연사로 나왔는데 가장 뛰어난 강연이었다는 평가를 받기도 했다.

한편 해병대사령부 정보국에서 전략분석관으로 일하면서 문희석 대령의 추천으로 국방대학원에서 소련 및 동구 공산권에 대한 특강을 했다. 그 때 문 국장은 사령부 내 교회로 나를 불러 강의 요령—입장, 인사, 강의, 칠판이용, 전문용어 사용법 등—을 일일이 지도해주셨고 심지어 내 강의내용을 녹음하여 평가까지 해주었다. 뿐만 아니라 국방대학원에 나를 데리고 가서 강의 시작을 보시고 돌아오시기까지 했다. 덕분에 나는 큰 실수 없이 강의를 진행할 수 있었다. 그 때가 1960년이었다.

제 2 부

1960년대

풋내기 중앙정보 분석관 : 뼈저리게 느낀 책임감

4·19 혁명

군인이 아니었다면 나도 그곳에 있었을 것

해병대사령부 정보국에 근무하며 서울에서 생활이 안정을 되찾고 있을 때, 내가 경험한 초유의 정권교체라는 대사건이 일어났다. 바로 1960년 4·19 혁명이다. 주지하는 바와 같이 4·19 혁명은 자유당 정권에 맞서 싸운 시민과 대학생이 주도한 민주혁명이었다.

━━ 4·19 혁명의 발발

1960년 3월 15일 실시된 제4대 정·부통령 선거는 불법과 폭력이 동원된 부정선거였다. 내무부 장관 최인규가 중심이 되어 공무원을 총동원하여 부정선거를 자행했다. '투표자의 40%를 사전선거한다', '완장부대를 동원해 위협한다', '야당 선거인단을 투표장에서 추방한다' 등등 말 그대로 놀라울 정도의 부정선거였다. 민주당 대통령 후보였던 조병옥 박사가 선거중 지병 치료차 미국에 건너갔다가 월터리드 육군병원에서 서거했기 때문에 자동적으로 자유당 후보인 이승만 대통령이 당선되었지만, 부통령으로 출마한 자유당 후보 이기붕(李起鵬) 씨의 당선 여부가 불투명했다. 따라서 자유당이 계획한 부정선거는 이기붕 씨를 부통령으로 당선시키는 것에 초점이 맞춰졌다.

바로 그 날(3월 15일), 전례 없는 부정선거에 격분한 마산 시민과 학생들이 거리로 쏟아져 나와 부정선거 규탄시위에 나섰다. 그러자 경찰은 이 평화적 시위대에게 무차별 발포와 체포·구금으로 대응했다. 3일간이나 계속된 마산 시민과 학생들의 시위로 80여 명의 사상자가 발생했고 경찰관을 비롯하여 파출소와 경찰관사, 심지어 국회의원과 경찰서장의 자택이 습격받았다.

이런 와중에 자유당 정권은 3월 17일 이승만, 이기붕 정·부통령 후보가 80% 이상의 높은 득표로 당선되었다고 공포했다. 그러니 불타는 볏짚 단에 휘발유를 퍼부은 것처럼 부정선거 규탄시위가 전국적으로 확산될 수밖에 없었다.

1960년 4월 18일 고려대학교 학생 3,000여 명이 국회의사당 앞(현 서울시 의회 건물)에서 연좌데모를 했다. 그리고 학교로 돌아가려 할 때 의사당 앞에서 폭력단의 습격을 받아 1명이 사망하고 90명이 부상당했다. 다음날인 4월 19일 각 대학별로 총궐기 선언문을 낭독하고 중앙청으로 모였다. 오후 1시경에는 대학생 시위대에 고등학생, 시민들이 합세하여 10만 명의 군중시위로 확대되었다. 시위대의 구호는 "개인독재 반대", "이승만은 하야하라"는 것이었다.

오후 3시 정부는 서울 시내 일원에 계엄령을 선포하였다. 계엄사령관인 육군 참모총장 송요찬 장군을 비롯한 계엄군이 서울에 진주하여 일단 서울에서의 시위는 진압할 수 있었다. 이렇게 되자 우리 해병대사령부도 계엄령의 집행을 위해 병력 동원은 아니지만, 사태 추이에 따른 대책을 강구하지 않을 수 없었다. 계엄 하에서도 부정선거 규탄은 끊이지 않아 결국 서울에서 100여 명, 부산 19명, 광주 8명 등 전국 통계로는 사망 186명, 부상 6,026명의 참사가 발생했다.

뿐만 아니라 계엄하에서 4월 25일 오후 3시 전국 27개 대학 258명의 교수 대표가 서울 시내 동숭동 소재 서울대학교 교수회관에 모여 "대통령을 비롯한 여야 국회의원과 대법관은 3·15 부정선거와 사태에 책임을 지고 즉각 퇴진하고 재선거를 실시하라"는 등의 14개 조의 시국선언을 발표했다. 이어 400여 명의 교수들이 "4·19 의거에서 사망한 학생들의 죽음에 보답하자"는 구호를 내걸고 계엄 하에서 평화시위를 전개했다.

── 민주당 정권의 출범과 예고된 정국 혼란

이와 같은 교수단 데모에 고무된 서울 시민과 학생들은 주야를 불문하고 시위에 나섰고, 결국 1960년 4월 26일 이승만 대통령의 하야성명 발표에 이어 27일 국회에 대통령사임서가 제출·접수되었다. 4월 28일 이기붕 가족(부부와 두 아들)이 자살하고, 그리고 5월 29일 이승만 박사는 하와이로 망명하였다.

나는 해병대사령부 G-2 전략정보분석관의 지위에서 1960년 4월 19일 고려대 학생의 시위와 자유당 정권의 폭력 진압, 그 후 교수데모, 이승만 대통령의 하야를 보면서 '이 사건이 2~3년 전에 일어났다면 어찌되었을까?' 하는 생각을 했다. 내가 학생이었다면 아니 군인이 아니고 민간인이었다면 나도 저들 학생데모에 참가하지 않았을까, 아니 참가했을 것이라고 생각했다.

그 후 민주당 정권이 들어섰지만, 그들은 자신들이 아니라 시민과 학생의 힘에 의해 집권했다는 태생적 한계가 있었다. 나는 자유당 독재정권이 무너진 후 그 후과를 받아먹은 민주당 정권이었기에 민주화 요구를 비롯한 자유당 정권 타도에 대한 보상을 요구하는 학생과 시민단체의 압력에 직면할 수밖에 없을 것이라고 생각했다.

나는 국부(國父)로 추앙받으며 6·25 전쟁을 승리로 이끈 위대한 선각자인 이승만 대통령이 권력을 탐닉하는 이기붕과 그의 아내 박마리아

(이화대학 교수) 그리고 자유당 일당들의 부정선거로 인해 일거에 명예가 무너지고 권력을 잃는 것을 지켜보면서 정치와 권력에 대한 새로운 인식을 갖게 되었다. 역시 정직, 공정, 평등, 청렴, 신뢰, 자유, 민주 등의 덕목이야말로 국가의 지도자가 되겠다는 정치인이 지녀야 할 덕목이 아닐까 생각했다.

사회혼란기
해병대 전략분석관의 고민

1960년 4·19 혁명으로 이승만 정부의 제1공화국이 붕괴되고 민주당 정권의 제2공화국이 탄생했다. 그러나 「피의 화요일」로 불리우는 4·19 혁명 이후 우리나라는 건설적이고 평화적인 자유화·민주화로 이행되지 않았다.

1960년 6월 15일 실시한 제3차 개헌으로 대통령 중심제의 정치체제는 내각책임제로 바뀌었다. 그해 7월 29일 실시한 제5대 국회의원 선거에서 민주당은 233명의 민의원 중 175석, 58명의 참의원 중 31석을 획득하여 양원에서 압도적 의석을 차지했다.

곧이어 8월 12일 민의원과 참의원 합동의회에서 민주당 구파의 윤보선(尹潽善) 의원이 대통령으로 선출되어 다음날 취임했다. 이어 8월·17일 실시된 양원 합동회의에서는 민주당 구파인 김도연(金度演) 국무총리 인준이 부결되고, 이틀 후인 8월 19일 민주당 신파인 장면(張勉) 씨가 국무총리로 선출되어 8월 23일 장면 내각이 구성됨으로써 두 정파의 대표가 대통령과 총리로 취임하는 기이한 제2공화국이 출범했다.

── 장면 정권과 사회혼란 심화

내각책임제 하의 민주당 신파의 장면 내각은 출범과 동시에 당내

신·구 양파 간의 권력투쟁, 노장파와 소장파 간의 대립 등으로 인해 부정선거 관련자 처벌법, 부정축재자 특별처리법, 특별재판소 및 특별검찰부 설치법 등 혁명입법을 비롯한 지방자치제 실시와 같은 선거공약을 원만히 실행하지 못했다.

장면 내각은 일관된 정치이념을 제시하지 못하여 국민의 요구를 충족시키는 적극적인 정치개혁에 착수할 여력을 상실했고, 그 결과 출범 초기부터 무능, 무책임 정권이라는 비판을 받게 되었다. 그러다 보니 「경제개발 제일주의」는 한낱 구호로 끝나게 되었다. 물가가 38%나 급등했으며 실업률은 23.7%, 경제성장률은 인구증가율에도 못미치는 2.19%로 정체되었다. 국민의 불평·불만은 날이 갈수록 높아지고 정부에 대한 불신이 고조되었다.

그러다 보니 시민들은 다시 거리로 나와 연일 데모를 계속하였고 국회의사당의 단상은 상이군인들의 목발에 점령되었다. 서울을 비롯한 지방의 주요 도시는 각종 사회단체의 아우성이 끊이질 않았고 초등학교 학생들까지 데모행진에 참가했다.

이처럼 사회 전체가 혼돈의 도가니에 함몰되고 사회질서가 여지없이 유린되는 상황이 지속되자, 육·해·공·해병대의 청년장교들마저 장면 내각의 무능을 비난하는 공공연한 언동을 서슴지 않았다. 나 자신도 이런 군부 내 분위기에 휩쓸리고 있었다.

당시 해병대사령부 작전교육국장 문희석 대령은 해병 소위인 나를 영관급 장교와 장군들이 입교하는 국방대학원 강단에 세우기 위해 사령부 교회당에서 세 차례의 강의 예행연습을 시켰다. 나는 문 대령의 따뜻한 훈도를 받으며 「소련과 동구 사회주의 국가의 정세와 그 특징」에 관한 강의 준비에 골몰하고 있었다. 문 대령은 강의 예행연습 도중 "자네는 이런 시기에 우리 해병대의 전략적 임무가 무엇이라고 생각하는가?"라고 질문하시면서 내 생각을 물었다.

나는 해방 이후 대한민국 정부가 수립된 1948년까지의 정국에서 남로당이 어떤 폭력, 파괴 행동을 일삼았는가를 알고 있었기에 "우리 해병대는 국가 비상시 김포, 서해도서 그리고 문산까지의 한강과 임진강 연변 방어는 물론 부산, 인천 등 주요 항만과 경부·경인선 등 주요 철도를 방어하는 전략 기동타격 부대로서의 임무를 다해야 한다고 생각합니다"라고 대답했다.

─── 국가비상시 해병대의 전략적 임무

나는 장면 내각 출범 이후에도 여전히 해병대사령부의 전략정보분석관으로 근무하고 있었다. 다만, 1960년대 전개되는 정치·사회적 혼란을 지켜보면서 비록 정보분석관이라는 군사정보를 담당하고 있지만, 그렇다고 하루가 다르게 기존 사회질서가 붕괴되는 파열음을 들으면서 이러한 정치·사회현상이 우리 군에 미칠 영향을 고민하지 않을 수 없었다. 특히 공산당의 혁명전략을 연구해온 나로서는 '국내 정치·사회현상과 군의 역할은 무관할 수 없으며, 북한정권은 쾌재를 부르며 이러한 남한정세를 관망하고 있을 것이다'라고 생각했다.

당시 내가 주목하고 있던 문제는 다음과 같은 것이었다.

첫째, 한국사회당, 사회대중당, 통일사회당 등 진보적 정치인과 지식인들의 결사와 정당이 우리나라 안전보장에 어떤 영향을 줄 것인가? 이들이 마르크스주의자나 해방정국 시의 남로당과는 분명히 구분되는 사회민주주의 정당인 것은 확실했다. 다만, 반공, 보수세력의 강력한 정치체제가 온전히 유지되지 못하고 국가의 안전보장이 흔들릴 경우 '만약 이들이 사회민주주의 노선을 주장하고 반(反)보수 정치개혁운동을 전개한다면 그들 속에 김일성 일당의 개입 가능성이 없겠는가?' 하는 것이었다.

둘째, 노동조합 내부에서 일고 있는 이른바 어용노조(자유당 정권의 앞잡이) 제거를 위한 노조민주화 투쟁이 어떤 방향으로 나갈 것인가? 부산 부두노조를 비롯한 인천 자유노조, 철도노조, 한전노조 등이 대한노총(대한독립촉성전국노동총동맹)의 보수계를 추방할 경우 한국 노동운동의 좌경화는 급속히 진행될 것이고, 이런 노조 내부의 변화를 틈타 '과거 남로당의 전위조직이었던 전평(조선노동조합전국평의회)의 잔여세력이 내부에 침습하여 노동운동을 좌편향으로 이끌지 않을까?' 하는 염려였다.

1960년 5월 보수계인 대한노총과 구별되는 「전국노동조합협의회」(전국노협)가 결성되었다. 이미 4·19 혁명 직후인 4월 29일 「대구교원노동조합」이 발족하였으며 5월 22일에는 대구·부산·서울의 초·중·고 교사와 대학교수 300여 명이 「한국교원노조연합회」를 결성하고 자신들이 어용화한 「대한교육연합회」를 대신할 민주적 전국 교원조직이라고 주장했다.

장면 정권은 이 교원노조가 국가공무원법과 교육공무원법을 위반한 조직이므로 즉각 해체할 것을 명령했다. 그러나 이들은 이를 거부하고 가두로 나와 교원의 경제적·사회적 권리 향상, 학원의 자유와 민주화 그리고 민주국가 건설로 세계평화에 공헌 등 3개 정강을 제시하며 정부와 대립각을 세웠다.

이외에도 1960년 5월 15일 『대구일보』 기자와 기능공들이 「대구일보 노동조합」을 결성하였고, 이를 시발로 6월에는 『연합신문』, 『평화신문』 등 몇 개 언론사가 언론노조를 결성했다. 나는 이러한 각종 노조에는 응당 좌편향의 인물들이 민주화를 명분으로 잠입할 것을 우려하지 않을 수 없었다.

셋째, 급속히 확산되는 통일운동이었다. 1960년 11월 「서울대학교민족통일연맹」이 결성되면서 4·19혁명 정신을 민족통일운동으로 승화시켜야 한다는 청년 대학생들의 비현실적 주장이 급속히 확산되었다. 다음 해인 1961년 2월에는 성균관대학을 비롯한 전국 10여개 대학에서 「민족통일연구회」가 발족하고, 5월에는 전국 17개 대학 대표 54명이 참가하여 '민족통일전국학생연맹준비대회'가 개최되었다.

이 대회에서 발표한 공동선언문은 "세계사적 현 단계의 기본특징은 식민지·반식민지의 민족해방 투쟁의 승리이다. 이와 같은 기본특징을 전제로 하여 우리 사회는 이조(이씨 조선)와 일제 통치의 유산인 식민지·반식민지·반봉건의 양상들을 시정해야 한다. 4월 혁명이 승리한 지금이야 말로 민족 대중세력은 매판 관료세력을, 통일세력은 반통일세력을, 그리고 평화세력은 전쟁세력을 압도할 수 있는 기반이 조성되었다. 따라서 지금이야말로 남은 문제는 결정적 타격에 의해 통일을 완수하는 것이다"라고 주장하였다.

그 구체적 방법으로 제시한 것이 남북학생회담 개최이고 이를 위해 정부는 모든 편의를 제공해야 한다는 것이었다. 이들 대학생들의 주장은 1960년대의 한국을 식민지, 반식민지 상태로 보는지 또는 타도해야 할 매판 관료집단이 누구인지 명백히 밝히지는 않았으나, 그 논리가 해방 후 남로당이 제시했던 투쟁구호와 크게 다른 것이 없었다. 도대체 남북학생회담을 통해 통일은 「반미·반민족 해방투쟁」인 동시에 사회주의와 자본주의 혁명과 반혁명 사이의 치열한 계급투쟁이라는 북한 노동당의 통일전략을 제압할 수 있다고 생각하는지 지극히 비현실적인 주장이었다.

이러한 청년학생들의 통일운동에 대해 장면 정권은 불법행위로 규정하고 민족자주통일중앙협의회(민자통) 주최 '남북학생회담 환영 및 통일촉진궐기대회' 개최를 불허하는 결정을 내렸다. 나는 북한의 대남전략, 남로당의 통일전선 주장의 첫 머리만 읽어봐도 자신들의 주장이 얼마나 허황된 주장인가를 알 수 있을 것인데, 어찌하여 장면 내각의 고위관료들은 이런 설득 노력을 하지 않는가 개탄했다.

── 군대는 본연의 임무에 충실해야

이외에도 나는 군부 내에서 일고 있는 숙군(肅軍)운동에 주목했다. 1960년 5월 육군에서 김종필, 김형욱, 길재호, 오치성 등 육사 8기생(중령급) 8명의 모의가 있었다. 이들의 요구로 계엄사령관 겸 육군참모총장인 송요찬 중장이 사임했다는 사실이 우리에게도 전해졌다. 곧이어 해병대 제1사단장이었던 김동하(金東河) 준장이 해병대사령관인 김대식(金大植) 중장의 해임을 건의함으로써 우리 해병대에서도 숙군운동이 전개되었다(얼마 후 김대식 사령관이 그만두고 김성은 중장이 사령관으로 임명되었다).

이처럼 전국 각계각층 심지어 군부에서조차 하루도 편한 날이 없는 시대가 장면 정권 9개월 내내 지속되었다. 이러한 국민의 정치·사회 개혁운동과 청년 대학생들의 통일운동은 대한민국의 자유민주주의 체제를 혼돈의 도가니로 빠져들게 하고, 결국에는 반체제운동으로 변질될 위험을 드러내게 될 것이 자명한 상황이었다. 때문에 장면 정권은 「반공법」을 제정하여 무원칙한 반체제 주장을 억제하기도 하였고 「데모규제법」을 제정하여 사회 안정을 기하려 하였다.

그러나 1961년 2월 이 두 개의 법은 「2대 악법」으로 규정되어 강력한 반대투쟁에 직면했다. 혁신정당을 중심으로 해방 후 정부의 탄압으로 희생되었다는 「피학살자 유족회」, 「민주민족청년동맹」, 「통일민주청년

동맹」, 「전국교원노조연합회」 등이 전개한 '2대 악법 반대 공동투쟁'을 제압하지 못하고 정부 스스로 법제정을 유보한다고 발표했다.

이러한 좌익세력의 주장을 보면서 육·해·공군 그리고 해병대는 각기 자신들이 담당해야 할 임무를 숙고하지 않을 수 없었다. 나는 대학생들이 판문점 학생회담 개최를 위해 서울-문산 가도로 접근해올 경우 필연적으로 해병대 작전 구역을 통과할 수밖에 없을 것이며 그 경우 반드시 김촌 일원에서 강제 저지선을 선정하고 막아야 한다고 생각했다. 그러나 청년 학생들의 판문점 행차가 실시되기 전에 「5·16 군사혁명」이 일어나 판문점 학생회담은 중단될 수밖에 없었다. 참으로 다행이었다.

이런 의미에서 「5·16 군사혁명」 소식을 들은 윤보선 대통령이 "올 것이 왔다"라고 말한 한마디가 바로 장면 정권 9개월의 상황을 상징적으로 표현한 명구라고 생각했다. 나는 장면 정권을 경험하면서 이런 정치적·사회적 혼돈의 시대는 한 번의 경험으로 족하며 다시는 반복되어서는 안 된다는 신념을 간직하는 계기가 되었다. 다시는 국내 문제로 해병대의 전략적 임무를 생각하는 일은 없기를 기원한다.

「올 것이 왔다」

5·16 군사정변

1961년 5월 16일 아침 6시 30분, 나는 평시처럼 세 살짜리 아들 정욱과 아직 100일도 지나지 않은 딸 정은에게 뽀뽀인사를 하고 아내의 환송을 받으며 집을 나섰다. 수색에서 오는 해병대사령부 통근버스가 응암동 버스 정거장에 도착하는 시각이 대체로 6시 40분경이기 때문이다.

── 출근길에 접한 「5·16 군사혁명」 소식

그런데 버스에 탑승하자 항상 옆자리 창가 편에 앉은 김 대위님이 귓속말로 속삭이듯 말했다. "저 운전병 얘기가 사령부를 김포 주둔 우리 해병여단 병력이 점령했다고 말하는데…" 하는 것이었다. 내 상식으로는 상상할 수 없는 일인지라 놀라면서 "도대체 무슨 소립니까? 왜 김포여단 병력이 사령부를 점령한다는 말입니까?"라고 물었다. 그러자 그는 "그래, 도저히 생각할 수 없는 일인데 출근해 보면 알겠지…"라고 말했다.

풀리지 않는 수수께끼 같은 이 말을 되뇌이며 홍제동을 지나 서울역을 거쳐 후암동 사령부에 도착했다. 정문 앞에 이르자, 버스 안의 장교와 하사관이 일제히 일어나 차창 밖을 내다보았다. 정말이다. 완전무장한 1개 소대 규모의 병력이 청사를 향해 기관총을 거치하고 출근버스를

1961년 「5·16 군사혁명」에 참가한 해병여단 병력

응시하고 있었다. 탑승자들은 청사 앞 연병장에 세운 버스에서 내려 정
문 쪽을 바라보며 계단을 올라 각기 자기들 근무처로 향했다.

　나도 청사 2층 정보국, 우리 방에 들어가 조용히 자리에 앉아 선배 장
교들을 쳐다보았다. 그러나 옆자리의 고삼석 대위를 비롯하여 모두가
의아한 표정일 뿐, 누구도 정확한 상황을 아는 사람은 없었다. 이봉출
국장님(베트남파병 청룡부대장 당시 대령)실은 비어있었다.

　한 시간 여가 지났을 때 사령관실에서 회의를 마친 국장님이 들어왔
다. 들어오라는 말도 없었는데 10여 명의 G-2 장교들이 우르르 몰려 국
장실로 들어갔다. 그랬더니 이 국장이 회의 탁자에 앉으시며 입을 열었
다. "오늘 아침 새벽 5시경 군사혁명군의 주동자 중 한 분인 김윤근(金潤
根) 여단장이 병력을 이끌고 한강을 넘어 서울에 진입했는데, 동원된 병
력은 대대 규모이고 이 병력의 지휘관은 오정근 대대장(吳定根, 해간 3기·

중령)이다. 여러분은 이 엄청난 사건에 신중히 대처해야 하며 경솔하게 중언부언하지 말라. 이것이 김성은 사령관의 언명이다"라고 굳은 표정으로 말했다. 그러면서 오늘 아침 KBS에서 발표했다는 성명서 몇 장을 내놓으셨다.

우리들은 이 성명서를 받아들고 말없이 국장실을 나왔다. 나는 고삼석 대위가 들고 나온 '혁명군의 성명서'를 받아 읽었다. 그 전문은 다음과 같은 것이었다.

친애하는 애국동포 여러분!

…군부가 궐기한 것은 부패하고 무능한 현 정권과 기성 정치인에게 더 이상 국가와 민족의 운명을 맡겨둘 수 없다고 단정하고 백척간두에서 방황하고 있는 조국의 위기를 극복하기 위한 것입니다.

군사 혁명위원회는

一. 반공을 국시의 제1로 삼고, 지금까지 형식적이고 구호에만 그친 반공체제를 재정비 강화한다….

一. 절망과 기아선상에서 허덕이는 민생고를 시급히 해결하고 국가 자주경제 재건에 총력을 경주한다.

一. 민족적 숙원인 국토통일을 위하여 공산주의와 대결할 수 있는 실력 배양에 전력을 집중한다.

一. 이와 같은 우리들의 과업이 성취되면 참신하고도 양심적인 정치인들에게 정권을 이양하고 우리는 본연의 임무로 복귀할 준비를 갖춘다….

오전 중 계엄령이 선포되었다는 전갈이 왔다. 점심식사 후 2층 근무실에서 정문 쪽을 바라보니 아침 출근 때 배치되었던 김포여단 해병들의 모습은 보이지 않았고 거치했던 기관총도 사라지고 없었다. 혁명군에 가담하여 동원했던 해병대 병력이 철수한 것이다. 사령부는 평상시의 모습으로 돌아왔다.

─ 군사혁명 상황에 대한 정보 파악

그러나 G-2 장교들의 염려는 김포여단 병력이 빠졌으니 김포지역 방위작전 임무는 누가 어떻게 책임지고 수행하고 있는가 하는 것이었다. 오후가 되자 걱정했던 김포지역 작전상황에 대한 정보가 입수되었다.

혁명군 핵심세력의 한 사람인 김윤근(金潤根) 여단장이 출발 전 박승도(朴承道) 제2연대장과 정태석 작전참모를 여단장실로 불러 "나는 오정근 중령의 대대병력을 이끌고 서울로 갈 터이니 박승도 연대장이 여단장 대리를 맡고 정태석 작전참모가 참모장 임무를 맡아 우리 여단에게 부여된 김포지역 작전 임무를 수행하라"고 명령하였기 때문에 김포전방의 방어임무는 염려하지 않아도 된다는 것이었다.

한편 한강을 넘어온 대대병력은 오정근 대대장의 지휘 하에 내무부, 치안국 그리고 서울시내 주요 경찰서를 점령했는데 어떤 저항도 없어 단 한 명의 부상자도 없었으며, 오늘 아침 사령부 정문에 배치되었던 보병 부대는 혹시 있을지도 모를 반혁명군의 서울 진입에 대비한 수도 방위 임무를 수행하기 위해 혁명군 지휘부의 명령에 의해 경복궁에 주둔하였고, 전차중대는 남산에 건축예정인 국회의사당 부지 옆길과 남대문 근방에 분산배치 중이라는 것이었다.

이 소식을 듣고 사령부 G-2 근무 장교뿐만 아니라 사령부 근무 모든 장병이 안도의 한숨을 내쉬었다.

오후 5시, 근무 종료시간이 되었으나 비상계엄령이 발령되었으니 사령부 근무 요원들의 퇴근은 어렵게 되었다. 오늘밤은 사무실에서 지샐 수밖에 없었다. 그런데 우리 집에는 전화가 없다. 그러니 아내에게 퇴근할 수 없다는 사실을 전할 길이 없었다. 그러나 오늘 하루종일 군사혁명 방송이 계속되었고 서울시민 모두가 이 엄청난 소식을 알고 있을 터니 집사람도 듣고 내가 퇴근하지 못하는 사실을 짐작할 것이라 생각했다.

5월 17일 아침, 구내식당에서 아침 식사를 하고 아침 일찍부터 육군본부로부터 어젯밤 이후 입수한 정보 상황이 전달되어 G-2 근무자 전원이 모여 검토했다. 육군본부를 중심으로 혁명군 측의 설명이 있었고, 이에 대해 해·공군 참모총장과 해병대 사령관이 양해했다. 다만, 아직도 미 8군 사령관 매그루더 장군의 거부태도가 문제라든가, 오전중 장도영 육군참모총장과 혁명 주도자인 박정희 소장이 청와대 윤보선 대통령을 찾아뵙고 군사혁명의 불가피성을 설명했다든가 하는 정보였다.

G-2 장교들은 대체로 군사혁명이 성공했다는 결론을 얻었으나 그렇다고 완전한 성공으로 단정하지는 못했다. 이 날 내내 사령부에서는 별다른 동요 없이 평온한 시간을 보냈다. 5월 18일 오전 중 대대병력을 이끌고 한강을 건너온 김윤근 여단장이 김성은 사령관을 방문하여 그 간의 행동을 보고했다. 그 자리에 임석했던 이봉출 정보국장이 전하는 말은 "우선 사령관의 허가 없이 일부 전투병력을 이끌고 혁명군에 가담한 것을 양해해 달라는 이야기가 있었다"고 했다.

김윤근 여단장이 돌아간 이후부터 우리는 군사혁명위원회의 동향에 대한 정확한 정보를 입수할 수 있었다. 군사혁명위원회의 실권자는 장도영 육군참모총장이 아니라, 박정희 소장이며 그 휘하에 가장 핵심적 역할을 담당하는 사람은 김종필 예비역 중령(육사 8기생)이고, 혁명 참가 부대는 해병여단 외에 육군 공수부대, 육군 30사단, 6군단 포병단이며, 5월 17일 박정희 소장의 요구로 육군 제5사단(채명신 준장)과 제12사단

(박춘식 준장)의 연대 병력이 가담했다는 것이었다.

한편 이 때부터 우리는 혁명군에 가담한 해병대원과 자유로이 접촉할 수 있었다. 놀랍게도 이 해병 혁명군에는 내 평양고급중학교 동창생인 이규학 대위가 대대 참모로, 정인형 대위가 중대장으로 그리고 나의 해병학교 26기 동기생인 윤양수 중위가 소대장으로 참가하고 있었다. 이들 세 명은 경복궁 내 주둔 병력과 함께 있었다. 나는 이들을 직접 면회했으나 혁명에 대한 이런저런 얘기를 나누지 않은 채 G-2에 입수되는 정보로 군사혁명위원회의 동향을 파악했다.

그로부터 이틀 후인 5월 20일 중요한 정보가 입수되었다. 어제 5월 19일 이번 군사혁명의 핵심인물이고 혁명 전반을 기획한 김종필 예비역 중령이 군사혁명위원회에서 차후 대책을 브리핑했다는 것이었다. 그 내용은 대략 다음과 같은 것이었다.

첫째는 군사혁명위원회라는 명칭은 군대식이어서 매우 딱딱하다. 국민에게 신선한 인상을 주기 위해서 「국가재건최고회의」라는 이름을 사용하면 어떨까 생각한다. 국가재건은 진정한 민주국가를 재건한다는 뜻이고, 최고회의는 합의체의 최고 통치기관을 의미한다. 국가재건최고회의는 행정, 입법, 사법의 삼권을 장악하지만, 입법은 직접 담당하되 행정부와 사법부는 감독권만 행사한다.

두 번째는 국가재건최고회의의 직속기관으로서 「중앙정보부(KCIA)」를 신설한다. 중앙정보부는 국가안보에 관한 국내외의 정보를 수집·분석하고 검찰, 경찰, 육·해공군의 대공사찰 기능을 통제해서 업무 중복을 예방할 뿐 아니라 날로 증대하는 북한의 간접침략 위협에 대처한다. 지금까지 대공사찰 업무가 각 기관의 과도한 업적쌓기 경쟁으로 인해 업무 중복이 많았던 것은 사실이다.

세 번째는 국민정신과 생활을 혁신하는 국민운동을 추진하기 위해 국가재건최고회의 직속기관으로 「재건국민운동본부」를 창설한다. 각 도에 지부를 설치하고 군, 면, 동에도 「촉진회」를 두게 한다. 본부장으로 유진오(兪鎭午, 당시 고려대학교 총장, 헌법학자, 1951년 한일회담 대표) 박사 같은 국민의 존경을 받는 분을 모셔서 운동을 전개하면 틀림없이 많은 국민이 재건국민운동에 호응하리라 생각한다는 등이었다.

이 정보를 읽으면서 '이제부터 군사혁명위원회가 본격적인 혁명 임무 수행에 나서는구나' 하고 생각했다. 예상대로 5월 22일 군사혁명위원회 본회의에 「국가재건기본법」이 상정되었고 심의 절차를 거쳐 법률로 제정, 공포되었다. 23일부터 군사혁명위원회는 국가재건최고회의라고 이름을 바꾸었다. 중앙정보부와 재건국민운동본부도 각각 입법 절차를 거쳐 신설되었다.

── 중앙정보부 창설 요원으로 선발

이처럼 5·16 이후 1주일이 경과하는 동안 혹시나 반혁명군이 서울로 진입하여 국군 사이에 충돌이 일어나지 않을까 하는 염려는 한낮 기우였다. 비상계엄 하에서도 교대로 출퇴근이 허용될 정도로 안정을 되찾고 있었다. 그런데 5월 말로 기억한다. 이봉출 국장이 사령관실에서의 회의를 끝내고 방으로 돌아오자마자 나를 불렀다. 나는 무슨 일인가 하고 국장실로 들어갔다.

이 국장님은 "강 중위가 국가재건최고회의에서 결정한 중앙정보부 창설 요원으로 선발되었으니 오늘 중에 국회의사당(현 서울시의회 건물) 건너편 건물에 가서 관계자들을 만나라. 이 명령은 사령관이나 내가 내린 것이 아니라 저쪽의 요구야…"라고 말씀하였다. 이 말을 듣고 당황한 나는 "왜 제가 선발되었습니까? 나는 김윤근 여단장이나 오정근 대대장 밑에

충무로에서 남산으로 올라가는 길(예장동)에
조선총독부가 설치한 통위부 건물 (중앙정보부 2국 소재)

서 근무한 적이 없습니다. 그렇다고 육군의 어느 누구도 접촉하지 않았습니다. …이해할 수 없습니다…"라고 말했다. 그랬더니 이봉출 국장은 "자네는 소위 계급이면서 영관장교와 장군들이 교육받는 국방대학원에서 강의했으니 그 때 자네를 좋게 본 분들이 추천한 것 아닐까? 그쪽의 요구라 해병대로서는 거부할 수 없으니 우선 가보게…"라는 것이었다.

나는 이날 오후 국회의사당 앞(지금의 서울신문사 옆 파이낸스센터 빌딩자리) 검붉은 2층 건물로 찾아갔다. 그런데 중앙정보부라는 그림자도 찾을 수 없었다. 나는 허탕치고 후암동 사령부로 돌아와 자초지종을 국장님께 보고했다. 그리고 3~4일이 지났을 때 다시 국장님의 부름을 받아 국장실에 갔더니 "중앙정보부 청사는 남산 예장동의 옛날 통위부(미군정 시기 군사 업무를 통괄하여 맡아보던 관청) 건물이라고 하니 그 곳으로 가보게…"라는 것이었다.

나는 다시 구 통위부 건물(지금의 대한적십자사 건물 건너편)을 찾아갔다. 허름한 왜정 때 지은 건물이었다. 4~5명이 분주히 아래 위층을 오르

내리고 있었다. 나는 그 중 한 명에게 "해병사령부 G-2의 강인덕 중위입니다. 부르심을 받고 왔습니다"라고 했더니 즉각 2층으로 안내해 주었다. 나는 그 중 윗사람으로 보이는 분에게 "해병대사령부 G-2의 강중위"라고 했더니, 환하게 웃으며 "잘 왔네, 강 중위. 내가 해외정보국 창설을 맡은 석정선(石正善) 예비역 중령일세"라고 신분을 밝혔다. 이어함께 있던 3~4명에게 소개했다. 그러면서 석정선 씨는 "나도 평양사람이야. 평사(평양사범학교)를 나왔소. 자네는 평고(평양고보) 출신 아닌가. 우리 같이 손잡고 위대한 한국의 중앙정보부를 세워보세…"라고 말씀하시는 것이었다.

이미 나에 대한 신원조회가 끝난 듯이 보였다. 그리고는 해외정보국 편성표를 펼쳐 보이면서 "여기에 추가할 의견이 있는가? 검토해보게"라는 것이었다. 얼핏 보니 총무과, 시사정보과, 지역분석과 등 3개 과와 국장실 그리고 보좌관으로 편성한 것이었다. 나는 별 의견이 없다고 답하면서 "핵심은 우리의 적인 북한 정보의 수집·평가에 중점을 두어야하지 않겠습니까?" 정도로 간략히 말했다. 물론 석국장의 의견도 나와같았다. 그 역시 육군본부 정보국 출신 정보장교였기 때문이다.

그날 오후 사령부로 돌아와 이 국장에게 중앙정보부 해외정보국 창설 중에 있는 육군예비역 중령 육사 8기생 석정선 국장을 만났다는 사실과 내일부터 그곳으로 출근하라는 지시를 받았다고 보고했다. 이봉출 국장은 "전출명령은 나중 문제이니 우선 내일부터 그곳에 출근하라"고 지시했다.

이리하여 나는 「5·16 군사혁명」이 성공하던 바로 그 때 막강한 권력 기관이 될 중앙정보부로 전입하게 된 것이다. 그렇다고 「5·16 군사혁명」의 정당성에 대해서는 확고한 신념을 갖고 있는 것은 아니었다. 군대는 마땅히 정치적 중립을 지키고 국가의 안전과 국토방위 임무를 수행해야 한다. 아무리 장면 정권 9개월간의 정치가 잘못되었다 하더라도 선거를 통해 국민의 뜻에 따라 진퇴여부를 결정해야 한다. 이처럼 군대의 힘으로 정권이 교체되는 것은 옳지 않다. 공산독재가 싫어 월남한 나로서는 '군사혁명이 자유민주주의 정치체제를 부인하는 결과 아닌가?' 하는 생각을 갖고 있었다.

그러나 내가 원한 바도 아닌 군의 명령에 의해 군사혁명의 중추기관인 중앙정보부에서 근무하게 되었으니 유구무언의 자세로 명령에 순응할 수밖에 없다고 생각했다. 이 때부터 16년간의 중앙정보 분석관으로서의 새로운 생활이 시작되었다. 그렇다고 문희석 대령이 권고했던 군사전략 연구를 중단할 이유는 전혀 없었다. 정보와 군사는 표리관계를 형성하고 있기 때문에 나는 군사전략연구를 계속하기로 했다.

이날 저녁 나는 아내에게 그 간의 상황을 전하면서 내일부터 중앙정보부 해외정보국 청사가 있는 남산으로 출근한다고 말했다. 아내는 그저 담담히 듣고 있을 뿐 명령이라면 따를 수밖에 없지만 앞으로도 지금처럼 정시 출퇴근하며 집안의 안정이 유지될 것인지 약간의 불안감을 느끼는 것 같았다.

그날 밤 나는 '성공한 쿠데타'인 「5·16 군사혁명」이 우리나라의 역사에 어떻게 기록될지 알 수 없지만, 양심적이고 청빈한 군인들이 정권을 잡았으니 그저 자유롭고 민주적이고 풍요한 이 나라 건설에 몸 바칠 것을 바랄 뿐이라는 생각을 하면서 스스로 자위했다. 그러나 솔직히 말해 새로운 기관에 근무하게 된 불안감을 좀처럼 떨쳐버릴 수 없었다. 그날 밤새 잠을 이루지 못하고 편안히 잠자는 두 아이를 번갈아 바라보며 새벽을 맞이했다.

「5·16 혁명」과
중앙정보부 창설

1961년 6월 초순까지 중앙정보부의 기구 편성과 기능 그리고 근무 요원 선발이 대강 마무리되자 6월 10일 중앙정보부 창설이 공포되었다. 여기에서 초대 중앙정보부장으로 임명되었던 김종필 부장의 증언을 곁들어 중앙정보부의 창설 경위와 그 역할을 간략히 기술한다.

── 중앙정보부의 역할

위에서 기술한 바와 같이 중앙정보부의 창설은 1961년 5월 16일 군사혁명 3일후 혁명 주도세력들이 이제는 혁명이 성공했다고 확신한 바로 그 때 창설되었다. 장도영 육군 참모총장이 군사혁명 주동자인 박정희 소장의 요청을 받아들여 군사혁명위원회 의장에 취임하고, "이제는 혁명이 성공했다"고 판단했던 5월 19일 육군본부에서 김종필 예비역 중령이 군사통치기구의 구상을 브리핑하면서 창설된 것이다.

브리핑에서 김종필은 "국가재건최고 회의의 직속기관으로 중앙정보부(KCIA)를 신설한다. 이 기관은 국가안보에 관한 국내외 정보를 수집·분석하고 검찰, 경찰, 육·해·공군의 대공 사찰 기능을 통괄해서 정보수집 노력의 중복을 예방할 뿐 아니라 날로 증대하는 북한의 간접침략 위협에 대처하는 임무를 수행한다"고 설명했다.

1961년 5·16 당시 김종필 씨, 초대 중앙정보부장으로 취임

김종필 씨는 당시의 상황을 자신의 회고록에서 다음과 같이 기술하고 있다.

"5·16 혁명의 성공으로 나는 '혁명 설계자'의 임무는 마쳤다. 이젠 혁명 정부를 뒷받침하는 보조자 역할에 충실하기로 했다. 국가 개조라는 큰일을 이루려면 악역도 필요하다. 혁명 정신, 궐기의 뜻을 아는 사람이 그 일을 주도해야 한다. 남들은 해가 돌아올까 두려워서 주저했다. 내가 다시 나설 수밖에 없었다. 그것이 중앙정보부를 만들고 초대 부장이 된 이유이다.

5월 19일 혁명위원회가 중앙정보부가 포함된 통치체제안을 통과시켰다. 다음날 나는 장도영 최고회의 의장 명의로 중앙정보부장에 임명됐다. 정보부 창설을 위해 먼저 한 건 우수한 두뇌들을 끌어모으는 일이었다. 이영근(중령), 서정순(중령), 김병학(중령), 고제훈(예비역 중령)을 불렀다.

육군본부 정보국에서 나와 함께 일했던 육사 8기 동기생들이다. 거사에 참여하라는 제안을 거절했던 석정선(육사 8기, 예비역 중령)도 데려왔다. 머리가 좋은 친구들이었기 때문이다. 중앙정보부 창설 팀은 서울 시내 여관을 옮겨 다니며 일했다. 5월 23일 태평로 서울신문사 옆 국회별관(지금의 파이낸스센터 빌딩)에 정식으로 사무실을 열었다. 최고회의 건물 맞은편이다.

중앙정보부의 기본 아이디어는 미국 중앙정보국(CIA)에서 따왔다. CIA는 국가의 모든 정보기관을 총괄·조정한다. 수집된 첩보·정보를 조사·분석한 뒤 고급 정보로 숙성시켜 대통령에게 제공하는 것이다. 우리나라도 CIA같은 정보기관이 필요했다.

하지만 그것만으로 충분치 않았다. 혁명의 특수 상황 때문이다. 혁명정부는 이제 출범했다. 아직 뿌리를 단단히 박지 못한 상태였다. 외부세력이 혁명에 반기를 들고 일어난다면 얼마든지 흔들릴 수 있었다. 별 사람이 다 와서 혁명 과업을 찝쩍거리고 훼손하려 했다. 그래서는 어렵고 산적한 혁명과업을 과감하게 추진해 나갈 수 없다. 그런 것을 막고 혁명정부를 보호하는 역할을 수행해야 했다. 북한의 위협에도 대비해야 했다.

중앙정보부에 수사권을 부여하자! 혁명의 정착을 효과적으로 보조하려면 힘이 있어야 한다. 여러 고려와 고심 끝에 내가 내린 결론이었다.”

── '음지에서 일하고 양지를 지향한다'

그의 증언은 계속된다.

“나는 중앙정보부 부훈을 지었다. 미국 CIA 표어는 '진리를 알지니, 진리가 너희를 자유롭게 하리라'이다. 성경 구절에서 인용한 모토다. 나는

중앙정보부 부훈인 '음지에서 일하고 양지를 지향한다'

정보기관이 무엇을 하고 어떤 곳인지를 간결하게 표현하기로 했다. 그래서 만든 부훈이 이것이다. '우리는 음지(陰地)에서 일하고 양지(陽地)를 지향한다'였다.

6월 10일 중앙정보부 정식 창설식을 가졌다. 정보부 조직은 두 명의 차장 아래 4개국 체제로 구성했다. 행정관리차장은 이영근, 기획운영차장은 서정순이 맡았다. 제1국장(총무) 강창진, 제2국장(해외) 석정선, 제3국장(수사) 고제훈, 제5국장(교육) 최영택을 임명했다. 부설 조직으로 정책연구실을 만들었다. 최규하, 김정렴, 김학렬 등 관료 출신과 윤천주(고려대), 김성희(서울대), 강상운(중앙대) 교수 등 23명의 위원이 참여했다.

정보요원은 육군본부 정보국과 방첩대(CIC), 첩보대(HID), 헌병대(CID) 출신 중 정보업무를 해본 사람을 선택했다. 검찰과 경찰의 정보수사 요원도 추천받았다. 선발 기준은 '얼마나 경험이 있느냐'였다.

선발 못지않게 교육이 중요했다. 정보부 설립 뒤 서둘러서 이문동(里門洞)에 정보학교를 세웠다. 요원들은 거기서 교육을 받아야 본부에서 근무할 수 있었다. 교육 과정에서 능력이 떨어진다고 판단되면 원대 복귀시켰다…." (『김종필 증언록』 pp. 134~137)

위 김종필 초대 부장(창설자)의 증언에서 명백해진 바와 같이 중앙정보부는 탄생부터 5·16 혁명세력이 밝힌 혁명공약 수행과 부패·무능한 전 정권의 근원적인 쇄신을 위한 강력한 권력기관으로 출발했다. 때문에 「5·16 군사혁명」의 주도자 박정희 대통령이 서거할 때까지 중앙정보부는 지속적인 권력투쟁의 한 복판에서 정국의 휘몰아치는 삭풍을 정면으로 받아안으며 그 돌파를 선도하지 않을 수 없었다.

중앙정보부 해외정보국
시사정보과 보직

1961년 6월 10일 중앙정보부가 공식 출범한 직후 나는 해병대사령부 G-2에서 중앙정보부 제2국—해외정보국 파견 명령을 받았다. 해외정보국(제2국)의 국장은 석정선 예비역 중령이고 나와 같은 고향인 평양 사범학교 출신이었다. 제2국의 편성은 총무과, 시사정보과, 분석과(지역)의 3개 과로 편성되었다. 해외정보국의 총 인원은 30~40명 내외였다. 나는 시사정보과에 배치되었는데 과장은 김동립 씨(후일 『일요신문』 창설)였다. 시사정보과의 인원은 5~6명 정도에 불과했다.

시사정보과의 임무는 그날그날 입수되는 통신이나 신문 등 세계 각국의 공개 정보 중 7~8건의 주요 사건을 선택하여 요약하고, 혁명정부가 취해야 할 대책의 기본방향을 부기하는 정보보고서를 작성하는 것으로 나에게는 지극히 수월한 직책이었다. 위에서 기술한 대로 1955~1958년 대학 재학중 치안국에서 터득한 공산주의에 관한 지식이 있어 공산권이나 북한정세 분석에 큰 도움이 되었기 때문이다.

── '북한의 통일전선 형성을 저지하라'

중정 제2국 시사정보과에서 근무한지 얼마 되지 않아 해병대사령부 정훈감실에서 『해군·해병』지(誌)에 '5·16 혁명과 대공 태세'에 대한 원고 청탁을 받았다. 나는 군사혁명이 성공하고 혁명 공약 제1항 "반공을 국시의 제일의로 삼고 지금까지 형식적이고 구호에만 그친 반공태세를 재정비 강화한다." 제5항 "민족적 숙원인 국토 통일을 위하여 공산주의와 대결할 수 있는 실력 배양에 전력을 집중한다"라고 명기했음을 지적하고, 이 공약의 전략적 과제가 바로 전통적인 공산당의 적화전략인 「통일전선 형성」을 저지하는데 있음을 강조하는 간단한 논고를 「간접침략의 전략전술 : 역사·이론·전술의 해부」라는 제목으로 1961년 8월 호 『해군』지에 게재했다. 그 요지는 다음과 같다.

(전략) …마르크스는 1848년에 "공산주의자들은 그들의 목적이 종래의 모든 사회 주체의 폭력적 개조에 의하여서만이 도달될 수 있음을 공공연히 선언하는 바이다"(『공산당선언』)라고 하였으며, 레닌은 "국가가 계급적 형태의 불상용적 산물이라면 노예화된 계급의 해방이 폭력혁명 없이는 불가능하리라는 것은 자명하다"(『국가와 혁명』)라고 하였다.

그러나 그들은 오로지 폭력혁명에 의해 공산혁명이 이루어지는 것이 아니라 평화적 방법에 의하여 목적을 달성할 수 있음을 부인하지 않았을 뿐만 아니라, 혁명전술은 "최대한의 융통성을 발휘하지 않으면 안 된다"고 하면서 평화적 방법에 의하여 의회를 통한 공산화의 가능성을 시사했다.

이처럼 평화적 방법에 의한 혁명전술, 즉 폭력 사용의 전(前) 단계의 전술이 바로 「인민전선전술」─간접침략의 기본전술이다. 그러면 「인민전선전술」의 특징은 무엇일까? …(중략)

…1935년 8월 모스크바에서 개최된 코민테른 제7차 대회는 파시스트를 반대하는 모든 정치세력이 연합전선을 형성하여 「주요 적대세력」에게로 공격방향을 돌려 전역의 위기를 극복하기 위한 방침을 내세웠다. 그 결과 독일과 이태리 및 기타 국가에서 반파쇼 통일전선이 등장하였다.

아시아에서는 중국공산당이 「노농소비에트 공화국」수립이라는 단일 슬로건을 철회하고, 즉시 「항일민족통일전선형성」을 국민당 정부에 제의하여 일시적 정전을 성취하였던 것이다.

이와 같이 통일전선전술은 국제정세에 편승하여 변화되었고… 1956년 2월 제20차 소련공산당 대회를 계기로 각국 공산당의 강령이나 테제에서 구체화되었다. 이어 1957년 「모스크바선언」, 1960년 「81개국 공산당선언」 등에 소위 "사회주의에의 평화적이며 민주주의의 길"이라는 말로서 폭력혁명에 대체하는 평화적 혁명전술로서 국제공산주의노선으로 채택되었다.

이것이 곧 간접침략의 기본전술이며 현재 동남아 제국가와 아프리카 제국가에서 강렬히 전개되는 공산침략의 기본방법인 것이다.

간접침략의 기본전술로서의 「인민전선전술」, 즉 통일전선전술은 동유럽, 신생 아시아·아프리카, 라틴 아메리카 여러 나라에서 유행처럼 번졌다….

이 전술은 자본주의국가의 상대적 안정기에 적용된 전술이므로 공산당이 비합법적 행동을 취할 수밖에 없었던 시기 즉 혁명 퇴조기의 전술이며, 따라서 공산혁명의 최저형태라는 특징을 가진다.

또한 공산당이 합법적으로 활동할 수 있는 조건하에서도 합법적 기관과 병행하여 결정적 시기에 혁명적 의무를 수행할 수 있는 비밀기관의 지도에 의하여 전개된다.

환언하면 간접침략전술은 공산당의 활동이 합법화되었다 하더라도 반공세력이 압도적으로 강한 정세 하에서 언제 어디서 불법화될지 모르는 위험한 시기에 공산당세력을 확장하고 조직을 정비하며 공산혁명의 전진을 보장하기 위한 혁명조건을 강화시키는 공산당의 전술이다.

그러므로 간접침략은 공산혁명의 객관적 조건과 공산당의 주체적 조건을 항상 주도면밀하게 검토한 후 진행된다.

　이러한 간접침략은 대체로 다음과 같은 두 가지 측면을 보유하고 있다. 첫째는 직접 공산당의 이름으로 공산주의 강령을 제시하는 것이 아니라 민족주의와 민주주의의 탈을 쓰고 민주주의적 강령과 구호를 내세운다.

　둘째로는 공산혁명의 수단으로 가능한 의회를 이용하여 합법적인 방법으로 또는 민주·인민공화국의 형태로서 공산주의화를 성취할 것을 계획한다. 다시 말하면 정치제도의 민주화, 농업·공업 등 생산수단의 국유화, 기타 사회문제에 있어서 대중의 요구조건을 반영시키는 체하면서 의회의 의석을 점차 확대시켜 마침내 민주정치 제도를 전복시켜—체코슬로바키아와 같이—공산화하는 방법을 택한다.

　해방 이후 한반도에서의 북한 공산당의 간접침략—북한의 대남 적화전략을 요약해보자.

〈8·15 해방 ~ 6·25 동란 기간〉

　미국과의 합의로 38도선 이북 지역의 일본군 무장해제를 이유로 진주한 소련은 이북지역을 공산화하고 장차 남한전역까지 적화할 수 있는 침략기지를 만들고자 하였다.

　1945년 10월에는 김일성을 서기장으로 하는 「조선공산당5도분국」을 조직하고 모스크바 삼상회의 결의를 지지케 하여 민족주의 우파(조만식 선생 중심)를 숙청하였으며, 정치적 담보로서 소위 북조선 민주주의 민족통일전선(46년 7월 22일)을 조직하고 1948년 9월 9일 괴뢰정부를 조직하였다.

　…한편 한반도의 공산화를 위한 정치적·사회적·물질적 담보로서 토지개혁(46년 3월 5일), 노동법령(46년 6월 24일), 산업국유화법령(46년 6월 10일)을 발표하여 반공산세력의 정치적·사회적 경제역량을 탈취하였으며, 1948

년 2월 6일 소위 「조선인민군」을 만들어 무력침략을 위한 군사적 기반을 수립하였다.

한편 남한에서는 박헌영을 중심으로 조선공산당(45년 11월 22일)을 재건시켜 좌파세력을 규합하였으며, 모스크바삼상회의에서 신탁통치안이 채택되자 이를 계기로 「남조선민주주의통일전선」(46년 2월 25일)을 형성하여 김구, 이승만을 중심으로 하는 우파 민족주의파의 고립을 기하였으며, 1948년 4월 19일 평양에서 소위 「남북조선제정당사회단체연석회의」를 개최하여 우파 내부의 분열을 획책하였다.

또한 합법 활동을 미끼로 남한 각계 사회전체에 잠입하여 데모, 파업, 태업을 선동함으로써 남한 경제붕괴를 기도하였으며 제주도, 여순 반란 사건을 책동하여 민심의 교란, 질서의 혼란을 극대화하고 국회 내에 프락치를 잠입시켜 의회 내 투쟁을 강화하며 대중 조직의 급속한 신장을 기하고 「반미반제 구국투쟁」을 조직하였던 것이다.

…1950년 때마침 미국정부가 애치슨 성명을 통해 "태평양지역 방위선에서 한국을 제외한다"고 발표하자 결정적 시기가 도래한 것으로 규정하고 6·25 전쟁을 일으켜 직접침략으로 나왔던 것이다.

〈휴전 후 4·19 혁명까지〉

이 시기의 북한의 대남 간접침략은 6·25 남침으로 무너진 북한의 혁명기지를 재정비 보충함과 동시에 남한지역에서의 지하활동을 최대한으로 재건하는 것이었다.

…1954년 4월 26일부터 시작된 제네바정치회의를 계기로 공산당은 외국군 철수와 한국인의 손에 의한 통일을 주장하였으며, 자유당 정권의 고위 간부와 국군 내부에 침투하여 반공체제의 완화를 위한 간첩공작을 활발히 전개하였다….

〈4·19 혁명 ~ 5·16 혁명까지〉

4·19 혁명으로 등장한 장면 정권의 정치적 취약성을 이용하여 남한 내 지하당 재건에 노력하였다. 막대한 공작금을 밀송하고 혁신세력 내부로 침투하여 남한 내의 합법투쟁 기지를 확보하기 위해 노력했다. 10여 개의 혁신계 정당을 비롯하여 각종 노조가 단기간 내에 조직되었으며, 일부 몰지각한 정치인과 대학생을 중심으로 공산당의 정책을 내걸게 되었다. 연이은 데모와 태업은 혼란의 도를 배가하였으며 「남북평화통일」, 「남북교류」, 「중립화 통일」 등 민족감정에 호소하는 공산당의 성명은 최대의 심리적 효과를 거두었다….

…공산당의 간접침략 전략·전술을 요약하면 다음과 같다.

• 조직확대

접촉과 침투에 의하여 마련된 간격(틈)은 즉시 조직으로 전환하며, 최초는 각 지방 혹은 말단 합법기관으로부터 시작하여 전국적 조직 및 대중조직으로 확대한다.

• 공격 목표의 선정과 이동

공산당은 언제나 주 공격 목표와 부차적 공격 목표를 선정하며 정세변화에 따라 공격 목표는 이동한다.

• 위장과 기만

공산당은 공산주의 본색을 내놓지 않는다. 항상 애국적인 것으로 민주주의적인 것으로 또는 민족주의적인 것으로 위장하며 대중을 기만한다.

• 선전과 심리전

공산당은 아측의 약점과 부정을 대탄하게 포착하여 폭로하거나 유언비어를 유포하는 등 기습방법에 의한 심리전을 전개함으로써 우리의 방어전선을 교란시킨다.

• 접촉과 침투

공산당의 지하조직과 간첩은 합법적 단체에 종별을 막론하고 침투하며 법인과 개인을 불문하고 접촉한다.

• 선전선동과 대립·분열 조장

조직된 단체가 확대되면 합법투쟁을 선동하며 데모, 태업, 파업 등 파괴행동에 돌입한다. 그것은 파상적인 경우, 일시적인 경우, 전반적인 경우 그 어느 것이든 임의로 택한다.

• 사회부정과 부패조장

개별적으로 행정부, 군 고위층에 접촉을 통하여 사회적 불안과 부패를 조장하며 증여, 수뢰를 공공연히 행하여 극도의 부패로 행정중추 기관의 기능을 마비시킨다.

• 중상모략

사회적 부정과 부패가 만연되면 사소한 문제를 가지고도 침소봉대하여 우파진영 내 각 개인, 단체 상호 간의 모략반목 시기를 조장시켜 분열과 상호공격을 이행케 한다. 그 결과 극도의 혼란은 불가피하여 각개격파의 대상이 되고 만다.

• 결정적 시기의 무장봉기

이와 같은 과정을 통하여 치안질서가 어지럽고 정부의 중추신경이 마비되면 축적된 역량으로 결정적 시기에 폭동을 일으키며 일거에 정권을 탈취한다.

북한의 대남 간접침략의 전술은 다양하게 전개되었고 5·16 군사혁명은 공산당의 공격을 저지하고 역습하는 계기가 되었다. 이로써 공산당의 후퇴를 초래했으며 공산혁명의 새로운 퇴조기를 만들었다.

그러나 현재도 간접침략은 계속되고 있으며 국내, 국외로부터의 온갖 음모가 진행되고 있다. 공산당은 혁명정부를 모함하기 위해 "군사 파쇼"니 "반민주 군사독재"니 하면서 비난하고 있지만, 이를 과감히 극복하고 북한의 통일전선 형성을 저지하기 위해 전력해야 함을 강조한다.

── 서독 유학의 좌절 : 입원 후 제2국 분석과 중소담당관으로 복귀

해외정보국 근무한지 1개월이 되기 전, 혁명 주도세력 내부에서 주도권 쟁탈을 위한 치열한 권력투쟁이 일어나고 있다는 소식이 전해졌다. 7월 초에는 국가재건최고회의 의장인 장도영 장군이 해임되고 박정희 소장이 취임하더니, 7월 4일 반혁명 음모로 장도영 장군 이하 44명이 체포되는 일대 숙청이 자행되었다.

이른바 '반혁명 음모'에 연계된 인물 중에는 내가 알고 있는 선배들도 끼어 있었다. 물론 이들을 체포하기 위해 동원된 수사 요원들은 중앙정보부 5국 요원들이었다. 나는 나와 같은 고향의 선배들이 반혁명 그룹으로 체포되는 현실을 보면서 '과연 이 기관이 내가 계속 몸담고 일할 기관인가?' 하는 의문을 갖게 되었다.

그런데 다행스럽게도 9월 초 해병대사령부 근무 당시 문희석 대령의 권고를 받아 신청했던 독일 동방연구소 연수 신청이 허가되었다는 소식이 왔다. 그래서 석정선 국장에게 이 사실을 보고했더니 그 자리에서 "1년 이내 단기연수 과정이니 갔다오는 것이 좋지 않으냐"라는 수락을 받았다. 나는 또다른 「유럽 공산주의」를 공부하게 되었다고 생각하면서 유학 준비에 착수했다.

그런데 현역장교가 해외파견 교육명령을 받을 경우 출발 전에 신체검사를 받아야 한다는 것이었다. 나는 아무 생각 없이 해군병원에 가서 X-레이 흉부 사진을 촬영했다. 그런데 이게 웬일인가? 좌측 폐 상부에 검은 흔적이 나타났다. 폐결핵 초기였다.

이런 건강 상태에서 낯선 독일에 간다면 어디서 치료 받을 수 있겠는가? 나는 병원 당국의 권고를 받아들여 독일 연수계획을 포기하고 곧장 해군병원에 입원했다. 집사람의 걱정은 태산 같았다. 그러나 6개월 가까이 열심히 약을 먹고 치료에 애쓴 결과 건강을 회복할 수 있었다.

다음해 봄(3월) 해병대사령부에 원대 복귀명령을 받았다. 그런데 1주일도 안되어 다시 중앙정보부 해외정보국으로 복귀하라는 명령을 다시 받았다. 이 때부터 나는 시사정보과가 아닌 분석과 중소담당 분석관으로 일하게 되었다. 분석과장은 천주원 중령(후일 육군 중장, 국방대학원장)이었다. 중소담당 분석관에 보직됨으로써 나는 대학시절 치안국 특정과 자료실에서 시작했던 공산권 연구와 공산당의 군사전략에 대한 본격적인 공부를 다시 시작했다.

그러나 나는 이때부터 더없이 큰 어려움에 직면했다. 바로 '가난'이었다. 두 아이의 엄마인 아내의 병세가 나아지지 않는데다가 아직 한 돐을 지나지 않은 귀여운 딸의 우윳값이 걱정이었다.

소위에서 중위로 진급했으나 그 월급으로는 세 식구가 생활하기에 부족할 수밖에 없었다. 내 집 한 칸도 없는 처지니 1년이 멀다하고 이리저리 셋방을 옮겨 다녀야 했다. 그렇다고 요청해오는 신문·잡지 투고도 자유롭게 응할 수 없었다. 월급 외 이렇다 할 부수입이 없다보니 날이 갈수록 중앙정보부 근무의욕이 감퇴됨을 절감하지 않을 수 없었다.

이런 가운데 국내외 정세는 간단없이 변해갔다. 여름이 지나고 가을이 올 무렵 저 남북미주 카리브해에서 세계를 진동하는 대사건이 발생했다. 바로 미·소 간의 전면전쟁을 예상케 하는 쿠바 사태였다.

쿠바 사태 판단

처음 겪은 해외정보 분석관의 시련

1962년 10월에 발생한 쿠바 미사일 사태는 해외정보국 분석관들에게는 처음으로 닥친 중대한 판단과제였다. 만약 카리브해에서 미·소 간의 무력 충돌이 일어난다면 전 세계적 규모의 전쟁으로 그것도 핵전쟁으로 확대될 가능성이 있다고 보았기 때문이었다.

이미 1960년 7월 이후 미·소 간에는 쿠바를 둘러싼 치열한 대결이 진행되었다. 미국은 쿠바산 사탕수입을 금지했으며 1961년 우루과이 푼타델에스테에서 개최된 미주기구(OAS) 외상회의는 쿠바 고립화 방안을 채택하고, ① 쿠바를 미주기구에서 추방한다 ② 쿠바에 대한 무기수출을 전면 금지한다 ③ 기타 일반물자의 통상금지 가능성을 검토한다 등을 결의했다.

이처럼 쿠바에 대한 미국의 경제제재 조치가 시행되자 소련의 흐루시초프 수상은 1960년 7월 9일에 언급한 "미국이 쿠바를 공격하면 소련은 모든 군사적 방법으로 쿠바를 지원할 것"이라는 약속을 실천하고자 하였고, 그 결과 카리브해의 군사적 긴장상태는 높아지는 일로에 있었다. 이러한 쿠바를 둘러싼 미·소 간의 대립이 1년 이상 계속되면서 국제사회는 긴장고조의 악순환이 확대 재생산되었다.

—— 미·소 간의 「쿠바 미사일 위기」 발생

　1962년에 들어서자 사태는 급속히 악화되었다. 1962년 3월 7일 미국무부는 "쿠바에 대한 공산권 국가의 군사원조액이 1억 달러에 달하고 쿠바군의 병력은 30만으로 증강했다"고 발표했다. 이런 미국의 경고에도 아랑곳 하지 않고 1962년 7월 하순 경부터 소련의 무기와 군사 기술자가 쿠바에 도착하여 군사기지 건설에 착수했음이 밝혀졌다.

　1962년 4월부터 망명 쿠바인들에 의한 쿠바에 대한 포격 사건이 발생했고, 쿠바 함정에 대한 미군의 사격이 시작되었다. 이에 대해 소련은 1962년 9월 2일 소련과 쿠바 사이의 무기원조, 군사기술 전문가 파견, 제철공장의 재건과 신설, 농업 기술자의 파견 등에 합의한 소련·쿠바 간 군사·경제원조 협정을 체결했다.

　이처럼 미국의 직접적인 경고에도 불구하고 흐루시초프의 대쿠바 지원이 확대되고, 노골화하자 미국으로서는 더 이상 외교·경제적 압박이나 제한된 군사조치로는 미국 뒷마당에 포진하는 소련의 군사기지 건설을 저지할 수 없다고 판단했다.

　그래서 1962년 9월 4일 미국의 케네디 대통령은 성명을 발표하고 "소련은 쿠바에 방공용 미사일과 레이더, 전자장비, 어뢰정 등을 지원함과 함께 3,500명의 군사·기술자를 파견했으며 머지않아 소련 전투부대의 쿠바 주둔과 소련군의 군사기지 건설, 쿠바의 관타나모 미군기지 철거 등을 요구하게 될 것이다. 그렇다고 하여 지금으로서는 소련과 쿠바의 군사력 증강이 미국이나 미주기구의 여러 나라에 대한 안전을 위협하는 것이라고는 보지 않는다. 그러나 만약 쿠바가 무력으로 미국이나 미주기구 각국을 침략할 경우 모든 군사적 수단을 동원하여 이를 저지할 것이다"라고 강력히 경고했다.

1962년 쿠바 미사일 위기

　그러나 이러한 케네디 대통령의 경고 성명에 대응하여 1962년 9월 11일 소련정부는 "케네디 대통령의 조치는 평화에 대한 도발 행위로서, 만약 미국이 쿠바를 군사 공격할 경우 이것은 전쟁의 시작으로 간주하고 대응할 것"이라고 맞받았다.

　1962년 9월 13일 미국의 케네디 대통령은 "만약 쿠바에 대한 공산국가들의 군사지원이 계속 강화된다면 미국은 자국과 서반구 국가에 대한 군사위협으로 간주하고 미국의 안전보장을 위해 모든 수단을 동원하여 저지할 것"이라고 선언했다. 이러한 케네디 대통령의 선언에 대해 미국의 상·하원은 그가 요구한 군사력 동원을 지지하는 결의안을 채택했다.

　10월에 들어서자 미·소 간의 카리브 해역에서의 대결 양상은 더욱 격화되는 현상이었다. 우리들 해외정보국의 분석관들은 긴장하지 않을 수 없었고 특히 공산권을 담당하고 있는 나를 비롯하여 미국을 담당하는 분석관은 주야를 불문하고 사태 전개를 주시했고 천주원 정보분석과장은 상황 판단에 골몰했다.

드디어 1962년 10월 16일 미국 케네디 대통령이 직접 쿠바의 군사기지를 촬영한 항공사진을 공개하며 소련의 폭격기뿐만 아니라 핵탄두 준중거리 탄도 미사일(MRBM)과 중거리 탄도미사일(IRBM)의 발사기지를 건설하는 명백한 증거를 제시했다. 곧이어 10월 22일 케네디 대통령은 라디오와 TV방송을 통해 "쿠바 공격을 저지하기 위해 미국은 쿠바에 대한 해상봉쇄를 단행한다"고 발표했다.

이로서 미국의 소련에 대한 단호한 결의는 의심의 여지없이 명백해졌다. 흐루시초프가 계속 쿠바에 대해 무기수송, 특히 탄도미사일 배치를 시도한다면 미국과 소련 간에 전면전이 시작될 위기가 도래한 것이다. 자유세계 국가와 미주기구 회원국 정부는 일제히 케네디 대통령의 쿠바에 대한 해상봉쇄를 지지한다고 발표했다.

── 쿠바 사태에 대한 정보분석

과연 이런 자유세계의 일치된 소련에 대한 억지전략에도 불구하고 소련의 선단이 계속 쿠바로 향할 것인가? 나날이 고조되는 긴박한 정세가 전개되던 때 우리 중앙정보부 해외정보국 분석과에서는 분석관 전원과 자문위원이 합동하여 쿠바 사태에 대한 정세 평가 회의를 개최했다.

과연 카리브해에서 미·소 간의 군사충돌이 발생할 것인가? 공교롭게 나는 이 분석관 회의가 개최되던 오전 중 1시간가량 남산 KBS 앞 산길다방에서 외부인사와 만나고 있었기 때문에 참가하지 못했다. 그런데 사무실에 돌아왔더니 누군가가 나에게 "어디 가 있었는가? 과장 주최 분석관 회의가 열려. 미·소 간의 충돌 가능성이 농후하다는 결론을 내고 지금 막 판단보고서를 부장 비서실에 보냈다"는 것이었다.

나는 당황하지 않을 수 없었다. 소련·중공을 담당하는 나도 다른 분석관 못지않게 긴장 속에 카리브해의 정세를 예의 주시해 왔지만, 그러나 미·소 간의 충돌 가능성은 희박하다고 보았기 때문이다. 나는 그에게 "왜 흐루시초프가 미국과 싸운다는 말인가? 그는 미국과의 전쟁에서 이길 가능성이 없다는 것을 알고 있다. 충돌할 가능성보다 회피할 가능성이 높다"고 면박하듯 큰소리로 쏘아붙였다.

그 때 우리가 주고받는 얘기를 천 과장이 들었다. 천 과장은 나를 불러서 "왜 전쟁이 일어나지 않을 것이라고 생각하느냐?"고 물으시기에, 대략 이런 식으로 대답했다.

"1956년 2월에 개최된 소련공산당 제20차 당대회에서 흐루시초프는 미·소 간의 핵전쟁은 전쟁 당사국뿐만 아니라 세계가 함께 망하게 된다. 그러니 미·소 간의 평화공존해야 한다"고 말했다. 중·소 이데올로기 분쟁도 이 때부터 시작됐다. "전쟁이 날 것이라고 생각하는 사람들은 흐루시초프와 소련 공산당을 모르고 하는 소리다. 쿠바는 미국의 목구멍에 낀 가시 같은 존재다. 전쟁을 해서 쿠바를 잃는다면 이 가시를 제거하는 건데, 소련공산당이 가시를 빼버릴 리가 없다. 바로 레닌의 유명한 명제 「일보전진 이보퇴각」의 논리가 쿠바 사태에 임하는 것이 소련의 전략일 것"이라고 설명했다.

그랬더니 천주원 과장이 쿠바 사태 전망에 관한 내 나름의 보고서를 써서 제출하라는 것이었다. 그리고는 곧장 부장 비서실로 올라가 설명하라는 것이었다. 나는 보고서를 작성하자마자 뛰어서 부장실에 갔다. 거기에는 몇 분의 윗사람들(이영근 차장, 강신탁 기조실장, 석정선 국장)이 있었다. 나는 내가 쓴 판단서를 제시하고 설명했다. 그랬더니 그 자리에서 내가 쓴 판단서를 타자로 정리하여 보고서를 작성하고 그것을 가지고 부장이 최고회의에 갔다. 나는 그 때부터 좌불안석이었다.

그날 밤 외신이 들어오는 텔레타이프 앞에서 쿠바 사태에 관한 기사를 훑어나갔다. 새벽 2시부터 4시까지는 외신이 들어오지 않았다. 깜빡 잠이 들었는데 갑자기 '타다다닥'하는 TT(통신기) 소리에 잠을 깨보니 외신이 들어오고 있었다. 긴장된 마음으로 송고된 기사를 봤더니, UPI발로 "쿠바로 향하던 소련 선단이 회항하기 시작했다"는 내용이었다. 다른 미디어의 보고는 미국도 터키에 배치했던 중거리미사일의 철수를 담보했다는 내용이 있었다.

이 기사를 보고 안도의 한숨을 쉬었다. 새벽 4시 반경 남산에서 걸어서 청진동 해장국집에 가서 해장국을 먹고 그 자리에서 잠이 들었다. 그리고 9시가 넘어 어슬렁어슬렁 남산청사에 왔더니 과장을 비롯한 동료들이 격려해주었다.

나는 이날 처음으로 중앙정보 분석관이 얼마나 어려운 책무를 지고 있는가를 뼈저리게 느꼈다. 기 작성된 정보분석 판단서를 파기시키고 내가 작성한 판단서를 채택하여 중앙정보부의 오판을 면하게 한 것은 가히 자랑할 만한 일이었다.

하지만 그렇게 판단서를 보고한 직후부터 나는 무려 10여 시간 밤을 세우면서 초조와 불안에 떨며 '혹시 내 분석이 틀리면 어떻게 하나!'라며 마음 졸였던 그 시간을 다시 생각했다. 중앙정보 분석관의 임무는 이처럼 중차대한 반면 오판의 위험이 가져오는 거대한 리스크를 항상 지니고 있다는 사실을 절감했다.

물론 나는 이 사건을 계기로 상사로부터 깊은 신뢰를 받게 되었고 그해 12월(1962년) 해병 중위로 예편하고 내가 원하든 원치않든 관계없이 중앙정보부에 남아야 할 신세가 되었다. 이런 의미에서 보면 중앙정보 분석관 종사자들은 결코 마음 편한 직장에서 근무하는 공무원 또는 직업인은 아니라 할 것이다.

── 해병 예편과 민간인 신분으로 중정 잔류

위에서 기술한 바와 같이 1962년 12월 나는 해병장교 임관 3년이 되어 예편이 가능하게 되었다. 1주일 여 예편 여부를 두고 고민했다. 우선, 수업이 많은 직장을 선택해야 하겠다고 느꼈다. 기회가 있으면 다시 한번 서독이나 미국 유학기회를 잡을 수도 있지 않을까 하는 기대도 가졌다.

그래서 그해 12월 초 해병대사령부 G-1에 예편서류를 제출했다. 그런데 예상치 못한 일이 발생했다. 갑자기 해병대 김성은 사령관의 호출을 받고 후암동 사령부로 들어갔다. 사령관께서 상상하지 못했던 말씀을 하시는 것이었다.

"강 중위, 중정에서 요구인데 자네가 중정에 남겠다고 하면 예편시키고, 남지 않겠다면 예편을 보류하라고 하네."

나는 온몸이 굳어지는 느낌이었다. 일시에 분노가 치솟는 기분이었다. 그러자 옆에 계시던 홍성철 비서관(대령, 전방근무 때 대대장)이 내 어깨를 두드리며 "강 중위, 그만큼 중정에서 인정하는 것이 아닌가? 우선 옷을 벗어. 그래야 다음 계획을 세울 수 있지 않나? 그러자면 중정의 요구에 응해야 해…."

나로서는 더 이상 선택의 여지가 없는 궁지에 서 있음을 직감했다. '한 달 전 쿠바 사태 때 내가 작성한 판단서가 화근(?)이 되었다'고 느꼈다.

"그렇게 하겠습니다"라고 대답한 후 사령관실을 나와 그길로 곧장 남산 중정본부의 강신탁 기조실장님을 찾아뵙고, "사령관으로부터 들었습니다. 부에 남겠습니다"라고 말씀드렸더니, "그래 잘 결심했소. 자네 같은 사람이 남아 일해야 중앙정보부가 발전하지 않겠는가? 예편과 동시에 사무관으로 임명하겠네…"라고 격려해 주시었다.

이리하여 나는 결과적으로 민간인 신분으로 중정에 남게 되었다. 동료 분석관보다 한발 앞서 승진하는 기회를 잡기는 했으나 그 후 16년 동안 항상 분석관이 감당해야 할 육체적 피로와 리스크에 대한 불안과 초조감으로 인해 정신적 긴장의 나날을 보내게 되었다.

중소과 과장 시절
실시간 첩보분석을 통한 공산권 연구의 특전

1962년 12월 나는 해병 중위로 예편하면서 사무관 임명을 받고 해외
정보국 분석과 중소계에 배속되었다. 이 때부터 분석과에는 세계 각국
의 신문, 잡지 등 정기간행물이 수입되었다.

우리 중소계에는 소련공산당 기관지 『프라우다』와 『코뮤니스트』, 중
국공산당 기관지 『인민일보』와 『홍기(紅旗)』를 비롯한 7~8종의 정기간
행물이 수입되었고, 통신망을 통한 자료들도 입수되었다.

3~4명의 중소계 분석관들은 러시아어, 중국어, 독일어 등 해당지역
문건을 해독할 수 있는 어학실력을 갖고 있었기에 밤늦게까지 열독하
며 일일 정보보고 작성에 전력했다.

▬ 공산권 국가의 기본정보 정리

그후 6~7개월 후 1963년 여름 모든 지역을 통합하여 운영하던 정보
분석과는 5~6개 지역별로 각기 담당하도록 개편함으로써 분석능력을
강화시켰다. 북한과, 일본과, 중소과, 동남아과, 구미과 등을 창설한 것
이다.

나는 중소과장 대리를 지명받았고, 얼마 안 되어 사무관에서 서기관
으로 승급하여 중소과장이 되었다. 이 때 4~5명의 신입 사원이 배치되

었다. 이들 모두 최고회의에서 모집한 공무원 시험에 합격한 우수한 인재들이었고 중국어, 러시아어, 일본어, 독일어 등의 문건을 해독할 수 있는 어학실력 소유자들이었다.

그러나 공산주의 또는 공산권 연구에 종사한 경험이 전혀 없는 신출내기들이었다. 나는 이들에게 담당 국가에 대한 초보적인 지식을 갖추도록 교육시킬 겸 국가별 기본정보를 작성하기 위해 중국, 소련, 동유럽 사회주의국가별로 지리(地誌)를 비롯한 정치, 경제, 군사, 사회, 교육의 개황을 정리하여 문서화할 것을 지시하였다.

솔직히 말해 이 기본정보를 정리하는 것도 쉬운 일이 아니었다. 소련만 하더라도 2,240만 2,000km²의 광대한 영토와 2억 5,000만 명의 인구를 가졌고 16개 공화국 연방국가인 소련, 960만km²의 영토와 10억 명의 인구를 가진 중국, 그리고 동독, 체코슬로바키아, 헝가리, 폴란드, 알바니아 등 역사상 가장 치열한 민족분쟁이 빈발했던 동유럽 8개 국가의 기본정보를 축적한다는 것이 만만치 않았다.

나는 이들 국가의 기본정보 작성작업을 위해 이미 많은 연구인력을 보유한 관련 국가, 특히 소련이나 중국과의 전쟁을 경험했던 일본, 미국, 대만 그리고 서독에서 발간한 일반 공개문건과 각국 정보기관이 작성한 기본정보(2차 자료)를 수집하기로 했다. 이를 위해 해외파견 요원들에게 SRI(특별 첩보수집 요구)를 띄웠고, 그 결과 적지 않은 자료가 수집되었다. 우리는 이 2차 자료와 그동안 수집된 1차 자료를 종합하여 우리들 나름의 각국에 대한 기본정보를 정리, 축적할 수 있었다.

—— 중국의 핵실험 성공과 국회 출석 보고

그런데 내가 중소과장을 맡은 1960년대 전반기 소련과 중공에서는 역사상 볼 수 없었던 대사건이 연이어 폭발했다.

우선 1956년 2월 개최되었던 소련공산당 제20차 당대회에서 흐루시초프 제1서기가 주도한 「평화공존」과 「스탈린 격하」가 일파만파로 번져 중국공산당과 소련공산당 간의 이데올로기 논쟁으로 비화하더니, 1960년대에는 당과 당의 이데올로기 대립이 아니라 국가와 국가 간의 대결구도로 전환되었다.

1960년 12월에 개최된 81개 공산당대표들의 모스크바회의에서는 「모스크바 성명」이 채택되었는데, 이 과정에서 중·소 두 공산당 간에 ① 전쟁과 평화, ② 식민지 및 저개발 국가, ③ 사회주의로의 이행, ④ 수정주의와 교조주의 문제 등에서 의견대립이 표출되었다.

1961년 10월에 개최된 소련공산당 제21차 당대회가 레닌묘로부터 스탈린의 시신을 끌어내어 이장시킬 것을 결정했고, 또 채택한 새 강령에서 "프롤레타리아 독재는 그의 역사적 사명을 성취했으며… 프롤레타리아의 공산당은 이제 소비에트 인민의 전위(前衛) 즉 전체 인민의 당으로 되었다"고 한 선언은 개인숭배체제를 유지하고 있던 마오쩌둥(毛澤東)으로서는 받아들이기 어려운 것이었다. 그리하여 이 대회에 중국공산당 축하대표단을 이끌고 참가했던 주은래는 대화가 끝나기도 전에 베이징으로 돌아와 버렸다.

1962년 9월 흐루시초프가 스탈린을 수정주의자로 규정하고 국제공산주의운동에서 제외시켰던 유고슬라비아를 방문하여 티토 대통령과 회담함으로써 소련·유고 간의 화해가 성립되었다. 그해 10월 쿠바 사태에서 흐루시초프의 후퇴, 라다크 지방에서 벌어진 중·인전쟁(1962년 10월 20일)에 대한 소련의 인도 입장 지지 그리고 인도에 대한 MIG 전투기 판매 등은 중·소관계를 더욱 악화시켰다.

뿐만 아니라 소련은 중공에 약속했던 원조를 중단하고, 1390명의 소

1964년 중국 핵실험

런기술자를 귀국시키고, 342건의 기술원조 계약을 취소했을 뿐만 아니라 257건의 과학기술 협력에 관한 기획안을 종결시킴으로써 중국이 착수했던 각종 프로젝트 건설이 중단되었다.

이처럼 중공과 소련이 당과 당 간의 이데올로기 논쟁을 넘어 국가 간의 대립으로 치닫는 가운데 1964년 10월 중공은 원폭 실험에 성공하였다. 빈약한 과학적 판단이었지만 중소과 분석관들은 나름대로의 정보를 종합하여 중공의 핵실험 의의와 이것이 남북 간에 미칠 영향을 분석한 종합판단 보고서를 작성하여 제출했다.

그 다음날로 기억된다. 나는 김형욱 부장의 부름을 받고 부장실로 갔다. 김 부장은 "김성은 국방장관의 요청이니 국방부로 가서 장관 지시를 받으라"는 것이었다. 나는 '중국의 핵실험에 대한 우리의 보고를 보신 것 같다'고 생각하면서 부장 지시대로 곧장 국방부로 향했다.

해병장교로서 3년간 직속 상관으로 모셨던 김성은 장관이고, 특히 나로 하여금 군사전략 공부에 전념하도록 은혜를 베풀어주신 옛 해병 사령관이신 김성은 장관을 돕게 되었다는 기쁨(?)을 느끼면서 국방부에 도착했다.

당시 국방부는 중공의 핵실험에 대해 보고하라는 국회의 요구에 응답하기 위해 국방부 J-2(정보국)가 중심이 되어 나름대로 분석판단서를 작성하고 있었다. 김성은 장관은 단순한 군사적 관점에서 뿐만 아니라 정치·외교적 영향까지 포함한 종합판단을 설명받기 위해 나를 부른 것이다.

나는 그 간 청와대에 보고했던 우리의 분석평가를 자세하게 말씀드렸더니, "국회에 가서 자네는 정치·외교적 측면에서, 국방부는 군사적 측면에서 각기 보고하고 질문에 답하면 어떤가?"라고 말씀하셨다.

나는 곧장 부장에 자초지정을 보고하고나서 김성은 국방장관과 함께 국회에 출석하여 차트로 중앙정보부의 분석판단을 보고했다. 이어 국방부 보고가 끝나자 7~8명의 의원으로부터 지속적인 질의를 받았다. 모든 질의에 대해 김성은 장관은 성실하고 구체적으로 답변했다. 그런 가운데 말 한마디가 논쟁(?)의 작은 불씨가 되었다.

김 장관은 답변하면서 "중공의 핵폭탄은 초기단계의 「더티한 폭탄」"이라고 설명했다. 그랬더니 야당의 강문봉(姜文奉, 육군 중장 출신) 의원이 벌떡 일어나면서 "폭탄은 사람 죽이면 되는 것이지 무슨 폭탄에 깨끗한 폭탄, 더러운 폭탄이 있는가?"라고 강하게 비판했다. 지금도 마찬가지이지만 국회의원들이 서로 말꼬리를 잡고 늘어지면서 논쟁하는 모습을 보면서 속으로 웃지 않을 수 없었다.

나는 이 때를 끝으로 다음해 1월 중소과장에서 북한과장으로 보직 변경 명령을 받았기 때문에 중국대륙에 천하대란을 일으키고 세계역사상 유례없는 중국의 「문화대혁명」을 중소과장의 입장에서가 아니라 북한과장의 입장에서 바라보면서 당시 나는 그처럼 강한 공산주의 이데올로기 집단이라고 하더라도 사람이 사는 인간사회에서의 모든 문제는 사람과 사람과의 관계에서 일어난다는 사실을 깨닫게 되었다.

그래서 공산권의 모든 국가에 대한 정보판단에는 공산당의 이데올로기나 강한 공산당 일당독재체제만 볼 것이 아니라 국가이익, 민족대립이 불씨가 되어 타국과의 대립이 발생하고, 사람이 사는 곳에서 일어나는 사회적 갈등—불평, 불만, 사기, 횡령, 절도, 강도, 남녀 간의 사랑, 그리고 배신, 복수 등등—이 공산국가에서도 발생한다는 사실을 염두에 두어야 하며, 공산당의 교조주의적 사회통제에 초점을 맞춘 정보판단은 다분히 오판의 소지가 있음을 유념해야 한다고 생각했다.

한일회담 반대 소용돌이와
「민족적 민주주의론」 비판

나는 지금도 중소과장 시절의 추억 중 잊지 못하고 가끔 곱씹어보는 사건이 있다. 그것은 바로 한일회담과 관련된 일이다.

1964년 5월 말 무렵의 일이었다. 내 책상 위에 한일회담 반대 투쟁을 전개하는 대학생들의 규탄 선언문 몇 장이 놓여 있었다. 한 방에 근무하던 동료의 말인즉 중정을 사임하고 공화당 창당 작업에 참가하고 있는 다른 동료가 가져왔다고 했다.

그렇지 않아도 나는 1964년 3월 이후 급격히 격화되는 대학생들의 한일회담 반대 데모, 특히 정치인, 대학교수들과 연합하여 전국 각 지역에서 4·19 혁명 때를 방불할 정도로 일어나는 한일회담 반대데모에 대한 우려를 갖고 있었다. 왜냐하면 지금이야말로 한일회담을 마무리하고 경제건설에 필요한 자금을 하루속히 확보해야 할 터인데 이런 기회를 상실할까 두려웠기 때문이었다.

━━ 「민족적 민주주의론」에 대한 판단보고서 작성

그런데 막상 내 책상 위에 놓인 전단지를 보니 나로서는 도저히 상상조차 할 수 없는 내용이었다. 제목이 「조(弔) 반민족적·비민주적 민족적 민주주의 장례식」이었고 그 주요 내용은 다음과 같은 것이었다. (머리 부

분만 인용)

〈조(弔) 반민족적·비민주적 민족적 민주주의 장례식〉

"시체여! 너는 오래전에 이미 죽었다. 죽어서 썩어가고 있었다. 넋 없
는 시체여! 반민족적·비민주적 민족적 민주주의여! 썩고 있던 네 주검의
악취는 사쿠라의 향기가 되어, 마침내는 우리들 학원의 잔잔한 후각이 가
꾸고 사랑하는 늘 푸른 수풀 속에 너와 일본의 이대잡종, 이른바 사꾸라
를 심어 놓았다. 생전에도 죄가 많아 욕만 먹든 시체여! ……"

후에 듣기로는 이 긴 전단지를 쓴 자는 저 유명한 김지하(金芝河)라고
했다. 나는 이 전단지의 핵심 요지인 한일회담에 대한 혹심한 비판보다
그 제목에 눈이 갔다. 바로 「민족적 민주주의」라는 것이다. 왜냐하면 이
「민족적 민주주의」라는 용어를 맨 먼저 사용한 문건은 4년 전인 1960년
12월 모스크바에서 개최된 81개국 공산당 대회 성명(모스크바 성명)이었
기 때문이다. 당시 우리나라의 진보적 지식인들이 이 말에 현혹되는 것
을 예방하기 위해 나는 간단한 판단서를 작성한 일이 있었다.

나는 이 판단서를 민정이양 후 정권을 인수할 신당(민주공화당) 창당
작업에 참가하고 있는 전 해외정보국 동료에게 보내 참고하도록 했다.
왜냐하면 당시 김종필 부장이 추진하는 신당 창당작업에는 적지않은
대학의 정치학 교수들이 자문하고 있었는데, 그 동료의 얘기인 즉 "이
들 교수가 자주 「민족·민주주의」를 논하면서 신당의 이념으로 채택하
면 어떠냐?"라고 주장한다고 했기 때문이다.

나는 이 말을 듣고 "아무리 듣기 좋은 정치용어라 하더라도 이 말을
창조해낸 당사자가 바로 국제공산주의운동 집단인데 '이 용어를 자유
민주주의를 신봉하는 우리가 그대로 사용하면 국제사회에서 어떤 반응

이 나올 것인가?'를 고려해야 한다"고 말하면서 내 판단서를 보냈던 것이다. 그 후 동료는 윗분들에게 전했더니 큰 도움이 되겠다는 말을 들었다고 전해온 바 있었다.

도대체 「민족·민주주의국가론」, 「민족·민주주의혁명」이란 무엇인가? 간단히 설명하면 이렇다.

당시 영국이나 프랑스 등 유럽 각국의 식민지였던 아시아·아프리카 지역에서 우후죽순처럼 독립국가가 탄생하고 있었다. 뿐만 아니라 인도의 네루 수상이 주도하는 「아시아·아프리카 비동맹운동」이 이들 신생국가 지도자의 상당한 지지를 받고 있었다.

이런 시기에 아직 자본주의 초기단계에도 미치지 못한 이들 독립국가에서 극소수 공산주의자들이 「인민민주주의혁명」이니 「사회주의혁명」이니 떠들어도 오랫동안 독립을 위해 투쟁한 민족지도자들이 여기에 호응할 리가 없었다. 만약 동유럽이나 북한처럼 소련군이 직접 개입할 수 있었다면 굳이 「민족·민주주의혁명」 운운하는 새로운 혁명이론을 만들어 내지 않아도 되었을 것이다.

그러나 당시 국제공산주의운동을 주도하는 소련·동유럽의 공산당 지도자들은 새로운 독립국가가 탄생하는 이 지역에서는 이른바 역사적 발전단계 비추어 인민민주주의혁명의 전 단계에서의 혁명이론을 제시하는 것이 필요하다고 판단했다. 때문에 「모스크바 성명」은 독립투쟁을 주도한 민족주의 세력이 공감할 수 있는 새로운 투쟁용어를 제시한 것이다.

이 「모스크바 성명」에서는 「민족·민주주의 국가(혁명)」을 다음과 같이 정의하고 있다. "정치적 경제적 독립을 지키며 제국주의 및 그 군사적 블록, 자국 영토의 군사기지에 반대하는 국가, 새로운 형태의 식민주의에 반대하며 제국주의 자본의 침투에 반대하는 국가, 인민의 광범위한 민주주의적 권리와 자유(언론, 출판, 집회, 정당 및 사회단체 결성의 자유), 농지개혁의 실시 및 기타 분야에서의 개혁 요구의 실현, 정책결정 과정에 참가할 가능성이 보장된 국가를 건설하기 위한 국제적 호조건이 성숙되고 있다"고 지적하고, 이런 호조건을 살려 새로운 「민족·민주주의 국가」를 건설하기 위해 공산주의자, 사회주의자는 민족주의 세력과 통일전선을 형성하며 투쟁해야 한다고 강조하고 있다.

이상에서 알 수 있듯이 진보적인 사고를 가진 정치지도자 또는 지식인들에게 솔깃할 수 있는 용어는 모두 사용하고 있다. 때문에 당시 우리나라 젊은 대학교수 또는 대학생들은 이러한 논리에 현혹될 수밖에 없었을 것이다.

그러나 이 정치용어가 국제공산주의운동을 전개하는 공산주의자들이 창조한 정치용어인 이상 우리가 이것을 그대로 사용할 경우 자유세계의 지식인들은 우리의 지적 수준을 의문시할 것이 아닌가?

이처럼 민족적 민주주의에 대해 내가 경고한 지 2년이 지난 이 시점에 대학가에서 일어난 한일국교정상화 협상반대투쟁 장에 「민족적·민주주의 장례식」이라는 제목의 전단지가 뿌려지고 있었다니 놀라지 않을 수 없었다.

── 한일회담 반대 논리인 「민족적 민주주의론」 비판

솔직히 말하면 나와 같은 해외정보국 근무 분석관들은 국내에서 일어나는 각종 정치 사건에는 큰 관심이 없었다. 솔직히 말해서 김종필 중정부장이 사임하고 두세 차례의 타의 반, 자의 반 외유(1962~1963년)를 불가피하게 만든 「4대 의혹사건」이나 혁명 주도세력 간의 권력투쟁이 극심하던 그 때도 우리들 해외담당 분석관들은 국내정치에는 큰 관심을 두지 않았다.

왜냐하면 아무리 5·16 주도세력 내부의 권력투쟁이 심화된다고 하더라도 박정희 국가재건최고회의 의장에게 도전하는 세력이 등장할 수는 없다고 보았고, 그렇다고 5·16 혁명 이전 민주당 정권시기의 구 정치세력과 재야 지식인들이 군사정권을 붕괴시킬 정도의 정치역량을 발휘할 수 있다고 보고 있지 않았기 때문이다.

1963년 10월 실시한 군사정권에서 민간정부로 이행하기 위한 대통령 선거는 야당인 민정당의 윤보선 후보를 15만여 표 차이로 물리치고 민주공화당의 박정희 후보가 당선되었다. 1개월 후인 11월 26일 실시될 국회의원 선거에서 여당인 공화당이 승리하였고, 이로써 박정희 정권의 국정운영이 비교적 순탄해졌기 때문이었다.

그러나 두 번째 외유에서 돌아온 김종필 씨는 대통령 선거 후 '이번 국회의원 선거의 승리를 위해 전력하라'는 박정희 대통령의 요청을 받고 대통령의 기대를 충족시킴은 물론 자신의 정치기반 강화를 위해서도 이번 총선거에서는 확고한 승리를 쟁취해야만 한다고 판단했기 때문인지 보수정객이라고 믿기 어려울 정도로 진보적 인사들이 쓰는 언사를 동원하여 선거연설을 계속했다.

예를 들면, 우리들이 가히 입에 담기 어려운 "양키즘으로부터 탈피"를 외치는가 하면 「민족적 민주주의」를 신당인 공화당의 정치노선마냥 제시했다. 나는 이 때까지만 해도 김종필 씨가 선거유세에서 이런 유세를 하는지는 구체적으로 알지 못하고 있었다. 어떻든 간에 젊은 정치가 김종필 부장의 정열적 유세는 성공을 거두어 여당이 전체의석 175석 중 110석을 획득(야당은 65석)하는 대승을 거두었다.

그 결과 그는 공화당 의장으로 화려하게 정계에 복귀했다. 그런데 이처럼 화려하게 정계 복귀한 그가 이듬해인 1964년 3월 19일에 박정희

1962년 11월 21일 김종필·오히라 외상 회담

대통령의 특사로 대만과 베트남을 순방한 후 일본에 들러 한일회담의 마무리 작업에 전력하지 않으면 안 되었다.

당시 박정희 정권 내에서는 한일회담의 마무리 작업(어업협정이 난항 중에 있었다)은 애당초 「김종필·오히라 메모」로 타협한 김종필 의장 외에는 해결할 사람이 없다는 것이 일치된 견해였다. 그러니 원하던 원하지 않던 간에, 국내 정치기반을 구축했든 아직 구축 중에 있든 간에 그는 책임지고 이 막중한 임무를 끝내야만 했다.

이 사실이 알려지자 1964년 3월 21일 전국적으로 한일회담 반대운동이 절정을 이루게 되었다. 이미 「한일굴욕외교 반대투쟁위원회」를 3월 9일 결성하고 대대적인 반대투쟁에 나선 정치인과 청년 대학생의 공동전선이 형성된 것이다. 3월 24일 서울에서는 5,000여 명의 대학생들이 「제국주의자 및 민족 반역자 화형 집행식」이란 이름의 집회를 열고,

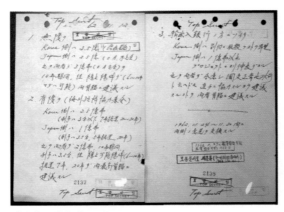

김종필·오히라 메모

1910년 한일합병 당시의 이완용 인형을 불사르며 한일교섭 반대를 외쳤다. 사태가 걷잡을 수 없이 확대되자 박정희 대통령은 담화를 발표함과 동시에 3월 28일 그를 일본에서 귀국시켰다.

박정희 대통령은 학생 대표들을 청와대로 초청하여 대화의 장을 마련했다. 이 때 학생 대표의 주장은 "평화선(이승만 라인)은 주권선인데 왜 타협하려 하는가?" "왜 공식 채널을 사용하지 않고 비밀회담을 하는가?" "청구권자금 6억 달러는 적은 액수인데 이것으로 무엇을 하려하는가?" "일본의 경제침략을 막을 자신이 있는가?" 등등 10여 가지 요구사항을 제시하며 정부의 한일회담 전면 반대 의사를 제시했다.

이렇게 되다 보니 청구권 자금 외교교섭에 일단 성공했다고 판단했던 김종필 의장은 역으로 완전히 「민족반역자」로 규탄 받게 되었다. 더구나 국회의원 선거기간 중 강력하게 「민족적 민주주의」를 내걸고 민족주의 측면을 역설했던 그는 대학생들의 역공에 직면하게 되었고, 반민족, 반민주주의 대표 인물로 낙인찍히게 되었던 것이다. 그 대표적인 문건이 바로 위에서 인용한 「조(弔) 반민족·비민주적 민족적 민주주의 장례식」이라는 전단지였다.

나는 이 전단지를 보면서 집권당인 공화당은 동맹국인 미국의 불신을 사지 않을까 걱정하며 2년 전 창당에 참가한 중앙정보국 동료였던 임인종 형(나중에 콜롬비아 이민)에게 "더 이상 「민족·민주주의」를 제시하지 말고 거두어들이도록 당 최고위원회에게 건의하라, 아무리 모스크바 성명에서 발표한 「민족·민주주의」와 JP가 주장하는 「민족적 민주주의」가 전혀 다른 정치적 의미를 갖고 있다고 항변한다 하더라도 이 정치적 명제를 최초로 제기한 자는 다른 자가 아니라 국제공산주의자(81개국 공산당, 노동자당 대표)들이 아닌가? 당장 이 구호를 폐기해야 한다"고 강력하게 말했다.

그 후 공화당은 「민족적 민주주의」라는 말 대신 「한국적 민주주의」라는 말을 사용하기 시작했다. 나는 나의 비판이 당시 공화당 지도부에 먹혔는지 아닌지 알지 못한다. 그러나 다행인 것은 다음해 6월 한일회담이 종료되고 국교정상화가 실현되던 그 때까지 민족적 민주주의를 비난하는 전단지가 내 책상 위에 전해진 일은 없었다. 박정희 대통령은 「6·3 사태(한일회담반대사태)」를 제압하기 위해 계엄령을 발동하여 사태를 수습했고 결국 1965년 6월 한일협상은 종료되었다.

한일회담

조기 타결을 위한 분석관들의 노력

1965년 6월 22일 우리나라와 일본 간에 「기본관계 조약」이 조인될 때까지 해외정보국 분석관들이 경주했던 노력에 대해 회상해본다.

당시 중앙정보본부 해외분석국의 일본담당 분석관을 비롯한 대부분의 분석관들은 샌프란시스코 강화조약에 규정하지 않은 문제—예를 들면, 종전 후 일본에 잔류하고 있는 약 60만의 한국교포의 처우문제, 국적선택 문제 등 미해결 문제가 있었지만 일단 「한·일 간의 기본관계에 관한 조약」이 조인되었으니, 우리로서는 큰 짐을 벗어나 홀가분한 기분이었다.

1961년 8월 한·일 예비회담이 재개된 이후 무려 4년여 간 해외정보국 분석관들은 나름대로 한일관계 정상화를 위해 노력을 경주해왔다. 이처럼 해외정보 분석관들이 깊은 관심을 갖고 한일회담에 관여해야 할 이유가 있었다.

── 한일회담 타결을 위한 분석관들의 지원

중앙정보부가 창설된(1961년 6월 10일) 직후 김종필 중앙정보부장은 육사 8기 동기생인 최영택 참사관을 일본 도쿄에 파견하여 한일국교 정상화에 필요한 첩보를 수집하는 한편, 일본 여당인 자유민주당의 주요 실력자와의 접촉을 통해 한일 협상의 유리한 기반 조성에 노력했다.

1961년 10월 제6차 한일회담이 시작된 직후 김종필 부장은 석정선 해외정보국장과 최영택 참사관을 대동하고 이케다(池田勇人) 총리와 회담하였다. 이어 자민당의 실력자인 사토 에이사쿠(佐藤榮作, 후일 총리), 오노 반보쿠(大野伴睦, 부총재), 고노 이치로(河野一郎, 건설상, 후일 독도문제 교섭) 등을 만나 한일회담 진척을 위한 기반을 구축했다. 그 대표적인 사례가 1962년 11월 12일 오히라 마사요시(大平正芳) 외무상과 합의한 「김종필-오히라 메모(청구권 합의: 무상원조 3억 달러, 유상원조 2억 달러, 민간차관 1억+알파)」다. 당시 오히라 외무상은 "일본의 외화보유액이 14억 달러라고 밝혔다.

이처럼 당시 중앙정보부 해외정보국 일본과(과장 신태균)는 이동원 외무장관을 비롯한 공식 회담 대표를 지원하기 위해 일본에서 발행하는 주요 미디어의 주장을 종합하고 여기에 일본 정보당국의 비공개 문서를 입수하여 나름대로의 정보판단서를 작성하여 대표단의 협상을 지원하고 있었다.

한일회담이 시작되던 당시 나는 해외정보국 중소과장이었다. 하나의 퀀셋 사무실 공간을 둘로 나누어 한쪽은 일본과, 다른 한쪽은 중소과가 사용했다. 그러니까 아침저녁 아니 밥 먹듯이 철야 근무하는 신 과장과 일본과 분석관들의 노고를 대하면서 격려할 수밖에 없었다.

당시 나는 두 가지 이유에서 한일회담의 조속한 타결을 기대하고 있었다.

그 하나는 북한이 제4차 당대회(1961년)에서 7개년 경제계획을 채택하고 적극적인 「경제건설과 국방건설의 병진노선」을 추진하고 있었기 때문이다. 나는 이러한 김일성의 도전에 어떻게 대응할 것인가, 경제경쟁에서 대북 우위를 획득해야 하며 이를 위해서는 하루 속히 청구권 자금을 도입하여 우리 경제를 신장시킬 수밖에 없다고 생각했다.

둘째는 1961년 5·16 당시 81달러였던 1인당 국민총소득(GNP)이 점차 높아지고 있기는 하나 매년 되풀이 되는 보릿고개를 무사히 넘길 수 있는 경제성장을 기하기 위해서는 산업화에 필요한 자본을 도입해야 하며 가장 용이한 길은 일본으로부터의 청구권 자금 획득을 통해 확보하는 것이 최선의 방법이라고 보았기 때문이다.

때마침 나는 신태균 과장의 카운터 파트가 아닌 일본 측 외교담당 실무자 몇 사람과 돈독한 관계를 갖고 있었다. 그 중 한 명은 서울에 주재하고 있는 일본대표부의 정치담당 참사관 미다니 시즈오(三谷静夫) 씨고, 다른 한 사람은 경제담당 참사관 마에다 도시이치(前田利一) 씨다. 미다니 참사관은 일본이 만주를 지배하고 있던 1930년대, 하얼빈에 설치한 「하얼빈 노어학원」 2기생으로 내가 다닌 외국어대학 노어과 주임교수였던 함익근 선생의 6년 선배 되시는 분이었다. 때문에 미다니 참사관은 나를 자신의 후배처럼 제자처럼 대해주셨다.

고려대학을 비롯한 전국 대학에서 한일회담 반대시위가 전개하고 있을 때 나는 그에게 "하루 빨리 우리 요구에 응하지 않으면 내가 직접 각 대학에 가서 학생들을 몰고 나와 이 반도호텔에 걸려있는 일본국기를 내려놓겠다"고 공갈조로 말한 적이 있다. 이에 대해 미다니 참사관은 "너는 한일회담이 일본에게도 좋은 일이지만 한국에게도 좋은 일인데 왜 깰 생각하는가? 잘 되도록 대학생을 선도해야지…"라고 말했다. "그래서 빨리 싸인하라는 것 아닙니까?" 이런 식으로 속내를 드러내놓고 얘기할 수 있는 사이였다.

또 다른 한 분은 일본 내각조사실의 국제담당 조사관(과장급)인 오노 사치오(小野左千夫) 씨였다. 오노 조사관은 1~2개월에 한두 번씩 서울에 와서 관계자들과 만나 의견을 듣고 귀국하여 총리(이케다 수상 → 사토 수상)에게 보고하는 분이었다. 그는 같은 '정보맨'이었기 때문에 나와는 속내를 터놓고 얘기할 수 있었다. 나는 이들로부터 들은 정보를 신태균 과장에게 전하여 참고하도록 했다.

── 독도문제에 대한 양국 간의 합의

그런데 한일회담이 진행되던 그 때 해외정보국에서 돌발사건이 발생했다. 놀랍게도 신태균 과장이 직무정지를 당한 것이다. 우리들 동료 분석관들은 놀라지 않을 수 없었다. 해외정보국장이 도쿄 현지에 출장 가서 회담 지원에 전력하고 있는 이 상황에서 왜 실무과장의 목을 자르는가? 부장(김형욱)이 상황을 제대로 알고 하는 인사 조치인가?

부장 비서실을 통해 이유를 알아보기로 했다. 구체적인 얘기는 듣지 못했으나 어렴풋이 듣기로는 신태균 일본과장이 "독도는 우리 영토임을 협정문에 포함시켜야 한다"는 주장을 굽히지 않았기 때문인 것 같다고 했다. 솔직히 말해서 '독도를 한국 영토로 명기하자'는 우리 측 요구가 계속된다면 한일 기본협정 서명은 늦어질 수밖에 없는 형편이었다. 그런데 신태균 과장은 1주일 만에 과장으로 원상 복귀되었다.

그후 나는 신 과장으로부터 '그 때 왜 일본과장 직에서 직무정지 되었는가?'를 구체적으로 듣지 못했다. 내가 중앙정보부를 그만두고 마포 출판단지에 연구소(재단법인 극동문제연구소)를 설립한 직후인 1980년 초에 그가 자신도 퇴임했다면서 찾아온 적이 있다. 이 때 암투병으로 쇄약해진 그의 모습은 지금도 생생히 기억난다. 길게 대화하기 어렵다는 생각이 들어 궁금했던 '과장 철직 사건'을 묻지 못했다.

그러나 그후 나는 1999년 이후 10년간 일본에 체류하는 동안 한일 회담에 대한 일본 측 자료를 찾아보면서 로 다니엘(Ro Daniel)이 집필한

『죽도밀약(竹島密約)』(草思社, 2008년 11월 출판, pp.202~242)을 읽게 되었다. 이 책은 1962년 김종필 씨가 일본을 방문하면서 재개된 한일회담 이후 1965년 회담 종결까지의 과정을 자세히 기록하고 있다.

이 책에서 회담 당시 독도문제의 해결과정을 자세하게 기술하고 있는데, 그 골자는 바로 "해결하지 않은 채 해결한다(解決さらず解決する)"라는 것이었다. 이 책에서 인용한 「독도문제 해결에 관한 합의서」는 다음과 같이 기술하고 있다.

> 독도, 다케시마 문제는 해결하지 않은 것으로 하여 해결되었다고 본다. 따라서 조약에서는 언급하지 않는다.
> 가. 양국 공히 자국의 영토라고 주장하는 것을 인정하며 동시에 이에 반론하는 것에 이론하지 않는다.
> 나. 그러나 장래 어업구역을 설정할 경우 쌍방 공히 독도를 자국령으로 선을 긋되 중첩되는 부분은 공동 수역으로 한다.
> 다. 한국은 현상을 유지하며 경비병의 증강이나 시설의 신설·증설을 하지 않는다.
> 라. 이 합의는 이후에도 계속 끌고 가기로 한다.

나는 한일회담의 전반적이고 구체적인 상황이나 청구권 자금의 타협과정에 대해서는 알지 못한다. 그러나 국교정상화 이전 많은 외교관이 현지에 파견될 수 없었던 시기에 중앙정보부 파견관—대표적인 인물 최영택 참사관—들이 뒤에서 담당했던 그 역할이 한일회담 성립에 크게 공헌했음을 높이 평가한다. 나는 바로 이런 노력이야말로 해외정보 분석관의 정보판단이 투영된 구체적인 결과라고 생각한다.

베트남 파병

중앙정보부 조사단의 일원으로 느낀 것

　북한과장으로 임명된 지 1개월 지나던 시기에 나는 세 분의 상사를 모시고 베트남 출장에 나섰다. 당시 베트남은 호지명(胡志明)이 영도하는 공산당이 지배하는 북베트남과 반공주의자들이 지배하는 남베트남으로 분단되어 치열한 전쟁—한국전쟁처럼—을 전개하고 있었다.

—— 베트남(월남) 파병을 위한 중정 조사단 참가

　중앙정보부 조사단이 베트남에 간 것은 1965년 2월이었다. 박정희 대통령께서 중정의 입장에서 "베트남 파병문제를 한번 조사를 해봐라"라고 하명하셨기 때문이다. 그 때는 2,000명의 비전투 병력인 비둘기부대(공병단)가 파견돼 있었고, 이미 육군의 맹호부대와 해병대의 청룡부대 파견이 결정되어 있었다.

　당시 중정 조사대표단은 이병두(李秉斗) 차장을 대표 단장으로 해서 현직 국장 2명 그리고 내(과장)가 참가했다. 차장님과 국장들은 정치적인 문제로 남베트남 정부 관계자와 협의하였고, 베트콩이나 월맹군의 군사력, 호지명 루트 문제와 같은 실무문제나 전황 검토는 나 혼자서 담당해야 했다. 나는 우리의 카운터 파트인 사이공 정부의 중앙정보부인 CIO(Central Intelligence Organization)의 북베트남 분석관들과 1주일 동안 아침 9시부터 저녁 5시까지 구체적인 상황을 놓고 토의했다. 당시 통역은 프랑스 사관학교에 유학한 바 있는 중정 파견관인 윤 소령이었다. 주로 대남침투 루트인 호지명 루트와 게릴라 작전에 대해 검토했다.

내가 CIO의 북베트남 담당관들과 토의하며 절실히 느낀 것은 호지명에 대한 인식이 우리가 상대하고 있는 김일성에 대한 인식과 다르다는 점이었다. 우리는 김일성을 우리의 적이며 반민족적 공산주의 독재자로 보는데, 남베트남의 지식이나 승려와 인민들은 호지명을 민족주의자로, 심지어 베트남 인민의 국부(國父)처럼 보고 있었다.

우리는 6·25 때 싸워야겠다는 의지가 있었다. 그렇기 때문에 유엔군이 우리를 지원했고 결국 우리가 김일성 일당의 남침을 저지할 수 있었다. 우리 국군이 싸우겠다는 의지가 없었다면 수십만의 유엔군과 천문학적인 무기와 장비를 공급해서도 이길 수 없었을 것이다. 바로 이런 차이가 보였다는 것이다.

공산주의 혁명전략의 기본이 '민족주의자를 반미해방투쟁에 어떻게 동원하는가'가 핵심인데, 북베트남 공산주의자들이 전개하는 이 기본전략은 사이공 정부가 지배하는 남베트남에서 크게 성공하고 있었다. 호지명을 공산주의자가 아니라 민족주의자로 보고 있다면, 남베트남은 북베트남과의 전쟁에서 이길 수 없다고 느꼈다. 나와 회담한 'CIO 친구들도 호치민을 국부로 보지는 않지만 민족주의자로 보고 있구나. 이거 안되겠구나!' 하는 생각이 들었다.

우리가 사이공에 체류하는 동안 남베트남 군총사령부 J-2 정보참모부장(육군소장)이 자기 집에서 가든파티를 열겠다고 초청해왔다. 그 때는 이미 사이공 시내에는 사방에 저격수가 있을 때여서 어디서든지 테러를 당할 수가 있었다. 밤이면 사이공 시내 여기저기에서 예광탄이 끊임없이 하늘로 올랐다. 때문에 나로서는 염려하지 않을 수가 없었다. 가

1960~75년 베트남전쟁

든파티는 호화판이었다. 파란 잔디 마당에 대낮처럼 환하게 전등을 켜 놓은 가든파티였다. 마당에 들어서면서 CIO 대표에게 "안전은 괜찮은 가" 하고 물었더니 염려 말라는 대답이 돌아왔다.

　나는 이 파티를 보면서 베트콩이 우글거리는 이 사이공 시내 한복판에서 어떻게 전쟁 중인 군대의 핵심 참모인 정보참모부장이 예광탄이 사방에서 쏘아올라오는 이 밤중에 이런 가든파티를 열 수 있는가? 의문이 들었다. 이런 태도로 호지명 군대와 싸워 이길 수 있을까? 이런 상태에서 싸움하는 나라가 어떻게 이길 수가 있을까? 속으로 움찔하면서도 그래도 끝까지 자리를 지키고 나왔지만, '도저히 이래서는 안되겠구나!' 하는 불안감이 치솟아 올랐다.

─ 남베트남의 패배 가능성 예측

그 후 사이공 방문을 종료하던 때 열어준 파티에 참가하기 위해 사이공 외곽지역에 있는 쇼롱이라는 중국인 타운을 둘러보다 또 한 번 느꼈다.

약속한 식당 뒷골목을 가보니 골목 입구부터 군수품 상인들이 줄지어 앉아 있었다. 군복이나 배낭 등 군장비는 물론 뒷자리에서는 권총, 소총도 거래된다고 하였다. 이들 상인들의 말인 즉 "탱크나 대포 빼고는 뭐든지 다 살 수 있다"는 것이었다. 이것은 말도 안 되는 소리였다. 어떻게 뒷골목이 이 모양이란 말인가?

이런 상황에서는 베트콩이 얼마든지 미군의 경무기를 살 수 있다는 것을 알았다. '여기가 바로 베트콩의 병기창, 군장비 보급소다'라는 생각이 들었다. 이런 현실을 보면서 나는 '이미 베트콩이 남베트남 지역을 지배하고 있구나' 하는 생각을 했다. 남베트남 정부의 기강이 서고 군기가 확립되어 있다면 이런 현상이 일어날 수 없는 것이다.

식사 후에 대사관에 와서 보고서를 쓸 때 이병두 차장한테 "이 전쟁은 질 수도 있습니다"라고 말했다. 이 차장이 "무슨 소리냐?"라고 하길래 "장개석(蔣介石)이 모택동(毛澤東)에 진 중국을 보십시오. 나는 이 나라의 정통성이 호치민에게 넘어갔다고 봅니다"라고 딱 부러지게 얘기했다. 내가 작성한 리포트의 초안은 남베트남의 패배 가능성이 있다는 요지였다. 뭐라고 표현했는지는 정확히 기억이 없는데, 그런 의미를 포함하는 방향으로 정리했다.

그랬더니 차장이 "이미 우리 병력이 여기에 파견되어 있고, 대통령께서 정규사단 파견 결정을 내리고 마지막으로 세밀한 것을 보라고 해서 우리가 왔는데, 이렇게 써도 되겠는가? 대통령께서는 우리보다 더 깊은 판단을 하고 계신다. 중국공산당이 대륙을 제패하게 된 원인이 장개석 정부의 부패에 있었다는 것을 각하도 잘 알고 계시니 염려하지 마라" 하는 것이었다. 그래서 문구를 다듬어서 우회적인 표현으로 베트콩의 침투현황과 남베트남 군대의 호지명에 대한 인식 등을 기술했다.

공산주의자들의 민족주의 문제와 공산주의자들의 통일전선전술을 누구보다 잘 알고 계신 박 대통령이 남베트남의 정치·군사 현실을 모를 리 없다는 생각에서 이 정도의 기술로도 우리의 조사보고서 요지를 이해하실 것이라 생각했다. 우리가 돌아올 때는 벌써 맹호부대 선발대가 사이공에 도착했다.

━━ 전략적 사고의 중요성

그 후 나는 이미 군사정부의 문교부 장관을 역임하고 퇴임하신 전 해병대사령부의 작전교육국장을 지낸 상관이고 스승이신 문희석 장군과 만난 일이 있었다. 그는 나에게 "월남 파병은 우리나라 경제건설에 큰 도움이 되었다. 가능한 우리 군이 오래 주둔하면서 경제적 실리를 얻도록 해야 한다"고 하시면서 이런 일화를 말씀해주셨다.

"베트남에 갔을 때 청룡부대장을 만났습니다. 한 중대장의 무훈담

우리 부부와 세 아이(딸 정은, 차남 정수, 장남 정욱)
중소과장(1963~1964), 북한과장(1965~1969)을 거치면서 가정생활이 안정되었다.

을 전해 주었습니다. 당시 청룡부대 중대장은 월남군(남베트남 군대)과 연합작전을 전개하여 A고지는 월남군이, B고지는 우리 해병 청룡군이 공격하기로 하고 작전을 시작했는데 우리 해병이 B고지를 점령하자 총탄이 A고지에 날아왔다는 겁니다. 그래서 뒤돌아 봤더니 월남군은 공격개시를 하지 않고 출발 지점에 그대로 있더라는 것입니다. 그래서 청룡부대가 A고지마저 공격하여 점령했더니 그 때 월남군이 올라왔다고 합니다."

이 말을 들은 문희석 장군은 브리핑한 대대장에게 "이 사람아, 그럴 때는 후퇴하는 거야"라고 했다. 이어서 "자네들이 A고지, B고지, C고지를 모두 점령하면 이 전쟁은 빨리 끝나지 않나? 이 전쟁이 빨리 끝나는 게 우리에게 무슨 도움되나? 우리는 전략적인 목적으로 와 있다. 이 땅에서 한 명도 희생을 시켜서는 안 된다. 그리고 이 전쟁은 오래 끌수록 우리에게 유리하다. 경제성장을 해야하는데 뭘로 하겠는가? 우리나라 경제발전에 필요한 외화를 벌고 미국의 지원을 받아야 해. 이런 이유에서 제관들에게는 전략적 사고가 필요한 거야. 그래도 고급장교들은 이런 우리나라의 사정과 이익을 확실히 알고 있어야 하지 않겠는가?"라고 했다는 것이었다.

나는 베트남 방문 후 육군대학에서 행한 강연에서 문희석 장군의 말씀처럼 "고급장교는 전략적 사고를 가져야 합니다, 전략적 사고를 가지고 베트남에 가야 합니다, 심하게 말하면 여러분은 장사꾼의 앞잡이가 되어야 합니다. PX부대? 여러분의 대대 규모 병력이 들어가면 PX부대는 이 대대 규모보다 조금 더 커야합니다. 그리고 절대로 장병을 희생시켜서는 안 됩니다"라고 말했다.

그날 강의를 마치고 서울에 돌아오자마자 부장실에 오라고 해서 갔더니, "자네, 무슨 소리를 했나? 무슨 얘기를 했기에 저들이 야단인가?"라고 일갈하는 것이었다. 나는 부장에게 자초지종을 얘기했다. "그래도 전선에 나가는 사람에게 너무 심한 말을 한 것은 아닌가"라는 질책을 들었다.

「1·21 사태」 예측 판단 보고와
청와대 기습 사건

1967년 11월 25일 토요일 해외정보국 북한과장이었던 나는 '북한동향에 대한 월례보고'를 대통령께 드리기 위해 청와대를 방문했다.

연말 또는 주요 종합보고를 드릴 때는 대통령께서 시간 여유가 있는 토요일로 잡았는데, 대개 오전 10시경부터 시작했다. 보고 장소가 회의실이 아닌 대통령 집무실이 되어서 배석자도 적어(대개 대통령 비서실장과 중앙정보부장) 조용하고 차분한 분위기에서 말씀드릴 수 있었다. 대통령의 시간 여유가 비교적 많은 날이었기에 질문도 많은 편이었고 그 간 시간에 쫓겨 말씀드리지 못한 내용을 말씀드릴 수 있었다.

─── 북한의 대남공작 변화 가능성 예측

이날도 통상대로 10시에 시작하였다. 이후락(李厚洛) 비서실장은 시작할 때 동석했다가 밖으로 나가고 부장만 계속 동석했다. 나는 대외동향, 북한 내부동향 그리고 북한의 대남동향 순으로 차트를 넘기면서 보고 드렸다.

이날 보고의 특징은 지난 7~8개월 동안 의심을 품어왔던 북한의 대남 특이동향을 중심으로 보고 내용을 작성했었다. 왜냐하면 1967년은 정초부터 북한이 남한에 대한 무력도발을 유별나고 빈번하게 그리고 적극적으로 전개해왔기 때문이다.

1967년 1월 19일 오후 2시반경 동해 휴전선 근해에서 명태잡이 어선 보호작전을 전개 중이던 동해경비분대 소속 PCE56함(당포호 650배수 톤. 함장 김승배 중령 승무원 79명)이 북한군의 육상포대로부터 약 20여분에 걸쳐 200여 발의 집중포격을 받고 침몰되었다. 이 교전에서 승무원 79명(장교 8명 포함) 중 전사 39명(장교 2명, 사병 37명)에 중상자 14명, 경상자 16명이 나왔고, 무사한 사람은 10여 명에 불과했다.

1월 21일에는 무술과 날치기 절도훈련을 받은 3인조 '똘만이 간첩단'이 체포되었고, 3월 6일에는 쾌속정을 이용, 군산 앞바다로 침투 상륙하려던 간첩단이 발각되어 격침되었다. 4월 5일 오후에는 판문점 동쪽 2km 떨어진 비무장지대 안에서 군사분계선을 넘어 침입하던 일단의 북한 무장군과 유엔군 순찰대 사이에 25분간 총격전이 벌어져 북한군 3명을 사살했다.

4월 12일에는 중부 산악지대 휴전선을 넘어 북한군 90여 명이 들어와 국군 7사단과 교전을 했다. 이 때 7사단의 3개 포병 대대가 휴전 후 최초로 북한지역에 585발의 포격을 가하기도 했다. 4월 22일에는 서부전선으로 침투한 북한군이 미군 막사를 폭파, 2명의 미군이 숨지고 19명이 부상하는 사건이 있었고, 5월 27일에는 북한 경비정이 연평도 근해에서 작업 중이던 한국 어선단에 포격을 가해 우리 해군이 25분간 엄호사격을 하기도 했다.

8월 7일에는 침투한 북한군이 판문점 남방 대성동 '자유의 마을' 앞에서 미군 트럭을 습격해 3명의 미군이 사망하고 17명이 부상했다. 사흘 뒤엔 서부전선에서 한국군 트럭이 습격당해 아군 3명이 사망했다. 8월 28일에는 북한군이 판문점 동남쪽 30여m에 위치한 미군 막사를 기습, 미군 3명이 사망하고 25명이 부상했다. 9월 5일에는 경원선 열차 폭파사건이, 13일에는 경의선 열차 폭파사건이 있었고, 동해상에서 조업 중이던 어선을 여러 차례 납치하는 등 휴전 전과 다름없는 상황이었다.

이처럼 격화되는 북한의 무력도발을 보면서 중앙정보부의 북한정보 분석관들은 혹시 북한이 대남공작의 전략적 변화를 기하고 있는 것이 아닌가 하는 불길한 예감을 갖게 되었다. 왜냐하면 1965년부터 무력도 발이 격화될 가능성을 충분히 예측케 하는 여러 첩보(체포 또는 자수한 간 첩의 증언)들이 입수되고 있었기 때문이다. 몇 가지 예를 들어보자.

1965년 1월경 정치 및 군사위원회 연석회의 석상에서 김일성은 "중 국공산당의 혁명 승리는 적지와해, 지하당 사업이 잘되었기 때문이며, 월남(남베트남)에서의 인민투쟁이 꾸준히 계속되고 있는 것도 적공사업 (敵工事業)이 잘 되었기 때문이다. 우리의 대남사업은 소극적이며 많은 결함을 가지고 있다. 이를 빨리 수정하고 앞으로의 대공세를 위한 준비 를 수립하라"는 지시를 내렸다.

그런가 하면 "우리나라는 산악지대가 많다. 이 유리한 산악을 요해 (了解)하여 월남식 게릴라 작전을 전개하도록 하라"고 지시하면서 이를 실천하기 위해 "군사위원회가 대남 유격전을 목적으로 하는 교도대(敎 導隊) 창설을 연구하라"고 지시하였다. 그 결과 그해 4월부터 각 도에 교 도대를 창설하고 인원 선발 및 편성을 완료하였다.

다음해 2월 상원(祥原)훈련소에서 근무하다 남파된 간첩은 "남한 출 신 60%와 북한 출신 40%로 구성된 혼합부대를 편성하여 남한 각 지역 을 담당하는 '도별 담당 교도대'가 편성되었다"고 진술했다. 1966년부 터는 3인조, 5인조 또는 8인조 등 소규모 무장간첩단을 남파하였는데, 그 때마다 아군에게 포착되어 사살되었음에도 불구하고 중단하지 않고 계속되었다.

북한의 준유격전(準遊擊戰) 전개 징후

중앙정보부의 대공수사 담당자들과 북한동향을 예의 감시하고 있는 북한정보 분석관들은 "북한의 대남공작은 이미 준유격전(準遊擊戰)으로 전환되고 있으며 날이 갈수록 대담하고 빈번해질 것"이라고 판단하고 있었다.

1966년 10월에 개최된 조선노동당 대표자회에서 김일성은 거의 공개적으로 "① 북한은 남한을 해방시킬 의무가 있으며 전쟁은 필연적으로 할 수밖에 없다. ② 전쟁준비를 위해서는 모든 산업체제를 전시체제화하고 전 인민을 무장시켜야 한다. ③ 남한의 정치·경제가 날로 안정되어 가니 남한 내에서 혁명시기가 자연적으로 올 것을 기다리고 있을 것이 아니라 보다 적극적으로 활동하여 혁명의 시기를 조성하라. 그러기 위해서는 정치·경제 등 모든 부문에서 합법투쟁과 비합법투쟁, 폭력투쟁과 비폭력투쟁, 대규모 투쟁과 소규모 투쟁 등의 모든 투쟁을 적절히 배합하여 투쟁을 계속해야 한다"고 지시했다.

아울러 김일성은 대남사업총국 국장, 부국장, 연락부장 등을 소환하여 "현 정세로 보아 조국통일은 전쟁의 방도에 의한 가능성이 많다. 평화적 방도는 5%의 가능성밖에는 없으므로 지하당 간부(연락부 간부 및 대남 공작원)들은 전쟁에 써먹을 일(전쟁이 발발할 경우 남한에서 혁명운동을 어떻게 지도해야 하는가를 연구하는 것)을 찾아야 한다"고 지시했다.

다음해인 1967년 3월에 개최된 노동당 제4기 15차 당중앙위원회 전원회의에서 김일성은 "대남사업기구가 불합리하게 조직되어 있으니 개편하라. 박헌영(1953년경) 때부터 지금까지 전개한 대남사업 방식을 답습해온 이효순(李孝淳) 대남사업국장의 대남사업은 실패했음이 입증됐으니, 앞으로는 인명의 희생이나 그 어떤 재정 또는 수단방법을 가리지 말고 적극적으로 임하라"고 지시했다.

이 회의에서 대남사업의 주 담당부서가 당 연락부로부터 인민군으로 이전되었으며, 그 책임을 인민군 대장 허봉학(許鳳學)이 담당하게 되었다는 첩보가 입수되었다. 이러한 일련의 북한 대남사업의 전술적 변화를 주시하던 대북담당 정보분석 요원들은 사태가 점점 긴박해지고 있음을 피부로 느끼게 되었다. 따라서 북한의 무력도발이 휴전선을 넘어 후방지대로 확대되고 있다고 판단했고, 그 규모도 전투원을 3, 4명에서 10명 이하로 편성한 소조(小組)가 아닌 대규모의 게릴라 전투부대로 재편될 가능성을 상정하고 있었다.

1967년 전반기에 검거된 간첩들의 신분에서 우리들 북한정보 분석관들은 인민군 정찰국 소속 제17정찰여단과 공수정찰대대 소속 대원 중 20세에서 27세까지의 중·상사급 고참 병사들 중에서 엄선된 전투요원이나 이외 노동교화소에서 선발된 18~20세 깡패 출신으로 새로운 특수부대인 283군부대를 편성하였고, 조장급 지휘요원들은 대부분 북한출신이며 대남공작 침투경험도 풍부한 자들이라는 사실을 확인하고 있었다.

이들 283군 부대원들의 교육훈련 기간은 대체로 8개월간이었다. 기본 집단훈련은 육체단련을 위한 기본 체육훈련에 치중하였고, 2차 교육은 중요 시설과 건물 습격, 납치방법 등의 유격훈련과 침투루트 정찰, 대남침투 실습훈련 등의 전술교육에 치중하고 있다는 것이었다. 교육의 특색은 정치학습 등의 이론교육보다 체력훈련과 전술교육에 주력하였고, 특히 유격훈련을 실시하고 있다는 데서 그들의 대남공작 방향이 바뀌고 있음을 알 수 있었다.

283군부대는 산악부 지대에 밀거지(密居地)를 구축하고 주민 2~3명을 포섭하여 망책(網責)을 정하는 방법도 교육하고 있었다. 공작기간은 대체로 10월 중순 경까지이나 새로운 공작 임무와 복귀 시기는 상부의 무전 지시에 따르기로 되어 있다는 것이었다. 즉 10월 이후 동계기간에도 침투지역에 계속 잔류할 가능성을 시사하는 대목이었다.

또 주민을 포섭하는 방법은 될 수 있는 대로 물질 매수와 약점을 이용하는 것이며, 포섭이 성공하면 공작환경 자료를 수집케 하고 다음에 침투하는 특수부대에 모든 편의를 제공하며 침투하는 무장간첩과의 접선 방법에 대해 교육한다는 것이었다. 후에 밝혀졌지만, 283군부대의 병력 중에서 일부를 빼내 재편성한 부대가 바로 124군부대(2,400명 규모)였다.

─── 동계 기간 서울지역 침투 가능성 예측

이러한 북한의 대남공작의 전술적 변화와 기구의 재편, 공작요원의 훈련 그리고 침투경로 등을 분석하면서 북한담당 분석관들은 '혹시나 서울이 주공격 목표가 되지 않을까?', '침투시기도 우리가 방심하는 시기, 즉 녹음이 무성한 여름이 아니라 엄동설한 시기를 겨냥하지 않을까?' 하는 생각이 들었다.

특히 1967년 1월에 체포된 3인조 '똘만이 간첩단'은 노동교양소에서 느닷없이 끌려나와 남파된 자들이었고 특별한 임무를 부여받지 않았다. 그저 서울에 가서 소매치기를 하며 훔친 돈은 마음대로 쓰고 신분증만 몇 개 구해서 월북하라는 것이 전부였다. 무엇보다 눈이 하얗게 쌓인 1월에 휴전선을 넘어 흔적을 남기면서 남파했다는 것에 유의하지 않을 수 없었다. '왜 내려 보냈나?' 하는 의문을 갖고 다각도로 분석하던 우리 분석관들은 '동계작전'이라는 결론에 도달했다.

나는 이러한 일련의 사실을 종합하여 대통령에 대한 이날의 브리핑 차트를 준비하였고, 보고서 말미의 전망 판단에서 "내년(1968년)에는 정초부터 대규모 게릴라 침투 가능성이 농후하며, 따라서 인민전쟁이 시작되었다는 전제 하에 대응 경계태세를 강화해야 할 것"이라고 썼다. '인민전쟁'이란 부분에는 파란색으로 언더라인을 그었던 것으로 기억된다.

나의 보고를 주의 깊게 듣고 계시던 대통령은 보고를 마치자 잠깐 생각을 하시는 것 같더니 인터폰으로 이후락 비서실장에게 "국방장관과 각 군 참모총장들 다 들어오라고 해!"라고 지시하시는 것이었다. 그러고 나서 "강 과장, 수고했네, 이제부터는 게릴라전이야. 군이 출동해서 대응하지 않으면 안 돼. 그래서 국방장관과 참모총장들을 들어오라고 했으니 다 모인 자리에서 임자가 다시 한번 이 보고를 해주게"라고 말씀하셨다.

나는 "알겠습니다"라고 답하고 대통령 집무실을 나와 옆방 대기실로 들어갔다. 함께 나온 김형욱 부장도 "수고했다"라고 격려해주고는 비서실장에게 갔다. 나는 소파에 앉아 한 시간여 긴장했던 자세를 풀면서 국방장관과 육해공군 참모총장이 모였을 때 첨가해야 할 말이 없는가를 생각하며, 방바닥에 차트를 펴놓고 한 장 두 장 다시 넘기며 뜯어봤다. 그리고 나서 청와대 식당에서 점심을 먹은 것으로 기억된다.

이날 오후 2시경 김성은(金聖恩) 국방장관과 3군 참모총장이 다 모인 가운데 대통령 집무실에서 다시 한번 북한동향을 보고했다. 그리고 나는 뒷자리에 앉았다. 대통령이 노트한 종이를 잠깐 보시더니 차분한 음성으로 말문을 여셨다.

"지금 중앙정보부의 보고를 들은 대로 나도 북한은 보다 적극적인 대남 무력도발을 전개하리라고 생각하오. 이것은 단순한 무장간첩 남파가 아니라, 말 그대로 게릴라 작전이오. 아마도 북한 김일성은 월남에서처럼 우리 남한에서도 게릴라 작전이 가능한 듯이 오판하고 있는 것이 명백하오. 문제는 지금까지와 같은 대간첩 작전 방법으로는 대응할 수 없다는 것이오. 군사적으로 대응해야 합니다. 따라서 앞으로 대게릴라 작전은 국방부가 책임지고 수행하고, 중앙정보부는 일반적인 간첩 색출과 지하공작망 색출 업무를 수행토록 하시오."

나는 당연한 말씀을 하신다고 생각하면서도 한편으로는 당혹감을 감출 수 없었다. 왜냐하면 중앙정보부의 가장 중요한 임무가 북한의 대남공작 대응 업무와 대간첩 작전에 대한 전반적인 조정권인데, 이 임무와 권한의 일부가 국방부로 이양된다는 것은 중앙정보부의 권한이 그만큼 축소되는 것이라고 판단했기 때문이었다. 그러나 대통령의 결연하고 명백한 지시에 김형욱 부장이 이의를 제기할 수도 없으려니와 무슨 말을 한들 대통령께서 이미 정한 결심을 바꿀 가능성은 없었다.

며칠 후 만난 해병대 사령관 출신의 김성은 국방장관이 5·16 전까지 해병대사령부 정보국에서 근무하던 옛 부하인 나에게 귀띔해준 말은 "강 과장, 대통령께서는 중정이 대간첩 작전에서 행한 월권행위에 대해 대단히 못마땅하게 생각하고 계시네. 왜 무장간첩 소탕작전을 전개하는 군부대에 대해 작전능력도, 경험도 부족한 중정 요원들이 그렇게 날뛰는가? 라고 말씀하시더라"고 알려주었다.

국방장관과 육해공 참모총장과의 회합을 마치면서 대통령은 이어 나에게 "조만간 각 군 지휘관과 행정부 각 기관장들이 다 참가하는 대간첩 작전회의를 개최하겠으니 자네는 이 내용을 다시 보고하도록 준비하라"고 지시하였다. 나는 청와대를 나와 이문동(里門洞) 청사로 가는 차 안에서 '혹시 오늘 보고한 판단보고가 제대로 맞지 않을 경우에 상사와 동료들의 강한 책임추궁을 면할 수 없겠다'는 생각을 아니할 수 없었다. 왜냐하면 중앙정보부의 권한의 일부가 국방부에 옮겨진 데다가 오늘 보고가 오판으로 판단된다면 중정의 권위와 권한이 손상될 것이고 그 책임은 보나마나 내게 돌아올 것이라고 생각했기 때문이다. 나는 '이미 쏟아진 물 아닌가? 내가 내린 판단이 옳았는가, 틀렸는가는 두고 볼 일이지!' 이렇게 마음을 달래며 이문동청사로 돌아왔다.

아니나 다를까! 청와대 보고를 끝낸 직후부터 대공 수사국과 간첩작전을 조정 통제하는 각 도 중정 분실 직원들로부터 불평불만이 들려왔다. 나를 만나는 담당 국장이나 동료 과장들은 으레 "꼭 내려오겠지? 틀리면 중정 체면이 구겨져!"라고 다그치듯 말하곤 했다.

1967년이 저물고 1968년이 시작되는 정초까지 나는 이 겨울이 지나기 전에 반드시 일이 터져야 한다는, 어떻게 보면 당치도 않게 북한 게릴라 부대의 남침을 바라고 있는 듯한 착각마저 들 정도로 스트레스가 쌓이는 심정을 견뎌내야 했다.

─ 대간첩 비상치안회의 : 북한의 게릴라전 대응준비

대통령께서 지시한 '대간첩 비상치안회의'는 1968년 1월 6일 오전 10시 강원도 원주의 육군 야전군사령부 회의실에서 개최되었다. 그런데 내게는 사소한 문제가 발생했다. 이 회의에서 사용해야 할 브리핑 슬라이드가 채 완성되지 않았기 때문이었다.

당시 슬라이드로 브리핑한다는 것은 지금처럼 간단한 작업이 아니었다. 차트에 썼던 원안을 축소하여 재작성한 원고를 밤을 세워 유리판에 쓰고 그것을 촬영하여 슬라이드로 구워내는 작업이 늦어진 것이다. 아침 6시 자동차로 청사를 출발한 나는 결론부분 몇 장을 맞추지 못한 채 출발해야 했다. 나머지 슬라이드는 10시 회의가 시작될 때까지 헬리콥터로 가져오기로 했다.

박정희 대통령은 특별 기동차 편으로 원주에 도착했다. 정일권 국무총리와 김성은 국방장관을 비롯한 전 국무위원, 김형욱 중앙정보부장과 각 도 지부장, 임충식 합참의장, 3군 참모총장 및 해병대사령관, 사단장급 이상 지휘관, 지사, 검사장, 경찰국장 등 각급 기관장들이 1군사령부 회의실을 꽉 메웠다.

나는 예정된 회의 시작 직후 슬라이드로 1개월 전 청와대에서 했던 보고내용을 찬찬히 읽어내려 갔다. 물론 1967년 12월 말까지의 북한의 대남도발 상황을 추가하였다.

보고가 중간쯤 이르렀을 때 김형욱 부장이 마지막 슬라이드가 도착했음을 알리는 손 신호를 해주었다. 나는 안심하고 후반부 브리핑을 계속하면서 내년 정초에 자행될 것으로 예상되는 북한의 동계 침투작전은 종래와 같은 소조 규모가 아닌 대규모 게릴라전이 될 것이고, 침투지역이 서울이 될 가능성이 농후하니 철저한 대비가 필요함을 강조하고 30여 분에 달하는 보고를 무사히 끝냈다.

이어 국방부의 대책부분이 보고되었는데, 중요한 내용은 공비출몰 상황에 따라 갑, 을, 병 세 가지의 비상경계령이 발령된다는 것이었다. 갑종 비상령은 경찰력만 동원해도 되는 상황, 을종 비상령은 군, 경찰이 합동대응해야 하는 상황, 병종 비상령은 전적으로 군이 통제권을 가져야 하는 상황으로 구분했다. 대통령 특별지시 사항으로 대간첩작전기구를 2월초까지 설립하기로 하고, 이 기구는 군을 중심으로 경찰과 정보부가 협조하는 체제로 구성한다는 것이었다.

보고 중 꺼졌던 실내등이 켜지자 대통령은 "북괴 만행을 봉쇄하고 무장간첩을 섬멸하는 데 있어 유의할 일은 군관민(軍官民)이 혼연일체가 되어 상호 협조체제를 확립하여 범국민적 대간첩 작전을 전개하는 것"

이라고 강조하고, "정부는 이를 위해 향토방위법(鄕土防衛法)의 제정을 서두르고 있으며, 앞으로 이 법을 잘 운용하여 지방 주민의 승공정신(勝共精神)을 강화하고 지역적 방위체제를 확립하는 것이 선결문제"라고 지시했다.

━━ 1·21 청와대 기습사건 발생

강원도 원주 회의를 마치고 돌아온 나는 수시로 국방부 상황실과 우리 부 상황실에 전화를 걸어 북한의 전후방 동향을 체크했다. 그러기를 2주간이 지난 1월 20일 새벽 2시 요란한 전화벨 소리가 어렴풋이 잠들었던 나를 깨웠다.

"강 과장입니다"라는 답을 하기도 전에 상대방은 "과장님, 새까맣게 들어왔습니다" 하는 것이었다. 이문동청사 상황실 당직근무 직원의 전화였다.

"어디야? 몇 명이야?"라고 묻자, "몇 명인지는 모르겠으나, 문산이랍니다"라는 것이었다.

나는 더 이상 수화기를 들고 있을 이유가 없었다. 내 전화 소리에 일어난 아내에게 "보고 드렸던 그대로야. 새까맣게 들어왔는데. 부로 들어갈게"라고 한마디 한 후 아내가 내준 잠바를 걸친 채 집밖으로 나섰다.

상황실에서 보낸다는 차를 기다릴 여유도 없었다. 밖으로 나와 10여m 갔을 때 상황실에서 보낸 차를 만나 10분도 안 돼 부내로 들어섰다. 합동상황실은 이미 북새통이었다. 담당직원으로부터 지금까지의 상황을 보고받았다. 그 내용은 파주군 초리골에 사는 농민 우성제(禹聖濟) 씨 형제가 산에 나무하러 갔다가 일단의 공비들을 만나 4시간 동안 잡혀 있다가 해가 진 후 풀려나 밤 9시경 창현파출소에 신고하여 상황이 벌어진 것이다.

신고 직후 합동참모본부 내 대간첩본부에서는 6군단 산하 3개 사단 병력과 6관구 산하의 병력으로 하여금 문산에서 서울로 들어오는 접근로에 비상경계망을 편성 배치했다.

간단한 상황보고를 받은 나로서는 '새벽이 되면 문산, 파주 일대에서 접전하게 되겠구나'라고 생각했을 뿐, 전혀 긴장감을 느낄 수 없었다. 아니 일종의 안도감 같은 편안한 기분이었다. 그 이유는 아마도 지난 1개월여 동안 '북한의 대규모 게릴라 침투'를 보고한 후 내 판단이 빗나가지 않을까 노심초사했었는데 이제야 비로소 적중했다는 만족감(?) 때문이 아니었을까!

실제로 작전 책임은 국방부로 넘어갔으니 중앙정보부는 체면이 섰을 뿐 아니라 우리의 정보수집, 판단능력을 과시하게 되었다는 일종의 자부심 같은 것을 느꼈다. 이런 나의 기분을 다음날 상황실을 찾은 이병두 차장님께 가슴을 펴며 말하기도 했다.

나는 상황실에 머물며 들어오는 상황을 계속 점검했다. 그런데 어찌된 셈인지 동이 트고 날이 밝고 해가 중턱에 떠오를 때까지 침투 간첩을 발견했다는 보고도, 접전하고 있다는 보고도 들어오지 않았다. 분명히 출동한 우리 병력들이 정밀수색을 실시하며 추적하고 있을 터인데, 아무런 접전도 일어나지 않고 있으니 '혹시 나무꾼들의 신고가 잘못된 것은 아니었나?'라는 의구심까지 들었다. 그러나 우리는 참고 기다릴 수밖에 다른 도리가 없었다.

그런데 점심을 먹고 내 방으로 돌아가 있는데 직원으로부터 후속보고를 받았다. 서울 근교 송추유원지 부근에서 무장공비들의 것으로 보이는 실탄과 탄창 그리고 흘린 음식물이 발견됐다는 것이었다.

보고를 받은 우리 분석관들은 다시 긴장하기 시작했다. 그렇다면 이들 공비가 서울로 향하고 있는 것이 분명했고 이미 우리의 경계망을 돌파한 것으로 판단되었기 때문이다. 후일 이 때 보고를 받은 김성은 국방장관은 '설마 그처럼 빨리 철통같은 우리 군의 경비선을 뚫고 들어올 수 있었을까?'라고 의심했다고 한다. 그러면서 "그러나 미심쩍은 구석이 있어 대통령 집무실에서 전화로 채원식(蔡元植) 치안국장을 불러 원주회의에서 결정한 비상경계령대로 서울지역에 갑종 비상령을 내리도록 하고, 세검정에서 정릉과 창동에 이르는 축선에 경찰 병력을 배치하라고 지시했다"고 회고했다.

그리고 하루가 지나갔다. 그런데 이게 웬일인가? 1월 21일 서울 외곽도 아닌 최고 통수권자인 대통령의 집무실과 거처인 청와대 후문에서 얼마 떨어지지 않은 자하문 고개에서 종로경찰서 경찰과 침투공비 간에 첫 전투가 벌어진 것이다.

중앙정보부 본부 청사가 있는 남산도 아닌, 이문동 정보부 청사에 앉아있는 우리들에게는 간신히 총성이 들릴 뿐 어떤 상황이 벌어지고 있는지 알 수가 없었다. 다행히 이 침투공비의 청와대 침입은 저지되었지만 참담한 상황이었다. 이 때부터 거의 1개월 가까이 공비소탕 작전이 전개되었고, 이 과정에서 우리 측 희생자도 적지 않았다. 최규식(崔圭植) 종로경찰서장과 이익수 대령을 비롯하여 23명의 장병이 희생되었고 52명의 부상자가 발생하였다. 또 7명의 민간인이 생명을 잃었다.

침투한 31명의 공비 중에서 김신조 소위 1명이 생포되고, 27명이 사살 또는 자폭했다. 행방이 묘연했던 나머지 3명 중 1명은 2월 중순 경기도 양주군에서 시체로 발견되었다. 남은 2명은 월북한 것으로 판단되어 작전을 종결했다.

1970년 3월 13일, 최초의 훈장인 홍조근정훈장을 받다

── 「1·21 사태」에 대한 평가와 반성

나는 「1·21 청와대 기습사건」이 끝나자 다시 한번 우리들 대북정보 분석관이 내렸던 판단을 재검토하였고, 스스로 허점투성이의 미숙한 보고였다고 자평하면서 반성하지 않을 수 없었다.

첫째로 내가 대통령께 보고한 내용에는 분명하게 '서울을 목표로 침투할 것'이라고 했으나 특히 '청와대 기습 가능성'은 미처 생각하지 못했다.

둘째로 침투공비의 행군장경(行軍長經, 일정 시간에 몇 km를 행군할 수 있는지)을 정확히 제시하지 못했다. 우리 국군 중 최강의 군대라고 자랑하는 해병대를 지휘했던 김성은 국방장관도, 최일선 소대장 근무를 경험했던 해병 중위 출신 나 자신도 침투공비가 그처럼 빠른 속도로 이동할 줄은 미처 몰랐다.

각자가 기관단총, 소련제 TT권총, 수류탄 10발, 대전차 수류탄 2발, 실탄 300발 그리고 대검으로 중무장(30kg 무게)한 이들은 시간당 10km의 속도로 주파했다. 그것도 법원리-미타산-앵무봉-노고산-진관사-북한산으로 이어진 눈 덮인 능선을 타고 세검정으로 침투한 것이다. 우리 군의 경우 시간당 4km의 산악행군만 해도 빠르다고 생각하던 우리는 북한 124군부대의 침투능력을 너무 과소평가했던 것이다.

김성은 장관은 후일 "김신조 일당이 나무꾼들을 풀어준 지점에서 서울 진관외동의 진관사까지 산악코스로 행군을 하면 해병대도 이틀은 족히 걸리는 거리였다. 그런데 1월 19일 오후 8시 우씨 형제들을 풀어준 직후 출발하여 하룻밤 사이에 이미 진관사를 거쳐 북한산 비봉의 승가사 아래까지 도착해 있었다는 것을 나중에 알고는 기겁했다. 중무장하고 야간 산악행군으로 북한산까지 올 수 있다는 건 내 군대상식으로는 있을 수 없는 일이었다"고 회고했다.

셋째로 우리의 방어태세가 너무 소홀했다. 1965년 이후 북한군의 휴전선 침투가 빈번해지고 3~4인조 무장소조가 우리의 후방까지 나타나 준동하고 있음에도 철책선 하나 제대로 쳐있지 않았다.

국방부는 빈번한 북한군의 휴전선 침투를 막기 위해 1967년 미군으로부터 자재지원을 받아 겨울까지 한국군 작전지역인 249km의 휴전선 전 지역에 철책을 설치했다. 그런데 남은 4km—미 2사단 담당 작전지역—는 전자감응기를 장착한 철책을 설치할 것이라는 이유로 한국군이 설치하는 철책을 미군이 거부하여 그대로 남아 있었다. 그러니 이들 무장공비의 침투가 얼마나 쉬웠겠는가?

넷째로 공비들의 서울 접근로를 구체적으로 제시하지 못했다. 124군부대(김신조 일당 31명)의 침투는 1월 17일 밤 8시 미 2사단 지역의 정면을 향해 포복으로 접근하기 시작, 밤 10시 정각에 절단기로 철조망을 제거하고 휴전선을 넘어 침투하고 있었는데, 철책선 경비를 맡고 있는 미군 병사들은 전혀 알지 못했다.

침투한 31명의 공비들이 고랑포에서 얼어붙은 임진강을 건널 때까지 약 10km의 구간을 엎드리고 기고 달리고 숨으면서 먼동이 틀 때쯤엔 경기도 파주군(현 파주시)과 법원리(현 파주시 법원읍) 사이의 작은 산기슭에 도착할 수 있었다. 그 때까지 경비병이나 지뢰밭을 만난 적도 없었다.

이들이 선택한 침투로는 임진강과 휴전선이 가장 근접한 지역일 뿐아니라 고랑포는 임진강의 상류에 속한 곳이어서 해수의 영향을 받지 않아 겨울이면 단단하게 결빙되는 곳이다. 따라서 서울 근교로 침투하자면 이곳을 선택할 수밖에 없는 것이다. 그런데 우리들 중정 분석관이나 국방부 정보담당자들은 이들의 서울 진입 접근로에 대한 구체적 연구를 하지 않았다.

　나는 이런 생각을 하면서 우리가 제시한 정보판단 보고에 포함시켜야 할 내용이 지극히 허술했다는 사실을 느끼면서 정보전달의 신속성도 중요하지만, 예리한 착안점 역시 빠뜨려서는 안 된다는 사실도 통감했다.

미 해군 첩보함
푸에블로호 사건과 한·미 공조

　6·25 남침 이후 최대의 북한 정규군의 게릴라 침투 사건이었던 「1·21 청와대 기습사건」이 발생한지 2일 후인 1968년 1월 23일 낮 12시경 북한의 원산 앞바다, 육지로부터 15마일 이상 떨어진 공해상에서 첩보수집 중에 있던 미국 해군의 첩보함 푸에블로호가 북한 해군의 구잠함 2척과 초계정 4척에 의해 나포되어 원산항으로 끌려가는 사건이 발생했다.

　함장인 부커 중령은 SOS를 타전하며 공해상으로의 탈출을 시도했다. 그러나 북한 구잠함의 포격을 받아 레이다와 통신마스트 그리고 항해마스트가 떨어져 나갔고, 함교에서 지휘하던 부커 함장이 왼쪽 다리에 총상을 입었으며 수병 3명도 부상당했다.

　그러나 주일 미 해군기지 사령부나 한국 오산 공군기지에서도 이 나포된 첩보함을 구조할 방법이 없었다. 동해에 배치되어 있던 미 7함대 소속 구축함도 30마일 떨어진 수역에 있었기 때문에 구출작전에 임할 수 없었다. 그날 오후 4시경 푸에블로호는 원산항까지 끌려갔다. 이 사건으로 주한미군은 6·25 이후 최고의 긴장상태에 돌입했다. 그럴 수밖에 없었던 것은 미국 함정이 적군에 의해 나포되기는 미국 링컨 대통령 시절 남북전쟁 이후 110년만에 처음 일어났기 때문이다.

　주한 유엔군사령부 본스틸(Charles H. Bonsteel) 사령관 주재로 사건 발생 직후부터 심야 작전회의를 거듭하여 26일에는 한국군과 미군에게

「데프콘 2」 비상경비 태세에 들어갔고, 미 해군 핵 항모인 엔터프라이즈 가 3척의 구축함을 이끌고 원산만을 향해 출동했다.

존슨 대통령은 1962년 쿠바 사태 이래 처음으로 미 공군과 해군항공 대 예비역 14,600명의 동원령을 발령했고, 372대의 전투기와 수송기의 출동태세를 명령했다.

한편 이 무렵 우리의 군 수뇌부도 전군에 비상대기를 발령해 놓고 포 병의 전방 이동을 완료했다. 영외 거주 장교와 하사관들은 영내 대기 상 태로 출동 명령만을 기다리고 있었다. 박 대통령은 수시로 김성은 국방 장관으로부터 상황보고를 받았다. 그러나 미국의 북한 공습은 차일피일 연기되기 시작했다.

이런 시기에 북한과 미국 간의 비밀접촉을 시사하는 외신이 보도되 었다. 1968년 1월 27일 북한 대리대사가 폴란드 외무성을 방문한 뒤 폴 란드 주재 미국대사도 폴란드 외무성을 방문했다는 보도가 1월 28일 일 요일 오후에 외신을 통해 흘러나왔다. 외신은 "북한은 푸에블로호와 북 한 게릴라들을 교환할 것을 암시했다"고 보도했다. 비상대기 중이던 외 무부에서는 최규하(崔圭夏) 외무장관과 국장들이 긴급회의를 열고 '어 불성설'이란 반박 설명을 내기로 결정했다.

외무부 대변인은 "침략자(북괴 유격대)와 공해상을 항해하다 불법 납 치된 피해자(푸에블로호)를 교환한다는 것은 침략을 감추려는 북괴의 잔 꾀"라고 발표했다. 외교가에서는 "북한이 '교환'을 제의한 저의는 미국 과 직접 교섭의 선례를 남겨 국제적인 지위를 얻어보자는 것"이라는 해 석이 돌고 있었다.

─── 미국의 입장 변화와 한·미 간의 의견 대립

1월 29일 오전 미국의 백악관대변인 조지 크리스천은 "푸에블로호 위기를 평화적으로 해결하려는 노력으로 미국이 벌이고 있는 외교채널이 활발히 움직이고 있다"고 발표했다.

이어 오후에는 "북한이 나포한 푸에블로호 및 승무원의 억류를 계속 고집하지 않는다면 북한과 한국문제 전반에 걸쳐 토의할 용의가 있다"고 발표했다. 비슷한 시각, 포터 주한 미국대사가 청와대를 예방하고 박정희 대통령에게 미국정부의 이 같은 입장을 설명했다.

후일 김성은 국방장관의 증언에 따르면 이날 포터 대사를 접견한 박정희 대통령은 몹시 화를 내며 이렇게 말했다고 한다.

"한·미공조 동맹이니 뭐니 해왔지만 미국은 자기 이익만 견주고 마음대로 정책을 바꾸기도 하는 거요? 북한이 그렇게 무섭다면 우리가 직접 북한을 공격하겠소."

포터 대사는 박 대통령의 강력한 결전 의지를 확인한 듯 서둘러 청와대를 빠져나갔다고 한다. 당시 박 대통령과 김성은 국방장관은 미국에 대한 배신감에 허탈했다는 것이다.

그러나 우리 군은 이날 밤도 각 군 수뇌부가 예하 부대에 내린 비상대기령을 유지한 채 전투태세 점검을 계속하고 있었다. 이런 사실들은 연대급까지 파견되어 있던 미 군사고문단들의 감시망을 통해 유엔군 사령관에게도 보고되고 있었다.

본스틸 유엔군 사령관은 몹시 난처해하면서 "나도 우리 정부의 판단에 무척 실망했소. 하지만 국내에서는 4년 동안 베트남전쟁을 질질 끌고 있다고 반전여론이 일고 있는데다가…" 하며 김성은 장관을 무마하려 무척 애를 썼다.

그러나 김 장관은 화를 풀지 않았다고 한다.

"미국은 유엔군사령부를 한국에 두고 있지만 우리가 공격할 때엔 유엔군이 우리의 발목을 잡게 됩니다. 유엔군은 우리의 공수 양면에서 뗄래야 뗄 수가 없는 존재입니다. 하지만 우리의 발목을 잡든 말든 우리가 공격에 나서는 그 때는 매우 강하게 나갈 겁니다"라고 강경한 입장을 천명했다고 회고했다.

박정희 대통령과 김성은 국방장관의 대미 시위는 즉시 효과를 보기 시작했다. 매일 아침 김 장관의 책상 위에는 베트남전쟁 전과 보고와 함께 미 군사고문단들의 대응이 보고되었다. 미 군사고문단들은 전투태세에 돌입한 한국군 연대장급 이상 지휘관들에게 전쟁 시 피복이며 유류는 어떻게 조달할 것인지, 작전 계획은 어떻게 세울 것인지 등을 묻곤했다.

다음은 김성은 전 국방장관의 회고이다.

"미국은 박정희 대통령의 성격을 보나 제 성격을 보나 진짜 전쟁을 벌일 것으로 믿었던 모양입니다. 미 군사고문단들은 유례없이 민감해 있었고 본스틸 장군은 수시로 나에게 비상조치를 해제하자고 말해 올 정도였습니다."

━ 한·미 공조를 통한 양국 간 입장차 봉합

박정희 대통령은 이처럼 미국이 푸에블로호 승무원 송환을 위한 대북 협상을 시작하려 하는 한 우리가 끝까지 반대할 수 없다고 판단하고 다음과 같이 미국에 제안했다.

① 어떤 경우에도 국제적 교섭에 있어서 1·21 무장공비의 청와대 기습 사건과 푸에블로호 나포사건을 분리해서 다루지 말 것

② 이 두 사건을 같은 비중으로 다룰 것

③ 한국문제의 해결에 있어서 미국이 직접 북한과 협상하지 말 것

이에 미국은 우리의 제안을 받아들이면서 북한에게 접촉을 제의했다. 1968년 1월 31일 북한은 노동당 중앙위원회 김광협 비서 명의로 "푸에블로호 문제를 판문점 군사정전위원회에서 협의할 용의가 있다"고 밝혔다. 이어 2월 10일 11시 유엔군 측 정전위원회 수석대표 스미스 소장과 북한 측 수석대표 박중국 간에 길고 지루한 회담이 시작되었다.

당시 우리 군의 일선 지휘관이나 우리와 같은 정보실무자들은 분통을 터트리지 않을 수 없었다. 1·21 사태 등 북한의 도발에 대해 담 넘어 이웃집 사건처럼 쳐다보던 미국이 자국 함정과 병사가 납치된 푸에블로호 사건이 발생하자 전례없는 대규모 공군과 해군함정을 동원할 뿐만 아니라 주 예비군 동원령까지 발동하며 무력시위를 감행했고, 그런 미국이 지금은 언제 그랬냐는 듯이 협상장에 나가 북측과 대좌하는 모습을 보았기 때문이다. 판문점 협상이 시작되자 본스틸 유엔군 사령관이 슬그머니 「데프콘 2」를 해제하는 것을 보면서 고소(苦笑)를 금할 수 없었다.

그러나 박 대통령을 비롯한 최고 통수부에서는 양해를 구하는 미국 측의 입장을 이해하면서 동시에 '한국 안에서 한국의 관여 없이 우리의 적인 북한과 비밀회담을 연 것은 우리 주권을 무시한 처사'임을 분명히 밝히고, "어떤 협상에서든지 무장공비의 청와대 기습 사건과 푸에블로호 사건을 동등한 비중으로 다뤄야 한다"는 입장을 확고히 견지했다.

이러한 우리의 결연한 태도에 접한 미국은 판문점에서 군사정전회담이 시작되던 무렵 사이러스. R. 밴스 특사를 서울에 보내왔다. 이를 계기로 한·미 간에는 한국의 방위와 안전보장에 관한 사항을 협의하기 위한

국방장관급 연례회담을 갖기로 합의했다.

4월 17일 박정희 대통령은 하와이 호놀룰루에서 존슨 대통령과 정상회담을 갖고 "미국은 한국군 장비 현대화를 위한 구체적 대책을 양국 간 국방장관회담에서 논의하기로 한다"는 데 합의했다. 그 결과 5월 25일 최영희 국방장관 일행이 워싱턴을 방문했다. 5월 27~28일 이틀간 진행된 국방장관 회담에서 주로 한국군의 장비 현대화와 미국의 1억 달러 추가 군사원조의 사용방안을 논의했다. 미국은 한국에 소화기를 생산할 수 있는 군수공장 설치(M16 소총 생산), 대간첩기구의 편성, 예비군 무장지원 등에 원칙적 동의를 밝힘으로써 자주국방의 길을 터놓게 되었다.

─── 푸에블로호 사건의 교훈

한편 2월에 시작된 푸에블로호 장병송환을 위한 미·북 간의 판문점 회담은 1968년 12월에 들어서면서 대략적인 타협선에 근접했다. 12월 14일 미국은 레드럴 주한 미국대사관 대리대사를 통해 "푸에블로호 승무원이 연내 석방될 것"을 통고하며 우리 정부의 협조와 양해를 구했다.

12월 23일 상호 11시 30분 부커 함장을 비롯한 82명의 승무원과 1구의 시체가 「돌아오지 않는 다리」를 넘어 남으로 내려왔다. 피랍사건 발생 11개월만이었다. 푸에블로호는 북한에서 압수 조치했다.

유엔군 수석대표 우드워드 소장과 북한군 수석대표 박중국 간에 서명한 문서는 "미국정부는 푸에블로호가 북한영해에 들어가 북한의 군사적·국가적 기밀을 정탐했다는 승무원의 자백과 북한대표가 제시한 증거물 등의 타당성을 인정하고, 이에 사죄하면서 다시는 북한 영해에 들어가지 않도록 확고히 담보하는 바이다"라고 명시하고 있다.

한마디로 미국이 북한에게 완전 굴복한 것을 입증하였다. 후일 미국은 이 문서의 "무효"를 선언했지만 이를 보는 우리의 심정은 편치가 않았다. 왜냐하면 북한 김일성 일당은 우리에 대해 1·21 사태에 대한 어떠한 형태의 사과도 표명하지 않았기 때문이다.

4년후 1972년 5월 이후락 중앙정보부장이 김일성을 만났을 때 김일성은 1·21 사태에 대해 "내가 지시한 일이 아니고 맹동분자들이 자행한 사건이기 때문에 그들을 철직시켰다"고 운운했다. 그러나 상대방에 대해서는 가혹할 정도로 책임을 추궁하며 자신들의 국가범죄에 대해서는 책임을 회피하는 북한당국의 태도는 그 후에도 거듭거듭 우리에게 깊은 상흔을 각인시켰다. 북한의 반민족적 호전집단에 대한 대응은 '항시 힘의 관계에서 우위에 서는 길' 이외 다른 방법이 없음을 절실히 느끼지 않을 수 없었다.

울진, 삼척 무장공비 침투사건

청와대를 기습하여 대통령을 시해하려 했던 「1·21 사태」는 우리들 중앙정보부 요원과 군에게 깊은 충격과 상처를 남겼지만, 그런대로 저지 섬멸할 수 있어 다행한 일이었다. 그러나 북한의 대남 무력침투 도발은 이 사건 이후에도 멈추지 않고 지속되었다.

휴전선을 넘는 육상침투와 해안에 상륙하여 육지로 침투하는 그 어떤 침투도 가능하다고 확인한 북한군 총참모부 정찰국은 1968년 늦은 가을 「1·21 사태」에 못지않은 대담한 게릴라 침투작전을 자행했다. 그것이 바로 「울진·삼척지구 무장공비 침투사건」이다.

─ 북한군 특수부대의 동해안 침투 사례

울진·삼척을 비롯한 동해안은 태백산맥의 준령으로 남북이 이어져 있어 북한의 무장공비 침투는 물론, 이른바 남한내 유격부대가 게릴라 작전 수행에 유리한 지형적 조건을 구비하고 있다. 특기할 것은 1950년 6·25 남침시, 이 날 새벽에 북한군 제766 특수부대가 기습 상륙하여 아군의 8사단 후방을 교란한 바 있었다.

당시 766부대는 북한의 북로당계 제3군관학교 출신자를 모체로 하고 여기에 남로당 출신 무장공비 양성기관인 강동정치학원(江東政治學

1968년 11월 울진, 삼척 무장공비 침투사건

院) 출신과 중공군 특수부대 출신자들을 함경북도 회령(會寧)에 소집하여 편성한 특수부대이다. 이 766부대 병력은 1개 연대 병력이고 사령관은 오진우(吳振宇, 김정일시대 군 실세, 총참모장, 인민무력부장, 차수)였다.

특기할 것은 이 부대 산하에 1949년 대대병력을 이끌고 월북한 전 한국군 대대장 2명—춘천 주둔 한국군 제1여단 8연대 제1대대장 표무원(表武源) 소령과 홍천 주둔 제1여단 8연대 제2대대장 강태무(姜泰武) 소령—이 각각 766부대 부대장으로 임명되어 동해안 일대를 방어하는 아군 제8사단 지역에 기습 상륙하여 교란작전을 전개했는데, 당시(6·25 때) 이 부대원들이 소지했던 개인화기는 모두 중국에서 반입한 미국제 무기였다.

또 하나 부기할 것은 6·25 남침 직전인 6월 10일경 남파 유격대 총사령관이었던 이승엽(李承燁)은 남로당 열성분자 200명과 강동정치학원 출신 약 300명을 이 766부대에서 훈련시켜 오대산 방면으로 침투시키면서 "조국의 무력해방 투쟁에 결정적 시기가 왔다. 동지들은 이 위대한 투쟁의 선봉으로서 남한에 침투하여 투쟁 임무를 성공적으로 수행하길 바란다"고 격려하며 북한군 7사단의 인제, 홍천 공격을 위한 사전 후방교란 작전을 전개한 바 있었다.

이처럼 북한군부에 있어서 강원도 동해안은 해방 후 줄곧 유격활동을 위한 특수부대의 활동지역이었다. 이런 낯익은 지역인 울진·삼척에 또 다시 대규모 무장공비가 침투하여 '해방구 형성'을 시도한 것이다.

━━ 무장공비의 마전마을 침투와 주민 억류

1968년 11월 3일 5시 30분경 화전민이 모여 사는 태백산 기슭의 작은 마을─경북 울진군 북면 고숫골─에 무장공비들이 나타났다. 이 마을은 바닷가에서 15km가량 들어간 해발 400m의 고지대로 부락민들은 옥수수, 감자 등 밭농사와 닭 등 가축을 키우고 집집마다 밤나무가 있는 모두 7가구의 조그마한 화전마을이었다.

회색 신사복 차림에 넥타이를 맨 자와 붉은 잠바를 입은 괴한 7명이 고숫골 오모씨(69세) 집에 나타났다. 이들은 처음에 "경북 경찰대에서 주민등록증 사진을 찍어주러 왔다"고 하면서 "우리 일행이 많으니 쌀 세말로 밥을 지어 달라"고 요구했다. 이 때 방에서 나온 오 노인이 "우리 집에 쌀은 없고 조뿐이다"라고 대답하자 "그것으로라도 밥을 지어달라"고 다그쳤다.

오 노인의 딸(48세)이 부엌에서 조밥을 짓는 동안 공비들은 약물을 섞지 않나 하고 감시하고 있었다. 그 때 카메라를 맨 공비가 오씨 집안 식구들의 사진을 찍었으며 그 사이에 다른 5~6명의 공비들이 부락민

50여 명을 끌고왔다. 이들 모두가 다발총, 기관단총, 권총 등으로 무장하고 수류탄을 몸에 두 줄로 두르고 있었다. 산 주위에는 약 20명의 공비들이 마을을 포위하고 망을 보고 있었다. 끌려온 주민 중에는 아랫마을에서 달걀을 사러왔던 행상인 진모(30세) 여인도 끼어 있었다.

공비들은 마을 사람들의 사진을 찍은 후 이른바 사상교육을 시작했다. 북한 김일성의 사진이 들어있는 불온서적을 나눠주고 북한 노래를 불러주며 이북의 발전상도 선전했다. 또한 100원짜리 지폐를 손에 잡히는 대로 꺼내 한 사람에게 5,000원에서 1만 원까지 마을 사람들에게 나누어주면서 "이 돈은 이 지방에서 쓰지 말고 멀리 나가 헌돈과 섞어 쓰라"고 돈 쓰는 방법까지 일러 주었다. 이 지폐들은 모두 북한에서 인쇄한 위조지폐였다.

공비들은 "우리는 유격대인데, 우리 인민유격대에 가입하여 남북통일에 적극 협력하라"고 얼러대면서 인쇄된 '유격대 지원 청원서'를 꺼내놓고 서명을 강요했다. 맨 먼저 반장 김씨에게 가입 여부를 물었다. 김씨가 "우리는 대통령 지시와 우리 법에 따라 살겠다"면서 머뭇거리자, 한 공비가 권총을 빼들고 "우리 인민유격대의 맛을 보겠느냐, 불응하면 죽이겠다"고 위협했다. 결국 모든 주민에게 성명, 나이, 주소 등을 기입하고 강제 서명을 받았다. 글을 모르는 사람들은 지장을 찍게 했다.

10시쯤 총성 한 방이 울리더니 한 사람이 끌려왔다. 이 사람은 선친의 제사를 지내러 이곳에 왔다가 아내와 자녀들을 먼저 보낸 다음 이곳 광산에서 일하는 처남을 만나보고 혼자 마을로 내려오던 전병두 씨였다. 공비들은 전씨가 이 마을 사람이 아닌 것을 알게되자 연락원으로 경찰에 신고하고 오는 것으로 판단, 밧줄로 두 손을 묶었다.

공비들은 허겁지겁 조밥을 먹고 나머지를 비닐봉지에 싼 다음 전씨와 반장 김씨, 주모씨 등의 주민 7명을 포승에 묶어 납치하여 매봉산 쪽으로 향했다. 마을에서 200m쯤 떨어진 골짜기에 이르자 전씨를 꿇어앉혀 놓고 "경찰에 신고하지 않았느냐?", "유격대에 따라가지 않겠느냐?" 고 위협했다. 전씨가 공비와의 합류를 원치 않는 듯 머뭇거리자 "이 놈은 사상이 불온하다. 아무리 봐도 수상하다"고 위협했다. 전씨가 해병대 출신임을 안 공비들은 "이 놈은 안 되겠다. 비협조적인 놈은 본때를 보여줘야 한다"면서 대검을 꺼내 납치된 부락민들이 보는 앞에서 마구 찔러 죽였다.

오후 1시쯤 이들은 자기들끼리 잠시 의논한 후 총부리를 겨누고 "잘 보았지, 우리에게 협조해. 우리가 돌아올 때까지 마을에 가서 기다려라. 다시 올테니 집집마다 대피굴을 파놓아라. 사진까지 찍어두었으니 반항하거나 군경에게 연락하면 죽인다"고 위협하고나서 주민들을 돌려보냈다. 이 때까지 무려 7시간 동안 부락민들은 30여 명의 공비에게 잡혀 있었다.

─── 무장공비 소탕작전 상황보고

공비들이 도망가자 울진광업소 덕구 채탄장에서 일하는 홍정대(27세, 가명)가 맨 먼저 경찰에 신고한 것을 비롯하여 거의 같은 시간에 네 갈래로 주민들의 신고가 잇따라 접수되었다.

오후 2시 30분 대간첩대책본부는 공비가 출몰한 강원도와 경북 일부 지역에 '을종사태'를 선포하고, 군병력과 향토예비군을 동원해 공비들의 퇴로를 차단했다. 이어 포위망을 치고 산악지대의 험준한 지형과 나쁜 기상조건에도 불구하고 무장공비 소탕작전을 시작했다. 출동한 우리 군과 게릴라 간의 접전은 오후 4시경에 시작됐다. 이 전투에는 헬리콥터가 동원되어 기동타격대원들을 산악 작전지역으로 수송했다.

다음날 대간첩작전 관련부서인 국방부, 치안국 그리고 중앙정보부의 관계자들이 청와대에 모여 대통령께 작전상황을 보고드렸다. 이 자리에서 나는 중앙정보부의 판단을 보고했다. 그 요지는 "하루 동안 수집된 첩보를 종합하면 침투조는 4~5개조로 평가되며, 1개조 병력을 30명 내외로 본다면 총 120~150명이 침투한 것으로 판단된다"고 보고했다. 왜 4~5개 조로 평가했는가? 그 이유는 공비 출몰 지역의 위치와 시간을 검토한 결과 멀리 떨어진 지역에서 동시에 게릴라가 출현했기 때문이다.

나는 보고를 끝낸 후 지시에 따라 국방부 대간첩본부장인 류근창(柳根昌) 장군과 보도문 작성을 위해 대간첩대책본부로 향했다. 가는 도중 차 안에서 류 장군께 "아직 정확한 침투인원을 알 수 없으니 청와대에서 말씀드린 120명 내지 150명 내외 침투를 그대로 발표할 것이 아니라, 줄여서 발표하고 전과가 나오는 대로 늘려가는 것이 어떠냐?"고 제안했다. 120~150명으로 발표할 경우 국민의 불안감을 불러일으킬 가능성이 있다고 판단했기 때문이었다.

류근창 장군은 "그럼 청와대에 우리 뜻을 전해보자"라고 하기에 대책본부에 도착하는 대로 이후락 비서실장에게 우리의 의견을 전했다. 곧 그렇게 하라는 답이 왔다. 최초의 대간첩대책본부 대변인 발표가 '30명 내외의 무장간첩 침투'로 나온 것은 그런 이유였다.

이들 울진·삼척 침투 게릴라의 임무와 작전상의 특징은 베트남에서 작전을 전개한 월맹군처럼 6·25 남침 때 경험을 살려 동해안의 험준한 산악지대를 이용하여 밀거지(密居地)를 구축하고 장기적인 유격작전을 전개해보자는 것이었다. 게릴라들의 작전기간은 30일 내외로 산간지역의 작은 부락을 점거하여 거주 주민을 위협, 동조세력으로 포섭해 '해방구'를 구축하며 필요한 정보를 수집하는 것이었다. 그 구체적인 실증이 동굴 속에 숨겨둔 다량의 장비였다.

11월 8일 미 공군의 헬리콥터로 작전지역에 투입된 공수부대 장병들이 100m 높이의 절벽을 로프를 타고 올라가던 중 절벽 모퉁이 높이 1m, 길이 10여m의 천연동굴에서 무장공비들이 숨겨둔 식량, 옷가지, 기관단총과 실탄 등 한 트럭분이나 되는 식량과 장비를 찾아냈다.

국방부와 중정의 북한정보 분석관들은 생포된 무장공비를 심문하면서 고루하기 짝이 없는 김일성의 사고와 대남전술에 고소(苦笑)를 금할 수 없었다. 도대체 김일성과 대남 공작부서는 6·25 전후 지리산이나 팔공산에 구축했던 이른바 '유격근거지'나 '해방구'를 오늘의 남한 내에 실제로 구축할 수 있다고 판단하고, 이러한 대규모 무장공비를 남파하고 있다는 것이 너무나 한심스러웠다.

── 우리의 확고한 대응태세와 김일성의 무모한 무력도발

이미 우리는 1967년 11월 이후 대규모 게릴라 침투를 예상하여 「간첩분쇄지침(1967.12.15 훈령 18호)」으로 군관민 협조체제 강화를 위한 대책을 수립하고 있었다. 그에 따라 침투할 게릴라의 유격 및 밀거지 예상지역을 봉쇄하기 위한 구체적 조치를 취하고 있었다. 그중 가장 중요한 사업이 화전민 거주 소부락이나 광산과 탄광에서 일하는 채광·채탄부의 실태 파악 그리고 독립가옥의 이주계획 등이었다. 뿐만 아니라 토굴이나 자연굴, 폐광의 폐쇄작업을 추진하였고, 취약지역 경계강화를 위해 1967년 9월 1일 전투경찰대를 편성 배치하였다.

또한 대공 보안수사 당국에서는 월북자 가족에 대한 대남 공작원들의 포섭공작을 막기 위한 방문 조사에 착수했고, 이들의 협력을 얻기 위해 연좌제 폐지 등의 완화조치를 취했었다. 1·21 사태 직후 향토예비군이 창설(1968년 4월 1일)되어 수도권의 방위는 물론이고 해안 및 해안봉쇄 대책과 고립지대의 자체 방위 능력을 강화하며 주민신고망을 정비하는 조치도 실시 중에 있었다.

그럼에도 불구하고 김일성은 낡은 도그마와 교조주의적 사고에 사로잡혀 변화된 남한정세를 고려함이 없이 「유격대 해방구 구축」이라는 무모한 전략·전술을 구사한 것이다.

1968년 9월 9일 북한정권 수립 기념행사에서 김일성은 "모든 형태의 투쟁을 흡수하여 스스로가 결정적 투쟁을 전개하여야 하며 폭력투쟁을 수반하지 않는 혁명이란 환상이다"라고 하면서 폭력투쟁을 강조하고, "① 남조선 혁명가들은 미군철수, 현 정권 타도를 위한 투쟁을 인민정권 수립 투쟁과 결합시키고 여기에 모든 투쟁을 충족시켜야 한다…. ② 오직 혁명적 방법에 의해서만 인민정권을 쟁취할 수 있으며 투쟁은 폭력적 방법에 의해서만 승리할 수 있다…. ③ 남한인민에게는 북한기지가 있고 북한인민의 적극적인 지원이 있다. 필요시 남한인민과 단합하여 조국통일의 결정적 투쟁에 동원될 만반의 준비를 갖추고 있다…. 미군이 남한에서 철거하고 현 정권이 전복된 후 인민정권이 수립되면 남북이 단합하여 통일이 성취된다"고 주장했다.

그러나 이러한 김일성의 망상과 맹동적인 지령과 전술에 의해 자행된 울진·삼척 게릴라 작전은 1개월에 걸친 우리의 소탕작전에 의해 완전실패로 돌아갔다. 1969년 12월 20일 경북지역 을종사태를 해제할 때까지 우리 군은 120명의 침투 게릴라 중 111명을 사살했고, 7명은 포로로 그리고 2명은 북으로 도주했다. 한편 우리의 희생자는 군경 27명, 예비군 6명, 민간인 16명 총 49명이었고 부상자는 37명이었다.

━━ 「1·21 사태」와 「울진·삼척 사태」에 대한 자성

「1·21 사태」와 강원도 산악지대에서의 북한군 124부대 게릴라 침투소탕작전이 마무리 되던 무렵이었다. 나는 전기난로가에 앉아 연초부터 긴장과 분노로 굳어졌던 신심의 피로를 풀면서 조용히 이 두 사태에서 과연 우리들 북한분석관이 무엇을 했는가를 생각하며 깊은 자성의 시간을 잠시나마 가질 수 있었다.

「1·21 사태」에 대한 사전 판단이 적중하여 중앙정보부의 체면을 살렸다는 부내 타부서 동료들의 찬사 또는 적시에 대통령에 대한 적확한 브리핑으로 위기 대응에 기여했다는 정부각료와 국회의원들의 격려를 듣기도 했다. 하지만 과연 이런 격려와 찬사를 받을만큼 우리의 역할이 컸던가? 그렇지 않다. 우리의 실수가 적지 않았기 때문이다.

「1·21 사태」는 그런대로 대강 김일성 일당의 대남 도발 기도를 사전 판단했다 하더라도 「울진·삼척 사태」에 대해서는 왜 사전판단은 고사하고 이런 판단을 위한 준비조차 안하지 않았는가? 겨우 강원도 산악지대에 무장공비가 출몰했다는 보고를 접수한 후 그 침투병력 판단에 골몰하여 150명 규모라고 보고했을 뿐이 아닌가?

「1·21 사태」 사전판단에서도 무장공비 일당의 행군속도가 그렇게 빠른지를 판단하지 못했다. 후일 김신조의 진술을 듣고 놀랐지만 북한군 정찰총국 산하 1·24군부대 요원들은 모래주머니를 양다리에 차고 주야 쉬지 않고 혹서·혹한기 훈련을 했기 때문에 30kg의 군장을 메고 시간당 10km의 속도를 내는 '급속행군'이 가능했다. 우리는 이처럼 북한의 특수전력 능력을 제대로 파악하지 못하지 않았는가?

나는 다시 한번 지피지기(知彼知己)를 위한 우리 자신의 지적 빈곤(知的貧困)을 느끼지 않을 수 없었다. 이 두 사건 이후 북한정보 분석은 기본정보 수집과 판단에 배전의 노력을 경주하기로 했다. '보다 기본적인 정보를 알아내자!' 이를 위해서는 보다 광범위한 첩보수집 요청을 제시하는 한편 입수된 첩보에 대한 보다 자세한 분석—파고드는 정보분석 태도를 갖도록 노력하자고 다짐했다. 그 결과 중 하나가 후일 조갑제 『주간조선』 주간이 발표한 「월간조선 발굴 한국현대사 (비밀)자료 125건」 중 중앙정보부의 『남북한 경제력 비교(전9권: 3급비밀)—남북한 체제경쟁의 중간평가 보고서』이다.

일본항공(JAL) 요도(Yodo)호 납치사건

1970년 3월 31일의 일이다. 평시처럼 나는 「일일 정보보고」에 넣어야 할 북한관계 분석보고를 선별하고 있었다. 오후 3시경 부장 비서실에서 전화가 왔다. "부장(김계원)께서 곧 김포공항으로 나가실 예정인데 강 과장이 동행하라"는 것이다.

나는 즉시 읽던 문서를 접고 노트를 들고 청사 입구로 내려갔다. 그리고 부장님과 함께 김포공항을 향했다. '왜 김포공항으로 가시는가?'는 묻지 않아도 아는 일이었다.

하루 전부터 이날 오전까지 해외정보국의 화두는 바로 일본 도쿄 하네다(羽田)공항에서 규슈 후쿠오카(福岡)로 향하던 일본항공 여객기(JAL·Yodo호)가 122명의 승객과 7명의 승무원과 함께 9명의 납치범에 의해 납치되어 평양으로 향하다가 조종사의 기지에 의해서인지 일본당국의 지시에 의해서인지는 알 수 없으나 휴전선을 넘은 지점에서 기수를 남으로 돌려 우리측 김포공항에 착륙했다는 놀라운 사건이었다.

나는 부장님께 차에 타자마자 "부장님, 왜 일본은 자기 나라에서 문제를 스스로 해결하지 않고 우리나라로 보냈습니까?"라고 물었더니, 부장께서는 "김포공항을 평양의 순안공항처럼 완전하게 위장했었다면 납치범의 체포가 가능했었는데 시간관계상 제대로 위장하지 못해. 납치범들이 김포공항임을 알고 필사적으로 저항하고 있는 모양이야"라고 하시는 것이었다.

나는 '왜 일본당국은 강력한 반공국가인 한국으로 보내면 요도호 납치범들의 체포가 가능하리라고 판단했을까?'라는 의문을 가지면서 "부장님, 저들과의 협상은 간단치 않을 것입니다"라고 말했다. 부장께서는 "일본당국이 요도호를 우리 쪽으로 유도하여 착륙시킨 이상 최선의 노력을 다해야 하겠지만, 자네의 말대로 쉬운 일이 아님은 다 알고 있다"고 하시었다.

나는 요도호 납치사건을 접하는 순간부터 '결국 일본의 좌파 급진세력의 폭거는 결국 여기까지 왔구나…'라고 생각하고 있었다. 이런 비관적인 판단을 하게 된 것은 나 자신이 당시 일본 내 청년대학생들의 반정부·반체제 운동이 어떤 이념 하에 전개되고 있는가를 현재에서 도쿄한 복판에서 직접 보고 경험했기 때문이었다.

1년 전인 1969년 1월 나는 김형욱 부장의 명에 따라 한일 정보실무자 회의에 참석차 도쿄에 출장을 갔다. 내가 도착한 그날부터 떠나던 그날까지 일주일여 동안 도쿄 시내 각 대학은 등록금 인상 반대투쟁, 교수 배척투쟁 등 교내 문제뿐만 아니라 보수정권인 자민당 정부의 대미협력, 오키나와(沖繩) 문제, 베트남 전쟁 지원 등 여러 정치·외교 문제를 둘러싸고 동맹휴학을 전개 중에 있었다.

전학공투(全學共鬪: 전국대학생공동투쟁회의)가 주동이 되어 전국 110여개 대학에서 동시 동맹휴학에 들어갔고, 이 중 10여 개 대학은 캠퍼스 자체가 시위·데모 학생들에 의해 점유되고 있었다. 특히 홍고(本鄉)에 위치한 도쿄대학 본 캠퍼스는 도쿄 시내 대학생뿐만 아니라 지방대학의 학생들이 합류하여 5,000여 명이 바리게이트를 치고 농성 중이었다.

1월 18일 저녁 도쿄 경시청 경비수 8개 기동대 병력 8,500여 명이 홍고 캠퍼스에 진입하여 물리적 방법에 의한 강제 해산·진압 작전을 전개했다. 최루탄이 터지고 각목과 몽둥이로 저항하는 학생들과 경찰 간의 치열한 대립이 전개되었다. 이튿날 아침(1월 19일) 수십 명의 학생이 체포 연행되었으나 일부 학생들은 캠퍼스 구석구석에서 경찰과 대치했다.

나는 이러한 폭력적인 전학공투의 조직을 비롯한 일본 내 좌익세력의 조직 전반, 특히 북한의 직접적인 조정 하에 있는 조총련(朝總聯)과의 연대관계에 대해, 일본 공안기관과의 회의를 비롯하여 학교 당국자와의 인터뷰, 특히 일본 매스컴, 신문·잡지의 기사, 방송해설 등을 종합하여 그 실태 파악을 계속했다.

일본 출장의 목적도 거의 성취되고, 한편 일본 내 청년학생들의 반정부·반체제 운동이 일단락된 되는 듯한 1월 20일 도쿄대학 교양학부 교수로 있는 에토 신기치(衛藤瀋吉) 교수와 만나 긴자(銀座)에 있는 복요리 전문점에서 저녁식사를 했다.

내가 에토 교수를 처음 만난 것은 1963년 7월 중소과장으로 임명된 직후였다. 당시 홍콩에서 중공연구를 끝내고 귀국하던 에토 교수는 서울 주재 일본대표부 미다니(三谷靜夫) 참사관을 통해 "중소과장인 나를 만나고 싶다."는 전갈을 보내왔다. 그래서 미다니 참사관이 준비한 「한국의 집」에서 저녁식사를 같이했다. 나와 마주하자 에토 교수는 명함을 내놓으면서 "내 이름은 신기치(瀋吉)인데 선친께서 내가 만주 선양(瀋陽)에서 출생했다고 해서 지어준 이름입니다."라고 자기소개를 했다. 첫인상부터 소탈하고 열린 마음을 가진 듯이 느껴 그 후 일본 출장 때마다 만나 중공문제를 둘러싼 동아시아 문제를 논하곤 했다.

이 날(1969년 1월) 에토 교수를 만나는 자리에는 아오모리(靑森)대학 교수로 재직 중에 있는 김정명(金正明) 교수도 함께 참석했다. 김 교수는 강원도 원주 출신으로 6·25 전쟁 직후 일본에 유학하여 일본의 저명한 국제정치학자인 가미자와 히코마츠(神川彦松) 교수(도쿄대학 명예교수, 학

술원 회원, 일본국제문제연구소 창설자)에 사사하여 메이지(明治)대학을 졸업
하고 「조선조 말엽 한일 외교관계사」, 「조선독립운동: 공산주의 운동편」
을 비롯하여 안중근 의사의 유고 「동양평화론 원본」을 발굴한 촉망받는
민단계(民團系)의 젊은 학자였다.

우리 세 사람이 복집에서 저녁식사를 하며 에토 교수를 비롯한 몇몇
교수의 안부를 물으며 담소를 시작한지 30분 정도 지났을 무렵이었다.
에토 교수에게 전화가 왔다는 종업원의 전갈을 듣고 방을 나갔던 그가
심각한 얼굴로 들어와 하는 말이 "지금 홍고(本郷) 캠퍼스에의 야스다
(安田)강당이 불타고 있다고 합니다. 그러니 나는 곧 대학으로 돌아가겠
습니다. 강 선생, 이런 모양으로 헤어지게 되어 미안합니다. 다음 출장
하러 오시면 다시 뵙겠습니다. 김 선생, 미안합니다…"라고 말하는 것이
었다.

김 교수와 나는 더 이상 할 말이 없이 "몸조심하라"고 말한 후 에토
교수를 보냈고, 당기지 않는 복어회 몇 점을 들고 식당을 나왔다. 그리
고 밤 9시 경 우리도 홍고 캠퍼스로 갔다. 경찰의 저지로 캠퍼스 안으로
들어갈 수는 없었으나 자욱한 연기 속에 어렴풋이 보이는 야스다강당
(이미 불은 꺼져 있었음)을 보고 한탄했다. 이어 김 교수와 서로 작별인사
를 하고 호텔로 돌아왔다.

이처럼 나는 지금 김포공항에 요도호를 납치하고 우리 정부의 국방
장관과 대치하고 있는 일본적군파(日本赤軍派)가 결코 쉬운 상대가 아님
을 알고 있었다. 저들 적군파 납치범들은 1960년대 중반부터 "더 이상
프롤레타리아·노동계급(blue color)을 주력군으로 하는 공산당의 주도
하의 공산주의 혁명을 수행할 수 없다는 것이 확인된 이상 앞으로는 지
식인(white color)이 중심이 되어 공산주의 혁명을 수행해야 한다"는 신
마르크스주의(Neo-Marxism)에 현혹된 좌익 중에서도 가장 광폭한 집단

이므로 결코 만만한 상대가 아니었다.

당시 과격한 일본 대학생 투쟁집단—전학공투 : 「공산주의 동맹 내 적군파」—들은 "반체제, 반자본주의 혁명은 공산당이 주장하는 전투적 대중운동으로서는 성취될 수 없다. 조직된 무장폭력 즉 훈련된 군대에 의해서만 성취될 수 있다. 그러니 우리는 일본공산당의 노선을 반대한 다. 혁명을 위해서는 평양으로 가서 김일성으로부터 무장투쟁, 혁명군 양성을 배워야 한다…"라고 주장하는 다미야 다카마로(田宮高麿)에 동 조하고 있었다. 이 다미야를 주모자로 하는 9명(이중에는 16세의 소년도 있 었음)에 의해 납치된 것이 바로 「요도호」였다.

당시 김포공항 여객터미널은 작은 건물 하나밖에 없었다. 이 건물 서 쪽 끝에 국방부가 관리하는 군용 터미널이 있었다. 겨우 책상 하나에 쇼 파 하나와 응접테이블이 놓여 있는 5~6명이 앉을 정도의 작은 방이었다.

김계원 부장과 함께 터미널에 들어섰더니 이미 정래혁(丁來赫) 국방 장관이 관제탑을 통한 납치범들과의 협상에 열중하고 있었다. 그의 곁 에는 가네야마 마사히데(金山政英) 일본대사와 츠가모토 쇼이치(塚本勝 一) 무관이 앉아 있었고, 백선엽(白善燁) 교통부장관 등도 계셨다. 앉을 의자가 없어 전창희(全昌熙) 중정 5국장, 교통부 항공운수국장 그리고 나와 같은 실무자는 옆에 서 있을 수밖에 없었다.

해가 질 무렵까지 정 장관은 열심히 납치범과의 협상에 임하고 있었 고, 우리는 그의 교섭과정을 물끄러미 보고 있었다. 그러나 타협할 가능 성은 전혀 보이지 않았다. 해가 지고 어두워지자 터미널 밖에 진을 치고 방 안을 들여다보고 있던 기자의 카메라가 전등을 켜기 시작했다. 10개 이상의 라이트가 방안을 비추고 있는 것 같았다.

나는 더 이상 이런 상태로 장관들의 협상 모습을 보여서는 안 되겠다 고 생각하고 김 부장님께 건의했다. "부장님, 지금 저 밖에서는 수십 대의 카메라가 현지중계 중입니다. 마치 대한민국 정부의 안보회의가 개최되고 있는 듯이 보일지도 모르겠습니다. 부장님, 이 사건은 더 이상 장관님들이 담당하지 말고 우리들 실무자에게 인계해주시면 어떻겠습니까? 중정 5국장님, 교통부 항공운수국장, 김포 경찰서장, 김포기지 공군사령관… 이 정도면 충분히 저들과의 교섭을 진행시킬 수 있다고 생각됩니다. …"

그러자 김 부장은 즉각 우리들의 말뜻을 이해하시고, "정 장관, 저녁이나 먹고 계속 하십시다. 요도호 기내 승객들에게도 저녁식사를 공급해야 하지 않겠습니까? …"라고 말하면서 자리에서 일어나셨다. 그러자 정 국방장관도 우리를 보면서 "중대한 한일관계이고 대통령 각하께서도 깊은 관심을 갖고 계시니 최선의 노력을 다해야 하지 않겠습니까? …"라고 하시면서 자리에서 일어났다. 이어 일본측의 가네야마 대사 등과 함께 모두 방에서 나갔다.

그래서 중정 5국장을 비롯한 우리들 실무자가 그 자리에 앉아 관제탑과의 연락을 계속했다. 밤이 깊어지자 우리도 곰탕으로 저녁을 때우고 윗분들이 이동해 가신 김포 공군기지 담당 공군사령부 병사가 있는 김포공항 서쪽 끝자락 퀀셋으로 이동했다. 그 후 공군본부 정보국 소속 장교의 지휘 하에 요도호 승객과 승무원의 식사공급이 이루어지면서 곧바로 기내 상황 보고가 들어왔다.

납치범들은 일본도(日本刀)를 갖고 위협하고 있으나 승객과 승무원의 안전은 유지되고 있다는 것이었다. 이튿날 4월 1일도 큰 변화가 없었다. 그날 밤 나는 전 국장에게 "이 상태로 가면 우리가 원하는 납치범들의 항복은 더 이상 기대할 수 없을 것 같습니다. 그렇다면 우리들 나름대로 사후대책을 강구해야 할 것 같습니다…"라고 말했다.

전 국장이 "무슨 대책을 세워야 하는가?"라고 하시기에 나는 "어차

피 이 여객기는 평양으로 보낼 수밖에 없을 것 같은데, 그렇다면 '무엇 때문에 2~3일씩이나 김포에 착륙시켜 교섭했는가?'라는 국민의 질타와 의구심이 일어날 것 같습니다. …이를 무마시킬 대책이 필요합니다…. 그러니 우리 정부도 최선의 노력은 했다. 그러나 적군파가 워낙 폭력적인 좌파 극렬집단이어서 설득시킬 수가 없었다…. 이 사실을 소상히 알리는 길밖에 없을 것입니다"라고 말씀드렸다.

그러자 전 국장이 "이 문제는 역시 강 과장이 담당해야 하지 않는가?"라고 하시기에 "그럼 곧자 여객터미널로 가서 우리들 한국 기자들만 모이게 하고 '적군파란 어떤 과격집단인가?'를 자세히 설명하겠습니다…"라고 말하고 곧장 여객터미널로 이동했다.

나는 즉시 그곳에 모여 있는 10여 명의 한국 기자들에게 "그동안의 교섭 상황을 브리핑하겠으니 김포세관국 사무실로 모이라"고 알렸다. 그 때가 새벽 2시 경이었다. 브리핑 차트를 준비할 수가 없어 세관국장실에 걸려 있는 월중 행사를 표기한 작은 흑판에 「적군파란?」이라고 제목을 쓰고 그동안 본부에서 보내온 자료와 내가 일본 방문시 터득한 견문을 섞어 30~40분 설명하고 기자들의 질문을 받았다.

끝으로 "여러분! 우리 정부는 일본 당국과 국민이 바라는 대로 승객의 안전 유지에 노력하고 있습니다. 그러나 워낙 폭력적인 공산주의 혁명의 신봉자이기에 승객과 승무원 전원을 풀어주라는 우리의 요구에 응할 가능성이 희박합니다. 할 수 없이 이 여객기를 평양으로 보낼 수밖에 없다 하더라도 120여 명의 생명과 신변안전을 위해서는 부득이하다고 사료되어 지금까지 끈질기게 교섭을 전개해오고 있습니다. 이런 점에서 우리 정부의 노력, 한일 간의 협력에 대해 이해해 주시길 바랍니다"라고 끝맺었다.

그리고는 당초에 자리했던 국방부 전용 터미널에 돌아와 새벽까지 상황을 체크했다. 아침 6시 경 각 신문사의 조간신문이 도착했기에 펼쳤더니 온통 「적군파란?」으로 도배되어 있었다. 나는 '다행이다'라고 한숨을 돌리면서 김 부장께 전화를 돌렸다.

김계원 부장은 이미 조간신문을 보시고 계신 듯 했다. 내 목소리를 듣자마자 "수고했네. 이 정도로 기사화했으니 국민들도 이해하시겠지? …"라고 격려해 주셨다. 나는 "이제 우리는 철수하겠습니다"라고 말씀드리고 이틀간의 밤샘 끝에 이문동 청사로 돌아왔다.

일본정부는 야마무라 신지로(山村新治郎) 운수성 정무차관을 김포공항에 파견하여 납치범과의 교섭을 재개했다. 그 결과 4월 3일 승객 전원과 승무원 일부를 내리게 하고, 그 대신 야마무라 차관 자신이 인질이 되기로 합의하고 여객기에 탑승하여 오후 6시 경 평양으로 향했다. 4월 5일 평양에 갔던 그와 이시다(石田真二) 기장 그리고 요도호 여객기가 무사히 일본으로 돌아왔다. 이로써 우리 정부수립 후 최초의 여객기 납치범과의 교섭은 막을 내렸다.

당시 평양으로 갔던 9명의 납치범 중 16세 소년은 1988년 일본에 귀국했고, 또 다른 한 명은 태국 방콕에서 위조 달러범으로 체포되었다. 2022년 현재 주모자를 비롯한 4명의 납치범은 북한에 생존·거주 중이라고 한다.

이 사건 이후 일본에서의 좌익 과격폭력 집단의 난동은 크게 감소되었고, 사실상 대학생들의 반정부·반체제 운동세력 이른바 스튜던트 파워(student power)는 무너졌다. 이처럼 유럽과 일본에서의 지식인 청년·화이트칼라가 중심이 된 신마르크스주의자들의 폭력적 반체제·반자본주의 혁명투쟁이 그 꼬리를 내린 대신 유연하고 평화적인 반체제 운동 이른바 녹색운동과 환경운동(green power)이 빈번히 일어나게 되었다.

이처럼 역사의 흐름이 변했음에도 불구하고 우리나라에서는 1980

년대 이후 민족해방(NL: National Liberation)이니 민중민주(PD: People's Democracy)니 심지어 혹세무민의 허튼 주장과 같은 김일성의 「주체사상」이니 「주체혁명」이니 하는 반정부·반체제 투쟁에 심취된 청년 대학생 집단이 등장했다.

뒤에 서술하겠지만 나는 1960~1970년대 기간 유럽과 일본에서의 젊은 청년 대학생들의 사상적 혼미에서 야기되는 폭력적 소동 심지어 난동을 직접 목격하였기에 1970년대 후반 신직수 부장에게 '산업화시대 젊은 세대의 사상교육'의 절심함을 강조했고, 그 결과 대통령의 윤허를 받아 「자유아카데미」를 설치하였다. 그러나 시대의 흐름을 이해하지 못한 김재규 부장에 의해 나의 구상과 계획은 전부 무위로 돌아갔다.

후술하겠지만 「자유아카데미」를 창설했던 그때를 생각하면 각국의 경험을 참조하여 우리나라의 역사의 흐름과 미래를 예측하여 100년 대계를 세워야 할 국가의 최고 지도부가 이런 지적(知的) 판단능력이 없어 국가의 장래를 수렁으로 함몰시킬 정치인의 우(遇), 무지(無智)가 얼마나 큰 범죄(?)인가를 다시 생각하며, 국가 중앙정보 분석관이 지녀야 할 개인의 지적 능력과 중앙정보기관의 집단적 이성이 얼마나 귀중한 문제인가를 새삼 느낀다.

김일성의 대중군(大衆軍) 사상과 권력 유지를 위한 북한군 사병화(私兵化)

나는 해방 이후 지난 70여 년간 북한정권이 고수하고 있는 대남전략을 보면서 150여 년 전 1848년 마르크스가 「공산당선언」을 발표하고 그의 유일한 동지였던 엥겔스와 후계자인 레닌과 스탈린, 그리고 이들의 이론을 개발도상국가에 적용하고자 한 마오쩌둥(毛澤東)에 이르기까지 「프롤레타리아트 혁명과 군사전략의 상호관계에 관한 명제」가 북한 공산주의자들 속에서도 지금까지 역력히 살아 숨쉬고 있다고 생각한다.

─── 북한군의 두 가지 성격 : 군사력과 대중군(大衆軍) 사상

공산주의 이론에 의하면, 모든 혁명은 기본적으로 국가권력의 문제이고 프롤레타리아트 혁명에 있어서도 역시 부르주아 국가권력을 타도하는 것이 종국적인 목표이다. 이를 성취하기 위해서는 우선 인민의 무장화를 촉진하고 무장한 인민이 정권 타도를 위한 무장 봉기에 나설 수 있도록 군사전략을 전개해야만 목표성취가 가능하다는 '공산주의자들의 군사철학'이 바로 북한 공산주의자들의 뇌리 속에 각인된 명제이다.

이런 의미에서 나는 북한 인민군에 대한 정확한 고찰이야말로 북한 공산주의자들의 대남전략을 정확히 이해하는 기초라고 생각하고 있었고, 「1·21 사태」와 「울진·삼척 사태」를 보면서 북한 군부에 대한 김일성의 통제력을 재평가했다.

1963년 10월 5일 북한 군사종합대학 제7기 졸업식에서 김일성은 다음과 같이 언급하였다.

"우리가 혁명을 하려면 강력한 군사력을 키워야 한다. 군사력이란 무엇인가? 군사력이란 이미 얻은 승리를 무력으로 보위하여 또 앞으로 승리를 쟁취하기 위하여 무력을 쓸 필요가 있을 때는 무력으로 혁명임무를 능히 수행할 수 있는 준비된 군사적 힘을 말한다.

…일단 유사시 인민군대 몇 십만을 가지고는 싸울 수가 없다. 전체 인민이 다 무장하고 투쟁하여야 하며 또 우리는 그렇게 할 수 있다. …전체 인민이 무장하는 것이 우리의 특징이며 우리의 무궁무진한 군사력의 원천이다. 이것은 로켓보다 더 낫다."

위 김일성의 말을 통해 우리는 북한군의 두 가지 성격을 찾아낼 수 있다. 그 하나는 「공산주의혁명 임무를 수행하기 위해 준비된 군사적 힘」이라는 것이며, 다른 하나는 혁명은 '계급적 정치적 군대'에 의해 수행되므로 전인민(프롤레타리아)이 무장해야 한다는 「대중군(大衆軍) 사상」이다.

왜 김일성은 1960년대에 들어와 새삼스럽게 북한군(조선인민군)의 군사사상 재정립을 강조하게 되었는가?

우선, 김일성은 6·25 전쟁 종결과 함께 패전의 책임을 남로당파(박헌영계)에게 전가하여 최고사령관으로서 전쟁 지도의 잘못을 모면할 수 있었다. 그러나 1956년 2월에 개최된 소련공산당 제20차 당대회를 계기로 노동당 내에서 '북한의 스탈린'인 김일성에 대한 성토(개인숭배 비판)가 일어나 치열한 권력투쟁을 겪어야 했다. 이를 계기로 김일성은 인민군의 무력을 권력 유지의 지주로 삼아야 한다는 사실을 깨닫게 되었다.

흔히 말하는 「8월 종파사건」(1956년)은 전후복구 계획의 추진과정에서 인민의 경제생활을 회복하기 위해 경공업 중심으로 나갈 것이냐? 아니면 파괴된 군사력을 재건하기 위해 중공업 중심으로 나갈 것인가? 하는 전후복구 계획을 둘러싼 노선대립으로 일어난 사건이었다.

'연안파(延安派)'에 속했던 최창익(崔昌益), 김두봉(金枓奉), 박창옥(朴昌玉) 등은 "전쟁으로 인민생활이 극도로 피폐됐는데 기계에서 쌀이 나오는가, 옷이 나오는가"라며 김일성의 군수산업 중심의 중공업 우선정책을 비판했다. 뿐만 아니라 "소련과 중국의 군사동맹 뒷받침이 없이 또다시 전쟁을 일으키는 것은 군사전략상 무모한 것이다", "국방비의 증가로 경제가 더욱 피폐되었다"라고 하면서 김일성의 군사정책에 노골적으로 반기를 들었던 것이다. 그러나 김일성 일파는 이러한 연안파의 주장을 힘으로 제압하였다.

연안파를 숙청하고 실권을 장악한 1957년에 이르러 김일성은 다음과 같이 말하였다.

"인민군대는 조선에서 반혁명, 반봉건적 민주주의혁명과 사회주의혁명을 수행하기 위한 당의 혁명적 무장력으로서 조선로동당에 의하여 조직된 군대이다. 총정치부의 이전 지도부에는 '인민군대가 노동당의 군대가 아니고 통일전선의 군대'라고 주장한 자가 있었다. 그러면 인민군대가 천도교청우당이나 민주당(조선민주당, 조만식 선생이 창당)의 군대로 될 수 있단 말인가? 절대로 그럴 수 없다. 조선인민군은 우리 당이 제기하는 혁명과업을 수행하기 위한 우리 당의 무장력이다. (1958년 2월 8일, 제324군 부대에서 행한 김일성 연설)

위 김일성의 연설에서 북한군 '총정치부의 이전 지도부'라고 지적한 인물들은 연안파 출신의 최종학(崔鍾學, 중장, 1957년 4월 당시 총정치국장), 김을규(金乙奎, 중장, 당시 민족보위성 부상, 육군대학 총장) 등을 지칭하는 것으로서 이들이 속한 연안파의 여러 인물 특히 최창익, 김두봉 등을 가리키는 말이었다.

이와 같은 '인민군의 전통'을 둘러싼 논쟁은 곧바로 북한군의 성격을 규정하는 문제이고, 당연히 당권을 장악하는 권력투쟁 문제로 표출될 수밖에 없었다. 소련 점령군이 크렘린에서 작성한 「북한의 위성국가화 계획」에 의해 창설된 인민군에 대하여 김일성은 왜 군이 자신의 '빨치산 투쟁'을 북한군의 전통이자 뿌리로 해야 한다고 강변하였는가? 그것은 지극히 명백하다. 군의 통수권을 장악하는 것이 바로 북한에서의 독재자의 기반을 구축하는 첩경이 되기 때문이다.

특히 1956년 2월 개최된 소련공산당 제20차 당대회가 결의한 자본주의 국가와의 평화공존(미·소 평화공존)을 둘러싸고 흐루시초프가 이끄는 소련공산당과 마오쩌둥이 이끄는 중국공산당 간에 치열한 '이데올로기 논쟁'이 일어났다. 급기야는 '한 덩어리 바위'로 지칭되던 국제공산주의 운동에 깊은 균열이 일어난 것을 목도하면서 김일성은 자신의 독재권력을 지키기 위해서 자신을 보위하는 경호군을 조직하는 것이 긴급함을 통감했다.

이런 사실을 감안하여 김일성은 북한 인민군을 철저하게 자신이 이끄는 노동당의 무장력으로, 자신을 옹호 보위하는 정치적 군대로 육성하려 하였다. 이를 위해서 인민군에 대한 철저한 사상교육, 의식화 교육과 함께 그 어떤 잡사상의 유입도 불허하는 유일사상체계를 구축했다.

—— 김일성의 반대파 숙청

1956년 8월부터 1958년 3월까지 2년 가까이에 걸쳐 김일성은 김두봉, 최창익(부수상), 서휘(徐輝), 이필규(李弼圭), 윤공흠(尹公欽), 박창옥(부수상), 김승화(金承化), 무정(武亭, 평양방위사령관) 등 연안파와 소련파 출신 당 관료와 군 간부들을 대부분 숙청한다. 이어 1967년에는 박금철(朴金喆, 당조직비서), 이효순(李孝淳, 대남공작 담당비서), 고혁(高赫), 김도만(金道滿), 허석선(許碩瑄), 박용국(朴容國) 등 갑산파 출신 관료 및 군 간부들을 모조리 제거한다.

이것으로 군대 숙청작업은 끝나지 않았다. 또다시 김일성은 1969년 1월 6~14일까지 9일간 진행된 인민군당위원회 제4기 4차 전원회의에서 당시 군부 최고위 간부들이 당의 지시사항과 군사노선을 따르지 않고 불만과 반감을 표출하는 등 반당행위를 했다며 전원 숙청한다. 이 숙청의 대상은 김일성의 절대권력 옹립에 공헌한 자기파(빨치산파)의 군 간부들인 내각 민족보위상 김창봉(金昌奉, 대장), 군정치국장 허봉학(許鳳學, 대장)을 비롯해 군총참모장 최광(崔光, 대장), 해군사령관 유창권(중장), 제7집단군 사령관 김양춘(상장), 군정찰국장 김정태(중장), 제3집단군 훈련소장 주도일(소장) 등이었다.

그들의 대한 숙청 이유에 대해 김일성은 "김창봉, 허봉학은 당의 군사노선을 전부 엎어 놓았습니다. 그가 엎어 놓은 것은 당의 간부화 정책(幹部化政策)을 의식적으로 파괴한 것입니다. …더욱 엄중한 것은 당의 군사노선만 반대한 것이 아니라 일체의 전쟁준비를 반대한 것입니다. …창봉이가 16고사포 사단에 가서 숱한 간부들의 목을 떼었는데 이것이 당 정책 위반 아니고 무엇인가?"라며 주장하면서 이들을 반당분자로 내몰았다.

1969년 1월 군부 내 반김일성 일파를 숙청하는 '칼잡이'로 등장한 인물이 바로 김정일 세습체제 구축에 절대적인 역할을 담당했던 오진우 (吳振宇) 총정치국장이었다. 오진우는 준비한 각본대로 김창봉, 허봉학 등을 신랄하게 비판했는데, 이들에 대한 죄명은 ① 군 내부에 김일성 유일사상체계를 확립하는 것을 방해했으며 ② 당의 「4대 군사노선(4大 軍事路線)」을 지연시켰고 ③ 군 내부에 군벌주의와 수정주의 사상을 유입시켰으며 ④ 군 기강을 문란케 했다는 것 등이었다.

오진우는 이들을 단죄하는 가운데 이를 입증하는 각종 사례들을 구체적으로 열거했다. 예컨대 김창봉 등이 김일성 유일사상체계 확립과 관련하여 군 막사에 걸린 김일성 초상화를 철거시키고 김일성 사상학습을 중단시킨 것은 물론 인민군 협주단이 부르는 '김일성 장군의 노래'를 "승냥이 울음소리 같다"고 비난하는 등 반김일성 행동을 했다고 지적했다.

오진우의 김창봉, 허봉학 등에 대한 단죄가 끝나자, 1969년 1월 인민군 당위원회 제4기 4차 전원회의에서 김일성은 「군에 대한 당의 통제강화」라는 회의결론 연설문을 통해 오진우가 열거한 단죄 내용을 그대로 반복한다.

"김창봉, 허봉학 등은 군대 내에서의 당의 정책과 당의 노선, 당의 사상을 다 뒤집어놓았다. …당은 정전 직후부터 인민군대 내에서 앞으로 전쟁이 일어나든지 남조선에서 사변이 일어나든지 하면 한번 더 미제와 싸울 수 있다는 것을 각오하고 유사시 한 등급 높은 직책을 담당 수행할 수 있는 간부가 될 수 있게끔 교육해야 함에도 불구하고 이 자들은 당에서 아끼던 간부들을 수천 명씩 못쓰겠다고 잘랐다…. 이들은 당의 군사노선을 반대한 것이 아니라 전쟁준비를 반대했다. …당에서 수백만 파운

드를 주었더니 쓸데없는 샤쓰제조공장, 수리공장, 합판공장, 비닐공장에 유용했다. 인민군대 내에 합판공장이 무엇하는가. …군대 내 창봉이를 비롯한 일부 간부들 속에 수정주의가 들어있다. …미국놈이 바다에 오면 쏘지 말고 포로로 잡으라는 게 무슨 지휘관이냐. …우리 군대의 전투력은 곧 당조직에서 나온다. 당을 무기력하게 만든 놈들은 이유 불문하고 모가지를 떼야 한다."

── 「대남 혁명투쟁 실패(청와대 기습, 울진 삼척 침투사건)」 이후 북한군 사병화(私兵化)

이 인민군 당위원회 제4기 4차 전원회의를 계기로 김일성은 자신이 기도한 목적을 달성했다.

첫째로 인민군을 '노동당의 군대'로 만든다는 명분 하에 자신의 사병으로 둔갑시켰다. 그는 "김창봉은 당 조직이 맥을 못쓰게 했다. …인민군 당 집행위원회는 송장과 같다. …우선 당조직을 강화해야 한다. 누구든지 당조직을 거부하는 사람은 우리 당내에서 제거해야 한다. 당 규약대로 해야 한다. 그런데 인민군대 내의 당조직은 유명무실하다. …군대 내 당조직은 다른 당조직에 비하여 더 강해야 한다. 보위성 당 위원회, 집단군, 사단, 연대 당 위원회를 강화하고 전체 당조직을 강화해야 한다. …인민군대 내 신진대사를 원활히 하고 당의 유일사상체계(김일성 우상화 10대원칙)를 확립하기 위한 당의 정책과 사상교양사업을 강화하라"고 역설했다.

둘째로 기존의 측근세력보다 힘이 없고 배반의 위험성이 적은 새로운 협력자들로 교체하여 군대 내에서 그 어떤 도전세력도 생성할 수 없도록 조치하였다. 그 대표적인 인물이 오진우였다. 오진우는 군총참모장 최광이 숙청되자, 곧바로 그 후임으로 임명(1969년 2월)되었다. 후일 그는 1970년 당 중앙위원회 정치위원, 1972년 중앙인민위원회 위원 겸 국방위원회 부위원장, 1976년 인민무력부장에 기용되어 김정일 세습체제 옹립에 강력한 실세로 부상한다.

셋째, 군내 조직을 군사조직과 정치조직으로 이원화하고 정치 간부의 활동영역과 권한을 더욱 강화시켰다. 김일성은 "군대 내에서 명령만능주의, 군사만능주의는 옳지 못하다. 군사행동이 정치적인 받침 없이는 소용이 없다. 정치적 목적이 없는 군사행동은 있을 수 없다. 군대 내 각급 단위들에서는 정치기관이 다 자기 사업을 보장하는 위력한 기관이라는 것을 알고 일해야 한다"며 군내 정치기구를 활성화하는 한편 정치 간부들에게 보다 많은 권한을 부여했다.

일례로 김일성은 이 사건 이후 모든 군사명령서에 군사 간부 혼자서 서명하지 못하도록 하고, 정치 간부(위원)가 서명을 해야만 모든 명령서가 효력을 발생할 수 있도록 조치했다.

넷째로 김일성은 병사들의 군 기강 확립을 위해 1968년에 폐지했던 '영창제도'를 1년 만에 부활시켜 범죄 및 과오를 범한 병사들을 수용, 교양토록 했다. 당시 북한군 병사들 사이에서는 군 간부들의 비리를 비난하는 각종 은어들이 난무하고 있다. "무력부에서는 무조건 떼어먹고, 군단에서는 군말없이 떼어먹고, 사단에서는 사정없이 떼어먹고, 연대에서는 연속적으로 떼어먹고, 중대에서는 중간중간 떼어먹고, 소대에서는 소리 소문 없이 떼어먹고, 분대에서는 분별없이 떼어먹는다"는 말이 유행하는 등 상사에 대한 비난이 자자했다. 이러한 일반 병사들의 불평·불만을 억제하는 방법으로 군 기강을 확립하고 군내 교양사업을 강화하고자 하였다.

이렇게 보면 1968년 자행했던 「1·21 사태」와 「울진·삼척 사태」의 대담한 혁명투쟁의 실패가 호기가 되어 김일성의 인민군에 대한 지배를 강화하고 북한군을 자신의 사병(私兵)으로 재편했다고 할 수 있다. 요컨 대 1968년 두 차례의 대담한 대남 도발을 계기로 김일성은 명실상부한 유일한 사상가이자 군사전략의 대가로 추앙되고 봉건적 세습 왕권을 창설한 「붉은 군주」로서의 확고한 지배자의 위치를 구축한 것이다. 이 로써 북한 인민군은 노동당의 군대이기 이전에 김일성의 군대이고, 조 선노동당이 프롤레타리아의 계급정당이기 이전에 김일성의 사당(私黨) 으로 전락했다고 할 것이다.

제 3 부

1970년대 전반

고향땅을 다시 밟다

남북관계의 획기적 전기를 조성한 「8·15 평화통일구상 선언」 준비 참가

1970년 7월 25일 토요일 오후였다. 나는 오래간만에 일찍 퇴근하여 집 마당 잔디밭에서 잡풀을 뽑아내고 있었다. 한여름 기간 거의 2~3주에 한 번 하는 일이지만 이 시간처럼 마음이 가라앉고 안정감을 느끼는 시간이 없었기에 여름이면 넓지 않는 10여 평의 마당 잔디밭에 앉아 해질 무렵까지 지내곤 했다.

── 청와대의 광복 25주년 대통령 연설문 준비

그날도 편한 마음으로 직장 일을 잊고 잡풀을 뽑고 있었다. 그런데 오후 3시가 지날 무렵 전화가 왔다. 집사람이 받아 넘겨주는 수화기를 들었더니 바로 강상욱(姜尙郁) 청와대 공보수석 겸 대변인이었다.

"강 과장, 오늘 저녁 시간 있느냐?"고 하길래 "별일 없습니다"라고 답했더니, 그러면 면목동 당신 집으로 와달라는 것이었다. 나는 "무슨 일입니까?"라고 되묻지 않고 "알겠습니다"라고 답했다. 긴요한 일이 아니면 토요일 저녁에 와달라고 할 리가 없었기 때문이다.

저녁 6시경 강 대변인 댁에 갔더니 윤석헌(尹錫憲) 외무부 차관과 낯익은 신문사 논설위원 그리고 대학교수들이 앉아 있었다. 우리는 훌륭하게 차린 저녁식사를 함께 하면서 최근의 국내외 정세, 특히 북한정세에 대한 의견을 주고받았다. 아마 족히 서너 시간 얘기를 나눈 것 같았다.

밤 11시가 넘었을 때 자리에서 일어나 현관을 나서려는데 강 대변인이 나를 잠깐 보자고 불렀다. 그러더니 큰 봉투를 내밀면서 "강 과장, 수고스럽지만 오늘밤 이걸 읽어보고 손질할 부분이 있으면 손질해서 내일 아침 내게 돌려주시오" 하는 것이었다. 그러면서 "오늘 저녁 우리가 주고받은 얘기를 요약해서 수정하면 될 것 같은데…" 하는 것이었다.

나는 이 봉투를 받으면서 "무슨 서류냐?"고 물었다. 그랬더니 광복 25주년 기념식에서 할 대통령의 연설 초안이라는 것이었다. 후에 안 일이지만 강상욱 대변인은 추석(1969년)을 앞두고 대통령으로부터 "1970년대에 들어서니 국정 전반에 대한 새롭고 과감한 비전을 제시할 수 있도록 준비하라. 특히 남북관계에서 대북 주도권을 장악할 수 있는 창조적 정책을 제시할 수 있는 담화를 준비하라"는 지시를 받고 있었다.

이러한 대통령의 지시에 따라 청와대 공보수석실은 광복 25주년 연설문을 기초하여 진해에서 여름휴가를 보내고 있는 대통령에게 보냈는데, 좀 더 대담한 내용을 포함시키라는 대통령의 분부가 있었다는 것이었다. 강상욱 대변인이 내게 준 봉투는 바로 진해에 계신 대통령께 보냈던 연설문 초안이었다. 일단 받았으니 거부할 수도 없었다.

나는 저녁을 같이 한 손제석(孫製錫) 서울대 교수와 박동운(朴東雲) 한국일보 논설위원과 함께 검토해 보겠다고 대답하고 곧장 반도호텔로 갔다. 통행금지가 있던 때라 내 차로 두 분을 모시고 갈 수밖에 없었다. 반도호텔에는 내가 수시로 사용할 수 있는 2개의 방이 있었기 때문이다.

우리는 거의 자정이 지나 호텔에 도착했기 때문에 두 분께는 우선 다른 방에서 목욕이나 하고 쉬도록 말씀드리고, 오늘 밤 내가 1차로 수정하고 내일 아침 그 수정안을 가지고 함께 검토하기로 하였다.

두 분을 다른 방으로 안내한 후 곧 나 혼자서 대통령의 연설초안을 읽으며 검토하기 시작했다. 청와대 공보비서실에서 작성한 연설문은 과거 대통령 자신이 수차례 표명했던 통일노선을 그대로 기술하고 있었다.

박정희 대통령의 통일노선은 한마디로「선건설 후통일」이었다. 공산주의자들이 힘의 논리를 내세워 혁명을 기도하는 한 우리의 힘이 이를 억제할 수 없다면 통일은 위험천만하다는 것이 기본적인 생각이었다. 김일성의 혁명기도를 억제하고 이를 포기시킬 수 있을 때 자유민주주의적 통일을 기할 수 있다는 것이 그의 신념이었다.

이러한 박 대통령의 생각은 1968년 1월 1일 그의 신년사에 명백히 제시되고 있다. 그는 말하기를 "우리의 지상목표는 분단된 국토의 재통일입니다. 조국의 근대화는 우리의 중간목표이며 경제발전은 우리의 당면과제입니다. 경제발전을 촉진하여 조국을 하루속히 근대화하고 그 터전 위에 민족통일을 위해 약진하자는 것입니다. 이것은 우리의 뚜렷한 전진목표입니다. 지금은 그 확실한 준비기간입니다"라고 하였다. 따라서「조국 근대화」가 이룩되기 전까지는 통일문제를 본격적으로 논의하는 것은 시기상조라는 확고한 신념을 가지고 있었다.

그런데 이러한 확고한 생각을 가지고 있는 대통령이 어찌하여 보다 적극적인 통일의지를 표명하려 하는가? 자신의 생각을 바꾸었는가? 아니면 기본적인 생각은 그대로 두고 변화된 국내외 정세에 능동적으로 대응하기 위해서인가?

이 문제는 이미 강상욱 대변인 댁에서의 토의과정에서 결론이 나 있었다.

그것은 대통령의 기본구상에는 변화가 없지만 남북한 관계나 국제정세가 급변하고 있으니 이제는 수세적인 위치에서가 아니라 공세적인 위치에서 적극적인 통일의지를 표명해야 한다는 것이었다.

── 1970년 당시의 국제정세
: 베트남전쟁 종결 문제와 「닉슨 독트린」

1970년 당시 국내외 정세에 비추어 볼 때 박정희 대통령이 '보다 적극적인 통일의지를 표명해야 하겠다'고 판단하게 된 것은 지극히 당연하다고 나는 생각했다. 이하 당시의 국내외 정세를 간략히 기술하기로 하다.

당시 우리나라는 미국과 함께 베트남 파병 중에 있었다. 60여만 명의 한·미 정예부대와 상상할 수 없는 막대한 군수지원에도 불구하고 정체성을 상실하고 부패한 사이공 정부에 대한 남베트남 국민의 지지는 더욱 저하되었다. 게다가 세계 진보적 언론은 물론 미국 내 보도매체들도 이 전쟁에 대한 전망을 비관적으로 보도하고 있었다. 미국에서는 거의 매일과 같이 반전 시위가 계속되고 있었다.

1969년 1월 20일 출범한 닉슨 행정부로서는 어떤 문제보다 우선하여 베트남문제를 해결하지 않으면 안 되었다. 그 포석으로 제시된 것이 이른바 「닉슨 독트린」(괌 독트린)이다.

1969년 7월 25일 아시아 순방길에 오른 닉슨 대통령은 괌에 기착하여 기자회견을 가진 바 있는데, 이 때 그는 자신이 이끄는 미 행정부의 대아시아 기본정책을 다음 세 가지로 요약 발표했다.

① 미국은 이미 체결한 조약상의 모든 의무를 준수한다.
② 핵무기에 의한 위협에 대해서는 미국이 직접 방어조치를 취한다.
③ 재래식 무기에 대한 공세 또는 국내의 반란의 경우는 아시아 각국 자신들이 자주적인 방위력을 강화하여 대처토록 한다.

내 기억으로는 동맹국가인 미국의 대외정책 전환과 관련하여 「닉슨 독트린」처럼 북한정보 분석관들의 깊은 관심(염려?)을 가진 적은 없었던 것 같다.. 위 세 가지 원칙은 우선 그해 11월 3일 닉슨 대통령의 연설에서 "베트남전쟁의 베트남화"로 구체화되기 시작했다.

닉슨 대통령의 아시아 순방과 병행하여 7월 31일부터 8월 1일까지 윌리암 로저스(William P. Rogers) 국무장관이 서울에 와서 직접 「닉슨 독트린」에 대해 설명한 바 있다. 한마디로 「닉슨 독트린」은 제2차 세계대전 이후 줄곧 세계의 경찰국가 역할을 담당했던 미국이 해외에서 과잉개입을 하지 않겠다는 공식적 의지를 표명한 것이었다.

이 선언의 초점은 미국에서 급속히 증대되고 있는 염전 분위기가 더 이상 확대되기 전에 베트남전쟁 개입에 종지부를 찍고 가능한 빠른 시일 내에 미국의 명예를 실추시키지 않고 휴전협정을 체결하고 빠져나오는 것이었다.

닉슨 대통령은 이미 대통령 취임과 동시에 이 계획을 추진하고 있었다. 우선 외교적인 면에서 파리회담을 확대시키면서 휴전교섭을 계속하기로 하였고, 한편 군사면에서의 「베트남화」를 시작하였다.

1969년 5월 14일 닉슨 대통령은 「미군과 북베트남군의 동시철수」 등 8개항과 「남베트남에서의 자유선거 실시」 등 7개항을 발표하였다. 이러한 일련의 제안은 지금까지의 대베트남 정책을 명백히 수정한다는 것을 의미하는 것이었다.

1969년 2월 절정에 달했던 54만 3,054명의 미군 중에서 6월 8일 2만 5,000명을 철수한다고 공표하였다. 9월 16일 다시 3만 5,000명, 12월 15일에는 5만 명을 철수시키고, 1970년 4월 15일에는 43만 4,000명으로 감소시켰다.

그렇다고 하여 휴전을 위한 파리회담이 큰 진전을 거두고 있는 것도 아니었다. 미국의 일방적인 조치가 진행될 뿐이었다. 어떻든 「닉슨 독트린」은 미국의 베트남 정책에서 그 모습이 뚜렷이 나타나고 있었다.

한편 「닉슨 독트린」은 베트남전쟁의 종식을 넘어 미국의 대공산권 정책에서 일대 전환이 이루어질 것임을 보여주었다. 중공에 대한 정책에서도 그 모습이 나타나고 있었다. 취임 직후인 1969년 1월 29일 닉슨 대통령은 기자회견에서 "중공 측의 태도가 변하지 않는 한 미국의 정책 변화는 있을 수 없다"고 단언한 바 있었다.

그런데 동년 8월 로저스 국무장관은 캔버라에서의 발언에서 "우리들은 중공을 거대한 파워(power)라고 얘기해 왔지만 우리는 이 파워가 현실적인 것이라기보다 잠재적인 파워라는 것을 기억하지 않으면 안된다"고 말하였다. 이 발언은 닉슨 행정부가 중공을 아시아에 있어서의 직접적인 위협으로 생각하고 있지 않음을 밝힌 것으로 「아시아에 있어서 중국을 포용하는 새로운 자율적 국제질서 수립」을 구상하고 있음을 나타낸 것이었다.

이리하여 1968년 1월 이후 중단되었던 「바르샤바(Warsaw) 미·중공 대사회담」이 1970년 1월 20일 다시 시작되었다. 이처럼 닉슨 독트린은 1970년 초부터 미국의 대베트남 정책과 대중공정책의 수정으로 나타났다.

한편 한반도에 직접적인 영향을 미치는 중·소관계도 크게 변화하고 있었다. 그것은 1969년 3월 2일에 발생한 진보도(중국명: 珍寶島, 소련명: 다만스키섬 사건)를 둘러싼 무력충돌 사건이다. 이미 중·소 양국 간에는 「문화대혁명」을 계기로 쌍방 대사가 철수하여 긴장관계가 계속되던 때였지만 이 사건을 계기로 양국관계는 급속히 약화되었다.

진보도는 중·소 간의 국경을 이루는 우수리강 중천의 작은 섬이다. 이 섬의 영유권을 둘러싸고 일어난 무력충돌로 소련군 31명이 사망하고 14명이 중상을 입었으며, 중공군도 다수의 사상자를 냈다. 동년 3월

15일에는 제2차 진보도 사건이 발생하여 소련 측은 대령급 장교를 포함하여 12명의 전사자가 발생하였다.

이 지역에서의 분쟁은 7월까지 간헐적으로 계속되었다. 5월 이후에는 소규모 분쟁이 신장성의 중·소 국경에서도 일어났다. 8월 13일 중공의 신장성 유민현(新疆省 裕民縣)의 테레크치 지구(소련 측의 세미파란친스크주)에서는 헬리콥터와 전차·장갑차가 동원되는 대규모 전투가 전개되었다.

이와 같은 중·소 간의 무력충돌의 발생은 미·중관계를 전환시키고 나아가 동북아 지역에서의 미·중·소 강대국 간의 삼각구도에 큰 변화를 가져오게 되었다. 특히 베트남 휴전교섭이 진전됨에 따라 한·미 양국의 베트남 파병군대의 철수문제가 구체적 일정에 오르게 되었고, 이에 따라 베트남 파병을 조건으로 형성돼 있는 한·미관계에도 새로운 변화가 있게 마련이었다.

이러한 조짐은 1970년에 들어서면서 구체적으로 나타났다.

미국은 주한미군의 축소를 공식 논의하기에 이르렀다. 뿐만 아니라 4월 10일 확정된 1970년 회계연도의 대한 군사원조액은 전년도에 비해 3,000만 달러가 삭감된 1억 4,049만 달러였다.

미국의 주한미군 감축 결정은 5월 19일 애그뉴(Spiro T. Agnew) 부통령의 TV발언에서 언급되더니, 마침내 7월 6일 포터(William P. Porter) 주한 미대사는 정일권 국무총리에게 공식으로 통고하게 되었는데 철수 규모는 약 2만 명이었다.

이처럼 1969년과 1970년 7월 사이에 한반도 주변정세는 급격한 변화를 나타냈다. 이러한 변화에 대응하기 위해 박 대통령은 새로운 출구를 찾아야 했으며 그 일환으로 북방정책의 변화를 표명하게 된 것이다.

── 남북한 경제력의 역전

한편 1970년은 남북한 관계에서 특별한 의미를 지닌 시기였다. 「선건설 후통일」 원칙을 지시하고 국가적 역량을 「조국 근대화」에 집중시킨 박정희 대통령으로서는 이 시기에 자신이 지켜온 통일정책의 정당성을 재확인하게 되었다.

1967년에 시작된 제2차 경제개발 5개년계획 기간 동안 고도성장을 지속하여 1969년에는 사상 최고의 경제성장률 15.9%를 기록했다. 부문별 성장률을 보면 제1차 산업이 11.9%, 제2차 산업이 21.0%, 제3차 산업이 15.6%였는데 그 중에서도 제조업은 무려 22.3%의 높은 성장률을 기록했다. 그 결과 국민총소득(GNP)은 경상시장 가격으로 2조 301억 원, 1965년도 불변 시장가격으로 1조 3,020억 원으로 성장하여 1인당 GNP가 164.7달러에서 1968년에는 195.0달러로 높아졌다. 이로써 남북 간의 경제력은 우리 측이 두 배로 우세하게 되었다.

당시 중앙정보부 북한과가 분석한 남북한 GNP 비교는 1967년 우리 측이 42억 8,000만 달러 대 북한 26억 달러, 1968년 52억 1,000만 달러 대 29억 8,000만 달러, 1969년 66억 2,000만 달러 대 31억 2,000만 달러, 1970년에 78억 3,000만 달러 대 39억 8,000만 달러로 1969년을 고비로 남한의 GNP가 북한을 2배 상회하게 되었다고 판단했다. 우리나라는 왕성한 투자의욕과 급속한 수출증가를 통해 고도경제성장을 달성하였다.

물론 급속한 고도성장에 따른 부작용도 적지 않았다.

우선 국제수지가 불안해졌다. 1969년 무역수지는 수출 6억 2,252만 달러에 비해 수입이 18억 2,361만 달러로 12억 110만 달러의 적자를 기록했다. 그러나 이러한 무역적자는 외자도입과 베트남 특수 그리고 대유엔군 거래 수입으로 메워졌다. 이에 따라 외환보유고는 점증하여 1969

년에는 5억 4,947만 달러에 달했다. 이외 차관 원리금의 상환부담 증가, 수입 원자재 가격 인상에 의한 수출둔화, 물가상승이 지속되었다. 그러나 박정희 대통령으로서는 무역수지 적자가 투자증대에 기인한 만큼 몇년 내에 무역입국에 의한 자립적 경제기반 구축을 자신하고 있었다.

반면 북한의 경우는 1961년에 시작한 제1차 7개년 인민경제 발전계획이 그 시작부터 중대한 암초에 부딪쳐 거의 답보상태에 있었다. 중·소 대립의 와중에서 소련을 등지고 친중공으로 경사한 것을 이유로 소련은 북한에 대한 경제지원을 전면 중단하였고, 쿠바 사태를 계기로 1962년 「4대 군사노선」을 추진하여 북한경제는 심대한 타격을 입고 있었다.

그러나 1964년 흐루시초프의 퇴진으로 소련과의 화해 가능성이 가시화되었다. 1965년 2월 코시긴 소련수상이 하노이를 방문하고 귀로에 평양에 들러 중단했던 지원 재개를 약속한 바 있지만 소련의 원조는 좀처럼 정상화되지 않았다. 1966년 8월 북한이 대중공 경사에서 벗어나는 신호로 "자주성을 옹호하자"는 『노동신문』 연설을 발표했지만, 예정했던 1차 7개년 계획의 기한 내 수행은 이미 시기적으로 불가능한 상태였다. 이 때문에 북한은 1967년 7개년 경제계획의 최종 목표연도를 3년 연장하여 1970년까지 계속하였다.

이처럼 남북 간의 경제력이 역전된 것을 확인하자 박정희 대통령은 상당한 자신감을 가지고 대북정책을 전개하게 된 것이다.

그러나 박정희 대통령의 대북정책의 기조인 「선건설 후통일」에 대한 비판의 시각도 결코 만만치 않았다. 특히 미국의 학자들은 박 대통령이나 김일성 공히 이데올로기와 통일의 과제를 명분으로 자신의 독재권력을 강화하고 있다는 평가를 내리고 있었다.

미국의 대한반도 정책 변화 조짐

1967년 봄이나 여름으로 기억된다. 나는 김형욱 당시 중앙정보부장으로부터 미국 국무부 위촉교수단이 작성한 문서 하나를 전해 받은 일이 있었는데, 그 내용은 중국, 독일, 한반도, 베트남 등 분단국가 현황과 문제점 그리고 향후 미국의 정책방향을 기술한 것이었다. 이 연구에 참여한 교수들은 자타가 공인하는 미국의 저명한 교수들로서 20여명의 이름이 적혀 있었는데, 한반도 문제에 대해서는 핸더슨(Gregory Henderson)이 중심이었다. (이 연구서도 즉각 번역하여 상보하였다.)

나는 이 연구 보고서에서 세 가지 중요한 지적을 읽을 수 있었다.

첫째, 한반도의 남북한을 지배하는 박정희와 김일성은 공히 이데올로기를 자신의 정권강화에 이용하고 있다. 김일성은 공산주의를 박정희는 자유민주주의를 수호한다는 명분하에 적대적 대결의식을 고취하고 있는데 이것이 남북한의 긴장 격화의 원인으로 되고 있다.

둘째, 미국은 중·소 양국과 협조하여 한반도의 긴장완화를 위한 장기대책을 수립해야 한다. 이를 위해 미국은 한국에 대한 군사지원을 감축하여야 하며 우선 미국이 한국에 제공키로 한 '팬텀 전투기'를 공급하지 말아야 한다. 이러한 조치를 취함으로써 중·소 양국이 대북 군사지원을 삭감할 수 있도록 유도해야 한다.

셋째, 한반도의 긴장을 완화하고 중·소 양국의 대북 영향력을 증대시키기 위해서는 미·중·소 간의 3개국 관계가 개선되어야 하며 이를 위해 미국은 우선 중공과의 관계개선을 기해야 한다. 이를 위한 기간은 대체로 10~15년이 걸릴 것이다.

나는「닉슨 독트린」이 발표되었을 때 바로 이 문서가 서서히 실현되는 것이 아닌가 하는 생각을 하였다. 이렇듯 1970년 당시의 남북한 관계는 박정희 대통령이 예견했던 방향으로 전환하고 있었지만, 반면 유일한 동맹국인 미국 행정부의 태도는 박정희 대통령의 기대와는 다른 방향으로 나타나고 있음을 직감할 수 있었다.

━ 장기집권을 위한 박정희 대통령의 체제 정비

한편 당시의 국내정세도 평탄한 상황은 아니었다.

1970년 8월 당시의 국내정세는 3선 개헌으로 야기되었던 반박정희 세력의 반발이 다시금 재연될 수밖에 없는 시기였다. 왜냐하면 1971년에 실시될 대통령 선거를 앞두고 있었기 때문이다.

1969년 10월 17일 실시된 「3선 개헌」을 묻는 국민투표는 찬성 661만 5,000표, 반대 315만 7,000표로 전체 투표의 65%를 지지를 얻었다. 하지만 이것은 현직 대통령이라는 강점과 함께 막대한 자금력, 조직력 그리고 행정력을 총동원한 결과로 얻어진 것이었다.

당시 박 대통령은 「3선 개헌」의 명분으로 북한의 도발 저지, 조국 근대화 달성을 제시하고 이를 위한 강력한 리더십의 필요성을 제시하였다. 그러나 이러한 「3선 개헌」의 이유에 대하여 야당과 학생들은 강력히 반발하였다.

반박정희 세력의 주장은 「3선 개헌」은 박정희의 독재와 부패로 가는 길이며, 국가비상시인 지금 국론을 분열시키는 개헌을 할 것이 아니라 평화적 정권교체를 통해 민주주의를 확립하고 국력을 강화시켜야 한다고 반박했다.

한편 「3선 개헌」의 반대세력은 야당이나 재야에만 존재한 것이 아니라 여당인 공화당 내에서 대권을 노리는 김종필 세력도 있었다. 궁극에 가서는 공화당 내의 반발세력이 개헌 지지세력과 타협하여 개헌 국회

발의가 가능하게 되었고, 국민투표의 과반수 지지를 획득하게 되었지만, 결과적으로는 당에 대한 정부의 절대 우위는 한층 강화되고 '국회의 시녀화'는 더욱 촉진됨으로써 재야세력과 청년 대학생 그리고 여당 내 일부 세력의 불만은 여전히 강하게 남아 있었다.

이러한 상황 속에 1971년 대통령 선거를 맞이하고 있었다. 물론 박 대통령의 재선은 거의 확고한 것이었다. 그렇다 하더라도 장기집권을 위해서 국내체제의 재정비가 필요하며 보다 강력한 지도자로서의 자기 모습(이미지)을 구축해야만 하였다.

이를 위해 통일문제 논의의 '이니셔티브'를 장악해야 한다고 판단한 것이다. 기왕에 제시한 「선건설 후통일」 원칙을 유지하면서 필요에 따라서는 융통성 있는 통일정책을 제시할 수 있도록 유연성을 확보해 두지 않으면 안 되었다. 이러한 기반확보야말로 반독재 민주화를 명분으로 하는 반 박정희 세력에 대한 신축성 있는 대응(통제의 강화 또는 완화의 변용)을 가능케 하는 여건이었다.

이와 같은 당시의 국내외 정세가 박정희 대통령으로 하여금 대담한 대북제안을 제기할 결심을 갖게 하였다고 생각한다.

── 광복 25주년 대통령 연설문 수정 작업

나는 위에서 논한 당시의 국내외 정세를 염두에 두고 청와대에서 작성한 8·15 제25주년 기념 대통령의 연설문 초안을 검토하였다.

청와대에서 작성한 최초의 연설문을 정확히 기억할 수는 없으나, 대체로 「선건설 후통일」 논리를 일관성 있게 기술하였을 뿐 특별히 새로운 제안은 없었던 것으로 기억된다.

그러나 "선의의 경쟁, 민주주의와 공산독재 간에 그 어느 체제가 국민을 더 잘 살게 할 수 있으며, 더 잘 살 수 있는 여건을 가진 사회인가를 입증하는 개발과 건설과 창조의 경쟁에 나설 용의는 없는가"하는 문구가 있어, 이것을 주제로 삼아야 하겠다는 생각을 하였다. 이 문구를 대통령이 생각하는 적극적인 대북 제안을 상징하는 용어로 해석하고 가능한 청와대에서 작성한 기조를 유지하면서 새로운 대북 제안을 삽입하여야 한다고 판단하여 가필에 착수하였다.

내가 전해받은 청와대 초안은 3개 부분으로 구성되어 있었는데, 그 첫째 부분은 해방 이후 24년간의 회고, 둘째 부분은 지금까지 통일을 성취하지 못한 원인(말할 필요도 없이 북한의 반민족적·반통일적 범행 규탄) 그리고 세 번째 부분은 통일을 위한 민족의 새로운 결의의 촉구(「선건설」의 강조)였다.

따라서 내가 가필해야 할 부분은 주로 두 번째 부분이었다. 구체적으로 말한다면 통일로 가는 과정에서 반드시 해결해야 할 문제, 북한 측이 동의해야 할 문제를 대담하게 제기하는 것이었다. 우리의 힘이 북한의 힘을 능가하는 위치에 올라선 이상 보다 대담한 제안, 명백히 말하면 '남북교류 제안'을 제시하는 것이 필요하다는 결론을 내렸다.

내가 평소에 생각해왔던 대로 남북한의 평화공존이 실현되어야 하며 상호 간의 불신을 제거하고 민족의 번영을 위한 남북 간의 교류를 진행하면서 "어느 체제가 보다 국민을 더 잘 살게 할 수 있는 체제인가를 국민이 심판토록 하자"는 내용을 담았다.

지금의 기억으로는 경제교류, 문화교류, 스포츠교류, 서신교류 등 전면적인 교류를 모두 기술했던 것으로 생각된다. 나머지 청와대 안(案)의 앞뒤 부분은 거의 원문을 그대로 두었다. 모든 작업을 마친 것은 아침 7시경이었다. 그리고 나서 잠깐 눈을 붙인 후 손제석 교수와 박동운 선생을 모시고 오전중에 문구의 정리·수정 작업을 끝냈다.

우리가 수정한 초안은 그날 낮 12시를 조금 지나 반도호텔에 온 강 대변인과 심 비서관에게 전달하였다. 강 대변인은 대단히 만족하는 것 같았으며, "정리하여(대통령의 연설문체로 재작성하여) 즉시 진해(鎭海)로 보내야 하겠다"고 하였다. 나는 내심 '8·15 연설이 이제 겨우 초안이 완성되었으니 저 초안이 재검토되어 진해로 보내졌다가, 다시 돌아와서 인쇄하고 배포하자면 상당히 바쁘게 되었구나' 하는 생각을 하였다.

어떻든 나의 소임은 일단 끝났다는 생각을 하면서 두 선생님과 함께 방을 나섰다. 마침 정전이 되어 비상계단을 이용하게 되었는데 그 때 노신영(盧信永) 선배(당시 로스앤젤레스 총영사로 기억된다)를 만나 함께 내려왔다.

── 연설문 내용에 대한 장관급 검토 회의 : 갑론을박

그 후 일주일 정도 지났다. 나로서는 대통령의 8·15연설에 대해서는 거의 잊은 상태였다. 그런데 8월 9일인가 10일 아침 출근 직후 갑자기 부장(당시 김계원 씨)의 호출을 받았다. 나는 평시의 경우와 같이 단순한 호출이라 생각하고 남방셔츠 차림으로 남산본부의 부장실로 갔다. 그랬더니 김계원 부장이 자기와 함께 청와대로 가자는 것이었다. 부장님의 말씀인즉 대통령께서 "8·15 연설문을 검토하기 위해 관계 장관들을 불렀다는 것이었다. 이미 부장께는 그동안의 초안작성 과정을 보고했던 터라, 나로서는 별달리 말씀드릴 것이 없었다.

김정렴 비서실장실에 도착하자 부장님은 곧장 대통령 집무실로 들어갔고 나는 비서실장실로 들어갔다. 비서실장실에는 윤석헌(尹錫憲) 외무차관, 이호(李澔) 법무장관을 수행해온 대검의 공안검사 2~3명 그리고 심윤택 공보비서관이 있었다. 우리는 서로 인사를 나누고 대통령 집무실에서 개최된 장관들 회의 결과를 기다리게 되었다. 그런데 한 시간이 다 되도록 장관들이 나오지 않았다. 장관들 사이에서 갑론을박이 계속되었기 때문이었다.

장관들과 함께 회의에 참가했던 강상욱 대변인의 말을 빌리면, 장관들이 착석하자 대통령은 연설문 초안에 이의가 있는가를 물었다. 이에 대해 최규하 외무장관이 이의가 없다고 발언을 하자, 이호 법무장관은 강한 경상도 억양으로 "북한이 남침의 기회를 호시탐탐 노리고 있어 국민들이 허리띠를 졸라매고 대북 경각심을 높여가야 한다"고 하면서, "연설문 초안에 나와 있는 내용은 시기상조이며 대통령의 통치권 행사라고 하여도 반공법의 테두리를 벗어나면 곤란하다"는 반대의견을 제시했다는 것이었다. 뿐만 아니라 "대통령에게 이런 것을 건의하여 혼란을 일으키게 하는 사람이 의심스럽다"라고까지 비판했다는 것이었다.

법무부의 강한 반대의견이 제시되자 대통령은 회의를 중단하고 "그러면 비서실장실에서 좀더 토론하고 결론이 나는 대로 다시 얘기하자"고 지시했다. 김정렴 비서실장실에서 재개된 회의에는 대기중이던 우리도 참가했다.

그런데 이 자리에서 이종원(李鍾元, 후일 법무부 장관) 대검 검사는 법률적 차원에서 연설문 초안 내용은 절대로 용납될 수 없다는 의견을 제시하면서 "이런 작업을 하는 것 자체가 구속감이다"라고 비판했다. 이러한 법무부 측의 비판에 대해 강상욱 대변인도 질세라 강하게 응수했다.

강 대변인은 "우리가 반공정책을 포기하겠다는 것도 아니다. 승공의 입장을 견지하면서 남침을 노리고 있는 북한에게 전쟁을 하지 말고 어느 체제가 국민을 더 잘살게 할 수 있는가를 경쟁하자고 던져주는 것이 전쟁 억제를 위해 몇 십 배의 효과를 낼 수 있는 고등전략을 담은 것이 이 연설문이다. 나는 새마을운동의 성과가 점차 나타나기 시작하고 경제성장이 제궤도에 오르고 있는 우세한 상황에서 대통령이 남북문제를 현 정부가 풀어야 할 기본명제로 보고 입장을 발표하는 것이 어떻게 반공법에 저촉된다는 것인지 이해할 수 없다. 검찰에서 계속 반공법을 내세워 반대를 하면 대통령께서 불쾌하게 생각하실 것이다"라고 강하게 대응했다.

김계원 중앙정보부장은 내가 그동안 8·15 경축사 작성과정과 내용을 보고드려서 잘 알고 있었기 때문에 중간 위치에서 지켜보고만 있었고, 김영선(金永善) 통일원 장관은 강상욱 대변인과 뜻을 같이 하고 있었다. 점심시간이 되어 청와대 식당에서 곰탕을 가져와 함께 먹은 후 쉴 새 없이 다시 토의가 계속되었다.

━━ 박 대통령의 연설문 내용 수정

오후 4시 이후로 생각되는데 대통령께서 모든 토의 참가자들을 집무실로 불렀다. 나는 남방셔츠를 입고 있었기 때문에 집무실로 들어가지 않으려 했으나 하명이 있기에 부득이 들어가 뒷자리에 앉았다.

잠시 후 이호(李澔) 법무장관 일행이 대통령 집무실로 들어왔다. 이호 장관은 신직수(申稙秀) 검찰총장, 한옥신 검사, 이종원 검사, 최대현 검사 등 당시 쟁쟁한 공안 검사들을 데리고 들어왔다.

대통령은 이미 이 연설문에 담긴 대북 제의에 대한 법적 해석을 법무부에 하명한 바 있었고, 이에 대한 보고차 법무부 일행이 들어온 것이었다. 대통령께서는 탁자를 앞에 두고 앉았고 관계장관 등 10여 명의 일행은 자유롭게 둘러앉았다. 먼저 박 대통령은 법무부의 견해를 물으셨다. 이호 장관은 비서실장실에서 언급한 논리대로 한마디로 연설문에 담긴 남북관계 제의는 「헌법상 통치권 범위를 넘는 것」임을 진언하였다. 그리고 그 이유를 이종원 검사에게 설명토록 하였다. 이 검사는 20~30분 조목조목 따져 법적 이의를 설명했다.

자세한 내용은 기억이 나지 않지만 요지는 이 연설문은 북한을 국가로 인정하는 전제 하에 제안한 것이므로 헌법에 위배된다는 것이었다. 이러한 법무부의 법적인 이의제기와 비판에 대해 뚜렷하게 반론을 제기하는 사람이 없었다.

솔직히 말하면 그 당시의 남북관계는 아직 화해나 교류를 제의할 정도로 정세가 조성돼 있지 않았다. 1968년 「1·21 사태」, 곧 이은 푸에블로호 사건, 동년 10월 「울진·삼척 사태」 이외에도 1969년 4월 EC121 미정찰기 격추사건, 1970년 4월 주은래의 평양 방문과 강력한 반미·일 규탄성명 발표, 그리고 계속적인 대남 무력도발 등이 자행되던 시기였다.

더구나 미국이 주한미군의 2개 사단 중 1개 사단 철수를 공식 통고했던 시기였다. 이러한 시기에 국민에게 큰 충격을 안겨줄 대담한 대북 제안을 발표한다는 것은 시기적으로 부적당하다고 생각되었기 때문이었다. 특히 국내치안을 담당하는 부서에서는 이런 제안을 환영할 까닭이 없었다.

결국 대통령 자신도 정치적으로는 대담한 제의를 내놓아야 할 시기라고 생각하면서도, 국내체제가 아직도 준비를 갖추지 못하였다는 것을 잘 알고 있었기 때문에 본래의 생각을 후퇴시키기로 결심하였다.

토의가 시작된 지 1시간쯤 지나서 대통령은 직접 연설초안을 수정하였다. 대통령이 추고한 연설문은 유엔을 가급적 많이 언급하는 것이 좋겠다는 외무장관의 건의를 받아들여 "이러한 우리의 요구(북한 공산주의자들은 무장공비 남파 등의 모든 전쟁도발 행위를 즉각 중지하고 소위 무력에 의한 적화통일이나 폭력혁명에 의한 대한민국의 전복을 기도해온 종전의 태도를 완전히 포기하겠다는 것을 명백하게 내외에 선포하고, 또한 이를 행동으로 실증해야 할 것을 요구)를 북한 공산집단이 수락, 실천하고 있다는 것을 우리가 확실히 인정할 수 있고"라는 구절 다음에 "또한 유엔에 의해서 명백하게 확인될 경우에는"이라는 문구를 추가하였다.

또한 이 선언이 반공법에 저촉되지 않도록 한정되어야 한다는 법무부의 주장을 받아들여 경축사 앞부분에 "번영의 희망과 기대는 북한 공산집단이 도발한 참혹한 전란 속에 한 조각 허공에 뜬 구름처럼 흩어져버렸고"라는 구절과 "6·25 남침의 참혹한 동족상잔에 이어 휴전 후 오늘에 이르기까지 7,800여 건이 넘는 무력도발을 자행해왔고, 최근에는 무수한 무장공비를 남침시키면서, 이들 도당들은 언필칭 평화통일이니 남북협상이니 연방제니 남북교류니 하는 등 파렴치한 상투적 선전을 되풀이하고 있다"는 구절을 추가했다.

당초 연설문 초안에 들어있던 이산가족 상봉, 학술·문화·예술 등 비정치 분야의 교류와 남북교역 등 구체적 제의 내용을 삭제하고 다음과 같이 수정했다.

"(전략) …나는 광복 4반세기에 즈음한 뜻깊은 오늘 이 자리를 빌어서 평화통일의 기반조성을 위한 접근방법에 관하여 나의 구상을 밝히려 합니다.

여기에는 반드시 이루어져야 할 선행조건이 있는 것입니다.

즉 북한 공산집단이 지금과 같은 침략적이며 도전적인 행위를 계속하고 있는 한 그들이 무슨 소리를 하든 이것은 가면이요, 위장이요 기만이라고밖에 볼 수 없는 것입니다.

따라서 긴장상태의 완화 없이는 평화적 방법에 의한 통일에의 접근은 불가능한 것이므로 무엇보다 이를 보장하는 북한 공산집단의 명확한 태도 표시와 그 실천이 선행되어야 하겠다는 것입니다.

따라서 북한 공산주의자들은 무장공비 남파 등의 모든 전쟁도발 행위를 즉각 중지하고 소위 '무력에 의한 적화통일이나 무력혁명에 의한 대한민국의 전복을 기도해 온 종전의 태도를 완전히 포기하겠다' 하는 것을 명백하게 내외에 선언하고 또한 이를 행동으로 실증해야 합니다.

이러한 우리의 요구를 북한 공산집단이 수락·실천하고 있다는 것을 우리가 확실히 인정할 수 있고 또한 유엔에 의해 명백하게 확인될 경우에는, 나는 인도적 지원과 통일기반 조성에 기여할 수 있으며 남북 간에 가로놓인 장벽을 인위적인 단계적으로 제거해 나갈 수 있는 획기적이고 보다 현실적인 방안을 제시할 용의가 있다는 것을 밝히는 바입니다.

또한 북한 공산주의자들이 한국의 민주·통일·독립과 평화를 위한 유엔의 노력을 인정하고 유엔의 권위와 권능을 수락한다면, 유엔에서의 한국문제 토의에 북한이 참석하는 것도 굳이 반대하지 않을 것입니다…. (후략)"

결국 획기적인 제안을 제시할 용의를 밝혔을 뿐 그 용의의 구체적인 내용은 모두 빠져 나간 것이다. 그러나 "유엔에서의 한국문제 토의에 북한의 참가를 굳이 반대하지 않겠다"고 밝힘으로써 유엔에 대한 종전의 정책을 전환시킬 것임을 명백히 하였다. 이러한 시사를 통해 "획기적인 제안"을 상상하게 하는 효과는 충분히 있었다. 그리고 "선의의 경쟁, 개발과 건설과 창조의 경쟁에 나설 용의는 없는가"를 물음으로써 우리의 평화 의지를 명백히 제시할 수 있었다.

대통령께서 직접 수정한 연설문을 돌아가면서 읽은 참석자들이 별 이의를 제기하지 않자, 대통령은 "보안유지를 위해 중앙정보부에서 인쇄하지"라고 말씀하셨다. 이어 최종안을 나에게 주시면서 "이 연설문이 발표되면 여러 가지 찬반의견이 나올 테니까 중앙정보부에서 사전에 설득하는 작업을 좀 하지"라고 김계원 부장에게 지시하였다.

1970년 박정희 대통령의 「8·15 선언」 연설 장면

　나는 사무실로 돌아와 중앙정보부 인쇄소에 연설문 인쇄를 요청하고, 국내담당 부서 관계관들과 함께 연설문이 나간 직후 해설을 담당할 대상자를 선정하였다.

　그리고 내가 담당해야할 사회 각계각층의 지도급 인사를 상대로 하는 사전 브리핑을 준비했다.

　당시 내가 행한 브리핑의 요지는

　① 남북 간의 경제력이 역전되어 우리가 우세한 위치에 올라섰다는 것

② 미군의 철수에 따라 약화되는 우리 방어역량을 외교적인 수단을 통해 보완해야 한다는 점

③ 반제·반식민지 투쟁을 표방하며 아시아·아프리카 국가들로의 진출을 획책하는 북한의 기도를 저지하기 위해서는 국제사회에 우리의 평화지향 정책을 과시해야 한다는 점

④ 「닉슨 독트린」에서 보는 바와 같이 미국의 대아시아 정책이 크게 전환하고 있으므로 통일문제의 민족 내부화에 대처해야 한다는 점

⑤ 그렇다고 하여 「8·15 선언」이 우리의 대북 정책노선의 본질적 변화를 의미하는 것이 아니라는 점 등으로 정리했다.

── 「8·15 선언」의 성과

나는 청와대 회의가 끝난 그 시각부터 8·15 기념행사가 끝날 때까지 거의 쉴 새 없이 시간에 쫓겼다. 왜냐하면 대통령께서 하명한 각계각층의 지도자와의 간담회를 실시해야 했기 때문이었다. 아침, 점심, 저녁 식사시간을 이용하여 언론계, 종교계, 예비역 장성 또는 대학 총·학장 또는 교수들과의 회합을 가지면서 8·15 연설의 취지를 설명하였다.

이 해설작업을 하면서 내 기억에 강하게 남아있는 것은 조선일보 최석채 편집국장의 반응이었다. 내가 연설문 내용을 설명하자 그는 "이거 너무 빨리 가는 것 아니냐, 김일성을 무슨 도깨비로 알다가 이런 제의를 하면 국민에게 주는 충격이 크다. 이러한 정책전환을 하기 위해서는 1~2년 정지작업을 하여 분위기를 만든 다음에 해야지 이렇게 나오면 곤란하지 않느냐!"라고 비판했다. 그 외 대부분의 브리핑 청취자들, 특히 언론계 중진들은 획기적인 제안이라고 평가해주었다.

우리는 이 「8·15 평화통일구상」 연설이 나간 후 북한의 반응을 주시

하였다. 물론 종전과 같은 비난이 나올 것임은 충분히 짐작하는 바였다. 예상했던 대로 북한은 8월 22일 『노동신문』 사설을 통해 "박 정권과는 어떠한 통일논의도 할 수 없으며 남한정권이 민주적인 인민정권으로 교체되면 그 때 가서 통일논의를 하겠다"고 하면서 우리의 제의를 전면 거부하였다. 김일성은 이어서 1971년부터 일본의 『아사히(朝日)신문』, 『마이니치(每日)신문』, 『지지(時事)통신』, 『교도(共同)통신』, 『세카이(世界)』 잡지와 인터뷰를 하고, "남한이 북한과 체제경쟁을 하여 북한을 이기려 한다"고 비난하기 시작했다. 하지만 우리로서는 이 연설문을 통하여 북한의 호전성을 부각시키는 한편 1년 뒤인 1971년부터 북한과의 대화의 길을 여는 논리적 근거를 마련할 수 있었다.

위에서 기술한 바와 같이 당시의 국내외 정세로 비추어볼 때 계속 강경한 자세로 압박해올 북한의 대남공세를 저지하기 위해서는 전술적 차원이 아니라 전략적 차원에서 새로운 대북정책을 구상하고 실행해야 한다는 관점에서 채택한 「8·15 선언」이었기에 북한의 대남공세의 예봉을 꺾는 역할을 수행했다고 할 수 있다. 그런 의미에서 나는 이 선언 발표에 미력이나마 기여한 것을 자랑스럽게 생각하고 있다.

김일성이 제시한
「인민민주주의혁명」에 대한 대응

위에서 기술한 바와 같이 1970년 8월 15일 해방 25주년 기념 박정희 대통령의 연설문—「8·15 평화통일구상」—작성에 참가했던 나는 그 후 김일성의 비난을 면밀히 검토하고 있었다. 김일성은 "그 어떤 남북한 경쟁에서도 감히 남한이 우리를 따라올 수 있겠는가? 사회주의 체제의 우월성은 자본주의 체제를 충분히 제압할 수 있다"고 큰소리치며 비난했다.

이와 같이 김일성이 북한체제의 우월성을 강조하는 가운데 1970년 11월 2일부터 13일까지 북한 노동당 제5차 당대회가 개최되었다. 당 규약상 5년마다 개최하기로 되어있는 당대회이지만, 제4차 당대회(1961년)에서 채택한 7개년 경제계획이 중·소 간의 이데올로기 분쟁과 격화된 베트남전쟁의 영향으로 인해 예상했던 중국과 소련의 경제지원을 받지 못함으로써 목표 달성해 실패하였다.

이미 7개년 경제계획은 부득이 3년간 연장하여 1970년 말에나 목표 달성이 가능할 것이라는 판단을 하고 있던 중앙정보부 북한과 분석관들은 준비했던 자료를 기초로 제5차 당대회가 끝난 다음 주(1970년 11월 하순) 대통령께 보고할 당대회 분석보고를 준비했다.

나는 박 대통령께 이번 당대회에 관한 정치·경제·군사 등 부문별 보고를 드리면서 두 가지 사항에 초점을 맞추었다.

첫째는 1950년대 이후 수차례에 걸쳐 반김 행동을 전개한 반김일성

세력─남로당계, 소련계, 중공계, 빨치산 출신 중 반김일성 세력 등에 대한 숙청 작업을 끝내고, 마침내 김일성의 1인 독재체제를 완성하여 이른바 「주체사상」이라는 도그마를 근거로 김일성 일가의 신성가계(神聖家系)를 구축했다는 점, 둘째는 「민족민주주의 혁명단계」로 규정했던 남한 공산화를 위한 혁명이론을 한층 더 발전시켜 「인민민주주의 혁명단계」로 새롭게 규정했다는 점이었다.

박정희 대통령은 나의 브리핑을 주의깊게 들으신 후 "김일성이 새로 제시한 남조선혁명을 인민민주주의혁명으로 규정한 배경과 장차 전개될 전략·전술에 대한 해설작업을 사회 각계와 군에 대해 전개하라"는 지시를 내렸다. 나는 이런 대통령의 지시에 따라 제5차 당대회에서 김일성이 언급한 「인민민주주의혁명 이론과 전략·전술(1970년 11월)」에 대한 해설서를 작성했다.

── 북한이 제시한 「인민민주주의혁명」에 대한 평가

제5차 당대회에서 김일성은 향후 전개할 남한에서의 혁명노선은 인민민주주의이론에 따를 것임을 명백히 하였다. 김일성이 공식적으로 인민민주주의혁명이론을 남한지역에서 적용시키겠다고 밝힌 것은 이 때가 처음이다.

북한의 당 결의문이나 노동신문에서는 "북한지역에서는 이미 1958년을 기해 「인민민주주의 혁명단계」가 끝나고 「사회주의 혁명단계(프롤레타리아트 독재단계)」로 들어갔다고 하였으나, 아직 남한에서는 인민민주주의혁명의 전단계인 「민족민주주의 혁명단계」에 있다"고 기술해 왔다.

1961년 9월에 소집된 제4차 당대회에서 김일성은 남한에서의 민족민주주의혁명의 내용과 과업에 대해 "…남조선에서의 혁명은 제국주의를 반대하는 민족해방혁명이며 봉건세력을 반대하는 민주주의혁명입니다. 이 혁명의 기본요구는 남조선에서 미 제국주의 침략세력을 축출하고 그의 식민지 통치를 분쇄하여 남조선사회의 민주주의적 발전과 나라의 통일을 달성하는 것입니다. 남조선인민들이 반미 반봉건투쟁을 성과적으로 진행하며, …이 투쟁에서 승리를 쟁취하기 위해서는 마르크스-레닌주의를 지침으로 하여 노동자 농민을 비롯한 광범한 인민대중의 이익을 대표하는 혁명정당을 가져야 합니다"라고 밝힌 바 있다. 이러한 주장은 5년 후인 1966년에도 되풀이하여 제시하였다.

그런데 5년이 지난 지금에 와서 남한에서의 「인민민주주의혁명」을 운운하게 된 이유가 무엇인가? 그것은 그의 남한정세에 대한 언급에서 엿볼 수 있었다. 그는 제5차 당대회에서 남한정세를 다음과 같이 평가했다.

① 미국과 일본의 군사기지 정책과 식민지 정책에 반대하여 민족의 해방과 자주적 통일을 희구하는 반제·반미·반일군국주의 민족해방운동은 더욱 고조되고 있다.

② 현 정권을 반대하는 반정부 투쟁이 고조되고 있다.

③ 지주, 매판자본가, 관료 등 지배계급과 노동자, 농민을 비롯한 인민대중 간의 계급적 모순은 더욱 첨예화하고 있으며, 남한 내 마르크스-레닌주의 정치부대(통일혁명당)가 날이 갈수록 그 역량을 확대하고 있다.

④ 북한지역의 「혁명적 민주기지」는 더욱 강화되었고, 남한 인민의 민족해방운동을 지원할 수 있는 충분한 준비를 갖추게 되었다.

⑤ 1970년대 국제정세는 국제공산주의운동에 유리한 방향으로 전환되고 있다.

나는 김일성의 '남조선 정세에 대한 평가'를 보면서 그는 제2차 세계대전 직후의 북한과 동유럽 국가의 상황, 6·25 남침 당시 일시 점령했던 남한지역에서의 적화정책, 그리고 마오쩌둥(毛澤東)이 중국공산당이 창립되었던 1921년 이후 중국대륙에 공산정권을 세울 때까지의 투쟁역사를 검토해보고, '1970년대 이후 남한정세의 발전 추이로 보아 계급투쟁 선동이 먹혀들 것이라는 판단 하에 이제는 인민민주주의혁명 단계로 이행이 가능하다고 전망한 것이 아닌가?'라고 생각했다.

주지하는 대로 동유럽 위성국가에서의 인민민주주의혁명이 성취되어 공산당 독재가 가능하기까지에는 다음과 같은 두 가지의 근본 요인이 작용하였다.

첫째로는, 헝가리의 공산주의 지도자 라코시 마티아시(Rákosi Mátyás)의 말대로 "소련의 승리로부터 출발하여 이 승리에 입각하면서" 즉 제2차 세계대전에서 승리한 소련군이 동구에 진주하였다는 것과, 둘째로는, 이미 동구에는 상당한 조직을 보유한 공산당이 존재하였고 더구나 이들은 직접 반파쇼 통일전선에 참가하여 대독 항쟁을 전개하였고, 이러한 항쟁 속에서 자기 대열을 보존하고 이를 확대 강화하고 있었다는 사실이다.

이 두 가지 기본요인을 바탕으로 하여 동유럽에서의 인민민주주의혁명(소련의 위성국화)은 성공하였다. 북한의 경우도 동유럽 국가의 경우와 거의 유사했기 때문에 인민민주주의혁명이 가능했던 것이다.

한편 중공의 경우 인민민주주의혁명은 1921년 중국공산당 창립 이후 간단없이 전개한 반국민당 투쟁과 그 성공에 의하여 이룩된 것이다. 널리 알려진 바와 같이 마오쩌둥의 혁명전략은 넓은 면적을 가진 대국이면서 비교적 중앙정부의 행정통치력이 미약하기 때문에 각 지역에서는 충분한 반정부 무력투쟁의 전개와 소비에트지구 설정이 가능하였으며, 한편 군벌과 장개석 국민당 정부의 부정·부패로 인해 마오쩌둥이 제시한 「항일 국공합작(抗日國共合作)」이나 노동자, 농민, 도시 소부르주아지(민주적 인텔리) 그리고 민족부르주아지와의 통일전선(인민전선)을 결성할 수 있었기 때문에 가능했다.

그런데 과연 남한에서 동유럽이나 중국대륙에서처럼 지하당(남한의 통일혁명당)을 조직하고 효과적인 반미·반정부·반체제 혁명투쟁을 전개한다면 인민민주주의혁명이 가능하다고 보고 있는 것이 아닌가? 나는 김일성의 '남조선 정세 평가'로 볼 때 그는 조급한 심정에서 좌경 기회주의적 과오를 범하고 있다고 판단했다.

─ 「인민민주주의혁명」과 북한의 군사전략과의 관계

나는 인민민주주의혁명과 북한의 군사전략과의 관계를 주시했다. 특히 북한은 1960년대 기간 중 계속된 「4대 군사노선」과 이른바 「3대 혁명역량」 구축에 상당한 자신감을 갖고 있다고 판단했다.

인민민주주의혁명의 가능성과 전술상의 특징을 고려할 때에 궁극적으로는 폭력투쟁의 초기 형태 또는 확대된 전개를 목적한 것이라고 결론지었다. 폭력투쟁 이것은 곧 무장행동이며 축소된 전쟁행위라고 할 수 있다. 이런 의미에서 북한은 인민민주주의혁명을 제기함과 동시에 이에 맞는 전쟁준비와 전략을 정립하여 나갈 것이다.

이러한 측면에서 당시 북한의 군사전략의 변화된 부분을 찾아내며, 이른바 「현대전과 혁명전쟁의 합법칙성」에 대한 김일성의 인식이 무엇인가를 살펴봐야 했다.

김일성은 제5차 당대회 보고에서 군에 대한 새로운 임무로서 "군의 현대화와 군사과학기술 발전은 타국 전법과 무기 등을 교조주의적으로 모방하지 말고 현실과 6·25 전쟁의 경험을 토대로 한 새로운 교리 발전과 무기체계로 개편하는 것"이라고 지적한 바 있다.

「현실과 6·25 전쟁의 경험을 토대로 한 새로운 교리 발전」이란 어떤 것인가? 그것은 인민민주주의혁명의 실천과 어떤 관계가 있는 것일까? 이것은 아마도 김일성의 이른바 「유일사상」(정치의 자주, 경제의 자립, 군사의 자위)의 구체적 실천에서 출발하여야 한다는 말로 해석된다고 보았다.

우선 김일성은 과거의 전투경험에서 소련의 군사교리가 한국적인 지형에 맞지 않음은 물론, 더욱이 미·소 간의 평화 공존, 미·중공 간의 화해로 인해 제2의 6·25 전쟁을 도발할 경우, 소련과 중공의 동시적 지원을 기대하기 어렵다는 것을 느끼고 있음이 분명했다.

이러한 경우에 북한은 이른바 자력갱생 원칙에 의한 군사작전을 전개해야 하며, 따라서 지금부터 「유일사상」에 의한 군사적 작전을 준비해야 한다. 이것이 바로 북한 군사전략의 부분적 수정을 불가피하게 만들고, 이에 따라 새로운 의미의 김일성주의적 전쟁관의 보편화와 6·25 전쟁의 경험을 보다 깊이 연구 발전시켜야 하는 당위적 과제를 제기하는 것이다.

김일성은 이 점에 관하여 기회가 있을 때마다 지적한 바 있다.

"6·25사변의 경험을 살려 전쟁 장비를 도입해야 하며, 따라서 한국 지형에 맞도록 직사포보다는 곡사포를, 초음속 고도비행기보다는 저공 비행기를 도입해야 한다. 또한 현대장비라고 해서 무조건 크고 무거운 중화기인 것이 아니며, 산악전과 적의 종심에서 싸울 수 있는 경보병부대의 창설과 무기의 현대화에 노력해야 한다. 아무리 현대적 항공기라고 하더라도 견고한 요새를 파괴할 수는 없었으며, 도처에서 활동하는 게릴라부대를 이겨낼 수는 없었다. 정규전과 비정규전의 배합은 전투 승리의 결정적 담보다. 따라서 당은 4대군사노선을 철저히 하여야 하며, 언제 어디에서 남조선의 혁명이 지원을 요청해도 즉각 지원할 수 있는 견고한 준비를 갖추어야 하는 것이다.”(제5차 당대회 보고 및 제4기 4차 인민군 당대회에서의 김일성 보고)

김일성은 전쟁 승리의 기본적 요소는「인민의 전쟁의식」임을 베트남 전쟁에서 다시 한번 배운 것이다.

이렇게 생각할 때 보다 안전하고 용이한 적화통일의 방법은 처음부터 전쟁에 의한 무력 남침보다도, 대외적으로 남침의 명분과 불가피성을 충분히 인식시키는 한편, 전략·전술적으로는 남침 여부를 분별할 수 없도록 교묘히 위장하는 방법이 필요한 것이다. 따라서 '남조선 인민들의 요구에 의하여 남진한다'는 대의명분을 가질 때에 전쟁에 출동하는 병사의 사기는 높아지는 것이며, 이것은 전투력으로 발휘되는 것이다. '이러한 논리로 인민민주주의혁명과 군사전략을 결합시킬 때 이른바「혁명의 결정적 시기」를 조성할 수 있다고 판단하고 있는 것이 아닌가?'라고 나는 생각했다.

1960년대 전 기간을 통하여 쌓아 올린「4대 군사노선」의 성과는 한 국가가 본격적인 전쟁을 준비하는 데에 필요한 최소한의 기간, 즉 10년에 해당하는 성과였다. 당시 북한은「4대 군사노선」의 성과를 다음과 같이 밝혔다.

전인민의 무장화는 “노농적위대, 붉은 청년근위대의 대열 정비와 군사훈련 강화로서 백발백중의 명사수로, 용감한 포병, 탱크병, 해병으로 재능 있는 비행사, 낙하산병, 무전수로 준비시켰으며,”(제5차 당대회에서 철원군 당대표 김상운 토론 내용) “전체 조선인민이 다 총을 쏠 줄 알며 총

을 메고 있다."(동 대회에서의 김일성 보고)

전 지역의 요새화는 "북조선 전 지역은 철옹성 같은 방위시설을 쌓아 놓았으며 중요한 생산시설들까지도 지하에 들어가게 되었으며, …전선 바로 후방주민들은 유사시의 전투를 위해 예비물자 비축을 완료하여 튼튼한 후방기지를 구축하였다."(동 김일성 보고)

장비의 현대화는 750여 대의 항공기, 500여 대의 MIG 17, 19, 21 전투기, T-54, 55형 탱크 700여 대, 코마급 유도어뢰정 10여 척, 잠수함 4척을 비롯한 각종 함정 290여 척을 준비하였고 SAM, SS 미사일 30여 개 기지를 갖추게 됨으로써 김일성이 "원하는 임의의 시기에 언제나 기습 공격이 가능한 체제로 준비되었다. 뿐만 아니라 현대적 전투 기재와 장비를 생산할 수 있는 공업시설을 갖추게 되었다."(동 김일성 보고)

한편 **전군의 간부화**는 "모든 장병이 한 등급 높은 부대를 지휘할 수 있는 능력을 보유하게 되었고,"(동 김일성 보고) "집중과 분산, 적극적 방어, 전방과 후방의 배합, 대소부대 활동 결합, 정규전과 유격전 배합, 즉시적 반공격전과 연속적 타격전, 배후의 제2전선 편성, 습격 및 비행기, 탱크, 사냥운동 등을 연마하고, 군대의 생명인 주력(走力)을 갖추었다." (1971년 2월 8일 북한군 창건 23년 기념식에서 행한 민족방위성 부상 겸 총정치국 장 한익말의 보고)

특히 대남 침투를 위해서는 3만 명에 달하는 유격부대와 침투장비 (40노트의 공작선)를 갖추게 되었다. 이러한 일련의 사실들을 고려할 때에 북한군의 군사전략은 소련군, 중공군, 북한군, 카스트로군 그리고 베트남의 베트콩이나 월맹군의 작전경험에 대한 보다 깊은 연구와 분석을 통해 습득된 것이라고 할 수 있다.

이렇게 볼 때에 인민민주주의혁명은 우선 남북 간의 1대 1의 전쟁에서 북한이 승리할 수 있는 남북한 정세 조성에 있다고 할 것이다. 그러므로 기습, 유격전의 전개는 인민민주주의혁명 발전의 궁극적 목표인 「모든 혁명전쟁은 무장투쟁의 조직과 확대」라는 기본과제를 해결해 주는 것이다. 이런 점에서 북한의 군사전략과 전술의 변화는 곧 인민민주주의이론의 구현을 위해서 반드시 수반되어야 하는 것이다.

북한의 군사전술적인 도발이란 뒤집어 보면 비정규전의 전개이며 이것은 북한이 대외선전으로 널리 이용하는 「남한 내에서 발생하는 반미·반정부적 무장 활동의 고조」로 각색되는 것이다.

이와 같이 인민민주주의혁명은 북한의 군사전략에 의해 뒷받침되는 한편, 군사전략은 인민민주주의혁명을 추동하는 동력이 되는 것이다. 때문에 우리는 인민민주주의혁명이론을 순수한 정치적 측면에서 보아서는 안 되며 항상 군사작전과 연결시켜 대비하고 검토해야 한다고 생각했다.

요약하면 김일성의 기도는 향후 동아시아에서의 미군의 역할이 약화되어 주한미군이 축소되거나 철수할 경우—해방 직후 북한에 주둔했던 소련군이 자신들(김일성 일당)의 정권 장악에 핵심적 역할(힘)을 했던 것처럼—북한군이 남한에서의 인민민주주의혁명 수행의 중심적 역할을 담당할 수 있다는 망상을 보여준다는 것이 나의 판단이었다.

── 우리의 대응방안

이와 같은 북한의 새로운 전략에 대비하기 위해서는 김일성이 강조하는 기본적인 명제, 즉 「현대전쟁과 혁명투쟁의 합법칙성」 주장을 예의주시하며 대처함으로써 북한의 폭력혁명과 대남 재침계획을 반민족적이며 침략적인 것으로 만들고 그들의 대의명분을 깨부수는 대책이 필요하다고 나는 판단했다.

나는 구차한 설명도 필요 없이 북한의 인민민주주의혁명이론은 직접적 무력 남침의 선언 없이 한국 내부의 전복을 통해 적화통일을 달성하려는 전략이라고 규정했다.

마오쩌둥(毛澤東)의 말대로 "모든 정권이 총구로부터 나온다"고 한다면 동 이론은 총구를 위장하기 위해 사용되는 '위장포'에 불과하다. 이 '위장포'도 최초의 시기에만 사용하겠다는 것이며, 혁명운동의 진전에 따라 아니 진전시키기 위해서는 당초부터 총구의 필요를 전제로 하며 그 사용을 목표로 하는 이론이다.

이렇게 볼 때에 우리는 북한이 '가린 위장포'를 풀지 못하게 만듦으로써 총구의 사용이 불가능하도록 대책을 세워야 한다는 것이다.

그 방법은 무엇이겠는가?

첫째는 형식상으로나마 은폐되어 있는 적의 총구에 대항하는 우리 자신의 총구를 가져야 한다는 것이다. 우리 국방력의 강화는 곧 북한의 정규, 비정규전을 막론한 모든 전쟁행위를 억제하는 수단이다. 이것 없이는 아니 조금이라도 북한보다 약해서는 저들의 기도를 억제할 수 없는 것이다.

북한 침략을 막을 수 있는 최선의 방법은 '힘'에 있다. 이것이 대적방어의 최대의 무기이며 기초이다. 그런데 이 '힘'에 문제에서 간과해서는 안 되는 것은 종래와 같은 의타적인 힘만으로써는 유효한 정책을 수립할 수 없다.

인민민주주의혁명에 대비하는 우리의 힘의 성격은 자주적인 것이어야 하며, 이 길만이 적으로 하여금 힘을 사용하지 못하게 하는 효과를 발생시킨다. 베트남전쟁에서 보는 바와 같이 공산주의 침투를 저지하는 참된 힘은 외세의 지원에서 얻어지는 것이 아니라 우리의 자주국방을 강화시키는 데 있다.

둘째로, 지적해야 할 대책은 인민민주주의혁명이 지향하는 반체제·계급투쟁의 전개를 사전에 제압하는 것이다. 반체제, 계급투쟁으로 대중을 동원하기 위해서는 무엇보다도 부정·부패, 불공정과 같은 정치사회적 모순이 축적되어 공산주의자들이 자유롭게 헤엄칠 수 있는 '물'이 존재해야 한다. 우리는 이러한 모순의 발생과 축적을 사전에 제거해야 한다.

우리가 2차에 걸쳐서 성공적으로 수행한 5개년 경제계획은 경제적 도약을 위해 필요한 최소한의 조건을 마련하는 데에 불과하였다. 아직도 우리의 경제구조는 기층적 취약성을 탈피하지 못하고 있다.

이런 상태에서 사회적 소득의 격차가 계속 확대되고 노사 간의 갈등이 심화된다면 북한의 통일전선 공작은 더욱 강화되고 자본주의적 정치·경제체제는 심대한 타격을 입을 수밖에 없다. 그렇다고 하여 분배에 중심을 둔다면, 이미 형성된 사회기층 자체가 약화되어 자유민주주의의 토대가 되는 굳건한 경제기반 구축에 악영향을 미친다. 따라서 우리는 경제성장이 초래하는 사회적 갈등을 억제, 무마하며 북한의 통일전선 공작을 저지해야 한다.

북한은 지금까지 경제성장에 기여하여 온 기업인이나 정치인들을 하나의 집단으로 하고, 이에 적극 협력해 온 노동자와 농민, 중소기업인들을 이간시켜 적대적 대립과 분열을 조장하려 하고 있다. 따라서 이러한 기도를 억지하는 대책이 시급하다.

위에서도 지적한 대로 만약 이 시기에 소득 격차의 축소와 과실의 공정 분배에 치중하여 경제건설의 지속적 성장을 담보할 자본축적을 저해할 경우, 이제 겨우 힘의 우위를 확보한 우리의 대북 경제력이 열세로 전환될 수 있다고 판단하고 우리들 북한정보 분석관들은 성장 중심으로 나아가야 한다고 생각했다.

솔직히 말해서 일정한 한계를 넘은 재벌의 부는 사회적 의의를 가지는 것이다. 얼마 전 세인이 흠모하던 유한양행의 유일한 사장께서 "나의 재산을 남김없이 사회로 환원시킨다"는 유서를 남기고 서거(1971년 3월 11일)하셨다는 사실을 다시 한번 음미해 보아야 한다.

이러한 위대한 경제인의 결단 이상으로 공산주의자에게 치명적 타격이 또 어디 있겠는가? 실로 유일한 박사의 유서는 천군만마의 힘보다 더 큰 타격을 북한에게 가하였다고 해도 과언이 아니다. 만약 노사 간의 협조의 결과 축적된 부가 이러한 형식으로 사회에 환원해 올 때에 인민민주주의혁명이 지향하는 반체제 계급투쟁은 스스로 지리멸렬되고 말 것이다.

우리는 정부, 재벌, 노동자, 농민 할 것 없이 북한의 계급투쟁 선동에 넘어가지 말아야 하며, 공동으로 체제 옹호를 위한 단합을 촉구하고 실천해야 할 것이다.

셋째로, 지적해야 할 대책은 보다 적극적인 대북 공세로의 전환이다.

국제정세의 추세는 분명히 우리의 대외, 안보 정책의 수정을 강요해 오고 있다. 현 정세는 우리로 하여금 이러한 수정을 긴 시간을 두고 준비할 여유를 주지 않고 있다. 그런데 문제는 이러한 수정을 용인하는 국내체제를 어떻게 조속히 갖출 수 있을 것인가 하는 것이다.

필자의 생각으로는 문제의 핵심이 대외정책에 있는 것이 아니라 대내정책에 있다고 보인다. 그러나 베트남전쟁의 종식과 닉슨 독트린을 기조로 하는 미국의 대외전략 수정은 우리의 대외정책의 수정을 강요하게 될 것이다. 특히 박정희 대통령이 구상하고 있는 대북정책의 수정은 우리의 국내체제를 크게 뒤흔들어 버릴 수도 있다.

예를 들면 대화를 통한 분쟁문제의 해결이란 국제정세 또는 유니버셜리티(보편화) 추세에 영합할 경우 남북한의 대화, 나아가 헌법이 규정한 북한에 대한 지위를 사실상 폐기하여 북한정권을 인정하는 결과가 된다. 이것은 기존 정책과 정면으로 상치되며 나아가서 기존 법과 국민 의식의 갭을 더욱 확대하는 결과를 초래할 것이다.

중요한 점은 이렇게 될 경우 국내적으로 일어나는 대북한관(對北韓觀)을 여하히 수용할 것인가 하는 것이다. 물론, 이러한 대외정책의 수정은 이중정책으로 넘길 수도 있다.

필자로서 염려하는 바는 성급한 대북한 교류나 협상, 나아가서는 군축 같은 주장으로 발전하여 주체성 확립에 있어 기선을 북한에게 빼앗기는 것 같은 잘못된 인상을 국민에게 심어주어서는 안 된다는 것이다.

반민족적인 행위를 자행한 장본인은 바로 김일성 일당이다. 해방 직후 신탁통치안에 동의한 것도 그렇고, 6·25 전쟁을 일으켜 국제공산침략배들을 끌어들인 것이 그렇고, 역사를 날조하여 민족사와 전통을 침해한 것 등은 분명히 반민족적 범죄행위인 것이다.

우리는 이러한 북한의 날조된 선전·선동을 억제하고 통일문제의 이니셔티브를 장악하며 힘으로 북한을 제압해야 한다. 그러나 이 거대한 작업은 위정자만의 힘으로써는 감당하기 어렵다는 문제가 있다. 따라서 모든 정치인은 물론 학계, 언론계, 실업계, 법조계, 학생, 군인 할 것 없이 모두 동원되어 남북한의 엄청난 현실적 차이를 깨우쳐 주어야 한다. 특히 주의할 것은 국내체제의 재정비가 4·19 혁명 직후와 같은 사태로 이끌어가는 우를 범해서는 안 된다는 것이다.

이 거대한 문제의 해결을 위해서 무엇보다 소중한 것이 국론의 통일이다. 개인이나 정당의 이익을 위해 북한 당국을 이롭게 하는 발언이 전 국민의 의식에 미치는 중대함을 충분히 감안하여 단계적으로 진행되어야 하며, 이것을 토대로 하여 북한의 인민민주주의혁명 노선을 제압할 수 있는 우리의 이론과 정책을 수립하고 실천해야 한다.

1970년대 전반기의 최대 과업은 바로 이것이었다. 요컨대 필자는 반

인민민주주의혁명이론을 구체적 실천으로 현상화하여 자유민주주의적 국민의식을 함양시켜 대북 대응태세를 강화하는 강력한 국민의식 교육을 실시해야 한다고 주장했다.

새로운 대북전략의 연구와
남북적십자회담 제의

1971년 새해가 밝자마자 국내 정국은 온통 대통령선거 열기로 가득
찼다. 민주공화당의 박정희 후보와 신민당의 김대중 후보 간에는 통일
문제와 안보문제를 둘러싼 주요쟁점이 부각되고 있었다.

통일문제에 대한 쟁점을 보면, 공화당은 북한의 남침위협을 강조하
여 "절대우위의 국력배양에 의한 북한의 남침기도를 분쇄하고 평화통
일의 기반을 확립한다"는 주장인데 반하여 신민당은 "① 통일정책 수
립을 위한 범국민적 기구의 수립 ② 애국적인 통일논의의 자유 허용과
학문적·정책적인 공산권 연구의 장려 ③ 남북의 긴장완화 ④ 기자교류,
서신교환 및 체육교환, 비정치적 교류의 실시 ⑤ 미·소·중·일에 의한
한반도 전쟁억제 보장" 등이었다.

─── 새로운 대북전략 수립 준비

이 무렵 해외정보국에 이후락 부장의 지시가 떨어졌다. 그 요지는
'새로운 대북 전략을 수립 보고하라'는 것이었다.

이후락 부장은 자타가 공인하는 '박정희교'의 신도이며, 1963년부터
1969년까지 청와대 비서실장을 지내고, 잠시 쉬었다가 주일대사로 부
임했으며, 1970년 12월부터는 김계원 부장의 뒤를 이어 제6대 중앙정

1971년 1월 이후락 부장으로부터 해외정보국장 임명장 수여

1971년 3월 해외정보국장 시절 (이문동 청사)

보부장에 임명되었다.

그는 오랫동안 정보 분야에서 근무하였다. 6·25 전쟁 발발 당시에는 육군본부 정보국 전투정보과장이었고, 휴전 후 자유당정권 시절에는 「국방부 79기관(79란 자신의 군번)」의 책임자로, 민주당 시절에는 중앙정보연구위원회 위원장으로 근무한 바 있었다. 이처럼 화려한 경력과 남다르게 빠른 두뇌회전을 자임했는지 모르나, 그는 부장 취임과 함께 중앙정보부를 '이후락 조직'이니 '이후락 기관'으로 부르며, 사설 정보기관처럼 이용하려 한다는 오해받기 쉬운 언동을 서슴지 않았다.

그러나 국내정세가 복잡하면 복잡한 만큼 부장의 관심이 그곳으로 쏠리기 때문에 해외정보 분석관인 우리들은 여유 있는 업무환경을 조성할 수 있어 부장의 관심사에는 크게 개의치 않았다. 당시 우리들 해외정보 분석관의 주요 관심은 연일 강화되는 북한의 대남 평화공세에 대응하며 인민민주주의혁명 기도를 억제하는 것이었고, 특히 종전을 맞이한 베트남 정세 등 분석 보고해야 할 사항이 한두 가지가 아니었다.

이처럼 바쁘게 지내던 1971년 4월 하순 나는 부장의 부름을 받고 남산 청사로 갔다. 나는 김계원 전 부장 때 미국유학을 계획하고 사표를 낸 바 있었는데, 이 사실을 인계받고 무슨 말씀이 있지 않을까 기대하고 부장실에 들어갔다.

부장실에 들어가자 내가 예상했던 사표 수리 여부는 한 마디로 없이 "강 부국장(당시 나는 해외정보국 북한담당 부국장이었다.), 나와 같이 일하지. 중대한 임무가 있어" 하시면서 "새로운 대북전략을 수립해야겠는데, 이 과제를 자네가 책임지고 연구해 보고하게. 이것은 철저히 보안을 유지하며 진행해야 돼" 하는 것이었다.

나는 전술한 바와 같이 「8·15 평화통일구상」 연설문 작성에 참여했던 터이라 그 지시가 무엇을 말하는지 구체적 지시가 없어도 충분히 이해할 수 있었다.

그런데 5월 초 점점 심각해지는 베트남전쟁에 대한 정세와 대책을 보고하기 위해 청와대에 들어갔던 김달술 아주과장(후일 남북대화사무국장 역임)이 예정되었던 브리핑도 하지 못하고 돌아왔다. 김 과장의 전언인즉 윤석헌 외무차관이 1971년도 유엔총회 대책에 관한 보고를 마치자, 이후락 부장이 "각하, 제8대 총선이 임박(5월 25일)했는데, 지금 유엔총회 대책을 논의할 때가 아닙니다. 총선에서 이긴 후 외교·안보 문제와 함께 북한에 대한 문제를 종합적으로 검토하셔야 합니다"라고 말씀드리자, 회의 분위기가 일시에 변해 우리 보고는 드리지도 못하고 돌아왔다는 것이었다.

이문동 청사로 돌아온 이후락 부장은 해외정보국에 "국회의원 선거(5월 25일) 전까지 새로운 대북전략을 수립 보고하라"는 지시를 내렸다. 나는 보안유지 문제로 고심하던 터이라 부장의 공식 지시가 하달된 이상 필요한 인원으로 연구팀을 구성하기로 결심하고 4~5명의 지역별 담당 분석관을 선발했다. 그리고 이들로 하여금 난상토론을 전개하며 새로운 대북전략 방안을 도출하도록 유도했다.

며칠 동안 부내와 부외에서 진행된 연구토론 과정을 통해 보고서 작성이 가능해졌다. 그 내용은 대충 닉슨 독트린 발표, 미·중 간 관계개선, 주한미군 일부 철수 등 주변 안보환경을 평가하고 대미, 대공산권, 대유엔 및 대북한 전략을 제시하는 것으로 구성하였다.

연구팀이 제시한 대북전략은 "미국의 안보공약이 확고히 보장되는 전제 하에 대공산권 국가와의 관계를 개선하면서, 북한대표가 유엔과 그 산하 전문기구에 초청되는 것을 반대하지 않으며 인도적 견지와 통일기반 조성을 위해 비정치 분야에서의 단계적인 남북교류와 인도적 문제인 이산가족의 고통을 제거하기 위한 적십자회담을 추진한다"는 것이었다. 이밖에 경제교류, 문화교류, 스포츠, 신문·방송 기자 교류, 적십자회담 등 다양한 제안이 제시되었다.

4월 27일 실시된 대통령 선거 결과, 박정희 후보가 634만 2,000여 표, 김대중 후보가 539만 5,000여 표를 각각 얻어 약 94만 표의 차이로 박정희 후보의 당선이 확정되었다.

나는 그동안 해외정보국 분석관들의 난상토론을 거쳐 제시된 다양한 교류제안을 재검토하면서 '남북 쌍방에게 안보상의 위협이 되지 않고 즉각 수용해도 정치적 부담이 되지 않는 방안이 무엇인가?'에 초점을 두고 재정리하여 총선 전인 4월 말까지 새로운 대북전략의 요강을 준비했다.

── 남북적십자회담의 제의

나는 5월 초 그동안 준비한 새로운 대북전략을 부장에게 보고했다. 이 부장은 우리의 보고를 받자 즉석에서 "이산가족의 고통을 덜어주기 위한 적십자회담을 제의하는 것이 좋겠다"고 결정하고, 구체적인 계획을 세워 청와대에 보고할 준비를 하라는 것이었다. 그런데 우리들 분석관 중에는 적십자 사업이나 국제인도주의 사업에 대한 지식을 가진 분석관이 한 명도 없었다. 물론 인도적 사업에 종사했던 경험자도 없었다.

나는 할 수 없이 적십자 인도주의를 전공한 사람이나 경험자의 자문을 받지 않을 수 없었고, 그래서 찾은 분이 최은범(崔殷範) 박사였다. 최 박사는 오랫동안 적십자 사업에 종사하였고, 동시에 인도적 사업에 일가견을 가진 전문 지식인이었다.

사실 적십자회담 제안문 자체는 긴 것이 아니었다. 왜냐하면 그해 8월 15일 광복절 기념식에서 행할 대통령 기념사에 포함될 문장이었기 때문이다. 문제는 이 제안에 대해 북한 측이 응할 경우 어떤 방식으로 회담 개최를 실현시킬 것인가? 우리 측이 북측에 제의할 구체적인 의제를 어떻게 정할 것인가 하는 것이었다. 우리는 최은범 박사의 도움을 받아 6월 말까지 대강의 골격을 완성했다.

그 사이 국회의원 선거(5월 25일)가 끝나고 6월 3일자로 백두진 내각이 총사퇴하고 김종필 내각이 출범하였다.

대통령에 대한 보고는 7월 초에 끝냈고 이어 대통령이 주재하는 당정협의회(여당인 공화당과 정부 간의 회의)에서 보고했다. 참석자들 특히 당의 중진들은 놀라는 기색이 역력했다. 대통령은 이 회의에서 "만약 남북적십자회담이 개최되면 누가 실무적으로 주도하느냐?"고 물었다. 이 부장은 "지금 브리핑을 한 강인덕 국장이 담당합니다"라고 답하자 대통령은 고개를 끄덕이며 긍정적인 모습을 보였다.

회의가 끝나 밖으로 나오자 고향 선배이신 김재순 의원(후일 국회의장 역임)이 뒤따라 나오면서 "누가 이걸 담당하나 걱정했는데 강 국장이 담당한다니 안심되네. 조심스럽게 잘하게"라고 격려해주었다. 내가 7월 1일부로 해외정보국에서 분리해 새로 편성한 북한국 국장으로 발령을 받은 직후의 일이었다.

청와대 공보비서관실에서는 8·15 광복절 기념식에 이산가족의 고통을 덜어주기 위한 남북적십자회담 제의를 중심으로 한 연설문 초안이 작성되고 있었다. 나로서는 지난 3개월여 가장 염려했던 보안문제도 별 이상 없이 여기까지 진행된 것에 안도의 한숨을 쉬고 8·15 광복절 이후를 생각하고 있었다.

그런데 이게 웬일인가? 7월 하순 일본 『요미우리(讀賣)신문』에 남북적십자회담 개최 가능성을 시사하는 기사가 보도되었다. 이후락 부장은 "어떻게 우리의 계획이 요미우리에 보도되었는가? 어디서 보안이 누설

1971년 5월 북한국장 시절 (이문동 청사)

1971년 북한국 과장들과 함께

되었는가?" 몹시 화를 내며 나에게 추궁했다. 나는 보안을 생명으로 살아온 우리들 분석관이 누설했을 가능성은 거의 없다고 항변했으나 이것으로 그칠 문제가 아니었다. 누설된 경로를 확인하지 않을 수 없었다.

얼마 안가서 사실이 규명되었다. 7월 초 서울을 방문했던『요미우리 신문』전 서울지국장 시마모토 겐로(嶋元謙郎) 기자는 여름휴가 중이던 김종필 총리와 대북정책의 전환가능성, 전환할 경우 추구할 정책 등에 대해 얘기한 바 있는데, 이 자리에서 대체로 서독의 대동독 정책 같은 내용을 주고받았다. 이후 시마모토 전 지국장은 새로 요미우리 서울지국을 맡게 된 가와구치(川口) 기자에게 참고하라고 이 얘기를 들려주었다. 이에 가와구치 기자는 닉슨 독트린 발표 이후 변화된 국제정세에 대응하기 위해 한국정부의 대북정책은 바뀔 수밖에 없는 시기에 왔고, 바꾸게 된다면 문화교류, 학술교류, 상호방송 청취허용, 그리고 남북적십자회담을 통한 인도적 문제 해결 등이 될 것이라고 포괄적인 자기 판단을 기사화한 것이었다.

이후락 부장은 "요미우리 보도가 나간 이상 혹시 북한 측이 적십자회담 개최를 먼저 제의해오면 어떻게 하나! 모처럼 우리 측이 주도적으로 실현 가능성 있는 대북 제의를 하려는 참에 북측이 선제의하면 빛이 바래고 말지 않겠는가?"라며 염려하고 있었다.

그러나 나는 북측이 통일문제도, 미군철수 문제도 아닌 비정치적인 인도적 문제를 가지고 역제의 해올 가능성은 없다고 판단하고 있었지만, 부장의 염려가 그처럼 심대한 만큼 새로운 방안을 생각하지 않을 수 없었다.

이 때 이 부장은 "대북 제의를 앞당기면 어떤가?"라고 물었다. 당초의 계획은 대통령의 광복절 기념사에 포함시켜 제안하려 했지만, 이번에는 먼저 대한적십자(한적) 총재가 남북적십자회담을 제의하고 그것을 정부가 받아들이는 방식을 택하자는 것이었다.

그러나 여기에도 보안문제가 뒤따랐다. 이 문제는 최두선 총재의 정치·사회적 지위를 고려하여 이후락 부장이 직접 찾아뵙고 상황설명을 하는 것이 좋겠다는 의견이 나왔다. 곧이어 8월 15일을 1주일여 앞둔 시점에 적십자 총재 성명문 초안을 들고 부장이 총재를 예방하여 설명 드리고, 최두선 총재께서 쾌히 승낙하시어 우리의 계획을 실천할 수 있었다.

예정대로 1971년 8월 12일 오전 10시 최두선 대한적십자 총재는「인도적 남북회담을 제안하는 대한적십자 총재의 성명서」를 발표하였다. 그 요지는 1천만 남북 이산가족들의 실태를 확인하고 이들의 소식을 알려주며 재회를 알선하는 가족찾기운동만이라도 우선 전개하자고 제의하면서, 북한적십자(북적)는 방송, 통신 또는 국제적십자를 통해 그 의사를 알려달라고 요청하는 것이었다.

━ 북측의 남북적십자회담 수락

이 제의가 나가자 국내외 언론이 대서특필하며 북한 측 반응을 주시하게 되었다. 그런데 예상보다 빠르게 우리 측 제의가 나간 지 이틀만인 8월 14일 12시 평양 중앙방송을 통해 북한적십자 손성필 위원장이 우리 측 제의를 수락한다는 회답을 전해왔다. 그 요지는 "8월 20일 12시 남북적십자 파견원 접촉을 판문점 중립국감독위원회 회의실에서 갖자"는 것이었다.

나는 부장의 지시를 받고 최두선 대한적십자 총재를 찾아 파견원의 인선을 부탁했다. 다음날 있은 대통령의 광복절 기념사는 당초 계획보다는 다소 관심이 줄어든 것 같았으나, 우리 정부의 남북대화 의지를 분명히 밝혀주는 효과는 적지 않았다.

우리는 북한적십자의 파견원 접촉에 응할 것임을 KBS를 통해 전달했다. 8월 20일 12시 남북적십자 파견원 접촉이 판문점 중립국감독위원회(중감위) 회의실에서 열렸다. 한적(韓赤) 파견원은 이창열 씨(서무부장)와 윤여훈 여사(섭외부 참사)였고, 북적(北赤) 파견원은 서성철(문화선전부 부부장), 염종련(북적 지도원)이었다.

이날 남북적십자 파견원 간의 접촉은 쌍방의 적십자 총재가 발표한 성명문을 교환하는 단순한 접촉이었지만 그 의미는 대단히 큰 것이었다. 이를 계기로 남북 간에 공식적인 만남이 시작된 것이다.

첫 파견원 접촉이 끝난 후 우리들 북한정보 분석관들은 앞으로 시작될 남북 간의 접촉에서 어떤 문제에 유의해야 하는가에 대해 진지하게 논의했다. 우선 파견원들이 사용해야 할 상대방에 대한 호칭 또는 화제 문제, 판문점이라는 지역적 특성을 감안한 보안문제, 접촉 자체가 뉴스원이라는 점을 감안한 수행기자 문제, 이를 통해 벌어질 남북 간의 정보선전전에 대비한 대책, 통신차량, 기타 행정지원 문제 등등 수십 가지 문제가 제기되었다.

제1차 파견원 접촉 때 판문점에 들어간 우리 측 인원은 100여 명에 달했는데, 그 중 내외신 기자가 무려 80여 명이나 되었다. 첫 만남이라 다소 긴장되고 불안하기도 했지만, 무사히 접촉을 마치고 전원 판문점에서 철수해 귀경했다. 그 후 파견원 접촉은 다섯 차례 계속되었고, 9월 16일 마침내 「남북적십자회담 예비회담」 개최 일정을 9월 20일로 합의하고 쌍방 5명의 예비회담 대표 명단을 발표하게 되었다. 이로써 남북적십자 간의 첫 만남을 실현한 파견원 접촉은 성공적으로 그 임무를 끝내고, 다음 단계인 예비회담으로 진입하게 되었다.

━━ 남북적십자 예비회담의 준비
　　: 남북대화 협의조정국장으로 부임

　　남북적십자 예비회담 준비는 파견원 접촉이 시작된 1971년 8월 하순에 이미 시작되었다. 북한 측이 우리 측 제의를 받아들인 이상 본격적인 회담에 응할 것이 명백했기 때문이다. 대한적십자에는 적십자 출신과 중앙정보부, 외무부 등 정부 각 부처에서 파견된 요원으로 구성된 전담부서인 「남북적십자회담 사무국」을 발족하여 사무총장에 장우주 예비역 육군소장이 임명되었다.

　　예비회담 준비과정에서 핵심적인 문제는 대표단의 구성이었다. 이산가족의 고통을 덜어주기 위한 인도적 문제를 해결해야 할 적십자회담이므로 당연히 적십자 사업에 종사한 덕망 있는 분을 선발해야 함은 물론이거니와 북한과의 협상이라는 점에서 북한의 회담전략을 잘 알면서도 국제회의에 풍부한 경험이 있는 사람 중에서 선발해야 한다는 것은

삼청동 남북대화사무국 시절 남북적십자회담을 시작하다 (삼청동 남북대화사무국 모습)

재론의 여지가 없었다.

　그러나 북한 공산주의자들에 있어 회담이나 협상은 혁명투쟁의 한 형태일 뿐이다. 이러한 북측 태도를 감안할 때, 예비회담 대표는 순수 적십자인이나 국제회의 참가 경험이 풍부하다는 것만으로는 부족하다. 공산주의자들의 협상전략전술에 대한 지식이 풍부하고 임기응변적으로 이론투쟁도 전개할 수 있는 인물이 포함돼야 한다. 그래서 수석과 교체수석은 순수 적십자인으로, 나머지 3명의 대표는 외교·정보 그리고 사회활동 경험이 풍부한 사람을 선발키로 하고 8월 하순 내정을 끝냈다.

　1971년 9월 15일 대한적십자사 최두선 총재는 남북적십자 예비회담 대표 명단을 다음과 같이 발표하였다. 수석대표 김연주(대한적십자사 보건부장 겸 섭외부장), 교체수석 박선규(대한적십자 충남지사장), 대표 정홍진(대한적십자사 회담사무국 회담운영부장, 중앙정보부), 정희경(이화여고 교장), 대표 겸 대변인 정주년(대한적십자사 회담사무국 대변인, 외무부)이었다.

　이로써 예비회담을 위한 외형적 준비는 어느 정도 끝난 셈이었다. 그렇다고 이제부터 시작될 대화운영을 적십자사에 맡길 수 있는 것은 아니었다. 이 회담을 당초부터 계획하고 준비한 기관은 중앙정보부이고 끝까지 책임지고 수행할 기관은 정부였다. 따라서 관련기관의 책임자(각부 장관)로 구성되는 협의기구를 두고 그 밑에 실무자들로 구성되는 사무국을 운영키로 했다.

　파견원 접촉이 계속되던 8월 하순 청와대와 중앙정보부, 외무부, 통일원, 국방부 장관으로 구성되는 「남북대화협의위원회」를 구성하고, 중앙정보부장 산하에 중정과 정부 각 부처 파견관들로 구성되는 '남북대화협의기구'를 운영하게 되었는데, 그것이 「남북대화협의위원회 사무국」이었다(후일 「남북대화사무국」이라는 공식기구로 발전되었다). 이 기구의 임무는 남북대화 전략을 수립하고 실질적인 회담을 담당하는 것이었다.

나는 이 때부터 1972년 「7·4 남북공동성명」이 발표되기까지 11개월 동안 남북대화협의회 사무국장직을 맡았다. 물론 중앙정보부 북한국장의 입장에서 사무국장을 겸무하는 것이었다. 사무국의 위치는 서울 삼청동 현 베트남대사관 건물(감사원 맞은편)이었다. 베트남전쟁에서 패배한 남베트남의 사이공 정부는 이미 존재하지 않아 대사관이 텅 빈 상태였다. 마당은 넓은 편이지만 건물이 작아 30여 명의 각부 파견요원이 일하기에는 좁았다. 본건물은 회담대표들의 회의 장소로 사용했고, 나는 옆 퀀셋 건물을 사용했다.

가장 시급한 과제는 우선 회담대표와 수행원에 대한 교육이었다. 적십자 출신 인원에게는 북한에 관한 교육이 필요했고, 정부기관 출신에 대해서는 적십자 사업에 대한 교육이 필요했다. 특히 회담대표들에게는 북한의 통일정책과 대남전략은 물론 그들의 언어적 특징까지 교육시켜야 했다. 삼청동 사무국에서는 예비회담 준비일정에 따라 적십자 교육, 북한TV 시청, 판문점 현장 사전답사, 회담의제 결정, 대표연설문 작성 등이었다.

본격적인 예행연습은 판문점 중립국감독위원회 회의실을 본떠 회의장을 만들고, 북측 대표 5명과 우리 측 대표 5명이 입장하여 악수하고 자리에 앉아 덕담을 나누고, 이어 공식대표 연설이 진행된 후 서로 토론을 벌이는 전 과정을 상정하여 실시하였다. 우리 측 5명의 대표는 물론 북측 대표의 입장에 선 중앙정보부 직원들도 진지한 태도로 임했다.

예행연습이 끝나면 통제관들의 평가가 있었고 여기에서 제기된 문제를 보완하여 다시 되풀이 실시되었다. 처음에는 북한식 용어를 듣고 어리둥절하던 일부 대표들도 예행연습 과정에서 점차 익숙해져 자신감을 갖게 되었다.

━━ 남북적십자 예비회담 개최와 북한의 기도

1971년 9월 20일에 개최된 제1차 예비회담에는 5명의 대표와 10명의 수행원, 25명의 지원요원이 참가했다. 이를 취재하기 위한 내외신 기자는 77명이었다. 이 때부터 판문점은 적십자 예비회담이 개최될 때마다 불꽃 튀는 선전선동장, 정보수집장으로 변해갔다.

제1차 예비회담은 예행연습 때 설정했던 상황이 대부분 적중하여 큰 과오 없이 진행되었다. 우리 측 김연주 수석대표는 인도적 입장에서 '가족찾기운동'의 성공적 결실을 위해 예비회담의 진행절차에 대한 문제들을 제기했다. 그런데 북한의 김태희 수석대표는 우리 측 인사의 발언보다 2배 이상의 긴 발언을 통해 본회담 의제는 남북으로 흩어진 가족들과 친척, 친우들의 자유로운 내왕과 상호방문, 자유로운 서신교환 그리고 흩어진 가족들을 찾아주고 상봉을 마련해주는 문제로 하자는 것, 적십자 단체의 책임자(위원장, 총재)를 단장으로 하여 5~7명으로 본회담 대표단을 구성할 것과 회담은 비공개로 하자는 것, 보도는 쌍방이 각기 하며 합의된 문제는 공동보도하되 신중하고 정중히 해결하도록 진실하게 한다는 원칙을 지키자는 것 등을 제시하였다.

북측의 제안 가운데서 우리가 주목한 것은 이산가족 외에 '친우'를 포함시켰다는 것이다. 이 한 단어로 북측이 적십자회담에서 노리는 목적이 무엇인가를 충분히 짐작할 수 있었다. 그것은 이 회담을 이용하여 남한 내에 평화통일 기운을 조성하여 주한미군 철수 여론을 고양하고 박정희 정부의 안보통일 정책에 반대하는 반정부 통일전선을 형성하는 이른바 인민민주주의혁명을 위한 토대 구축에 기여토록 하겠다는 의도임이 분명히 드러났다.

이러한 북측의 기도는 제1차 예비회담이 끝난 직후인 9월 25일 김일성이 일본 『아사히신문』 편집국장과 가진 인터뷰에서 명백히 드러났다. 그는 인터뷰에서 "평화통일을 반대하는 자들은 오직 한줌도 못되는 남조선의 반동지배층뿐…"이라고 말하고, 박정희 대통령이 제시한 8·15 평화통일구상을 '통일부재 선언'으로 규정하면서 박 대통령의 통일 원칙(구상)인 「선건설 후통일」을 다음과 같이 맹렬히 비난했다.

"남조선 위정자들은 남조선 인민들 속에서 평화통일 기운이 막을 수 없는 힘으로 급격히 높아지자 지난해(1970년) 처음으로 '평화통일'이라는 말을 썼습니다. 그러나 그들이 내놓은 이른바 '평화통일구상'이라는 것은 결코 평화통일을 하자는 것이 아닙니다. 그들은 10년 후인 1970년대 말에 가서야 통일문제를 논의할 수 있다고 하며, 그 때까지 그 무슨 '실력배양'을 해야 한다고 주장하고 있습니다. 다시 말하면 실력을 배양하고 그 다음에 '평화통일'을 하겠다고 합니다. 이것은 결국 평화통일을 하지 않겠다는 것입니다. 남조선 괴뢰 통치배들이 말하는 '실력'이란 경제적으로나 정치적으로나 혹은 군사적으로 우리보다 우세할 수 있도록 힘을 키우자는 것이라고 볼 수 있습니다. 그들의 이러한 생각은 도저히 실현될 수 없는 망상에 지나지 않습니다.

그들이 주장하는 '실력배양'에 대해서 좋게 보면 우리와 경제적 경쟁을 하려는 것이라고 볼 수 있을 것입니다. 그런데 남조선이 공화국 북반부와 경제적 경쟁을 해서 이길 수는 도저히 없으리라고 생각합니다. 남조선에서 경제를 발전시키면 그동안에 우리는 낮잠을 자고 가만히 있겠습니까? 시간이 가면 갈수록 우리의 경제는 더 빨리 발전할 것입니다. 털어놓고 말하여 평화적으로 경제적 경쟁을 한다면 우리는 남조선보다 몇 배 더 빨리 발전할 수 있습니다."

한마디로 말하여 김일성은 남북적십자 예비회담을 시작하면서 자신만만한 자세로 남조선 혁명정세의 일대 전진을 기약할 수 있다는 낙관적 입장에 서있었고, 이러한 그의 인식은 첫 예비회담에서부터 정치선전장으로 이용할 속셈을 드러낸 것이다.

북측은 적십자 예비회담 첫날부터 남한사회를 교란하고 미군철수 주장을 고양함으로써 통일전선 형성을 위한 정치회담화 하려고 시도했다. 그러다보니 회담이 진척될 리 없었다. 순수한 인도적 차원에서 이 회담을 끌고가려는 남측과 사사건건 충돌하며 회담은 답보상태가 지속되었다.

남북 고위급 인사의
비밀 교환방문 제기와 실현

1971년 9월 20일 제1차 남북적십자 예비회담 이후 1주일 간격으로 수차례 회담이 속개되었지만 본회담 개최를 위한 의제조차 합의하지 못했다. 그 이유는 위에서 지적한 대로 북한의 김일성은 당초부터 이산가족의 고통을 덜어주기 위한 인도적 회담으로서의 적십자회담에는 아무런 흥미도 갖고 있지 않았기 때문이다. 북측의 기도는 오직 하나, 남북 간의 정치군사회담을 열어 주한미군의 철수를 논의하고, 이를 위한 환경을 조성하는 것이었다. 한마디로 반미 반정부 투쟁을 고취하는데 도움이 되는 접촉과 회담을 시도했던 것이었다.

── 국내외 정세의 급속한 변화

우리 역시 당초부터 북측이 순수한 인도적 관점에서 이산가족의 고통을 덜어주기 위한 회담에 응할 것이라고는 판단하지 않았다. 그러나 우리들은 국내외 정세의 급속한 변화에 따라 이산가족의 고통을 덜어주는 인도적 적십자회담을 진행하면서도 북한의 대남 도발을 저지하는 평화적 환경 조성이 중요하다고 판단했다.

우선 미국으로부터 남북협상의 적극적인 추진을 요구하는 권고가 있었다. 9월 20일 김용식 외무장관이 '박정희 대통령이 닉슨 대통령에게 보내는 서한'을 그린(Marshall Green) 국무부 동아시아태평양담당 차관보에게 전하는 자리에서, 그린 차관보는 미국은 대중국 관계개선에 노력하고 있으니 한국도 남북관계 개선에 노력하길 원한다는 것을 재확인하였다. 그리고 키신저(Henry A. Kissinger) 박사가 두 번째 중국방문을 마치고 돌아온 직후인 11월 1일 김일성이 베이징을 방문하여 저우언라이(周恩來) 수상과 미중관계 변화를 상의하였다는 사실이 확인되었다.

이러한 국제정세 변화에 맞추어 정부는 북한을 제외한 모든 비적대국(소련 및 동구제국)과의 국교수립 준비와 북한과의 대화 필요성을 언급하는 한편, 군사정전위원회의 유엔군 수석대표를 한국군으로 교체할 용의도 있다고 발표했다.

국내정치 상황도 크게 요동치고 있었다. 1971년 4월 대통령 선거와 5월 국회의원 선거가 끝난 후에도 정부의 통제 강화에 저항하는 재야세력의 움직임이 정치, 사회, 학원 등 각 분야에서 고조되고 있었다. 1971년 6월 이후 대학과 사회 각계에서 반정부 운동이 격화되기 시작하여 사법권의 독립을 요구하는 판사(153명)의 집단사표 제출, 경기도 광주단지(오늘의 성남시) 주민 수만 명의 과격시위 발생, 공군 관리 하에 실미도에 수용되어 훈련받던 대북 침투요원의 폭동사건, 한진상사 파월기술자 노임 지불투쟁, 대학생들의 교련 반대운동, 지학순(池學淳) 주교가 중심이 된 부정부패 규탄집회의 확산, 중앙정보부 해체, 반공법 폐지, 민중생존권 보장 등을 요구하는 대학가의 과격한 반정부 운동이 일어나고 있었다.

10월에 들어서자 대학생들의 시위는 더욱 격화되었으며, 이를 제압하기 위해 대통령은 일체의 학생운동을 인정하지 않는다는 '학원질서 확립을 위한 특별성명'을 발표하고, 서울특별시에 대한 위수령을 발동했다가 11월 9일 해제했다. 서울대, 연세대, 고려대 등 7개 대학에 군대를 주둔시키고 2천여 명에 가까운 학생들을 체포하고 8개 대학에 무기한 휴교 조치를 내렸다.

━━ 남북 고위급 인사의 비밀 교환방문 제기

이러한 국내의 상황을 극복하기 위해서도 남북대화의 진전은 긴요한 과제였다. 이후락 부장은 남북적십자 예비회담의 진전을 위해 북측과의 심도 있는 접촉을 중앙정보부 파견 정홍진 예비회담 대표에게 지시했다.

11월 19일 제9차 회담시 정홍진 대표는 북측 대표단의 실질적인 회담 주동자인 김덕현 대표에게 회담이 끝난 후 별도로 만날 것을 제의하는 쪽지를 건넸다. 양측 대표단과 수행원 그리고 기자단이 판문점에서 떠난 후 단 둘이 만난 정홍진 대표와 김덕현 대표는 서로 상대방의 신분을 확인했다. 김덕현 대표는 노동당 중앙위원회 정치국 책임지도원이었다. 이들 두 사람 간의 비밀접촉은 다음해 3월 22일까지 11차례 계속되었고, 그 간에 최고 지도자의 신임을 받는 고위급 인사의 남북 교환방문에 합의했다.

이 무렵 북한은 별도의 대남 고위급 접촉을 준비하고 있었다. 북측이 선택한 인물은 경제기획원 장관과 부총리를 지냈으며 당시 IOC위원이자 한국일보 사장인 장기영(張基榮) 씨였다. 그는 청와대에 "북쪽에서 자신을 만나자고 제의해 왔다"고 전했다. 이 보고를 들은 이후락 부장은 자신이 직접 북한 측과 접촉하기로 결심하고 북측 상대를 물색했다. 어느 날 나에게 "내가 상대해야 할 북측 대표를 누구로 하면 좋겠는가?"라고 물으면서 "김영주면 어떤가?"라는 것이었다.

나는 김영주는 김일성의 친동생인 동시에 1956년 8월 종파사건 이후 김일성 독재체제 확립을 위해 전력을 다했고, 현재는 노동당 중앙위원회 서기국 조직지도부장이니 우리와의 협상대상이 될 수 있는 인물이라고 답했다. 당시는 아직 김정일이 김일성의 후계자로 지명되었다는 정보도 입수되지 않았고, 더욱이 김영주를 제거하기 위한 권력투쟁이 시작되리라고는 전혀 예측하지 못했다.

이후락 부장은 정홍진 적십자회담 대표를 통해 '김영주와 만나 남북문제를 허심탄회하게 논의하자'는 제안을 북측에 전달했고 북측도 이에 응했다. 당초 우리 측은 이후락-김영주 회담의 장소로 제네바나 파리 등 제3국의 도시를 제의했으나, 북한 측은 '선 평양방문'을 고집함에 따라 이후락-김영주 부장이 평양과 서울을 교환 방문하되 이 부장이 먼저 평양을 방문하기로 합의하였다.

─── 이후락 부장의 방북에 관련한 대통령 훈령

이후락 부장의 방북에 앞서 정홍진 대표는 1972년 3월 28일부터 31일까지 평양을, 김덕현 대표는 4월 19일부터 21일까지 서울을 비밀리에 교환 방문하여 고위인사의 평양-서울 교환 방문을 위한 제반 사전준비를 끝냈다. 남북한 쌍방은 고위인사의 상대방 지역 방문시 통신연락을 위해 서울의 이후락 중앙정보부장실과 평양의 김영주 노동당 조직지도부장실을 연결하는 직통전화를 가설 운영하기로 합의하고 4월 29일 개통시켰다.

이후락 부장의 북한 방문에 즈음하여 4월 26일 박정희 대통령은 다음과 같은 '특수지역 출장에 관한 대통령 훈령'을 하달했다.

〈박정희 대통령이 이후락 부장에게 내린 훈령(친필)〉

북한측 대표와 의견교환시 취할 우리측의 기본입장을 아래와 같이
훈령함.

아　　래

1. 남한 국세(國勢)가 절대 우위라는 자신으로 대화에 임함으로써 북
   이 우위라는 환상적 기를 꺾고, 평화통일을 위한 제의견을 교환해
   본다.
2. 금번 여행에 있어서는 주로 상대방 요로(要路)의 사고방식 및 현재
   북한의 실정을 파악하는데 중점을 두기로 한다.
3. 의견교환시의 상대방의 태도 등을 감안하여 필요하다면 다음과 같
   은 내용의 설명을 할 수 있다.

다　　음

가. 조국의 통일은 궁극적으로 정치적 회담을 통한 평화적 통일이어야
   한다.
나. 남북은 반세기 동안 정치, 경제, 사회, 기타 분야에 있어 상호 상이
   한 제도하에 놓여있는 실정을 직시하고, 통일의 성취는 제반문제
   의 단계적인 해결을 통하여 궁극적인 평화통일 목표달성을 도모
   하기로 한다.
다. 따라서 우선 현재 진행중인 남북 간 적십자회담을 촉진시켜 가족
   찾기 운동이라는 인도적 문제의 조속할 해결을 보도록 하고, 다음
   단계로 경제, 문화 등 비정치적 문제를 다루도록 하는 회담을 열기
   로 하며, 최종단계로 정치적인 문제를 다루는 남북 간 정치회담을

갖기로 한다.

라. 이를 위하여 남북 간의 분위기를 가능한 한 호전시킴이 긴요함에 감(鑑)하여 남북 간의 대화와 접촉이 진행 또는 계속되고 있는 동안,

    (1) 비현실적인 일반적 통일방안의 대외선전적 제안을 지양하는 동시에,

    (2) 남북 간 상호중상 및 비방은 대내외적으로 이를 지양하며,

    (3) 직접적이거나 간접적임을 막론하고 무력적 행동으로 상대방을 괴롭히는 처사는 일절 하지 않기로 한다.

이상의 아측 의견에 대한 상대방의 견해 또는 주장 등에 관한 처리방법 등은 귀임후 면밀한 검토를 거쳐 이를 마련하기로 한다.

1972. 4. 26

박 정 희

위 훈령에서 보는 바와 같이 박정희 대통령은 이후락 부장이 김일성을 비롯한 북한당국의 요로와 만나 주고받을 수 있는 「대화의 한계」를 명백히 지시하고 있다. 한마디로 신뢰가 축적되지 않은 현상황에서 쓸데없는 주장, 특히 북한 측에 책잡힐 얘기는 하지 말라고 못 박은 것이다. 이처럼 박정희 대통령이 「대화의 한계」를 분명히 못 박은 이유는 이 부장의 방북을 허가하면서도 어딘가 불안함을 느꼈기 때문이 아닌가 생각된다.

솔직히 말하여 이 부장은 두뇌회전이 그 누구보다 빠르지만, 단 한 번도 노회한 북한 공산집단과 직접 대화해본 경험이 없는 인물이다. 과연 이 부장이 북한의 혁명전략을 통일문제로 포장하여 내놓은 「언어전

술」을 설파하며 우리 측의 뜻을 명백히 주장할 수 있을까 하는 기우가
깔려 있었기에 훈령 첫머리에 "남한의 국세(國勢)가 절대 우위라는 자신
으로 대화에 임함으로서, 북이 우위라는 환상적 기를 꺾고, 평화통일을
위한 의견을 교환해본다"고 지시한 것이다. 무슨 합의를 위해 가는 것
이 아니라 의견 교환을 위해, 탐색 차원에서 간다는 사실을 낙인찍은 것
이 바로 이 훈령의 요지이다.

만약 의견 교환 중 북측의 제안이 나올 것에 대비하여 그에 응할 문
제들에 대해서도 밝히고 있다. 평화통일을 위한 정치회담, 이산가족의
고통을 덜어 주기 위한 남북적십자회담, 경제·문화 등 비정치적 문제를
둘러싼 회담, 또는 비현실적 통일방안에 대한 선전 중지, 상호 비방 중
지, 직·간접적 무력도발 행위 중지 등등에 대해서도 「의견을 교환해보
라」는 것이 대통령의 지시였다.

나는 대통령의 이 훈령을 보면서 '역시 대통령은 현 남북정세에 대해
그 누구보다—우리 대북 정보분석관들보다—한 차원 높은 위치에서 북
한내부를 들여다보고 이 부장에 대한 훈령을 내렸구나'라는 생각을 했
다. 우리 실무자들은 이 부장이 대통령 훈령에 걸맞는 결과를 가지고 돌
아와주기를 기대했다.

─ 이후락 부장이 방북을 결심한 이유

이후락 부장이 방북길에 나선 것은 1972년 5월 2일이었다. 이미 정홍
진 회담운영부장이 3월 28일부터 3월 31일까지 평양을 방문하여 김영
주 당조직지도부장과 이 부장의 방문을 놓고 심도있는 의견을 교환하였
고, 이 부장의 방북 시의 「신변안전보장각서」가 우리 측에 전달되었다.

이후락 부장은 출발을 하루 앞둔 5월 11일 11시 30분부터 12시까지

궁정동 안가 집무실에서 김치열 차장, 이철희 정보차장보, 김동근 보안 차장보 등 주요 간부들에게 자신의 방북에 대한 심경을 다음과 같이 피력했다.

"명(明) 2일 평양에 다녀오겠소. 나의 이 계획은 보안상의 이유로 오늘까지 비밀에 부쳐진 것입니다. 나의 이계획은 오래 전부터 구상된 것이며, 이와 같은 계획에 대하여 혹자는 경솔하고 위험한 일이라는 비판을 가할지 모르겠습니다. 그러나 우리는 같은 민족이 남과 북으로 갈려 극과 극이 심각하게 상극관계를 지속한다는 것은 이 민족에게 불행을 강요하는 것입니다. 이 민족에게 또다시 아니 과거 이상의 비극을 어떠한 노력이나 대가로서라도 방지하여야 된다는 것이 5,000만 민족의 요망인 것입니다. 이러한 현실적 민족적 요망은 누구인가에 의해 희생적으로 해결해 줄 것이 절박하게 요구되고 있다는 비판에서 이 계획을 결심한 것입니다.

박 대통령 각하께서 역사에 기록될 찬란한 업적을 남기셨습니다. 그러나 그 치적에도 불구하고 10년이라는 집권에서 순화되지 못한 부작용으로 개발도상국가 공통의 문제점이 대두되고 있습니다. 그러나 가정적으로 각하가 하야하신다면 산상(算想)되는 사태는 우리에게 가장 위기라고 생각합니다.

우리나라가 오늘의 역사점까지 전진한 것도 각하의 영구집권을 위한 것이 아니라 이 나라 이 민족을 구하기 위하여 각하 집권기간 중에 민족의 불행을 극복하고 통일로의 방법을 모색하여야 된다는 계시에 의하여 일대의 결심을 한 것입니다. 아무 말 없이 다녀오려 하였으나 만일 내가 돌아오지 못할 경우를 생각하며, 나의 뜻과 심경을 여러분들에게 밝히고 또 남기고자 합니다."

위 글을 읽어보면 첫째, 자신의 방북은 오래 전부터 자기 혼자 구상하고 계획했다는 것. 둘째, 다시는 과거와 같은 민족적 비극이 일어나지 않도록 방지해야 하며 이를 위해 누군가가 희생적으로 해결해주길 갈망하고 있어 그 임무를 자신이 담당하려 한다는 것. 셋째, 박정희 대통령의 집권 기간에 민족의 불행을 극복하고 통일의 방도를 모색해야 한다고 판단하기 때문이라는 것. 넷째, 만약 돌아오지 못할 경우를 생각하여 자신의 뜻을 밝힌다는 것이었다.

위와 같은 이후락 부장의 말은 한마디로 조국의 오늘과 내일, 민족의 비운을 안은 냉혹한 현실을 직시하여 자신의 생명을 무릅쓰고 내린 결단처럼 느껴진다.

그런데 당시 주변의 요로들은 이후락 부장의 방북을 그의 말처럼 멸사보국(滅私報國)의 위대한 결단이었다고 평가하지 않는다. 이 부장이 자신의 방북에 대한 대통령의 허락을 받을 때까지 그 과정을 보아왔던 두 분의 증언은 전혀 이 부장의 방북이 조국의 오늘과 내일, 엄혹한 현실을 직시하고 민족의 장래를 위한 위대한 결단으로 비쳐지고 있지 않다.

김종필 당시 총리는 그의 회고록에서 다음과 같이 기술하고 있다.

"머리회전이 빨랐던 이후락은 독특한 책사형 인물이었다. 자기가 아니면 안 되는 문제를 꾸며서 존재를 과시하고, 그것 때문에 박정희 대통령이 자신을 제거하지 못하도록 만드는 특별한 재주가 있었다. 그는 특유의 재주를 부려 본인이 아니면 해결되지 않을 만한 큰 일을 저질렀다. 대표적인 것이 평양에 가서 김일성을 만나는 일이었다.

1972년 4월 26일 오전 8시 국무총리였던 나는 청와대의 호출을 받았다. 박정희 대통령과 이후락 정보부장, 최규하 청와대 외교담당특보, 김용식 외무장관이 참석한 회의가 열렸다. 나는 이 자리에서 이후락의 방북계획에 대해 처음으로 보고를 받았다. 그동안 남북적십자회담에 참석했던 중앙정보부 간부 정홍진이 북한적십자사의 김덕현과 비밀접촉을 벌여왔고, 이후락과 김영주 북한 노동당조직지도부장의 회담을 결정했다는 것이다. 회담장소는 평양이었다. 이 놀라운 발상은 순전히 이후락과 그 그룹이 낸 것이었다.

이후락은 결의에 찬 표정으로 박 대통령에게 말했다. '제가 평양에 가는 것은 후세의 사가들에게 각하가 얼마나 평화통일에 열의를 가졌는가를 알게 하기 위해서입니다. 만일의 경우 저는 결사의 각오가 돼 있습니다.'

박 대통령은 '그래, 죽을 각오를 하고 김일성을 만나겠다니 한번 가서 해봐'라며 동의했다.

대통령은 아마 이후락이 평양에 가면 김일성이 무슨 반응을 보일지, 그것이 어떤 결과를 낳게 될지 알고 싶은 마음이 들었을 것이다. 옆에 있던 나는 아무 말도 하지 않았다. 그저 속으로 '또 당돌한 생각을 하고 연극을 꾸며대는구나'라고 생각했다. 이후락은 준비해온 결재서류를 내보였다. 서류 제목은 '특수지역 출장에 관한 건'이었다. 적성국가인 북한을 방문하려면 외무 장관과 국무총리의 허가가 필요했다. 김용식 장관과 내가 차례로 서명을 한 뒤 박 대통령에게 서류를 올렸다." (『김종필 증언록』 1권, pp. 394~395)

또 다른 한 분인 당시 김성진 청와대 공보수석비서관(후에 문화공보부 장관)은 다음과 같이 증언하고 있다.

"박정희 대통령은 적십자회담 실무회의가 답보상태에 이르렀을 때 나에게 이렇게 말했다. '너무 급하게 서두를 것 없어. 최소한 우리를 치려는 상대방의 한쪽 손을 맞대고 있으면 그들이 우리를 치려고 할 때 금세 알아차릴 수 있으니 말이야.' 이것은 사려깊은 전쟁 재발 방지책이었으며 남북 간의 대화에 걸고 있는 박 대통령의 숨은 목적이었다. 그러면서 그는 남북 간 신뢰구축이 무엇보다 중요하다고 강조했다. 신뢰가 없는 상태에서는 어떤 합의를 하든 휴지조각에 불과하기 때문이라는 것이었다….

이후락 부장은 박 대통령에게 평양 잠행을 허락해줄 것을 간청했다. 직접 북한에 가서 사람들을 만나 그곳 실정을 본 다음 결과를 보고하겠다는 것이었다. 박 대통령은 처음에는 이렇게 말하면서 극구 만류했다.

'제2차 세계대전 당시 나치 독일의 루돌프 헤스도 화평조약을 체결하기 위해 영국으로 단신 잠행했으나 영국에서 그것을 받아들이지 않고 감옥에 처넣지 않았소? 이 부장은 우리나라의 정보 총책임자요. 만의 하나 그와 같은 사태가 발생하면 국가적 중대사가 되는 것이오!'

박 대통령에게는 또 다른 생각이 있었다. 그는 이미 그 때 중화학공업의 육성과 새마을운동이 본격화됨으로써 남북한의 체제경쟁에 있어서 대한민국이 월등히 앞서가고 있다는 자신감을 갖고 있었다. 그렇기 때문에 이후락이 그와 같은 모험을 해가면서 북한의 실정을 알아 올 필요성을 절실히 느끼지 않고 있었다.

'그렇게 되면 가지고 간 독약을 먹고 자결하겠습니다. 각하!'

이후락이 거듭 간청하자 박 대통령은 못이기는 척 허락했다. 그러나 이후락이 평양에 잠행한 진짜 목적이 영웅심 이외에 다른 무언가가 있었는지는 아직도 의문이다. 다분히 후계자 자리를 노린 행동이 아니었는지 추측해본다.

박 대통령은 미국 측과 사전에 협조하여 방북계획을 알려주고 협조를 받아 만일의 사태에 철저히 대비하라고 지시했다.

이후락 부장은 1972년 5월 2일 오전 10시 청와대에서 대통령에게 인

사를 하고 판문점을 통해 평양으로 들어갔다." (김성진, 『박정희를 말하다』 (삶
과꿈, 2006), pp. 121~123.)

유감스러운 일이나 위 두 분의 증언은 이후락 부장의 평양방문 출발
전에 중앙정보부 간부들에 한 말과는 상충되는 얘기다. 이 부장의 평양
행 자체가 그의 간청에 의한 것이었고, 박정희 대통령의 의중과 일치하
는 것도 아니었다는 것이다.

그렇다면 우리는 그의 방북을 어떻게 평가해야 할 것인가? 의문이
남을 뿐이다. 이와 같은 의문을 조금이라도 풀 수 있는 열쇠는 이 부장
이 차장을 비롯한 중앙정보부 간부들 앞에서 한 '심경피력'(위에서 인용
한)에서 찾을 수밖에 없다.

그는 이 자리에서 "박 대통령 각하께서 역사에 기록될 찬란한 업적
을 남기셨습니다. 그러나 그 치적에도 불구하고 10년이라는 집권에서
순화되지 못한 부작용으로 개발도상국가 공통의 문제점이 대두되고 있
습니다. 그러나 가정적으로 각하가 하야하신다면 산상되는 사태는 우리
에게 가장 위기라고 판단합니다…"라고 말했다.

이 말의 참뜻이 무엇일까? 그것은 박정희 대통령이 하야할 경우 발
생할 정치적 혼란을 지적한 말이다. 이 부장이 말한 "우리에게 가장 위
기…"라는 말은 대한민국의 위기라기보다 현재 권력을 장악하고 있는
기득권 세력—그 핵심세력 중 이후락 부장도 속한—이 권력을 상실할
것이라는 '위기의식'을 뜻하는 말이 아닐까? 왜냐하면 미중관계가 변하
고 남북관계에서 우리의 우세가 확정되는 그 시점에서 북한의 남침 가
능성—설사 4대 군사노선이 완성되었다고 하더라도—은 희박하다고 판
단되기 때문이다. 그렇다면 그 위기란 바로 국내정세의 변화에 따라 발
생할지도 모를 자신의 권력상실 가능성을 염두에 둔 말이 아니었을까?

이런 관점에서 그의 평양 잠행은 그의 '심경 피력'과는 다른 면에서 평가한 위 두 분의 증언—한마디로 "이 부장이 자기의 권력유지를 위한 보다 유리한 기반을 구축(후일 드러난 유신체제)하기 위해 다른 사람이 상상할 수 없는 기발한 구상에서 평양에 갔다"고 보는 김종필 총리의 증언이 보다 타당성이 높지 않을까 생각되기도 한다.

━━ 이후락 부장의 방북과 박성철 부수상의 서울 방문

이후락 부장은 3명의 수행원(회담 실무 정홍진, 경호 김정원, 주치의 전영택)을 대동하고 1972년 5월 2일부터 5일까지 평양을 방문하여 김영주, 김일성과 각기 두 차례의 회담을 하였다.

5월 2~3일 김영주와 가진 두 차례의 회담에서 이 부장은 대통령의 훈령범위 내에서 한반도의 통일은 무력을 사용함이 없이 자주적·평화적으로 실현되어야 함을 강조했다. 그리고 통일을 위해 남북한이 서로

1972년 5월 이후락의 평양 방문

를 이해하고 신뢰하는 분위기를 조성하기 위하여 ① 남북적십자회담을 조속히 추진시킬 것, ② 인적·물적 통신교류를 실시하고, 이를 위하여 남북한 쌍방이 각각 임명한 몇 사람의 그룹이 서울과 평양을 왕래하여 회담을 갖고 문제를 협의할 것, ③ 대외선전적인 일방적 통일 제안을 지양할 것을 제의하였으며, 아울러 이 부장의 평양 방문시 서울과의 연락용으로 가설한 남북 직통전화를 계속 운영할 것도 제의하였다.

이에 대하여 김영주 부장은 ① 빠른 시일내 통일을 실현하기 위하여 남북적십자회담이나 인적·물적·통신적 교류보다 먼저 이후락-김영주 간의 정치협상을 시작하여 정상회담을 마련해야 하며 ② 남북한 두 제도 간의 모순과 차이를 극복하고 민족해방의 입장에서 외세를 배격하여 자주적으로 통일을 해야 한다는 원칙에 합의하여 이를 공동성명으로 발표하고 ③ 자위의 입장에서 주한미군을 철수시키고 일본 군국주의자들의 재침을 용납하지 않는다는 상황에서 남북한 쌍방이 각기 10만 명 규모로 병력을 축소할 것을 제의하였다.

그런데 김영주 부장과의 회담이 있은 다음날, 이 부장으로서는 전혀 상상할 수 없는 김일성의 갑작스러운 초치(招致)를 받았다. 이 때의 상황을 이후락 부장을 수행했던 정홍진은 다음과 같이 증언하고 있다.

"5월 3일에는 오후에 김영주와 2차 회담을 한 뒤 저녁엔 평양대극장에서 가극 공연을 보고 초대소로 돌아와 늦게 식사를 했어요. 밤이 늦었는데, 유장식(당중앙위원회 서기국 조직지도부 부부장)이 내 방에 오더니 이 부장을 깨워서 어디론가 가자는 거예요. 목적지도 이야기 안하고 가보면 안다는 겁니다. 무조건 가자는 통에 할 수 없이 이 부장을 깨워서 차를 탔지요. 앞자리에는 유장식인지 김덕현이 탔고 뒷자리에는 이 부장과 제가 탔습니다. 여름도 아닌데 밖에는 소나기가 퍼붓고 차는 큰 길을 버리고

2차선도 안 되는 포장된 샛길로 접어들더군요. 평소엔 모란봉 초대소를 나와 대동강 다리가 있는 큰길로 다녔는데 전혀 모르는 길이에요. 나중에야 안 사실이지만 지름길로 빨리 간다고 모란봉을 가로질러 갔던 겁니다. 어쨌든 도착해보니 만수대의사당 옆에 있는 김일성 집무실이었어요.

우리는 엘리베이터를 탔는데 3~4층쯤까지 올라가지 않았나 짐작합니다. 지하실도 2~3층 있는 건물 같았어요. 김일성은 엘리베이터 앞에까지 나와 우리를 맞았습니다. 나에 대한 보고는 그전에 많이 받았던지 김일성은 나에게 '정홍진 동지와는 구면입니다'라고 농담을 했습니다.

그날 밤 회담의 저쪽 배석은 김영주, 박성철(부수상), 김중린(대남사업부장), 김덕현 등이었어요. 김일성은 혼자 앉고 그 옆에 박성철, 나머지가 쭉 벽쪽으로 늘어앉는 식이었습니다. 얘기는 대개 일반적인 견해교환이었습니다. 김일성이 이런 말을 하더군요.

'서로가 불신을 씻자', '공산당 때려잡는 이 부장이 왔으니 더욱 신뢰가 가고 내가 회담할 생각이 들었다.'

이 부장이 점진적 대화로 불신을 씻고 하나하나 해결하자는 게 우리 입장이라고 밝혔더니 자연히 '불신은 왜 생겼는가?' 하는 이야기가 나왔지요. '전쟁 때문이다'라고 해서 6·25 얘기가 또 나왔어요. 이 부장이 6·25에 대한 것도 확실히 해둬야 한다고 말했더니 김일성이 이러더군요.

'과거는 과거고 다시는 남침 않겠다.'

'남침'이란 표현을 분명히 썼습니다. 또 불신을 없애자고 하니까 자연히 1·21 사태 이야기도 나왔습니다. 이후락 부장은 그런 사건 때문에 불신이 쌓였지 않느냐. 대화나 통일 다 좋다는 원칙에는 같은 의견이니까 남북 간에 이런 앙금을 해결해야 되지 않겠느냐고 했지요.

이에 대해 김일성은 말했습니다.

'박 대통령께 말씀드리시오. 그 무슨 사건이더라, 청와대 사건이던가,

그것은 박 대통령께 대단히 미안한 사건이었습니다. 이 사건은 우리 내부의 좌경 맹동분자들이 한 짓입니다. 그 때 나는 몰랐습니다. 그래서 보위부 참모장, 정찰국장 다 철직(撤職)시켰습니다.'

나는 정홍진 대표의 이 말을 들으면서 1969년 1월에 있었던 인민군당 제4기 4차 대회에서 한 김일성의 연설을 상기했다. 김창봉 인민무력부장을 비롯하여 최광 총참모장, 허봉학 총정치국장, 김정태 정찰국장 등을 숙청한 이유는 주체사상을 인민군 내에 제대로 교육시키지 않았고, 경보병 부대의 증강을 비롯한 한국 지형에 맞는 전투장비와 작전계획을 세우지 않았기 때문이라고 밝힌 바 있다. 과연 인민군 최고사령관이며 절대 권력자인 김일성의 허락 없이 인민군 특수부대인 124군 부대가 대규모로 서울까지 남침해올 수 있겠는가? 참으로 후안무치한 독재자의 거짓말이라고 생각했다.

정홍진 대표의 증언은 계속된다.

"5월 4일 0시 10분경부터 1시 반까지 이런 얘기를 주고받았습니다.

그날 점심 때 또 김일성이 이 부장 일행을 초대, 식사하면서 두 번째 회담을 했습니다. 이 자리에서 김일성이 하는 말이 '어제 한밤중에 오라고 해서 대단히 미안하다, 우린 밤늦게까지 일하는 습관이 있어서 그랬는데 점심이나 하자고 오시라 했다'고 하더군요.

김일성과의 두 차례 회담에선 원칙적인 문제가 거론되었습니다. 통일은 자주적으로 한다, 평화적으로 한다, 그리고 민족단결한다, 통일문제에 관한 이런 원칙적 견해교환과 합의가 있었지요. 다시는 6·25와 같은 전쟁이 있어선 안 된다는 것, 그리고 불신을 제거하자는 이야기가 나오니까 양쪽의 이념과 사상의 차이는 서로 인정하고 덮어두자, 그런 문제를 논의

해봤자 소용이 없으니 덮어두자, 그런 얘기가 오고갔습니다.

　그 자리에서 이 부장이 김영주를 서울로 초청하니까 김일성의 말이 '김영주가 식물신경부조화중(자율신경실조중)에 걸려 있어서 도저히 회의 같은 사업은 못합니다. 내 동생 못지않게 신임하는 박성철 동지를 대신 보내겠습니다. 김영주는 이미 일에서 떠나 있습니다. 병이 심해 그동안 휴양 중이었는데 이번에 이 일 때문에 휴양에서 돌아와 있습니다'라고 말합니다…."

이상이 이후락 부장을 수행했던 정홍진 대표의 회고이다.

김영주 부장을 대리한 박성철 제2부수상은 3명의 수행원(류장식, 김덕현, 박진세)을 대동하고 5월 29일부터 6월 1일까지 서울을 방문하여 29일과 30일 이후락 부장과 두 차례 회담을 하고 31일에는 박정희 대통령을 예방하였다.

이들이 머문 곳은 지금의 신라호텔 영빈관이었다. 당시에는 신라호텔이 세워지기 이전이었고, 영빈관은 조선왕조 때부터 외국 사신(중국 사신)을 맞이하기 위해 세운 건물로 총무처 관리 하에 있었는데, 중앙정보부가 철야작업을 통해 북측 대표의 숙소로 개보수 단장했다.

박성철 일행과 이 부장과의 회담은 두 차례 있었다. 그 내용은 일반적인 견해교환이었다. 이후락 부장은 통일정책에 대한 우리의 입장을 설명했고, 저쪽은 저쪽대로 자신들의 입장을 설명했다. 우리는 점진적, 구체적으로 업적을 하나하나 쌓아가자는 것이었고, 저쪽은 정치협상회의를 거쳐 단번에 뭔가 이뤄보자는 식이었다.

다시 말하면 기본적이고 일반적인 원칙은 남북 간에 일치를 보았지만 구체적인 시행방법에는 차이를 나타냈던 것이다. 북측은 정상회담을 하자고 이야기를 끌고 갔고, 남측은 "불신해소를 눈으로 보여야 될 것

1972년 5월 박성철의 서울 방문

아니냐, 이미 하고 있는 적십자회담을 진전시키고 쉬운 문제부터 해결해서 분위기를 바꾸자, 신뢰회복이 이뤄져야 정상회담도 할 것 아니냐"라는 것이 우리 측의 주장이었다.

박성철 일행의 박정희 대통령 예방은 5월 31일에 있었다. 박 대통령은 박성철 일행을 청와대 접견실에서 맞이했다. 우리 쪽에서는 이후락 부장, 박성철을 안내했던 김치열 정보부 차장 그리고 정홍진이 배석했다. 자리에 앉자 박성철은 "총비(김일성 총비서) 동지의 말씀을 전하겠습니다"라고 하더니 쪽지를 꺼내 그대로 읽어 내려갔다. 그 요지는 김일성이 박 대통령에 전하는 안부와 통일문제에 대한 자기의 견해와 원칙을 밝히는 내용이었다.

박성철이 말을 마치자, 박 대통령은 "당신들은 남북 간의 장벽을 한꺼번에 허물자고 하는데 신뢰를 회복하기 위해서는 벽돌 한 장 한 장 쌓아가듯 해야 합니다", "박성철 부수상도 시험 쳐본 적 있지요. 시험 볼 때도 쉬운 문제부터 풀고 어려운 문제는 나중에 풀지 않습니까. 남북 대화도 같은 방식으로 풀어가야 합니다"라고 말하며 우리의 기본원칙을 명백히 밝혔다.

박 대통령은 박성철 일행에게 만찬을 베풀면서 먼저 칵테일을 대접했다. 박 대통령은 박성철에게 "자, 한잔 합시다"라며 술을 권했지만, 박성철은 "저는 약을 먹고 있는 중입니다" 하면서 극구 사양했다. 상당히 긴장한 모습이었다.

박 대통령은 남북대화의 성패는 상호불신을 제거하고 이해와 신뢰의 바탕을 마련할 수 있느냐의 여부에 달려있다고 강조하고 해결이 용이한 문제부터 단계적으로 해결해갈 것을 당부하면서 그 노력의 첫걸음으로 남북적십자회담의 조속한 타결을 강력히 촉구하였다. 또한 박 대통령은 통일원칙은 합의하였으나 서로에 대한 불신이 해소되지 않은 상황에서 합의사항을 발표하는 것을 반대한다는 의견을 개진하였다.

「7·4 남북공동성명」의 탄생(?) 경위

이후락 부장과 북한의 박성철 부수상의 비밀 교차방문 직후인 6월 초 이 부장은 궁정동 안가(宮井洞 安家, 79년 10월 박정희 대통령 시해사건이 발생한 바로 그 장소)에 칩거하면서 그가 방북 직전 중앙정보부 최고위 간부에게 했던 그 말, "민족의 불행을 극복하고 통일로의 방법을 모색한 계시(啓示)"를 문서화하여 세상에 공포하기로 작심했다.

── 이후락 부장이 작성한 최초의 문안과 최종 문안

이 부장은 남북대화 관련 실무진 일체의 접근을 금지하고, 「남북 합의서 초안」을 작성하여 자신의 방북을 탐색하기 전에 파견했던 정홍진 씨(남북적십자 예비회담 대표)를 연락원으로 하여 북측과 3~4차례 문안(文案)을 교환했다.

최초의 합의문 초안은 이후락 부장이 작성하였고, 1972년 6월 21일 북측에 전달되었다. 이 부장이 한자와 한글을 혼용하여 작성한 합의문 초안은 다음과 같다.

- 아측의 합의문 초안 -

1. 대한민국의 이후락 중앙정보부장과 북한의 김영주 조선노동당 조직지도부장은 72년 ○월 ○일 ○○에서 회합을 갖고 현 조국문제에 대한 다각적 의견교환을 하였다.

2. 이들은 한반도에 있어서의 조국분단을 원통이 느끼고, 조속히 통일을 가져와야 한다는 이념을 가지고 그 조속한 실현에 노력할 것을 다짐하였다.

3. 또 이들은 남북 공히 서두르고 있는 전쟁준비와 또 이로 말미암은 긴장의 고조를 염려하고 이념을 초월한 대화로서 긴장의 완화와 불시의 돌발사건 방지가 아쉽다는데 의견을 같이 하였다.

4. 또 통일은 시급히 이루어져야 하나, 어떠한 일이 있더라도 그 통일은
   가. 외세에 의하지 않는 자주적인 통일이어야 하며,
   나. 또 여하한 일이 있더라도 무력에 의하지 않는 평화적인 방법의 통일이어야 하며,
   다. 또 통일이 될 때까지 이념을 초월한 한민족으로서의 단결이 있어야 한다는데 의견을 같이 하였다.

5. 또 이들은 통일을 위한 제노력이 진행되는 동안
   가. 서로 중상·비방하지 말 것이며,
   나. 일방적이며 선적적인 통일제안을 하지 않을 것이며,
   다. 서로 규모의 대소를 막론하고 무력으로 상대를 괴롭히지 않을 것에 합의를 보았다.

6. 또 이들은 서울(이후락)~평양(김영주) 간에 상설 직통전화(Hot Line)를 가설하여 불의의 일선사고를 방지하고, 또 통일촉진의 제 사업에 기여토록 할 것에 합의를 보았다.

7. 또 이들은 이 부장과 김 부장이 위원장이 되는 남북간 조절위원회를 두어 남북간의 제문제의 개선과 나아가 통일사업에 이바지할 것에 합의를 보았다.

8. 또 이들은 5월 2일~5일간의 이후락 부장 평양방문과 5월 29일~6월 1일간 박성철 부수상의 서울방문은 상호이해에 큰 도움이 되었다는데 합의를 보았다.

9. 또 이들은 현재 진행중에 있는 남북적십자회담의 조속한 성취와 그리고 남북 간의 인적·물적·통신적 교류의 실현에 이바지할 것에 합의를 보았다.

이에 대해 북측은 자신들의 합의문 초안을 이틀 후인 6월 23일 판문점에서 김덕현을 통해 우리측에 전달해왔다. 북측은 합의문 초안은 다음과 같다.

남북공동합의서

최근에 남북고위급대표들의 호상 방문과 회담이 있었다. 박정희 대통령의 위임에 의하여 리후락 부장이 1972년 5월 2일부터 5월 5일까지 평양을 방문하고 김영주 부장과 회담을 진행하였으며 김일성 수상의 접견을 받았다.

김일성 수상의 위임에 의하여 박성철 제2부수상이 1972년 5월 29일부터 6월 1일까지 서울을 방문하고 리후락 부장과 회담을 진행하였으며 박정희 대통령의 접견을 받았다. 1972년 6월 ○일 김영주 부장과 리후락 부장은 평양에서 다시금 회담을 갖고 협의를 계속하였다.

남북고위급대표들의 호상 방문과 회담을 통하여 쌍방은 민족분렬의 비운을 더 이상 지속시켜서는 안되며 하루빨리 조국의 평화적 통일을 가져와야 한다는 공통된 념원을 안고 허심하게 의견을 교환하였다. 이 과정에 쌍방은 오래동안 서로 만나보지 못한 탓으로 하여 남북사이에 쌓인 오해와 불신을 풀고 호상 리해를 도모하는데 진전을 보았으며 다음과 같은 문제들에 대하여 완전한 견해의 일치를 보았다.

1. 쌍방은 다음과 같은 조국통일 세가지 원칙에 합의를 보았다.

   첫째, 외세의 간섭을 배제하고 민족자결의 원칙에 따라 자주적으로 통일문제를 해결한다.

   둘째, 사상과 리념, 제도의 차이를 초월하여 민족적대단결을 도모한다.

   셋째, 서로 상대방을 반대하여 무력행사를 하지 말며 평화적으로 통일을 실현한다.

2. 쌍방은 남북사이의 긴장상태를 완화하고 호상 신뢰의 분위기를 조성하기 위하여 서로 상대방을 중상비방하지 말며 불의의 군사적 충돌사건을 방지할데 대한 적극적인 조치를 취하기로 합의하였다.

3. 쌍방은 끊어졌던 민족적 련계를 회복하며 조국의 자주적 평화통일을 촉진시키기 위하여 남북사이의 정치, 경제, 문화 교류와 인사래왕, 통신교환을 실시하기로 합의하였다.

4. 쌍방은 지금은 민족의 커다란 기대속에 진행되고 있는 남북적십자회담이 하루빨리 성사되도록 적극 협조하기로 하였다.

5. 쌍방은 남북사이에 제기되는 문제들을 직접 신속정확히 처리하기 위하여 평양과 서울 사이에 상설직통전화를 놓기로 합의 보았다.

6. 쌍방은 남북사이에 정상적인 련계를 보장하며 민족통일과 관련한 제반 문제들을 협의할 목적으로 김영주 부장과 리후락 부장을 위원장으로 하는 남북조절위원회를 구성하기로 합의하였다.

이번 남북고위급대표들의 호상 방문과 회담의 결과에 이루어진 합의는 온 민족의 한결같은 념원에 부합되게 조국통일의 력사적 위업을 성취하는데 획기적인 계기로 될 것이다.

전권위임에 의하여   전권위임에 의하며

김 영 주   리 후 락

1972년   월   일

그 후 남측에서 6월 25일 1차 수정안, 북측에서 6월 27일 1차 수정안, 그리고 6월 28일 남측에서 2차 수정안이 제시된 후 같은 날 '가서명' 절차를 밟았다. 다음날인 6월 29일 남북 양측은 가서명안의 재조정 과정을 거쳐 마침내 「남북공동성명」 원안에 합의한 것이다.

나는 그간에 주고받은 수정안이 한두 차례 오고간 것에 불과할 정도로 수월하게 합의된 것을 주목하고 그 이유를 짐작할 수 있었다. 이 양측 초안을 비교해 보면 이후락 부장이 보낸 초안이 표명하고 있는 내용 전문 1·2·3항, 통일 3대 원칙: 자주·평화·민족대단결(4항), 중상, 모략, 비난의 중지(5항), 상설 직통전화 설치(6항), 남북조절위원회 창설(7항), 남북적십자회담, 인적·물적·통신적 교류 등 거의 유사하게 기술되고 있다.

그런데 북측안의 초안에는 서명자의 지위를 '전권 위임에 의하며' 김영주, 이후락으로 명기하고 있다.

이 두 개의 초안을 비교할 때 유감스러운 일이나 우리측 초안보다 북측 초안이 공동성명서로서 조리 있고 명백하게 기술되어 있다는 인상을 지울 수 없었다. 때문에 그 후 주고받은 양측의 1차 수정안(6·25 우리측 수정안, 6·27 북측 수정안)은 3대 통일원칙에서 평화와 민족대단결의 순

서를 바꾸고 자구만 수정했을 뿐, 크게 수정된 항목이 없었다. 단 서명자의 지위를 우리측 수정안에서는 '전권 위임에 의하여'로 바뀌었고, 북측 수정안에서는 '서로 상부의 뜻을 받들어'로 '상사' → '상부'로 바꾸었을 뿐이었다.

6월 28일 보낸 우리측의 2차 수정안은 북측의 안대로 '서로 상부의 뜻을 받들어'로 합의하였을 뿐 큰 자구 수정은 없었다. 그리고 6월 28일 「합의서 가서명」을 하고 7월 4일 발표하기로 일시를 정하였다. 이렇게 하여 불과 1주일만에 그것도 단 한 번의 회합도 없이 역사적인 「7·4 남북공동성명」이 합의되어 발표된 것이다.

남북공동성명

최근 평양과 서울에서 남북관계를 개선하며 갈라진 조국을 통일하는 문제를 협의하기 위한 회담이 있었다.

서울의 이후락 중앙정보부장이 1972년 5월 2일부터 5월 5일까지 평양을 방문하여 평양의 김영주 조직지도부장과 회담을 진행하였으며, 김영주 부장을 대신한 박성철 제2부수상이 1972년 5월 29일부터 6월 1일까지 서울을 방문하여 이후락 부장과 회담을 진행하였다.

이 회담들에서 쌍방은 조국의 평화적 통일을 하루빨리 가져와야 한다는 공통된 염원을 안고 허심탄회하게 의견을 교환하였으며 서로의 이해를 증진시키는데서 큰 성과를 거두었다.

이 과정에서 쌍방은 오랫동안 서로 만나보지 못한 결과로 생긴 남북 사이의 오해와 불신을 풀고 긴장의 고조를 완화시키며 나아가서 조국통일을 촉진시키기 위하여 다음과 같은 문제들에 완전한 견해의 일치를 보았다.

1. 쌍방은 다음과 같은 조국통일 원칙들에 합의를 보았다.

   첫째, 통일은 외세에 의존하거나 외세의 간섭을 받음이 없이 자주적으로 해결해야 한다.

   둘째, 통일은 서로 상대방을 반대하는 무력행사에 의거하지 않고 평화적 방법은 실현하여야 한다.

   셋째, 사상과 이념, 제도의 차이를 초월하여 우선 하나의 민족으로서 민족적 대단결을 도모하여야 한다.

2. 쌍방은 남북 사이의 긴장상태를 완화하고 신뢰의 분위기를 조성하기 위하여 서로 상대방을 중상 비상하지 않으며 크고 작은 것을 막론하고 무장도발을 하지 않으며 불의의 군사적 충돌사건을 방지하기 위한 적극적인 조치를 취하기로 합의하였다.

3. 쌍방은 끊어졌던 민족적 연계를 회복하며 서로의 이해를 증진시키고 자주적 평화통일을 촉진시키기 위하여 남북 사이의 다방면적인 제반 교류를 실시하기로 합의하였다.

4. 쌍방은 지금 온 민족의 거대한 기대속에 진행되고 있는 남북적십자회담이 하루빨리 성사되도록 적극 협조하는데 합의하였다.

5. 쌍방은 돌발적 군사사고를 방지하고 남북 사이에 제기되는 문제들을 직접, 신속 정확히 처리하기 위하여 서울과 평양 사이에 상설 직통전화를 놓기로 합의하였다.

6. 쌍방은 이러한 합의사항을 추진시킴과 함께 남북 사이의 제반문제를 개선 해결하며 또 합의된 조국통일 원칙에 기초하여 나라의 통일문제를 해결할 목적으로 이후락 부장과 김영주 부장을 공동위원장으로 하는 남북조절위원회를 구성 운영하기로 합의하였다.

7. 쌍방은 이상의 합의사항이 조국통일을 일일천추로 갈망해온 온 겨레의 한결같은 염원에 부합된다고 확신하면서 이 합의사항을 성실

히 이행할 것을 온 민족 앞에 엄숙히 약속한다.

서로 상부의 뜻을 받들어

이 후 락   김 영 주

1972년 7월 4일

━ 「7·4 남북공동성명」 합의에 대한 나의 평가

1972년 「7·4 남북공동성명」 초안이 휴전선을 넘어 오고가던 무렵 나는 남북대화사무국에서 일시 해방되어 지난 몇 개월 동안의 피로를 풀 겸, 머리를 식힐 겸 중앙정보부 각 부서장(국장급)과 함께 참가한 지방산업 시찰에 참가하고 있었다.

나는 1969년 우리의 경제력이 북한을 추월하였다는 「남북 경제력 비교판단」 보고를 대통령에게 올린 바 있었는데, 이런 판단을 할 수 있었던 것은 북한과 경제분석관들이 수시로 우리나라 민간기업을 방문하여 우리 기업의 눈부신 성장을 눈으로 보고 확인했기 때문이다. 뿐만 아니라 주요 공업생산의 공정에 대한 과학·기술적 지식을 함양해왔기 때문에 북한의 공업전반에 대한 나름대로의 분석, 판단이 가능했던 것이다. 나를 비롯한 북한정보 분석관들은 수시로 민간기업을 방문하여 브리핑을 들었다.

6월 22일(1972년)부터 1주일여 간의 산업시찰을 끝내고 돌아와 대한적십자사 신축 건물에 위치한 협의국장실로 갔다. 나는 그동안의 진행 상황을 보고하라고 지시했다. 그랬더니 김달술 부국장이 먼저 들어와 그 간 북한과 오고간 전문과 함께 이후락-박성철의 상호방문 결과를 결산하고 공포할 '문건'을 제시하였다. 바로 위에서 기술한 「7·4 남북공동

성명」의 '원안'이었다.

나는 첫머리부터 붉은 구리스펜으로 한자 한자 짚어가며 읽어 내려갔다. 약간 긴 듯한 서문을 읽고 1항에 기술한 **'조국통일 원칙'** 세 가지—첫째, 외세 간섭 없이 자주통일하자. 둘째, 무력행사에 의거하지 말고 평화적 방법으로 실현하자. 셋째, 사상과 이념, 제도의 차이를 초월하여 민족적 대단결을 도모하자—에 눈을 옮겼다.

그리고 2항 중상비방하지 말고 무력도발하지 말자, 3항 다방면적 교류를 하자, 4항 적십자회담이 성사되도록 적극 협조하자, 5항 서울과 평양 사이에 상설 직통전화를 놓기로 하자, 6항 이후락 부장과 김영주 부장을 공동위원장으로 하는 남북조절위원회를 구성하자, 그리고 마지막으로 합의사항을 성실히 수행할 것을 민족 앞에 엄숙히 약속한다. 서로 상부의 뜻을 받들어 이후락, 김영주 1972년 7월 4일로 돼 있었다. 이 합의문에는 우리가 철칙처럼 주장해왔던 '민주'라는 원칙이 빠져 있음은 물론 문장 자체가 북한식 문장이었다.

나는 이 합의문 원안을 다 읽고 나서 김 부국장에게 말했다.

"부국장, 이 통일 실현을 위한 세 가지 원칙은 순서를 바꿔야 하지 않겠어요. 만약 이 순서대로 하자고 하면 먼저 미군철수가 실현되고 그리고 나면 평화가 올 것이고, 평화가 오면 민족대단결을 이룩하여 통일하자…. 이런 식으로 문맥이 구성되어 있는데, 내 생각은 평화가 오면 미군이 나가도 되고 그러면 민족대단결이 이루어진다…. 이런 식으로 바꿔야 한다고 생각되는데…"라고 말하면서, 첫째 항 '자주'와 둘째 항 '평화'의 순서를 바꾸자고 구리스펜으로 굵은 S자를 표시했다.

그랬더니 김 부국장은 "안 됩니다. 이미 평양과 합의한 문서입니다"라는 것이었다. 나는 그 자리에서 구리스펜을 내던졌다. "이 문건은 반드시 우리에게 부담을 안겨줄 겁니다"라고 말하고 자리에서 일어나 그

1972년 「7·4 남북공동성명」 발표

길로 북한국장실이 있는 이문동청사로 돌아왔다.

왜 이런 문건에 부장이 동의하고 대통령의 윤허를 받았는지 나로서는 도저히 납득할 수 없었다. 이 문서 때문에 '앞으로 북한의 미군철수 주장에 힘이 실리게 되겠구나' 하는 생각을 하면서, 그동안 내가 생각했던 남북정치회담 개최에 대한 기대를 완전히 잃어버린 심정이었다.

그러나 내 기우는 아랑곳없이 1주일도 안되던 1972년 7월 4일 오전 10시 서울과 평양에서 「7·4 남북공동성명」이 동시에 발표되었다.

남북대화사무국장인 나는 이문동청사 정보학교 강당에서 거행된 이후락 부장의 공동성명 발표식에 참가했다. 학교 강당은 300~400명이 족히 앉을 수 있을 정도의 넓이였는데 내외신 기자와 관계자들로 가득 찼다.

이후락 부장은 "내가 지난 5월 비밀리에 평양을 방문하여 김영주와 김일성을 만났고, 한편 북한의 박성철 부수상 일행이 서울에 와 자신과 박정희 대통령을 예방했다"는 사실을 밝히면서 "통일 3원칙은 유엔 감시하에 남북한 토착인구 비례에 따른 총선거를 통해 이룩해야 한다는 대한민국의 기본 통일방안에 변화를 초래하는 것이 아니다"라고 강조했다. "과거는 대화 없는 대결의 시대였다면 이제부터 대화 있는 대결의 시대로 넘어가는 것"이라고 설명했다.

나는 부장의 발표 기자회견이 끝나자 곧장 내 방으로 돌아와 방금 청취한 북한방송문을 읽었다. 그런데 같은 시간 평양에서 「7·4 남북공동성명」을 발표한 박성철은 공동성명 합의과정에 있었던 토의내용을 일체 무시하고 "통일 3원칙은 김일성 수령이 내놓은 제안에 남조선 측이 찬동한 것"이며, "남북한 간에 공동성명을 발표한 이상 미 제국주의자들은 더는 우리나라 내정에 간섭하지 말아야 하며 자기의 침략군대를 걷어가지고 지체 없이 물러나야 한다"라고 발표하였다.

나는 북측 발표문을 읽으면서 몹시 씁쓸한 감정을 억제할 수 없었다. 그러나 이미 발표한 이상 이제부터는 북측의 왜곡선전을 억제하기 위한 우리의 홍보활동이 필요하다고 판단하고 대책수립에 골몰했다.

그리고 난 지 1주일쯤 지나 부장은 나에게 "이제 남북조절위원회 회담까지 하게 되어 협의국장 직책은 정홍진 대표에게 맡기고 강 국장은 북한국을 전담하라"는 지시가 있었다. 이후락 부장으로서는 북한정보국장인 나보다도 북한과의 인적 커넥션을 구축한 정홍진으로 하여금 남북대화를 담당하게 하는 것이 좋다고 판단했기 때문에 임무교대를 명한 것이었다. 한편 서운한 느낌도 없지 않았으나 더 이상 남북대화에 흥미(?)를 잃어버린 나로서는 오히려 중압에서 벗어날 수 있게 되었다는 홀가분하다는 기분으로 1년 이상 겸직해왔던 협의국장에서 사임했다.

—— 「7·4 남북공동성명」에 대한 국내외 반응

「7·4 남북공동성명」이 발표되자 즉각 한반도 관련 국가들과 주요 언론기관의 반응이 나왔다.

미국 정부는 "매우 고무적이며 앞으로 한반도의 평화와 안정을 위하여 유익한 영향을 줄 것이다"라고 하는 환영 논평을 발표하였다. CBS, NBC, ABC방송은 1950년부터 1953년까지의 한국전과 관련된 미국인의 희생 등을 연관시켜 보도하면서 동 성명은 혼돈과 갈등의 지역으로 알려진 한반도의 평화와 안정에 대한 희망을 고조시켰다고 보도했다.

그러나 뉴욕타임스와 워싱턴포스트는 닉슨 독트린이 복잡하고 위험한 한반도 문제 해결을 위한 길을 열어 한국인들이 그 길을 가도록 하였다고 논평하면서도, 북한의 의도와 향후 전개될 남북대화에 대해서는 매우 신중한 반응을 보였다.

일본 정부는 일·중관계 회복에 유리한 분위기를 조성하는데 기여할 것이라고 환영했다. 북한과의 관계개선에 대하여는 매우 신중해야 한다는 반응을 보였으나, 사회당과 공명당 등 야당들은 북한과의 우호관계 수립을 촉구하면서 북한이 유엔에 가입하도록 초청을 해야 한다고 주장했다. 『아사히신문』은 한걸음 더 나아가서 외무성이 일본 수출입은행 자금을 이용하여 일본 기업들의 북한 주요 산업시설 건설을 지원토록 허용하는 방향으로 나아갈 것 같다는 반응까지 보였다.

중국과 소련은 동 성명의 전문을 보도하면서 대체로 호의적인 반응을 나타냈다. 특히 중국의 인민일보는 전적으로 김일성의 노력에 의하여 동 성명이 나오게 되었다고 하면서 한반도 통일의 주요 장애는 미국의 간섭이라고 강조했다.

남베트남 정부는 한반도의 예를 따라 평화적으로 전쟁을 종식하기 위한 협상을 진행할 것을 월맹 측에 촉구하였으나, 월맹 측은 맹방인 북한이 한국과 대화하는 자체를 보도하지 않았다. 대만은 공산주의자들이 협상에서 전혀 성실하지 않았다고 지적하면서 한국 측에 경고의 메시지를 보냈다.

국내에서는 야당의 비난이 있었으나, 국민들은 놀라면서도 지지 찬양하는 쪽이었다. 7월 5일 국회에 출석한 김종필 국무총리를 상대로 김영삼, 송원영, 유진산 등 야당 중진들의 질문이 있었는데, 요지는 박 대통령이 국가안보와 미래와 관련되는 중요문제를 처리함에 있어 야당 지도자나 국회와 상의를 하지 않은 것을 용납할 수 없다고 강력하게 비난하면서, 국가비상조치 해제를 요구하고 북한과의 접촉에 통일원 장관 대신 이후락 중앙정보부장이 정부를 대표한 이유에 대한 답변을 요구했다.

그러나 여타 야당 지도자들은 국회와 상의하지 않은 것을 비난하면서도 동 성명이 남북관계 개선을 위한 표시라고 환영했다. 극도의 통제를 받고 있던 대부분의 국내 언론들은 지지한다는 반응을 보이면서도 남북관계의 진전은 매우 느릴 것이라고 경고했다.

── 「7·4 남북공동성명」에 대한 북한의 입장

문제는 북한의 태도였다. 「7·4 남북공동성명」을 발표하던 당일부터 이 성명의 주목적이 주한미군 철수에 있음을 강조하기 시작하더니, 마침내 김일성이 직접 나서 이 성명의 본뜻을 자기들 식으로 해석하여 선전했다. 1972년 9월 17일 일본 마이니치신문 기자의 질문에 답하는 형식으로 김일성은 다음과 같이 말했다.

"털어놓고 말하여 나라를 자주적으로 통일한다는 것은 미제가 남조선에서 나가도록 하며 그밖에 다른 나라 세력이 우리나라의 통일문제에 간섭하지 못하도록 하여야 한다는 뜻이다. 조선 통일의 선결조건은 남조선으로부터 미군을 몰아내는 것이다.

평화의 원칙은 조국통일은 무력행사에 의거하지 않고 평화적 방법으로 실현하여야 한다는 것이며, 그 실현방법에 있어서는 남북한 군대 축소, 군사분계선 제거, 미제 등 외래 침략자에 대해 공동대처하고 남한 당국의 우리에 대한 비방 중상과 전후방 군사시설의 보강, 장비의 현대화, 군사연습 그리고 정세를 첨예화시키는 언행을 중지해야 한다."

나아가 **민족대단결 원칙**과 관련하여 "통일을 실현하기 위해서는 남북한이 단합을 이룩하고 민족의 대단결을 도모하는 데로부터 출발해야 한다"고 하면서, "남북한이 사상과 제도를 초월하여 서로 상대방을 적대시하는 정책을 쓰지 않아야 하며 서로 자기의 사상과 제도를 상대방에 강요하려 해서는 안 된다"고 주장했다.

통일의 실현방법은 "남한의 반공구호 철폐, 남북한 간 오해와 불신 제거, 상호 비방·중상 금지, 남북한 간 경제적 합작, 대외관계의 공동진출, 정치적 합작으로서 연방제 실시"를 제시하기도 했지만, "사회의 민주화와 각당, 각파, 각계 인사들의 정치활동의 자유를 보장해야 한다"고 주장했다.

이러한 「7·4 남북공동성명」에 대한 북한 측의 해석은 우리가 염려하던 반미 반정부 통일전선 형성을 위해 사회적·법률적 환경을 조성한다는 종전의 주장을 진일보시키기 위한 목적 아래 합의했음을 그대로 입증하는 것이었다.

이같은 북측의 주장을 접하면서 나 자신부터 '과연 이런 자들과 무슨 타협이 가능할까?'라고 회의적인 태도를 더욱 깊게 하였다. 특히 대공수사와 국내 보안을 담당하는 직원들 중에는 의구심을 가진 자가 한두 사람이 아니었다. 이들은 이후락 부장이 직접 방북하여 김일성을 만났다는 사실에 대해 적지 않은 의문을 제기했다.

대공수사의 핵심기관인 중앙정보부 부장이 북한에 잠입(물론 통수권자인 대통령의 허락하에 들어갔지만)한 것이 사실인 이상, 향후 대간첩 수사 때 반공법과 국가보안법의 적용을 어떻게 해야 할 것이냐를 고민하지 않을 수 없게 되었기 때문이다.

그렇다고 하여 대통령의 의중을 누구보다 잘 아는 이후락 부장의 돌출행동을 견제하는 사람은 전혀 보이지 않았다. 강력한 보안의식의 조직문화에 익숙하여 부장의 명령에 따라 움직이던 실무자들로서는 그 어떤 이의도 제기하지 못했다. 변명처럼 들릴지 모르겠지만, 설령 이의를 제기하고 반발하며 사직했다 하더라도 일정기간 보안규정을 지켜야하는 우리로서는 부장의 행태를 비판할 여지조차 없는 형편이었다.

━━ 남북적십자 본회담 개최

「7·4 남북공동성명」이 발표된 지 1주일 만인 7월 10일 적십자 예비회담(22차)을 재개하고, 이후 1개월간 회담을 지속한 끝에 드디어 8월 11일 제25차 예비회담에서 본회담 개최를 위한 의제, 대표단과 자문위원단 구성, 신변보장, 왕래절차, 교통, 통신 등 18개 사항에 합의함으로써 본회담 개최가 결정되었다.

제1차 본회담은 8월 29일부터 9월 2일까지 평양에서, 제2차 본회담은 9월 12일부터 16일까지 서울에서 개최하기로 했다. 본회담 개최를 준비함에 있어 가장 중요한 문제는 회담대표 선정이었지만, 예비회담이 고착상태에 빠져있던 1971년 9월경(내가 협의국장을 맡고 있던 때)에 이미 이범석 대사로 내정돼 있었다. 이 대사는 내가 다닌 평양고급중학교(평양고보) 8년 선배이며, 그의 동생 이중석군은 나와 동기동창이었다.

예비회담 진전을 위해 회담 대표들이 분투하고 있던 1971년 8월 이후락 부장은 나에게 "적십자회담 수석대표를 누구로 하면 좋을까? 이범석 대사면 어때?"라고 물었다. 나는 그 자리에서 "가장 좋은 적임자가

1972년 남북적십자 회담 개최

아니겠습니까"라고 답했다. 이 부장은 그 자리에서 "자네가 이 대사에게 의중을 물어보지"라고 하는 것이었다.

나는 그날로 튀니지 대사로 가 계신 이범석 선배에게 서신을 보내 현재 진행중인 적십자회담 상황과 이 부장의 뜻을 전했다. 그러면서 적십자회담 대표는 북한을 잘 아는 사람이어야 하지만 동시에 국제적십자사를 비롯한 각국 적십자사와의 협력관계를 고려하여 국제회의 경험과 외교능력을 겸비한 분이어야 하는 만큼 이 선배님이 맡아주시는 것이 좋겠다는 이후락 부장의 의견을 전달했다.

이 대사는 답장에서 "이제 겨우 고생 끝에 대사관 청사를 마련하여 본격적으로 주재국 정부와 일을 시작하려는 참인데, 미안하지만 자네가 이 부장에게 내 입장을 잘 설명해 달라"는 요지였다.

그러나 이 부장은 내게 지시한 직후 이미 대통령의 재가를 받아 이

대사를 본국으로 소환키로 결정한 후였다. 이 부장이 청와대 비서실장으로 있을 때인 1966년 존슨 미대통령이 방한했을 때 이 대사가 외무부 의전실장으로 실수 없이 정상회담을 훌륭하게 치르는 것을 본 이 부장은 이 대사에 대한 신임이 그만큼 컸던 것이다.

이 대사가 귀국한 후 마땅한 사무실이 없어 나는 베트남대사관 내 퀀셋(둥근 시멘트 지붕이 있는 자리)을 내드렸다. 그랬더니 "이 방은 국장 방인데 자네가 써야지. 나는 다른 예비회담 대표와 의논도 하고 공부도 해야겠으니 그들과 함께 있도록 하겠네" 하시면서 사양하는 것이었다. 그 시절 나는 이 대사의 숨은 영웅담(?)을 들을 수 있었다.

"휴전회담(1952~1953년)이 막바지에 와있을 때야. 포로교환을 위해 미국과 유엔측의 적십자 대표들이 판문점에 파견됐는데 그 때 나는 유엔군 측 적십자 대표로 갔지. 그런데 북한놈들이 얼마나 우리를 괴롭히던지… 기회 있는 대로 한대 쥐어박고 싶었어. 기회를 노리고 있었지. 우리 평안도 사람들 성격은 자네도 잘 알지 않나. 마지막 날이야. 운 좋게도 그날 의장은 유엔 측이었지. 그래서 유엔측 대표에게 '당신이 먼저 발언을 하고나서 나에게 할 말이 있냐고 물어달라. 오늘이 마지막 날이니 나도 한 말 하고 끝내고 싶다. 시간이 없으니 한국말로 말하겠다, 내 발언이 끝나면 즉시 폐회를 선언하라'고 제의했더니 그렇게 하겠다고 하는거야.

회의 막판에 내가 손을 들었더니 '미스터 리, 할 말이 있는가?' 하면서 발언권을 주는 거야. 그래서 영어가 아닌 우리말로 '야 이 개새끼들아…' 하면서 평양 사투리 원색으로 욕을 해댔지. 그랬더니 북측 대표가 손을 흔들며 내 말을 막으려 들더군. 그러나 유엔 측 대표가 사회를 보니 내 말을 중단시키지 않을 거 아닌가! 한참 떠들고 난 후 '이제 얘기 다했다'고 했더니 사회자가 즉시 탕탕 방망이를 두드리고 폐회를 선포하더군. 그랬더니 북한 놈들 말이야, 발언권을 달라고 아우성을 치는 거야. 그러나 이미 폐회를 선언했는데 되겠어? 회담장을 나오는데 북한 놈들이 '이범석, 이 새끼 두고 보자'고 야단이더군. 유엔 측 대표가 '무슨 얘기를 했기에 저러는가?' 하고 묻기에 '그저 한바탕 쏘아주었다'고 답했지…(하하하)."

나는 이 대사의 무용담을 듣고 '수석대표는 최고의 인물을 뽑았구나' 하고 되뇌였다. 이런 선배님이 후일(1983년) 외무부 장관으로 전두환 대통령을 수행하여 미얀마에 갔다가 북한 공작원이 자행한 폭탄테러로 세상을 떠났으니 분통하기 짝이 없는 일이다.

8월 30일(1972년) 평양에서 개최된 제1차 적십자 본회담에서 이범석 수석대표는 "이념과 체제는 시대에 따라 변할 수 있지만 민족은 영원하다. 이 회담을 적십자의 사명과 임무에 충실하고 인도주의 정신에 입각하여 단계적으로 사업을 추진하여 이산가족의 고통을 덜어주자. 한강의 물과 대동강의 물이 황해에서 만나듯 우리 남북도 하나의 민족으로 통일하자"고 역설했다.

반면 북한 적십자사 대표 김태희는 "이 회의에 참가한 쌍방 대표는 민족의 고통을 덜어줄 뿐만 아니라 오해와 불신을 해소하고 통일을 앞당겨야 할 임무가 있다. 제도를 초월하여 차이점보다 공통점을 찾도록 노력하면 못 풀 문제가 없다"고 주장했다.

남북분단 후 처음으로 총 54명의 대규모 방북단—대표단(7명)과 자문위원(7명), 수행원(20명), 그리고 기자(20명)—이 평양을 방문하는 것이라 여러 가지 준비가 필요했다. 특히 양측 자문위원단 간의 대화가 또 하나의 설전장이 될 것 같아 염려하지 않을 수 없었다.

나는 우리 측 자문위원단 대표를 맡은 김준엽 선생(고려대 교수)에게 "혹시 북측 자문위원들이 위대한 항일투쟁의 영웅 운운하며 김일성을 박 대통령과 비교하는 말투로 나오면 곤란한데요" 하고 했더니, 김 선생은 "이렇게 말하지 뭐, 김일성만큼 항일투쟁한 사람은 수백 명도 넘는다고 말이야"라고 했다.

나는 김 선생의 말을 들으면서 "과연 그렇지, 선생님 자신이 김구 선생 밑에서 장준하 선생과 함께 광복군에서 항일무장투쟁을 하시지 않았나. 북측 대표가 김 선생 앞에서 김일성 장군 운운하다간 한대 맞겠구나"라고 생각하며 속으로 웃었다.

9월 12일 서울에서 개최된 제2차 본회담은 북측이 평양에서보다 더 노골적으로 대남 선전선동을 전개하려 했다. 특히 북측 자문위원단 대표로 참가한 노동당 중앙위원회 과학교육부장 윤기복(尹基福, 서울 경기고 출신)은 위대한 수령 김일성 운운하며 서울이 마치 평양인 듯 떠들어댔다. 또 북측 회담대표 김태희는 "통일은 곧 최고의 인도주의"라고 주장하며 적십자회담 대표인지, 정치협상회의 대표인지 알 수 없을 정도의 정치선전에 열을 올렸다. 라디오와 TV로 본회담을 중계하던 때에 이런 연설이 흘러나오자 국민들은 엄청난 분노를 표시했다.

반면에 우리 측 자문위원인 김옥길 이화여대 총장(金玉吉, 김동길 교수의 누님)은 "이념과 제도가 있기에 앞서 우리에게는 겨레가 있고, 이 겨레는 부모와 형제로서 이루어졌으므로 부모형제에 대한 사랑은 민족단합의 바탕이 되는 것이며, 남북적십자의 흩어진 가족찾기는 이러한 본성을 존중하고 순응하는 당연한 움직임이라 하겠습니다…"라고 주장하여 국민의 심정을 지적한 연설로 깊은 이해와 높은 호응을 얻었다.

나는 두 차례의 남북적십자회담의 진행을 보면서 이산가족의 고통을 덜어주기 위한 사업, 즉 생사여부를 확인하고, 서신을 교환하고, 상봉과 결합을 이루도록 하는 국제적십자의 사업방식은 더 이상 북한 측에 먹혀들 여지가 없겠구나 하는 생각을 가지게 되었다.

남북대화와 「10월 유신」 발표

1972년 10월 12일 판문점 자유의 집에서 남북조절위원회 제1차 공동위원장 회의가 열렸다. 이 회의에는 남측에서 이후락 부장, 김치열 차장 그리고 정홍진 국장이, 북측에서는 박성철 부수상, 류장식 당조직지도부 부부장 그리고 김덕현 정치국 책임지도위원이 참석했다.

─── 남북조절위원회 제1차 공동위원장 회의에서의 격렬한 논쟁

「7·4 남북공동성명」 발표 후 처음 열리는 공동위원장 회의임에도 불구하고, 회의는 벽두부터 「7·4 남북공동성명」의 합의사항, 그중에서도 제1항 '통일 3대원칙'의 해석과 그 실현방법을 놓고 격렬한 논쟁이 벌어졌다.

북한 측은 통일 3대원칙에 남쪽이 동의한 이상 반공정책을 포기하고 공산주의를 용납하며, 통일과 관련하여 더 이상 자유민주주의 체제를 주장하지 말아야 하며, 유엔도 외세인 만큼 어떤 형태로든 통일문제에 개입할 수 없으며, 주한미군을 철수해야 하며 한국군은 미국으로부터 각종 군사장비와 군사물자를 들여오지 말고, '포커스 레티나' 같은 전투훈련을 중지해야 한다고 주장했다.

또 북측은 그해 9월 29일 김종필 총리가 국회에서 남북공동성명의 합의·발표 경위를 보고하는 자리에서 "합의된 내용이 지켜질 때라야 의미가 생기는 것이며 지켜지지 않을 때는 하나의 휴지조각에 불과한 것이니 만큼 우리는 북한 측의 태도를 지켜볼 것"이라고 답했던 사실, 심지어 10월 1일 국군의 날 기념식에서 행한 박 대통령의 연설문까지도 「7·4 남북공동성명」 정신에 어긋나는 행동이라고 강력한 비난을 퍼부었다.

그러나 우리 측은 「7·4 남북공동성명」 발표 후 언급했던 '유엔군은 외세가 아니며 우리의 군사훈련은 통상적인 방어훈련'임을 강조하며 의연한 자세를 견지했다. 그러면서 쌍방은 모처럼 시작한 남북정치대화를 이대로 중단시킬 수 없다는 판단 아래 「7·4 남북공동성명」을 이행할 남북조절위원회를 '다방면의 유능한 인사'로 구성할 것인가(남측 주장), '장관급'으로 구성할 것인가(북측 주장)를 논의했으나 합의를 보지 못하고, 다음 제2차 공동위원장 회의에서 계속 논의하자는 선에서 종결했다.

1주일 후인 10월 17일 남북 간에는 직통전화를 통하여 제2차 공동위원장 회의는 11월 2일부터 4일까지 평양에서, 제3차 공동위원장 회의는 11월 30일부터 12월 2일까지 서울에서 각기 개최하기로 합의했다.

── 「10월 유신」 발표 : '유신의 정당성을 설명하라'

이처럼 판문점에서 제1차 남북공동위원장 회의가 개최되고 있던 때 나는 이문동청사에서 회담 추이를 보고 문제점을 찾아내는—객관적인 입장이라고 할까?—정도로 관여하고 있었다.

나는 이미 남북대화사무국장에서 물러나 북한국장으로 북한의 동향을 주목하며 필요한 정보를 회담 사무국에 전하고 있었다. 그런데 남북조절위원회 공동위원장 회의가 시작되던 바로 그 무렵 박 대통령의 특별선언이 발표(10월 17일)됐다. 그 요지는 '국회를 해산하고 전국에 비상계엄을 선포한다'는 청천벽력 같은 내용이었다. 이른바 「10월 유신」 선언이었다.

나는 이문동청사 2층 북한국장실에서 국내정세가 더욱 더 경직될 수밖에 없겠다고 생각했다.

솔직히 말해 나는 유신이 선포되는 그 시각까지 대통령의 유신 선언 전문을 읽지 못하여 유신의 정치적 명분이나 구체적 내용에 대해 거의 무지의 상태였다. 본래 중앙정보부 요원에게는 'Need to Know(알 것만 알아라)'라는 근무 자세가 일반화 돼 있었다. 불필요한 것은 알려하지 않는다는 것이다. 이런 근무태도에 젖어 있은 탓에 나 자신도 국내 문제 담당부서의 사업 내용에는 거의 관심을 갖지 않았다. 위에서 기술한 대로 국내 담당부서가 바쁘게 돌아갈 때면 이문동청사에 있는 우리들 북한국이나 해외정보국에서는 긴급한 보고가 아니면 남산의 부장실 방문을 삼가했다.

그런데 남북대화사무국장 겸직을 그만둔 직후 내가 과장 때 해외정보국 부국장으로 모신 김동근(金東根) 국내담당 차장보로부터 지나가는 얘기로 "강 국장, 「7·4 남북공동성명」은 국내정치와 직접 연관 돼 있어. 부장은 지금 대담한 정치 변화를 구상 중에 있어. 지금 우리가 하는 일은 그 일과 관련된거야"라는 말을 들은 일이 생각났다. 나는 김동근 차장보의 말을 되새기며 '바로 이것 때문에 남북대화를 시작했구나!'라고 자문자답했다.

10월 유신이 발표된 그날 퇴근하지 않고 국장실에서 밤샐 준비를 하고 있던 나에게 민관식(閔寬植) 문교부 장관이 전화를 걸어왔다. 민 장관의 말씀인즉, "강 국장, 자네가 유신의 당위성을 대학 총·학장회의에서 설명하게 되었으니 잘 부탁한다"는 것이었다. 참으로 황당하기 짝이 없는 부탁의 말씀(?)이었다.

나는 즉석에서 "장관님, 저는 유신이란 말뜻도 모릅니다. 무엇을 어떻게 하는지 알 수 없는데 유신의 당위성을 왜 제가 설명해야 합니까? 저는 대통령께서 발표하신 선언문의 첫 글자도 아직 읽지 못했습니다"라고 대답했다.

그랬더니 "이 부장으로부터 아무 소리도 못 들었나?" 하는 것이었다. "예, 아무 지시도 받지 못했습니다"라고 답했다. 그러자 "오늘 오후 청와대에서 유신선포와 관련된 대책회의가 열렸는데, 거기서 자네가 유신의 당위성을 설명하기로 결정되었는데…"라고 하시면서 "그러면 다시 전화할게. 현 상황이 이렇다는 것만 알아두게" 하면서 전화를 끊었다.

민관식 문교부장관의 전화를 받고 난감하고 당혹스런 기분이었는데 때마침 부장으로부터 전화가 왔다. 이 부장은 급한 일이 있으면 약간 말을 더듬는 경향이 있는데, 그 특징대로 "강 국장, 자네가 유신의 당위성을 전국대학 총·학장회의에서 설명하게 되었으니 준비하게. 날짜는 2~3일 후일거야. 알겠나?" 하고 내가 답을 하기도 전에 전화를 끊었다.

나는 그동안 남북대화를 서두른 부장의 언동을 듣고 보면서 김동근 차장보의 말씀대로 '남북대화를 정권안보에 이용하려는 것이 아닌가?'라고 생각해 왔지만, 이제 이런 생각이 눈앞에 나타났음을 알게 되었다. 어떻든 간에 우선 특별선언 내용이 무엇인지부터 알아야 되겠기에 보좌관을 불러 대통령의 「유신 특별선언문」을 가져오라고 했다. 여기저기 전화를 걸던 보좌관이 한참 후에 원문을 갖고 들어왔다. 「특별선언문」의 주요 내용은 다음과 같다.

"지금 우리를 둘러싼 국제정세는 심대한 변화를 일으키고 있습니다. …나는 이 변화가 우리의 안전보장에 직접적 또는 간접적으로 위험스러운 영향을 끼치게 될 것으로 보고 있습니다.

남북적십자회담은 우리 대한적십자사의 제의에 따라 예비회담이 작년 9월 20일부터 판문점에서 개막된 뒤 금년 8월 11일 그 대단원을 이루어 본회담(남북적십자)을 각기 서울과 평양에서 개최한 바 있으며, 제3차 본회담이 금년 10월 24일 평양에서, 그리고 제4차 본회담이 금년 11월 서울에서 계속 열리게 되어 있습니다.

이제 남북 간에는 남북조절위원회와 남북적십자회담이라는 서로 차원을 달리하는 두 개의 대화의 길이 마련되어 있습니다. 그러나 이 대화도 위헌이다 위법이다 하는 법률적 또는 정치적 시비마저 없지 않습니다…. 이같은 민족적 대과업마저도 하나의 정략적인 시빗거리로 삼으려는 경향마저 없지 않습니다.

이처럼 민족적 사명감을 저버린 무책임한 정당과 그 정략의 희생물이 되어온 대의 기구에 대해 과연 그 누가 민족의 염원인 평화통일의 성취를 기대할 수 있겠으며 남북대화를 진정으로 뒷받침할 것이라고 믿겠습니까?

…따라서 나는 국민적 정당성을 대표하는 대통령으로서 나에게 부여된 역사적 사명에 충실하기 위해 부득이 정상적 방법이 아닌 비상조치로서 남북대화의 적극적인 전개와 주변정세의 급변하는 사태에 대처하기 위한 우리 실정에 가장 알맞은 체제 개혁을 단행해야 하겠다는 결심을 하기에 이르렀습니다.

…이에 나는 평화통일이라는 민족의 염원을 구현하기 위하여 우리 민족진영의 대동단결을 촉구하면서, 오늘의 이 역사적 과업을 강력히 뒷받침해 주는 일대 민족주의세력의 형성을 촉성하는 대전기를 마련하기 위해 다음과 같은 약 2개월간의 헌법 일부조항의 효력을 중지시키는 비상조치를 국민 앞에 선포하는 바입니다.

① 1972년 10월 17일 19시를 기하여 국회를 해산하고 정당 및 정치활동의 중지와 현행헌법의 일부조항을 정지시킨다.

② 일부 효력이 정지된 헌법조항의 기능은 비상국무회의에 의하여 수행되며, 비상국무회의의 기능은 현행헌법의 국무회의가 수행한다.

③ 비상국무회의는 1972년 10월 27일까지 조국의 평화통일을 지향하는 헌법개정안을 공고하며 이를 공고한 말로부터 1개월 이내에 국민투표에 붙여 확정시킨다.

④ 헌법개정안이 확정되면 개정된 헌법절차에 따라 늦어도 금년 말 이전에 헌정질서를 정상화시킨다.

…나는 지금 우리 민주체제가 그 스스로를 지켜 나가며 더욱 발전할 수 있는 활력소를 불어넣어 주고 이를 바탕으로 하여 남북대화를 굳게 뒷받침해 줌으로써 평화통일과 번영의 기틀을 마련하고자 이 개혁을 단행하는 것입니다." (대통령 비서실, 『박정희 대통령 연설집 4』, 1973, pp. 297~301)

나는 대통령의 유신 선언문을 읽으면서 동의하기보다는 회의적인 생각이 머리를 짓누르는 느낌이었다. 그러나 나는 부장의 지시가 떨어졌으니 대학 총·학장 회의에 나가 설명할 수밖에 없지만, 도대체 무엇을 어떻게 설명해야 할지 엄두가 나지 않았다. 우선 정보를 알아야 하겠기에 국내담당 국장실에 전화를 걸었더니, 벌써 몇 개월 동안 율사(律士)들을 동원해 헌법 초안까지 작성 완료한 상태라는 것이었다.

그날 밤은 아무 생각 없이 지내고 다음날부터 설명 내용과 방식을 구상했다. 누구와 상의할 필요조차 없는 문제였다. 설명 내용은 언제나 준비돼 있는 최근 북한동향이면 족할 것이지만, 나는 어떤 방식으로 화두를 잡느냐 하는 것이 문제라고 생각했다.

왜냐하면 유신체제로의 이행이 강력한 남북대화 추진력을 얻기 위함이라는 유신 선포의 논리를 읽으면서 박 대통령이 갖고 계신 남북대화에 대한 인식—벽돌을 쌓아올리듯 차근차근 가야한다—과는 상당한 괴리가 있음을 즉각 느꼈기 때문이다.

'왜 갑자기 헌법을 정지시키고 체제를 바꾸면서까지 남북대화에 집착하는가?'에 대한 의문을 갖지 않을 수 없었다. 이 선언이야말로 잔꾀를 부려 정권이 직면한 난관 돌파를 능사로 하는 이후락 부장의 머리에서 나온 얕은 정략(政略)에 불과하다는 결론을 내렸다.

약간의 정치적 식견을 가진 사람이라면 누구나 이 정도의 정략은 읽어낼 것이 뻔한 데, 하물며 이 나라 최고의 석학들이 모인 대학 총·학장들 앞에서 억지로 엮은 인위적 논리로 유신과 남북대화를 연계시켜 설명한들 '그들이 납득할 리 있겠는가?'라고 생각했다.

그렇다면 어떤 논리로 설명할 것인가? 그것은 제자로서 취해야 할 겸손하고 낮은 자세로 특별한 강조점 없이 최근의 북한동향을 나근나근 설명하는 길밖에 없다고 생각했다.

10월 21일 오전 10시경 나는 문교부가 소집한 대학 총·학장 회의 장소인 삼청동 중앙교육연수원으로 갔다. 민관식 장관의 인사말이 있은 후 나는 이른바 '유신의 당위성'을 설명하기 위해 강단에 섰다. 나는 이렇게 말문을 열었다.

"이 자리는 저를 대학에서 가르쳐주신 박술음(朴術音) 외국어대학 학장님을 비롯하여 전국 대학교 총장, 학장님이 모인 자리입니다. 제가 지금 어떻게 스승님 앞에 유신에 대해 설명드릴 수 있겠습니까? 저는 법률을 전공한 자도 아니고, 정치인도 아닙니다. 북한정보를 분석 평가하는 정보 실무자에 불과합니다.

이런 저의 입장에서 스승님께 말씀드릴 수 있는 내용은 시골에서 서울에 유학 온 중학생이 여름방학에 고향에 돌아와 동리 어르신들에게 변화한 서울 모습을 전하는 것처럼 '청량리에서 서울역까지, 그리고 서대문과 마포까지 전차가 다닐 수 있게 되었습니다'라는 식으로 제가 수집, 분석 평가한 오늘날 북한의 모습을 말씀드리겠습니다."

그리고는 남북대화에 대한 북측의 기본자세에 대해 담담하게 설명했다. 특별히 경계가 필요하다든가, 남침위협이 증가했다든가 하는 얘기는 거의 꺼내지 않았다.

약 30분간 북한정세와 국제정세의 대강을 설명 드리고 강단에서 내려왔다. 질문은 고사하고 발언하는 분은 한 분도 없었다.

내 브리핑으로 회의는 끝났고, 밖으로 나오자 마당에서는 간단한 가든 칵테일 파티가 준비되어 있었다. 민 장관께서 이 파티에 참석하라고 하기에 장관 곁에 서서 총·학장님들을 대하기로 했다. 그런데 뜻하지 않은 찬사를 받게 되었다. 7~8명의 총·학장들이 우리 앞으로 다가오시더니, 김연준(金連俊) 한양대학교 총장이 불쑥 "이 사람, 강 국장, 우리가 왜 박수쳤는지 알아?" 하시는 것이었다.

나는 당황하는 기분으로 "모릅니다." 솔직히 말해서 강단을 내려서며 박수치는 소리를 들은 기억이 없었다. 그런데 김 총장은 박수를 쳤다고 하면서 그 이유를 이렇게 말했다.

"강 국장, 여기 있는 민 장관은 그렇다 치고 문교부 국·실장 같은 관료들은 우리 총·학장을 발가락의 때만큼도 생각 안 해. 그런데 강 국장은 첫머리부터 우리를 '스승님'이라고 불렀어. 그 말이 너무 고마워 박수친 거야."

마침 김 총장 옆에 박술음 학장이 서계셨다가 내게 웃으면서 "자네가 하고 있는 일 잘 아네. 잘해주어 고맙네"라고 하시는 것이었다.

나는 몸 둘 곳이 없었다. 15~16년 전 대학시절의 은사님들 앞에서 두

서없이 되먹지 않은 이야기를 주워섬긴 것 같아 죄송하고 부끄러운 마음 감출 길이 없었다. 왜 이들 한국 최고의 석학들이 유신의 뜻—정권의 야욕—을 알지 못 하겠는가?

학문의 전당이 문을 닫게 되고 많은 제자들이 체포되고, 군인들의 거친 군홧발에 교정이 짓밟히는데 어떻게 동의할 수 있겠는가? 그러나 국가와 민족의 장래를 위해, 자유와 민주주의 성장을 위해 겪어야 할 고통, 거쳐야 할 과정으로 여기고 오늘 이 자리까지 불려나온 처지를 나 자신이 모를 리가 없지 않는가?

나는 더없이 착잡한 심정으로 끝까지 남아 스승님들이 떠나는 뒷모습을 보고 회의장을 나섰다. 나는 지금도 그 때 일을 생각하면 얼굴이 붉어지고 몸이 움츠려짐을 느낀다.

남북조절위원회 대표단원으로
평양 방문 (1차 방문)

박정희 대통령은 11월에 평양에서 열릴 남북조절위원회 제2차 공동위원장 회의에 참가할 대표단의 선정을 직접 챙겼다. 나중에 들은 얘기지만 당초 이후락 부장이 대통령께 제시한 명단에는 내 이름이 없었다고 한다. 그러나 올라온 대표단 명단을 검토하던 대통령은 동석했던 김성진 공보수석의 건의를 받아들여 다른 사람의 이름을 지우고 내 이름을 써넣었다고 나중에 김 수석이 말해주었다. 나는 이런 일이 있었는지도 알지 못한 채 대표단의 일원으로 평양에 갔다.

최종 결정된 대표단은 이 부장의 방북에 앞서 북한 측의 접촉 제의를 받았던 장기영 전 부총리, 신중하기로 유명한 최규하 대통령특별보좌역, 1년 동안 협의조정국장(사무국장)과 북한국장을 맡아온 나, 그리고 부장 방북 준비차 평양에 파견됐던 정홍진 협의국장 등 5명으로 구성했다. 수행원 10명과 수행기자 10명도 결정했다.

── 평양 방문에 앞서

10월 25일경 나는 대표단 정위원으로 임명됐다는 소식을 듣고 나름대로 회담준비를 서둘렀다. 정홍진 국장은 대표단의 행정연락, 지원업무에 여념이 없으니 회담시 필요한 자료를 내가 준비해야겠다고 판단했기 때문이다. 평양으로 떠나기 전날인 11월 1일까지 예상되는 북측 제안에 필요한 자료들을 준비하고 저녁 11시가 넘어 집으로 돌아왔다. 기독교 신자인 나는 어려운 임무가 주어질 때마다 주님께 기도해 왔는데, 이 날도 교회에서 기도하고 떠나야겠다고 생각했다. 집사람도 같은 생각을 하고 있었다.

정릉 북악스카이웨이 산 중턱 집을 나서자 우리 부부는 운전기사인 정군에게 돈암동 쪽으로 내려가자고 말했다. 이미 통행금지 시간이 지난 터라 북악 스카이웨이를 내려와 아리랑고개까지 지나는 차는 한대도 없었다. 돈암동 쪽으로 내려갔다. 여기까지 오는데 2~3개소의 교회가 있었다. 그러나 교회 문이 열린 곳은 한 곳도 없었다. 다시 돈암동 네거리에서 오른쪽으로 돌아 삼선교 쪽으로 향했다. 역시 문 열린 교회를 찾을 수 없었다. 종로4가로 나와 종로통으로 들어섰다. 마찬가지였다. 서대문까지 와서 오른쪽으로 돌자 문이 열려 있는 교회를 찾을 수 있었다. 순복음중앙교회였다.

나는 차를 세우고 집사람과 함께 교회로 들어섰다. 그리고 교회 한가운데 긴 의자에 나란히 앉아 고개를 숙이고 묵상기도를 드렸다.

"주여, 지난 20년 가까이 저로 하여금 공산주의와 북한을 공부하는데 전념토록 하셨던 주님의 뜻을 이제야 알게 되었습니다. 조국과 민족에게 특히 두고온 북한 땅과 북한동포를 해방시키기 위해 일할 수 있도록 준비시켜주서 감사합니다. 주여, 내일 아침 20여 년 전 떠나온 내 고향 평양으로 갈 것입니다. 모든 것을 주님께 맡기오니 주님께서 우리 일을 주관해주시옵소서. 김일성과 그 주구들을 대할 때 담대하고 현명하게 처신할 수 있도록 지혜와 용기를 주옵소서."

나는 다윗의 시편 28장 6절에 나오는 "나의 힘과 나의 방패이시니 내 마음이 그를 의지하여 도움을 얻었다"라는 기도문을 회상하며 정성을 모아 기도했다. 아마 20여 분이 지났을까? 집으로 돌아오니까 이미 자정이 훨씬 지나 있었다. 잠자리에 누웠으나 잠이 오지 않아 거의 뜬눈으로 밤을 새우고 새벽 일찍 출발준비를 서둘렀다.

대표단 집합장소는 삼청동 회담사무국이었다. 집을 나서면서 나는 세 자녀를 일일이 안아 작별인사를 나누었다. 집사람은 모든 것을 주님께 맡기고 고향 길을 잘 다녀오라고 말해주었다.

대표단의 출발시간은 오전 8시 경이었다. 경찰의 에스코트를 받으며 선도차를 뒤따르는 우리 일행의 판문점 행은 가히 역사적 사건이라 아니할 수 없었다. 내가 남북대화사무국장을 맡았던 1년 전 남북대표단의 왕래에 대비해 새로 만든 통일로(서울-문산 간)를 지나 우리 일행은 판문점으로 향했다.

── 방북길에 가장 먼저 눈에 들어온 민둥산

우리측 자유의 집에서 북측 판문각을 지나 10시 20분 개성 교외에 마련된 북측 헬리콥터에 탑승한 우리 일행은 곧장 평양을 향해 날아갔다. 그런데 우리가 탄 헬기의 비행고도가 불과 300m 내외로 매우 낮게 떠가고 있었다. 나는 북측 간사위원인 김덕현에게 항의조로 말했다.

"김 선생, 이 비행기의 비행고도가 300m 내외인 것 같은데 VIP를 모실 때는 보다 높이 떠야하는 것 아니오? 웬만한 높이의 산도 넘지 못할 것 같군요"라고 말했더니, 김덕현은 "강 선생, 염려 마십시오. 우리 조종사들이 수십 번 이곳을 비행한 사람들입니다. 안전하게 모실 것입니다"라고 답했다.

하긴 그럴 것이다. 노련한 비행사를 선발했을 것이라고 생각하고 더이상 말을 잇지 않으면서 "그렇지, 높이 뜨면 넓게 보일 테니까 낮게 떴구나"라고 생각하면서 눈 밑에 전개되는 전경을 조심스럽게 관찰했다.

늦가을의 맑은 날씨라 눈앞에 전개되는 북한 농촌의 모습은 손바닥을 보듯이 선명하게 눈에 들어왔다. 옛 농촌 가옥 지붕에 널어놓은 고추, 집 마당 한 모퉁이에 쌓아놓은 솔가지들, 밭 한 가운데를 지나간 트랙터의 바퀴 자국까지 명백히 구분할 수 있었다.

그러면서 나는 '이 정도인가?' 하고 미처 생각지 못했던 모습에 눈길이 멈추어버렸다. 그것은 새빨갛게 벌거벗은 민둥산들이었다. 6·25 직후 우리 농촌마을 뒷산을 보는 것 같았다. 물론 옥수수를 심기 위해 웬만한 높이의 산은 산등성이를 헐고 계단식 밭을 일구고 있다는 이야기는 벌써 3~4년 전부터 알고 있었고, 그 실태를 항공사진을 통해 확인하고 있었지만 눈앞에 보이는 현상을 대하면서 다시 한번 놀라지 않을 수 없었다.

5·16 직후 우리나라에서도 '보릿고개'를 넘기 위해서는 식량증산이 불가피했고 이를 위해서는 계단식 밭을 일구어 경작면적을 늘려야 한다는 의견이 없었던 것은 아니나, 국내 농업 전문가들의 격렬한 반대로 중단했다.

산의 나무를 베어내고 계단식 밭을 만든다면 추수한 후 비가 오고 눈이 오고, 봄이 되어 얼었던 땅이 녹으면 토사가 흘러내려 작은 샛강을 메우고, 시간이 흘러 큰 강의 하상마저 높아지면 어떻게 여름철 홍수를 막을 수 있는가? 지금 정부가 할 일은 땔감이 없어 뒷산의 나무를 찍어내지 않도록 농촌에 대체연료를 공급하여 산에 나무가 잘 자라도록 치산치수의 근본적 계획을 세워야 할 때라는 것이 전문가들의 주장이었다.

정부는 이들의 주장을 받아들여 계단식 밭을 만들어 경작면적을 늘리자던 계획을 취소하고 적극적인 산림녹화사업에 착수했다. 무연탄으로 십구공탄을 대량생산하여 농촌에 공급함으로써 취사용 난방용 연료로 산의 나무를 베지 않도록 조치했던 것이다.

그런데 북한 농촌은 집단화정책으로 농민의 생산의욕을 높이기는커녕 오히려 감퇴시켰고, 여기에다 1960년대에 추진한 '국방공업과 경제건설의 병진'이라는 중공업 우선정책으로 인해 북한농촌은 피폐하기 시작했다. 나는 지금 낮게 뜬 북한군 헬기에서 지상을 내려다보며 실패한 북한의 농업 집단화와 중공업 우선정책의 실체를 내 눈으로 확인하고 있는 것이다.

── 다시 찾은 고향땅에 발을 내딛어

어느덧 평안남도 중화(中和)와 역포(力浦) 사이에 임시로 마련한 헬기 착륙장에 도착했다. 헬기에서 내리자마자 나는 주변을 살펴봤다. 틀림없이 내 고향집에서 멀지 않은 곳임을 확인할 수 있었다. 주변의 구릉과 낮은 산들이 내가 자란 고향 대동군 용연면 소리(大同郡 龍淵面 巢里)와 너무도 비슷했다. 나중에 확인해보니 고향집은 거기서부터 직선거리로 5~6km 떨어진 곳이었다.

박성철 부수상을 비롯한 북측 요인들이 헬기에서 내리는 우리 일행을 맞았다. 붉은 머플러를 한 어린 소녀들이 달려와 남측 대표단에게 붉은 머플러를 매어주고 꽃다발을 안겨주었다. 바로 이 소녀 중에 후일 저 끔찍한 KAL기 폭탄테러(1987년 중동에서 돌아오던 KAL기에 시한폭탄을 장치, 인도양 상공에서 폭발해 탑승객 전원이 사망한 사건)를 자행한 김현희도 끼어 있었다.

나는 꽃다발을 받아들고 다시 한번 주변을 살피지 않을 수 없었다. 1950년 12월 늙은 부모님과 헤어져 피난길에 올랐을 때 바로 이 근방에서 운 좋게도 남쪽으로 향하는 화물열차를 만나 하룻밤 만에 개성에 도

1972년 11월 30일 오전 고향집에서 5~6km 떨어진
중화~역포 사이 임시 헬기장에 도착

착할 수 있었다. 그 때 그 열차를 탔던 곳(역포와 중화의 중간지점)이 이곳에서 얼마 떨어져 있지 않다는 것을 직감할 수 있었다. 그리고 잠깐 물러나 다시 민둥산이 되어버린 야산을 바라보았다. 그런데 뒤에서 누가 말을 건넸다.

"뭘 그리 열심히 보십니까?"

"예, 여기서 가까운 곳이 내 고향입니다. 대동군 용연면 소리 딘던말(둔전마을)입니다. 그런데 어째 이 산들이 다 민둥산이 됐습니까? 20여 년 전만 해도 이 일대는 꿩이 많아 눈 덮인 겨울이면 꿩 사냥 왔던 곳인데."

"예, 이 산들은 강냉이 밭으로 개간했습니다. 지금은 추수가 끝나 저렇게 밑뿌리만 남지 않았습니까?"

"그런 줄 알았습니다. 주체농법이군요."

"예, 주체농법에 의해 우리는 식량문제를 말끔히 해결했습니다. 위대한 수령님 덕분이지요."

나는 북측 인사와 논쟁할 생각이 없었으나 한 마디만은 해야겠다고 마음먹고 간단하게 주체농법을 비판했다.

"농작물 생산에도 무슨 사상이 통합니까? 이제 겨울이 와 눈이 오고 얼음이 얼고 다시 봄이 와 해동되면 저 흙이 토사가 되어 흘러내릴 것이고, 그러면 이 도랑을 메우고 다시 큰 강을 메울 것인데, 그렇게 되면 홍수는 어떻게 막습니까? 우리도 해봤지만 안 되겠다고 판단하여 그만두었습니다."

나는 이 말만 하고는 그 길로 돌아서 대표단이 모여 있는 곳으로 갔다.

얼마 안 있어 자동차가 배당되었다. 나는 북측의 내 카운터 파트가 될 한웅식(韓雄植) 위원(노동당 중앙위원회 정치위원회 직속 책임지도원, 남조선 문제연구소 부소장)과 함께 차를 탔다. 한웅식은 후일 1984년 9월 북측이 우리에게 수재물자를 제공하겠다고 제의해와 남북적십자 실무접촉이 있을 때 북측 적십자회 중앙위원회 부위원장 직함으로 실무접촉 대표를 맡았던 자이다. 당시 우리 측 적십자 수석대표가 이영덕 부총재로 나에게는 평양고보 선배님이었다.

남측 대표단과 수행원, 기자단을 태운 벤츠와 버스는 곧장 평양을 향해 떠났다. 그런데 유감스럽게도 내 고향인 역포 방향이 아니라, 역포 동쪽을 지나 곧장 동평양 쪽으로 들어가는 것이었다. 평양사범학교가 있던 문수리(紋繡里) 근방에서 왼쪽으로 돌아 동대원(東大院)을 지났다. 이곳은 내가 고등학교를 다닐 때 살았던 맏형님 댁이 있던 곳이었다.

우리가 탄 차는 옥류교(玉流橋)를 지나 대동문(大同門)에 도달했다. 이곳은 6·25 전까지만 해도 다리가 없어 나룻배로 건너던 곳이다. 한여름 만수대에 위치한 우리 학교(평양고급중학교)에서 집으로 돌아올 때면 옷과 책가방을 나룻배에 맡기고 옥류암(玉流岩)에서 대동강 물에 뛰어들어 헤엄쳐 건너가기가 일쑤였다.

다시 우리가 탄 차는 대동문을 끼고 오른쪽으로 돌아 강변에 위치한 연광정(練光亭)을 바라보며 모란봉(牧丹峯)을 향했다. 해방탑(解放塔)이 정면에 보였다. 가까이 다가가자 능라도(綾羅島)를 오른쪽으로 바라보며 전금문(轉錦門)으로 들어섰다. 아니 영명사(永明寺)로 들어가는 것이 아닌가? 옛 영명사는 간데없고 흰 화강암 벽채로 꾸민 한옥 건물 앞에 섰다. 바로 모란봉 초대소라고 했다.

그런데 대표단과 수행원 차는 보이는데, 기자단 차가 보이지 않았다. 한응식 위원에게 물었더니, 이곳은 기자단까지 수용할 방이 없어 국제여관(호텔)을 기자단 숙소로 정했다는 것이다.

나는 차에서 내리자마자 주위를 살펴보았다. 왼쪽 산등에 을밀대(乙密臺)가, 정면 산등에는 최승대(最勝臺), 초대소 옆에는 부벽루(浮碧樓) 그리고 강변 청류암(淸流岩), 건너에는 능라도가 자리했다. 서경(西京) 평양

1972년 11월 3일 모란봉 초대소 도착, 안내 없이 을밀대로 올라감 (앞쪽이 본인)

의 명승지 중 명승지에 모란봉 초대소가 자리하고 있었다.

　이후락 부장과 수행원은 제일 위쪽 건물에, 장기영 전 부총리와 최규하 특별보좌관 그리고 내 숙소는 아래쪽 건물이었다. 나로서는 참으로 다행한 일이 하나 있었다. 내 고교 동기동창인 정동열(鄭東烈) 군이 최규하 특보의 수행원으로 함께 오게 된 것이다. 정군은 고당 조만식(古堂 曹晚植) 선생의 외손자이다.

　각자 정해진 방으로 들어가 짐을 풀었다. 내 방은 10평이 넘는 넓은 방이었다. 양식 화장실과 목욕탕이 붙어있었다. 냉장고와 TV는 일본제품이었다. 방문은 묵직한 목제였다.

　손을 씻고 나오는데 장기영 전 부총리가 부른다는 전갈이 있어 그의 방으로 갔더니 놀랍게도 큰 여행용 가방에 가득 준비해온 양주와 안주를 탁자 위에 꺼내놓고 있었다. 장 전 부총리는 "강 국장, 한잔 하지" 하면서 양주를 따라 주었다. 우리는 서로 잔을 부딪치며 기분 좋게 마셨다.

평양 체류 첫날

모란봉 초대소에서 일어난 일

모란봉 초대소에 도착한 후 모든 행사일정은 양측 실무자(정홍진과 김덕현 양측 간사) 간의 합의로 결정됐다. 윗분들은 상대적으로 한가하게 지냈다. 그런데 부지런한 장기영 전 부총리가 최규하 특보와 함께 모란봉 을밀대를 올라가자는 것이었다. 영명사(永明寺) 본전 터에 지은 주건물 바로 옆으로 을밀대로 올라가는 길이 나있었다.

1973년 3월
두 번째 평양방문 때 나에게 배정된
모란봉초대소 1호각 1층 5호실
각종 음료수가 준비되어 있었다.

을밀대에서 내려다 본 평양

나는 두 어른을 모시고 을밀대로 올라가기 시작했다. 중턱쯤에 다다를 때였다. 초대소 쪽에서 북측 요원들이 우리를 부르며 뒤따라 올라왔다.

"아니, 선생님들이 걸어서 이렇게 올라오시면 어떡합니까?"

"불과 10분이면 올라올 수 있는데 걸어서 오지 뭘 타고 온다는 말입니까?"

이들은 모두 남측 대표단을 안내 겸 감시하기 위해 배치된 요원들이었다. 그런데 아무런 사전통고나 허락 없이 을밀대로 올라가고 있으니 당황하지 않을 수 없었을 것이다.

우리는 그들의 얘기를 듣는 둥 마는 둥 그대로 오솔길을 따라 을밀대로 향했다. 나로서는 참으로 감개무량한 을밀대였다. 이곳에서 평양 시

1972년 11월 3일 부벽루
최규하 특보(중앙), 본인(중앙 우측), 정동렬 비서관(중앙 우측 두 번째), 이동복 대변인(중앙 좌측), 김정월 경호실장(중앙 좌측 두 번째)

내를 바라볼 수 있으리라고는 생각지도 못했다. 을밀대의 단청이 서울 고궁의 단청보다 진한 것 같다는 느낌이었다.

그런데 문제가 생겼다. 장 전 부총리가 "누가 평양 시내를 설명 좀 해주시지"라고 청했다. 그러나 북측 요원 중 누구도 앞으로 나와 본평양과 동평양을 설명하려고 하지 않았다. 그래서 내가 나섰다. 먼저 동평양 쪽을 바라보며 설명했다.

"아마 저기 TV탑이 보이는 근방에 중국대사관이 있을 겁니다. 저곳이 우리가 건너온 옥류교이고, 저기 보이는 곳이 대동강 다리입니다. 동평양, 저 대동강 건너편이 아마 당학교일 것입니다. 여기 만수대(萬壽臺)쪽 건물이 혁명박물관이고 그 밑이 제가 다닌 평고(平高)입니다. 저 서쪽이 보통강 쪽입니다. 옛날 숭실학교 자리가 저기이고요."

북측 요원들은 멍하니 내 설명을 듣고 있었다. 장 전 부총리가 "여기 모란봉 부근에 박물관이 있지 않나?"라고 물었다. 내가 "바로 저 아래입니다"라고 말하며 을밀대 밑으로 내려왔다. 그러나 옛 박물관은 큰 자물쇠로 잠겨 들어갈 수가 없었다. 차가 도착했으니 빨리 타시라는 북측 요원들의 재촉을 받아 그대로 내려올 수밖에 없었다.

초대소로 돌아온 나는 부벽루 밑으로 다시 내려갔다. 능라도 건너편 대동강 물에 손을 담궈 저 하중도(河中島)에서 친구들과 어죽을 쒀먹던 생각을 하면서 서울에서 기다릴 평고 동창생들을 위한 선물로 주먹만한 대동강 자갈을 갖고 가기로 했다. 10여 개 쯤 모으다보니 두 손으로 들 수가 없었다. 저고리를 벗어 돌을 싸들고 방으로 왔다. 이 돌들은 후일 동창들이 서로 싸우듯이 한 개씩 가져가 지금 내게는 한 개도 남아 있지 않다.

─ 고당 조만식(古堂 曺晚植) 선생을 떠올리며

그날 밤 12시가 가깝도록 잠을 이루지 못했다. 더 이상 방에 있을 수가 없어 옆방 정동열 군을 깨웠다. 그도 잠이 오지 않는다며 깨있었다. 우리는 이 아까운 시간에 잠만 잘 수 있냐며 밖으로 나왔다.

밖은 외등이 켜져 있어 그리 어둡지 않았으나 안개가 짙게 껴있었다. 우리는 부벽루 쪽으로 걸어갔다. 그러자 어디서 보고 있었던지 북측 요원 7~8명이 우르르 달려 나와 우리를 에워쌌다.

"어디 가십니까?"

"어디 가다니? 여기 갈 데가 어디 있어? 잠도 오지 않아 부벽루나 볼까 해서 나왔습니다."

그러나 어두운 이 밤에 부벽루에 서 본들 보이는 게 있을 리 없었다.

"어두워서 잘 안 보이는구면. 내일 밝을 때 다시 와야겠어."

그 때 우리를 둘러싼 북측 요원들이 느닷없이 말을 걸었다.

"평양을 보는 감상이 어떠합니까?" "북조선에 가족이 있습니까? 만나볼 생각이 있습니까?"

나는 정 군의 얼굴을 한번 쳐다본 뒤 말했다.

"우리가 평양 출신인데 가족이 없을 리 있겠소. 만나보고 싶은 생각은 간절하지만, 아직 적십자회담이 아무 열매도 맺지 못했는데 이 일을 해결하기 위해 평양에 온 우리가 일반 이산가족보다 앞서 헤어진 가족을 만날 수 있겠소?"

이산가족 문제가 하루속히 해결돼야 우리도 남겨둔 형제와 친척을 만나겠다고 강조한 것이다. 이런 틀에 박힌 대답을 하면서 나는 슬그머니 이들의 질문에 부아가 났다. 이 사람들 한번 골탕을 먹여야겠다는 생각에 정 군을 불렀다.

부벽루에서 내려다보는 대동강 (최규하 특보님과 함께)

"그런데 동렬아, 너는 꼭 만나 뵈어야 할 분이 계시지 않니. 너는 지금 당장이라도 만나야 해."

정 군이 내 말의 뜻을 얼른 알아듣고 대답했다.

"그래, 다른 사람은 몰라도 나는 당장 만나 뵐 수 있다면 그 이상 기쁜 일이 없을 거 같아."

그러자 북측 요원들이 일제히 달라붙었다.

"거 누구요? 정 선생이 만나야 할 분이 누구요?"

"정말 만나게 해주겠소? 아마 당이 결정하면 당장 만날 수 있을 거요."

그랬더니 그들은 당장 만나게 해줄 듯이 다그쳐 물으며 만나야 할 사람이 누구냐는 것이었다. 나는 그들을 천천히 둘러보며 말했다.

"고당 조만식 선생님이요. 여기 계신 분 중 우리 나이 정도면 조만식 선생님을 모를 사람이 없을 거요. 여기 계신 정 선생은 바로 그 분의 외손자요. 만나게 해주겠소?"

북측 요원들의 태도가 금세 달라졌다.

"조만식 선생이요? 우리는 잘 모르겠는데요."

"잘 몰라요? 동무는 해방될 때 평양에 있지 않고 함경도에 있었소? 그래도 조만식 선생님을 모를 리 없는데."

우물쭈물하던 북측 요원들은 하나, 둘 소리 없이 헤어졌다. 씁쓸한 기분으로 그들의 뒷모습을 보면서 숙소로 돌아왔다. 내 기분이 이렇게 참담할진대 정 군의 심정은 어떠할까? 공연히 고당 선생의 존함을 내놓은 것 아닐까? 결코 편한 심정이 아니었다.

지금도 그 때를 생각하면, 북측 요원을 골탕 먹였다는 얕은 기분과 함께 위대한 애국자—해방 당시 북한 주민의 정신적 지주였던 선생의 나라사랑, 겨레사랑의 큰 뜻을 잇지 못한 우리 후대들의 무거운 책임을 통감하며, 통일의 그날을 앞당겨 그분의 뜻을 실현시켜야 한다는 다짐

을 하게 된다. (『고당 조만식 회상록』에 실렸던 필자의 글 중에서)

── 회의장에서 만난 고교시절 은사 이경석 선생

1972년 11월 2일부터 4일까지 평양에서 남북조절위원회 제2차 공동
위원장 회의가 개최되었다. 북측 공동위원장인 김영주 당 중앙위원회
조직지도부장을 대신하여 박성철 부수상이 나왔고, 보좌역(위원)으로는
류장식 노동당 조직지도부 부부장 겸 대외사업부장, 이경석(李京錫) 내
각참사, 한웅식 당 정치위원회 직속 책임지도원 그리고 김덕현 당 정치
위원회 직속 책임지도원이 나왔다.

북측 대표 박성철은 회의 모두 발언을 통해 "남북 공동성명에 입각
한 대화를 하자고 하면서 계속 반공정책을 견지하는 것은 양립될 수 없
다"고 주장하면서, 첫째 남조선은 인민에 대한 반공교육, 반공선전을 중
지하고, 둘째 반공법, 국가보안법 위반으로 형사처벌을 받고 있는 공산
주의자와 애국자들을 석방하며, 셋째 미군을 철수시키고 한·일 협력관
계를 단절하라고 요구했다.

이에 대해 우리 측 이후락 부장은 "서로 극단적으로 대치해온 이질
적인 두 체제 간의 대화인 점을 잊지 말고 상대방에 대한 체제 내부문
제를 간섭해서는 아무런 성과도 거둘 수 없다. 남북 공동성명에서 밝힌
것처럼 남북 쌍방은 서로 자기 체제를 유지하면서 상대방 체제 내부에
대한 간섭 없이 이념과 체제의 차이를 초월하여 대화를 추진해야 한다"
고 반박했다.

결국 첫 회의는 서로 자기 입장을 상대방에게 재천명하는 선에서 끝
났다. 쌍방은 자리에서 일어나 상대방 대표들과 악수를 나누었다. 내 앞
자리에 앉아있는 한웅식 대표와 먼저 악수를 하고 그 옆자리에 앉아 있

1972년 11월 첫 회의 직후 평양고급중학교 시절 은사인
이경석 선생(북측 남북조절위원회 위원)과의 만남, 1973년 암으로 사망

는 이경석 내각참사와 악수하기 위해 손을 내밀었다. 바로 그 순간 '어디서 많이 본 분인데 혹시 평고(平高) 시절 선생님이 아닐까?' 하는 생각이 스쳤다.

나는 이경석 위원의 손을 잡은 채 "혹시 평고에서 선생님 안하셨습니까?" 하고 물었다. 그랬더니 이경석 위원은 내 손을 놓지 않은 채 회의 탁자 옆으로 돌아오는 것이었다. 나도 그의 손을 잡고 탁자 옆으로 옮겨갔다. 그리고 내 어깨를 치면서 말했다. "이 사람아. 바로 날세. 평고 이경석이야."

역시 내 스승이시구나. 반갑기도 하고 멋쩍기도 했다. 후일 확인한 것이지만, 당시 이경석 선생은 당 중앙위원 78번으로 대일공작 총책이었다. 대남 공작원으로 남파됐다 귀순한 오기완(吳基完) 씨의 증언에 의하면, 이경석 씨는 1945년 10월 평양 주둔 소련군의 지도 아래 북한 공산당 핵심인물을 키우기 위해 세운 평양학원 1기생이며, 1962년 2월 김일 제1부수상 보좌관으로 근무하던 때 김일성이 직접 발탁해 중앙당 연락부 일본담당 부부장으로 임명된 사람으로 김일성의 두터운 신임을 받고 있었다고 했다.

나는 고교 스승인 이경석 씨와 포옹하다시피 인사를 하고 함께 걸어 나왔다. 그러다보니 나와 이 선생이 맨 뒤에 회의장을 나서게 되었다. 이미 양측 대표단원들은 돌계단을 내려와 있었다.

이 선생과 내가 천천히 손잡고 내려오는 것을 쳐다보던 박성철 부수상이 "벌써 저렇게 가까워졌군요"라며 말을 걸었다. 나는 계단에 선 채 "여러분, 저의 고등학교 시절 스승님입니다" 하고 이경석 선생을 소개했다. 모두가 놀라며 환하게 웃었다.

계단 아래 내려온 나는 이경석 선생에게 "선생님, 여기가 바로 만수대 아닙니까? 우리 학교는 어디 있습니까?"라고 물으면서 두리번거렸다. 그러자 이 선생은 "강 선생, 이리 나오시오. 바로 저 건물 아닙니까"라며 회의장 건물에 가려 보이지 않던 왼쪽 앞 건물을 가리키는 것이었다.

만수대 언덕 위에 웅장하게 서있던 내 모교는 학교 위쪽에 세운 혁명박물관 때문에 체육관 등 뒤쪽 건물은 몽땅 헐리고 본교 건물만 덩그러니 남아있었다. 이 선생의 말인즉 평양경공업전문학교로 사용하고 있다는 것이었다. 평양TV 화면에 거대한 김일성 동상이 나오곤 하는데 바로 그곳이 만수대 언덕이다. 나는 붉은 벽돌 2층의 옛 교사를 감격어린 눈으로 쳐다봤다.

우리가 회의를 하고 나온 건물은 바로 내각청사로 내가 다닌 평양고급중학교 운동장 서편에 지은 건물이었다. 그러니까 수상청(김일성 집무실)과 내각청사 등 주 건물이 옛 평양신학교 자리에 세워진 것이다.

우리 학교 교문을 나서서 200여 m쯤 가면 왼쪽에 서문여고(西門女高)가 있고, 오른쪽에 숭의여중(崇義女中)이 있었는데 이들 여학교 건물은 전혀 보이지 않았다. 이 두 학교를 지나 흑교다리를 건너면 정의여고(正義女高)가 있었는데 흑교다리 자체가 헐리고 없었다. 바로 이곳이 내각 청사로 들어가는 길목으로 변해 있었다.

─── 이경석 선생과 나눈 술잔 : '스승은 스승이었다'

그날 저녁 옥류관에서는 남측 대표단을 환영하는 대규모 만찬이 열렸다. 내가 앉은 테이블에는 정준기 『노동신문』 책임주필이 앉아있었다. 박성철 북측 대표와 이후락 남측 대표가 각기 환영사와 답사에 나섰는데, 두 사람의 연설은 바로 회의장에서의 차이점을 그대로 드러내는 내용이었다.

몇 번이나 건배를 한 다음 정준기와 한두 가지 얘기를 나누었지만, 지금은 무슨 얘기를 했는지 기억에 없다. 아마도 남북 간의 긴장을 완화하고 통일을 앞당기기 위해서는 합작(合作)이 아니라 벽돌을 쌓듯 하나하나 단계적으로 접근해야 한다는 우리의 주장에 대한 북측의 반론과 재반론 등이 있었다고 생각한다.

한창 분위기가 무르익자 떨어져 앉아있던 양측 대표단들은 서로 오가며 술잔을 교환하게 되었다. 나는 맥주병과 컵을 들고 먼저 이경석 선생 앞으로 갔다. 그리고 컵을 내밀며 "선생님 정말 반갑습니다. 20여 년만에 남쪽 제자가 드리는 잔을 받아주십시오" 하며 잔을 건넸다. 그랬더니 이 선생은 "이 사람아, 지금 나는 의사의 지시로 술은 입에 댈 수 없어. 저 뒤에 의사들이 앉아있어"라는 것이었다.

"어디가 편찮으십니까?" 내가 묻자 선생은 "뭐 대수로운 것은 아니지만…" 하면서 컵을 받더니, 다시 내게 건네면서 "병을 이리 주시게, 내가 자네에게 따르겠네" 하면서 맥주를 따랐다.

나는 잔을 받아 한 모금 마시면서 선생의 얼굴을 보았다. 남달리 검게 보였다. '혹시 간이 나쁜 건 아닌가?' 생각하며 내 자리로 돌아와 마주 앉은 북측 사람들과 얘기를 나누었다.

이경석 선생이 나의 평고 선생님임을 밝히자 북측 대표들은 한결같이 놀라는 표정이었다. 그 중 체육위원회 위원장이라고 소개했던 사람이 "그럼 강 선생은 우리 후배뻘 되는군요. 내 김대(김일성대학교) 동창 중에는 평고 출신이 여러 명 있습니다"라고 했다.

이런저런 얘기를 한참 하고 있는데, 뒤에서 인기척이 났다. 돌아보니 이 선생이 맥주병과 잔을 들고 서계신 것이었다. 나는 얼른 일어났다.

"이 사람 강 선생, 아무래도 한잔 마셔야겠어."

"괜찮으시겠습니까?"

나는 선생에게서 컵과 맥주병을 받아 가득 따라드렸다. 선생은 단번에 쭉 들이마셨다. 그리고는 내게 컵을 내밀며 맥주를 따랐다. 나도 단번에 쭉 마셨다. 선생이 내 어깨를 가볍게 치면서 말했다.

"서울에 가시거든 박린봉 군과 리종환 군에게 알려줘. 어머님과 동생들이 다 잘 있다고 말이야."

나는 선생님 말씀을 듣고 놀랐다. 박린봉과 이종환은 나와 평고 동기 동창이다. 박 군은 당시 대한통운 본점 상무로 있었고, 이 군은 고려대 축구선수 출신으로 국가대표와 대한축구협회 부회장을 지냈다. 이 선생은 월남한 두 제자를 생각하고 있었던지 내게 그들의 가족 소식을 전해준 것이다.

"반드시 전하겠습니다. 서울에서 평고 동창회는 매년 열리고 있습니다. 우리 동기 동창만 200명이 넘어 매년 두세 차례 모입니다. 특히 박

군과 이 군과는 자주 만나는 편입니다. 꼭 전하겠습니다. 너무 기뻐하며 선생님께 감사할 것입니다."

선생은 "잘해주게, 건강해야 해" 하며 당신 자리로 돌아갔다.

연회를 마친 후 모란봉 초대소로 돌아오자, 이 선생과 동석했던 최규하 특보께서는 "강 국장 선생이라는 이경석 씨는 전혀 공산당원 같지 않아. 역시 인텔리더구먼. 어떻게 저런 사람이 북로당의 중앙위원이 됐을까" 의아해했다.

나는 앞으로 북측 속셈을 탐색하는데 이 선생이 큰 도움을 주지 않을까 기대했다. 그런데 서울로 돌아온 지 한 달 만인 12월 3일 조선중앙방송이 이경석 위원의 사망을 보도했다. 나는 남북 직통전화를 이용해 내 이름으로 이 선생님의 서거를 애도하는 뜻을 사모님께 전해달라고 북측에 요청했다. 서울에서 열릴 제3차 조절위 회의에 참석하지 못하고 세상을 떠난 것이다. 만약 그가 서울에 왔더라면 나는 윗사람의 허가를 받아 우리 동창생들을 만나게 했을 것인데 참으로 아쉬운 일이었다.

박린봉 군과 이종환 군에게는 이 선생이 전한 가족소식을 빠짐없이 전해주었다. '역시 스승은 스승이구나, 공산주의자 중에도 사리와 도리를 이해하는 사람이 있구나'라는 생각은 그 후 내내 내 뇌리에서 떠나지 않았다.

김일성의 초대 식사

"합작합시다!"

11월 3일 오전 10시 15분부터 12시가 넘도록 이후락 공동위원장을 비롯한 대표단 5명은 박성철을 비롯한 북한 대표단과 함께 내각청사를 방문하여 김일성을 만났다. 내가 평양고보를 다닐 때 운동장 서쪽에 새로 지은 거대한 건물을 '수상청(首相廳)'이라고 불렀는데 바로 그곳이었다.

── "합작합시다!"

우리 일행을 맞이하는 김일성의 태도는 대단히 정중했다. 직접 엘리베이터 앞까지 나와 우리를 기다리고 있었다. 컬컬한 목소리로 "환영합니다", "잘 오셨습니다"라며 일일이 악수를 했다. 이 부장이 남측 보좌역(위원)들을 김일성에게 소개했다.

방으로 들어가자 10여 명이 충분히 앉는 둥근 식탁이 있었다. 김일성을 중심으로 남북조절위원회 대표단 10명과 두 명의 북측 인사가 동석했는데, 한명은 김일(金一) 제1부수상이고, 다른 한명은 노동당 정치위원회 위원이며 비서국 대남사업비서인 김중린(金仲麟)이었다.

김일성이 먼저 입을 열었다.

"여러분 중에는 북조선 출신이 없지요? 있습니까?" 하고 물었다. 이

1972년 11월 3일 김일성의 점심식사 초대자리에서 김일성과 인사하는 본인
(이후락 부장이 소개)

부장이 "저기 강인덕 위원이 평양 출신이고 아마 여기서 고등학교를 다녔을 겁니다"라고 답했다. 나는 "제가 평양 출신입니다. 저기 계신 이경석 선생님이 저의 은사이십니다. 김구 선생, 홍명희 선생, 이극로 선생등이 1949년 남북 제정당·사회단체연석회의 참석차 평양에 왔을 때 총비(총비서)께서 그분들을 모시고 우리 학교에 안내하시지 않았습니까?"라고 말했다. 김일성이 내 말을 받아 "이 동무(이경석)가 고급중학교 선생을 했나?" 하고 웃었다.

김일성이 남측 인사들을 안내하며 학교에 왔을 때는 내가 고등학교 2학년 경제지리 시간 때였다. 담당 교사는 정용석(鄭容碩) 선생이었다. 정 선생님은 6·25 이후 월남해 연세대에서 형법을 강의하셨다. 일본 교토제국대학 출신이었지만, 북한에서는 발붙일 곳이 없어 우리 학교에서 전문분야도 아닌 경제지리를 강의하고 계셨다.

김일성은 남북조절위원회의 운영 문제, 경제건설 문제, 이산가족 문제, 통일 문제, 한글의 횡서(橫書) 문제 등을 두서없이 털어놓았다.

"얼마 전 남북적십자회담이 있었습니다. 나는 이 회의 결과를 다 보고 받았습니다. 그런데 이산가족 중에는 만나겠다는 사람도 있고, 만나지 않겠다는 사람도 있습니다. 남측 적십자 대표로 온 사람(이범석 대사)의 누이 되는 사람은 만나지 않겠다고 합니다.

왜 이산가족 문제를 푸는데 그렇게 복잡하게 해야 합니까? (우리 측이 제시한 국제적십자 심인(尋人)사업을 지칭함). 살았나죽었나 확인하고, 편지를 주고받고 만나게 하고, 어디서 살 것인가 결합 문제를 논하고…. 왜 이렇게 복잡한 단계를 밟아야 합니까?

간단한 방법으로 합시다. 내가 남쪽으로 4~5만 명 내려 보내겠습니다. 남쪽에서도 4~5만 명 올려 보내십시오. 그리고 각자가 헤어졌던 그곳에 가서 살고 있으면 만나고, 이사 갔으면 이사 간 곳 가서 찾아보고 만나고, 이렇게 하면 쉽지 않습니까. 자유 왕래합시다."

우리는 대환영이라고 반가운 기색을 보였다. 그러자 김일성은 다시 말을 이었다.

"그런데 말입니다. 이 자유왕래 원칙을 적용하자면 장애요인부터 제거해야 합니다. 우리 북조선에는 자유왕래하는데 아무런 장애도 없습니다. 마음대로 다닐 수 있고, 공산당을 반대한다고 법으로 다스리지 않습니다. 자유입니다. 그런데 남조선은 그렇지 못합니다. 반공법, 국가보안법, 반공교육, 반공언론방송, 공산주의자는 모조리 잡아넣도록 하고 있습니다. 이런 조건 하에서는 자유왕래 원칙을 옳게 적용할 수 없습니다. 그러니까 남조선은 먼저 이 자유왕래 원칙을 적용할 수 있도록 법률적 사회적 조건을 마련해야 합니다."

결국 김일성의 자유왕래 원칙에 의한 이산가족찾기 운동을 하자면 먼저 남한의 강력한 반공정책을 중단하는, 이른바 '법률적 사회적 환경 조성론'을 주장하는 것이었다. 나는 '어쩌면 저렇게 뻔뻔스럽게 거짓말을 할까? 도대체 여기 앉아 있는 남측 대표단을 어떻게 알고 저런 말을 지껄이냐?'라고 입술을 깨물지 않을 수 없었다.

그는 계속 말을 이어갔다.

"오늘의 남북관계를 풀기 위해서는 합작(合作)하는 길밖에 없습니다. 통일하자면 정치합작 이외의 다른 방법이 없습니다."

나는 '합작'이란 말이 나올 때마다 내가 남북대화를 준비하면서 수차례 정독했던 장개석(蔣介石) 총통의 저서 『중국 안의 소련』에서 지적한 점을 떠올렸다.

'합작, 국공합작, 이것이 중국공산당의 담판전술이었다. 국민당이 이 전술에 녹아 중국 대륙은 적화되었다. 통일전선전술의 중국식 표현이 바로 합작인데 이 전술을 우리에게 써먹자는 것인가?'

나는 그 때 옆에 앉아계신 장기영 전 부총리에게 평시 목소리로 물었다.

"부총리님, 우리 남한에서도 합작이라는 말을 씁니까?"

합작이란 용어의 뜻을 모를 리 없는 내가 물어서 그런지, 장 전 부총리는 잠깐 시간을 두고 말했다(내게는 대단히 길게 느껴졌다).

"쓰지, 합작회사 있지 않나? 서로 자금을 함께 내서 세운 회사를 합작회사라고 하지."

"그렇군요. 우리도 합작이란 말을 쓰는군요."

장 전 부총리와 내가 주고받는 말을 김일성이 못 들었을 리가 없다. 또 장 전 부총리의 '합작회사'라는 말뜻을 김일성도 알아차렸는지 다시 말을 계속했다.

"경제합작 합시다. 문화합작도 하고. 남북 간에 그 어떤 합작도 이로우면 이롭지 해될 것 없습니다. 그러나 경제합작 문화합작으로는 통일할 수 없습니다. 정치합작을 해야 통일할 수 있습니다. 남북 간에 군비를 축소하고 유엔에 가입하고 연방제를 실시하고, 이런 문제는 정치합작을 통해서만이 실현할 수 있습니다. 그러니까 정치합작이 우선문제입니다. 지금 여러분이 남북조절위원회를 하기로 했는데 이 역시 정치합작을 위한 것 아닙니까?

남북관계를 푸는 옳은 방법은 서로 합작하여 군비를 축소하는 것입니다. 정치합작하면 남북 사이의 신뢰를 깊게 하고 긴장상태를 완화할 수 있으며 남북의 군사를 각각 10만 정도로 덜어줄 수 있습니다. 남북한의 정치적 합작을 실현하는 데는 남북연방제를 실시하는 것이 합리적이라고 생각합니다. 남조선에도 그 제도를 그냥 두고 북에도 그 제도를 그냥 두고 초보적이나마 연방제를 해야 문제가 풀립니다. 대외적으로 나라 이름은 하나여야 합니다. 고려연방공화국이라고 해도 좋습니다."

이쯤 되면 「7·4 남북공동성명」에 합의하고 남북조절위원회를 구성하자는 북측의 기도가 어디 있는지 알 수 있었다. 그는 "박정희 대통령과 내가 마음만 합치면 오늘이라도 통일될 수 있다"는 식으로 제스처를 써가면서 말하는가 하면, "한글을 횡서로 쓰자는 사람들도 있는데 지금 우리가 횡서를 쓰면 남조선 사람들이 어떻게 알 수 있겠는가"라고 말렸다는 말도 했다.

김일성은 "나는 통일된 조선에서 수상(首相)할 생각 없고 통일된 후에는 마저 하지 못한 철학책을 쓰겠다"면서 "정치합작하면 남북 간의 대결도 끝이고 통일을 이룩할 수 있으니 합작을 실현하자"고 되풀이했다.

김일성의 말을 듣는 도중 그의 통제력이 얼마나 대단한가를 확인할 수 있었다. 구체적으로 무슨 질문을 한지는 모르나, 분명히 김일성이 경제문제를 김일 부수상에게 질문하자 김일은 그 자리에서 벌떡 일어나 질문에 답하는 것이었다. '제2인자인 김일이 저렇게 행동하는데 다른 사람들이야 오죽하겠는가? 독재자 앞에서는 모두가 저런 모습을 보이는구나'라고 생각했다.

우리는 점심을 곁들여 무려 3시간 이상 그의 말을 들었다. 점심식사는 한식과 중국식을 곁들인 성찬이었으며 술도 인삼주, 맥주, 뱀술 등 여러 가지였다. 김일성은 뱀술은 몸에 좋다고 하여 우리에게 마실 것을 권하면서 진작 자신은 질겁하는 흉내를 내면서 사양했다.

── '합작'은 통일전선 형성을 의미

식사를 끝내고 우리 일행은 응접실 쪽으로 나왔다. 『노동신문』을 보면 김일성이 외부인사와 만나 사진 찍는 바로 그 방이었다. 방에는 붉은 융단이 깔려 있었다. 김일성은 "오후 회의는 천천히 시작해도 되지 않는가?"라고 하면서 귀한 손님들을 맞이했으니 차나 한잔 더하고 가시라고 했다. 그런데 여기에는 점심을 같이 했던 사람 외에 몇 명의 북한 간부들이 끼어들었다.

김일성은 이 부장, 장 전 부총리, 최규하 특보와 마주 앉았고, 나는 그 옆 이경석 위원 맞은편에 앉았다. 나는 이 기회에 아까 김일성이 강조하던 '정치합작'에 대해 확인해봐야겠다고 마음먹었다.

나는 일어나 맞은편에 앉아있는 이경석 위원 앞으로 갔다. "선생님 절 받으십시오. 미처 인사드릴 시간이 없어 못 드렸습니다." 나는 무릎을 꿇고 허리를 구부렸다. 이 선생은 예상치 않았던 내 행동에 약간 놀랐는지 자리에서 일어나며 "이 사람, 인사는 뭘…" 하면서 엉거주춤한 자세로 인사를 받았다.

그리고 나서 자기 자리를 가리키며 "여기 앉지" 하고는 옆자리로 옮겨 앉았다. 결국 나는 이경석 선생과 처음 보는 북측 요원 사이에 앉게 되었다. 이 선생은 내 옆 사람을 가리키며 "인사하시지. 강성산 동지야" 하는 것이었다. 바로 평남인민위원회 위원장이며 당 중앙위원으로 후일 내각총리로 임명된 그 사람이다.

나는 강성산 위원장에게 "강인덕 위원입니다. 이 선생님의 평고(平高) 제자입니다"라고 내 소개를 했다. 그리고는 이경석 선생에게 "선생님 질문이 있습니다. 저에게는 영원히 스승님이기 때문에 이 자리에서 질문 드리겠습니다" 하고는 말을 이었다.

"선생님, 아까 총비 동지(김일성 총비서)께서 정치합작 해야 한다고 말씀하셨는데 '합작'의 뜻이 뭡니까?"

이 선생은 "합작은 합작이지"라고 대답했다. 나는 또 물었다. "왜 중국식 용어를 써야 합니까? 우리말로 풀어쓰면 안 됩니까? 합작은 합동작업의 준말인데 서로 힘을 합쳐 일한다, 다같이 함께 일한다, 사업한다 이런 식으로 쓰면 어떻습니까?"

그랬더니 이 선생은 "아니지, 합작은 합작이야. 총비 동지께서 하시는 합작이란 말에는 특별한 정치적 의미가 있어. 그리고 총비 동지의 뜻을 표현하자면 '합작'이라고 해야 그 뜻을 명백히 밝힐 수 있지"라고 했다.

나는 더 이상 '합작'의 의미를 캐물을 필요가 없다고 생각하면서 한 마디 덧붙였다.

"그렇다면 제 생각을 말씀드리지 않을 수 없군요. 선생님, 우리는 장개석(蔣介石)의 국민당 대표가 아닙니다. 또 체코슬로바키아 베네시(Edward Beneš) 대통령의 대표단도 아닙니다. 우리는 6·25 전쟁을 경험한 대한민국 대표단입니다. 우리는 정치적 합작을 하기 위해 여기 오지 않았습니다. 통일전선 형성에 도움을 주기 위해 여기 오지 않았다는 말씀입니다."

나는 굳은 얼굴로 쏘아붙이듯 말하면서 일어났다.

"선생님, 이런 식으로 처음부터 안 될 말씀을 하시면 이 회담을 어떻게 진전시킬 수 있겠습니까?"

이 때 이 부장이 일어나 밖으로 나가기에 우리 일행은 더 이상 얘기를 잇지 못하고 함께 일어나 모란봉 초대소로 돌아왔다. 나는 이 부장, 장 전 부총리, 최 특보와 함께 있는 자리에서 '합작'에 대한 내 뜻을 설명했다.

"합작이란 말은 북한이 기도하는 통일전선을 의미하는 정치용어인데, 우리가 이 말에 동의하면 마치 장개석 총통이 중국공산당과 합의했던 「국공합작」과 같은 모양새가 될 것 같습니다. '합작'이란 말에 대해서 우리는 동의할 수 없다는 것을 분명히 해야겠습니다."

세 분도 나와 같은 생각을 갖고 계셨다.

북한 측이 사용하는 남북 합작과 교류라는 용어의 정치적 의미는 북한 측 자료를 보면 쉽게 알 수 있다.

"북과 남의 합작과 교류는 남조선 인민들로 하여금 경애하는 수령님의 위대한 주체사상의 정당성을 깨닫게 할 것이며 그이께서 마련하여주신 공화국 북반부 사회주의제도의 참다운 우월성을 인식하게 할 것이다. 남북의 다방면적인 합작과 교류는 또한 남북 조선의 광범한 인민대중들로 하여금 미제의 식민지 통치의 산물인 남조선 사회제도의 부패상과 반동통치배들의 매국매족적 죄악을 더욱 깊게 깨닫게 할 것이며 수령님께서 제시하신 조국통일방침의 정당성을 확신하고 우리 민족이 어떤 방법으로 조국통일을 이룩하고 어느 방향으로 나아가야 할 것인가를 옳게 결정하게 되는 주요한 계기가 될 것이다. 따라서 북과 남의 다방면적인 합작과 교류는 광범한 군중을 민족적으로, 계급적으로 각성시키고 그들로 하여금 위대한 주체사상을 유일한 지도사상으로 하고 수령님의 두리에 굳게 뭉치게 하며 수령님께서 가리키시는 길을 따라 조국통일을 위한 투쟁에 힘차게 떨쳐나서게 하는 중요한 조건으로 된다." (허종호, 『주체사상에 기초한 남조선혁명과 조국통일 리론』(평양: 조선로동당출판사, 1975, p. 230)

이날 오후에 개최된 공동위원장 회의에서 북한 측 박성철과 류장식은 '합작'이란 말을 빼면 얘기 자체가 안 될 정도로 '합작'이란 말을 되풀이했다. 북측은 모든 합의사항에 이 '합작'이란 용어를 기준으로 논의하려 했다. 그러다보니 두 차례에 걸친 회의에서 합의를 본 「남북조절위원회 구성 및 운영에 관한 합의서」와 「남북한 상호 비방·중상방지 합의서」 등에 대해서 공식 합의문으로 발표할 수 없게 되었다. 결국 회의 종료를 기해 발표해야 할 공동성명이나 합의문조차 없이 회의를 끝마쳐야 할 상황이 되었다.

11월 3일 저녁 6시경 시작한 실무회의는 밤 12시 넘어까지 남측 정홍진, 북측 김덕현 실무대표와 남측 이동복, 북측 전금철 대변인이 참석한 세 차례의 실무회의에서 용어 절충을 하였으나, 북한 측의 '합작' 고수로 다음날 아침 9시까지 아무런 진전을 보지 못했다. 결국 서울 측 대표단은 11월 4일 9시 20분 수행기자단으로 하여금 "협상이 결렬되었고 이 때문에 우리 대표단은 합의서 없이 서울로 귀환한다"는 내용의 일방적 발표문을 서울로 송고하도록 조치하고 이를 북한 측에 통보했다.

── 남북조절위원회 제2차 공동위원장 회의 공동발표문 발표

그러자 10시 20분 박성철 공동위원장 대리를 비롯한 북측 대표들이 황급히 이후락 서울 측 공동위원장을 방문해 "어제 수상 동지(김일성)를 예방했을 때 수상 동지로부터 이번에 이 부장 선생이 평양을 방문한데 대한 선물로 두 건의 문건(「남북조절위원회 구성 및 운영에 관한 합의서」와 「남북한 상호 비방·중상방지 합의서」)을 반드시 타결시키라는 지시가 있었는데, 이 부장 선생이 그냥 돌아가면 우리는 수상 동지를 볼 낯이 없다"면서 즉석 절충을 제안하고 나섰다.

결국 합작문제에 대한 남북한 쌍방 간의 이견은 결국 '합작'이란 용어를 대체하기 위하여 서울 측 대표단이 제시한 '힘을 합쳐 같이 사업하는'이라는 표현으로 타결을 보았다. 오후 1시 20분, 다음과 같은 요지의 남북조절위원회 공동위원장 제2차 회의 공동발표문을 발표했다.

"남북조절위원회는 1972년 7월 4일부 남북공동성명의 합의사항을 추진하고 남북 사이의 관계를 개선 발전시키며 각 분야에서 힘을 합쳐 같이 사업하는 등 합의된 조국통일원칙에 기초하여 나라의 통일문제를 해결하는 것을 목적으로 한다"(남북조절위원회 구성 및 운영에 관한 합의서 제1항)고 합의했다.

그리고 "남북조절위원회 안에 정치, 군사, 외교, 경제, 문화 등 5개 분과위원회를 둔다. 각 분과위원회는 남북조절위원회 사업이 진척되는 데 따라 설치하며, 그 기능과 구성은 쌍방의 합의에 의하여 따로 규정한다"로 합의하고, 1972년 11월 11일 0시를 기하여 대남·대북방송과 군사분계선 상에서의 확성기에 의한 대남·대북방송, 상대방 지역에 대한 삐라 살포를 하지 않을 것과 제3차 공동위원장 회의를 11월 30일부터 12월 2일까지 서울에서 개최할 것에 합의했다. 결국 오전 9시 출발 예정이던 것이 공동발표 문제로 지연되어 오후 1시 20분경 숙소를 출발해야만 했다.

청와대에서의 귀환보고

"전략적 변화는 없습니다"

제2차 공동위원장 회의를 끝마친 대표단 일행은 11월 4일 오후 2시 20분경 헬리콥터 편으로 군사분계선을 넘어 판문점에 도착했다. 자유의 집에서 차 한 잔씩 하고 오후 3시 넘어 이후락 공동위원장의 기자회견을 마치는 대로 청와대에서 곧바로 들어오라는 대통령의 지시가 하달됐다. 남측 대표단 5명은 오후 4시가 지날 무렵 청와대에 들어가 대통령께 무사귀환을 보고했다.

── 북한의 전략적 변화 없음을 보고

박 대통령은 이후락 부장에게 북한에서 느낀 종합적인 견해를 물었다. 지금 이 부장의 보고를 구체적으로 기억할 수는 없으나, 대체로 처음 본 북한에 대한 인상 등을 말한 것으로 기억된다. 장 전 부총리, 최규하 특보에 이어 내게도 같은 질문을 하셨는데 나는 이렇게 대답했다.

"각하, 김일성의 말이나 북측 대표단의 주장을 듣고 느낀 것은 북한은 전혀 전략적 변화가 없다는 점입니다. 남북대화에 응한 것은 말 그대로 합작실현, 반미 반정부, 통일전선 형성에 유리하다고 판단하고 응한 것으로 생각됩니다. 전략적 변화 없는데 전술적 변화에 대응하며 전략적 변화를 유도한다는 것은 지극히 어렵다고 생각됩니다"라고 말씀드렸다.

박 대통령은 동석했던 김종필 총리에게 어떻게 생각하느냐고 물었다. 김 총리는 "저도 강 국장과 같은 생각입니다"라고 답했다. 그러자 대통령은 "그럼 그렇지, 북한이 변할 리가 없어. 그러니 북한과의 대화는 서두를 필요 없어. 내가 일전에 말했듯이 벽돌을 한 장 한 장 쌓아올리듯 해나가는 거야"라고 말씀했다. 나는 대통령의 이런 말씀에 '남북대화 진척 여부로 고민할 필요가 없겠구나'라고 생각했다.

방북 보고가 끝나자 대통령은 청와대 2층 식당에서 간단한 파티를 열어주었다. 파티라고 해야 대통령께서 흔히 드시는 막걸리 파티였다. 대표단 일행에게 일일이 막걸리를 따라주었다. 나도 받은 막걸리를 들고 "각하, 그동안 잘못 보고 드린 것 같아 말씀드리겠습니다"라고 했다. 대통령은 "무슨 문젠가?"라고 말씀하셨다.

"평양-판문점 사이를 헬리콥터로 갔다왔습니다만, 위에서 내려다보니 낮은 산들은 거의 벌거숭이였습니다. 그처럼 나무가 없을까 의심할 정도였습니다. 아무리 계단식 옥수수 밭을 만드느라 나무를 찍어냈다고 하지만, 저 상태로는 도저히 홍수를 막을 길이 없을 것 같습니다."

대통령은 "거 큰일이구먼, 녹화사업은 시간이 걸리는데"라고 말씀하셨다.

━ 한경직 목사님의 부름을 받고

평양에서 돌아온 지 2~3일이 지났을까, 한참 회담 결과와 북한에서 본 것을 정리하느라 바쁜 오전 11시경 한경직 목사님이 전화를 주셨다. 한 목사님은 내가 다니는 영락교회 담임목사님이었다.

"예, 저 강 집사입니다."

"강 집사, 수고했어요. 그런데 지금 빌리 그레이험(Billy Graham) 목사 초청 여의도 기도회를 준비하는 목사님들이 다 모이셨는데, 강 집사가 와서 북한에 갔다 온 얘기를 해줄 수 없겠는가 해서 전화했어요. 시간이 어떠신가?"

내게는 아버님처럼 은혜롭고 감사하신 분이다.

"그럼요, 보고 드려야지요. 언제쯤 보고 드리면 좋겠습니까?"

"아니야, 지금 다 계시는데 헤어지면 한참 지나야 또 모이게 되니 오늘 오후라도 좋겠어요."

나로서는 바쁘긴 하지만 목사님의 부탁을 미룰 수 없었다.

"목사님, 제가 점심시간이면 나갈 수 있습니다. 점심 잡수셔도 좋고 안 드셔도 좋습니다. 한 시간 정도면 보고드릴 수 있습니다."

목사님은 좋다며 점심시간에 기다리겠다고 했다. 나는 대강 책상 위를 정리하고 목사님들이 모여 있는 중앙일보사 옆 동화빌딩으로 갔다. 거기 오신 목사님들은 말 그대로 교파를 초월한 개신교 원로 중진목사들이었다.

인사를 나누고 자리에 앉아 잠깐 묵상기도를 끝내고 고개를 들기 바쁘게 어떤 나이 드신 목사님이 질문이 있었다.

"강 집사, 수고했어요. 강 집사, 우리는 한시도 잊지 않고 백두산 나무를 찍어 북한의 무너진 성전을 재건해야 한다고 기도해왔는데 언제쯤이면 가능할 것 같은가요?"

나는 당황하지 않을 수 없었다. 그러나 이 질문이야말로 여기 모인 목사님뿐만 아니라 남한의 모든 교회와 교인들이 원하며 기도하는 첫 번째 기도 제목이 아닌가? 나는 이렇게 말했다.

"목사님, 그걸 누가 알 수 있겠습니까? 주님만이 아시는 문제입니다. 다만 제가 이번 북한방문에서 새삼 느낀 점은 평양의 김일성교(金日成

教)는 사이비 종교집단의 소굴이라는 것이었습니다. 6·25 전쟁 이전과는 비교할 수 없을 정도로 김일성 숭배사상이 충만된 곳이었습니다."

이렇게 말하면서 거기 모인 목사님들의 표정을 살펴보았다. 모두 깊은 시름에 젖은 듯한 얼굴이었다. 한경직 목사님이 말씀하셨다.

"강 집사, 우리가 어떻게 그날을 예측할 수 있겠나? 오직 하나님께서 결정하실 일이니 속히 그날이 오도록 주님께 매달려 기도하는 일, 이것이 우리가 할 일이지."

나로서는 더 이상 드릴 말씀이 없었다. 그리고 화제를 바꾸어 평양의 변화된 모습, 김일성을 만났을 때의 인상, 오고가며 느낀 소감 등등을 말씀드렸고, 내가 답할 수 있는 질문과 대답이 화기애애하게 오갔다.

한 시간쯤 지나 자리를 일어서며 나는 이렇게 말씀드렸다.

"목사님, 휴전선을 넘어 북쪽으로 가는 것보다 제3국을 우회해 가는 편이 쉬울지도 모르겠습니다. 조총련을 통하던가, 소련이나 중국을 통하던가 말입니다. 목사님, 교회를 재건하는 일보다 말씀을 전하는 일이 더 우선해야 할 과제라고 생각합니다. 말씀이 들어가야 교회 재건의 길도 열리는 것 아닙니까?"

나는 그동안 미국을 비롯한 자유세계의 개신교 교회가 소련, 중국, 동유럽 등 공산권을 향해 쉬지 않고 가능한 수단과 방법을 동원해 선교 활동을 전개하고 있음을 잘 알고 있었다.

1960년대 초 이화여대 김활란(金活蘭) 총장이 나를 불러 공산권 선교 방법에 대해 문의한 바 있었다. 나는 남한의 교회가 대북 선교에 적극적이 아님을 불만스럽게 생각하고 있던 터라 불쑥 '선교 우선'을 언급한 적이 있다.

한경직 목사님을 비롯한 여러 목사님들과 인사를 나누고 돌아오는 길에, 내가 모란봉 초대소에 놓고 온 작은 성경책이 궁금했다. 어떤 사람이 갖고 갔을까? 아니면 쓰레기통에 집어넣었을까? 쓰레기통에 집어넣지 않고 가져간 사람이 있다면 아까 목사님들이 그처럼 바라고 기도하는 대로 무너진 성전을 재건하는 일도 쉬워질 텐데….

남북조절위원회 북측 대표단의 서울 방문

지켜지지 않는 '대남 비방방송 중지'

제2차 공동위원장 회의 합의에 따라 1972년 11월 30일 북측 대표 5명이 서울에 왔다. 북측 대표단은 평양에서 열렸던 제2차 공동위원장 회의 참석자와 같았으나, 11월 하순에 사망한 이경석 위원 대신 이완기(李完基) 내각참사가 참석했다.

── 북측 대표단과의 대화와 해프닝

우리는 평양 방문 때 북측이 우리를 영접했던 것과 비슷하게 이후락 부장 이하 대표단 전원이 판문점에 나가 북측 대표단을 영접하고, 각기 상대방 파트너와 한 차로 서울로 향했다. 나는 구면인 한웅식 내각참사와 같이 탔다. 판문점을 출발한 대표단 차량은 임진강 다리를 지나 남으로 향했다. 임진각을 지나자 한웅식이 차량 정면에 보이는 대전차 장애물을 가리키며 물었다.

"강 선생, 저게 뭡니까?"

"뭐 말입니까?"

"저거 말입니다."

그는 손으로 도로 위에 건설한 육중한 콘크리트 구조물(대전차 장애물)을 지적했다. 그 순간 당 중앙위원회 대남사업부 산하 남조선문제연구소 부소장이라는 그가 대전차 장애물을 모를 리 없다고 생각하고 나는 농담조로 엉뚱하게 대답했다.

"아마 여기 파주군 관계자들이 이 일대의 여러 역사 유물들을 이용하여 문화관광단지를 조성할 모양인데 이 때문에 육교(陸橋)를 만든 것 아닌지 모르겠습니다."

"무슨 다리를 강도 아닌 산과 논바닥 한가운데 난 길 위에 놓습니까?"

그는 이미 다 알고 있음을 나타내듯 씩 웃는 것이었다. 나는 정색을 하고 말했다.

"한 선생, 저게 뭔지 다 알고 있으면서 왜 묻습니까? 저건 당신네 탱크가 내려오면 막아야하겠기에 만들어놓은 반탱크 장애물입니다. 작전시에는 저 콘크리트 덩어리로 이 도로를 봉쇄할 겁니다."

"그런다고 내려올 전차가 못 내려오겠습니까?"

"내려오겠지요. 그런데 생각해보시오. 이 파주평야는 그리 넓지 않습니다. 당신네가 보유하고 있는 T-54, T-55 탱크 중 절반을 서부전선에 배치한다고 하면 2,000대 가까이 될 겁니다. 거기에 지원차량까지 붙어야 할 것이니 그러면 수천대의 전차와 보급수송 차량이 될 겁니다. 우리에게는 더없이 좋은 표적이 되겠지요.

한 선생도 아시다시피 지금은 탱크 잡는데 일반 포(砲)만 동원되지 않지요. 미사일이 함께 배치되잖아요. 토(TOW) 미사일 말입니다. 백발백중이라고 하지만, 병사들의 실수가 있게 마련이니까 50%만 명중해도 됩니다. 미사일 맞지 않고 서울로 향하는 전차는 2선 3선에서, 그래도 서울에 들어온 전차는 고층건물에서 공격하면 그까짓 전차 못 잡겠습니까?

한 선생, 우리가 고급중학교 시절 소련의 유명한 작가 시모노프 (Konstantin M. Simonov)가 쓴 『낮과 밤(주야(晝夜)를 가리지 않고)』(스탈린그

라드 격전을 그린 소설)을 읽지 않았소. 그 때와 지금은 무기체계가 다르지요. 할려면 합시다. 우리 전쟁 두려워하지 않습니다."

"언제 우리가 남조선과 전쟁 한다고 했습니까? 미제국주의자가 북침하려 하니까 전쟁준비 하는 거지요."

"한 선생, 우리는 정보 하는 사람들입니다. 외교관이 아닙니다. 판에박은 선전 같은 얘기는 피차 그만하고 사실을 있는 그대로 얘기합시다."

운전기사 정 군과 차 앞좌석에 앉아있던 경호원이 내가 전쟁 이야기를 툭 터놓고 하는 걸 듣고 크게 놀랐다고 다음날 내게 말했다.

판문점을 떠나 한 시간쯤 지나 회의장 겸 숙소로 정한 영빈관(지금은 신라호텔 안에 있음)에 도착했다. 남북 대표단이 로비에 모였다. 그런데 갑자기 박성철, 류장식 등 북측 대표단이 굳은 표정으로 항의해오는 것이었다. 우리는 처음에는 영문을 몰라 당혹스러웠다.

저들의 애기인즉, 통일로 옆에 세워져 있는 여러 광고판 중에 '수복'이라는 것이 있었는데, 자신들을 불러다놓고 수복하겠다니 말이 되는가라는 것이었다. 우리는 웃을 수밖에 없었다. 실물을 직접 보여주는 게 좋겠다고 생각해 웨이터를 불러 수복(壽福) 청주를 가져오라고 했다. 웨이터가 즉시 청주 한 병과 컵을 들고왔다. 이 부장이 "수복 한잔 합시다"하면서 잔을 돌렸다. 박성철 이하 북측 대표단이 멋쩍은 얼굴로 잔을 들었다.

공동위원장 회의에 앞서 나는 이 부장에게 평양회의 때 합의한 '방송을 통한 상호비방 중지'가 제대로 이행되지 않음을 회의 벽두에 제기할 것을 건의했다. 나는 북측 대표가 도착하기 직전까지 북한의 대남방송 중의 하나인 '통일혁명당 목소리방송'이 계속되고 있음을 확인하고 방송시간, 방송국 위치, 방송출력, 방송내용을 챙겨 지도 위에 표시하고 이를 갖고 회의장에 들어갔다.

회의가 시작되자 이 부장은 나를 보며 "11월 11일 0시를 기해 중단키로 합의한 대남·대북방송 중지, 삐라살포 중지가 어떻게 진행되고 있는가? 잘 되고 있지?" 하고 물었다.

나는 "모든 방송과 휴전선에서의 확성기 방송 중지, 삐라살포 중지 등은 잘 진행되고 있습니다. 아마 북측에서도 확인했을 것입니다. 그런데 북측의 방송 하나만 잘 이행하지 않고 있습니다"라고 답했다.

그랬더니 참석자 전원이 거의 동시에 "무슨 방송이요?" 하고 되물었다. 나는 "통일혁명당 목소리방송입니다"라고 답하며 북측 대표단의 표정을 살폈다. 그러자 북측의 류장식 위원이 대답했다.

"통일혁명당 방송이요? 우리 쪽에는 그런 방송이 없습니다. 혹시 남조선 어딘가에서 하는 방송 아니오?"

참으로 뻔뻔한 사람들이었다. 남조선의 지리산이나 팔공산에서 빨치산들이 하는 방송이란 말인가? 나는 지도를 부친 게시판을 꺼내 참석자 모두가 볼 수 있을 정도로 회의 탁자 위에 올려놓았다.

"바로 이곳 해주 남산에서 전파를 발사하고 있습니다. 출력은 300㎾입니다."

더 이상 할 말이 없었던지 "도대체 이해할 수 없다. 그럴 리 없다"며 꽁무니를 빼는 것이었다. 나는 다그쳐 말했다.

"북쪽에서 방송을 계속하면 우리도 그에 상응하는 대응조치를 취하면 됩니다. 북쪽의 어떤 방법에도 대응할 수 있는 모든 수단을 우리는 갖고 있습니다. 중단하기로 약속했으면 하지 말아야지요. 하면 우리도 합니다."

이 부장은 "돌아가시면 즉각 중단하도록 조치하기 바랍니다"라고 지적하고 회의에 들어갔다.

── 제3차 공동위원장 회의에서 제1차 남북조절위원회 회의로

제3차 공동위원장 회의였지만, 그동안 실무자들 간에 합의한 남북조절위원회 구성문제에 쌍방이 동의하여 '남북조절위원회 제1차 회의'로 명칭을 바꾸게 되었다. 그러나 이 회의에서도 본질적이고 기본적인 문제에 있어서 치열한 대립을 나타냈다.

평양 측은 공동성명이 나온 이상 남북의 신뢰는 이루어진 것이므로 우선 남북 간에 군사대표회담을 열어 남북 간 군사적 대치상태 해소방안을 협의해야 하며, 정치 군사 외교 경제 문화의 5개 분과위원회를 동시에 일괄 발족시키자는 것이었다.

이에 대해 우리 측은 신뢰란 공동성명이 발표됐다고 이룩된 것이 아니므로 분단 현실을 감안하여 마찰이나 저항요인이 적은 비정치 비군사 분야, 경제 사회 분과위원회를 구성하고 신뢰를 축적해 나가는 것이 오히려 통일여건 조성에 긴요한 문제라고 주장했다.

12월 1일 둘째 날 회의에서도 남북 쌍방의 주장은 여전히 맞섰다. 평양 측은 첫날 회의에서 주장했던 내용을 되풀이했다.

① 남북 간의 상호 신임의 표시로서 군비경쟁과 무력증강을 중지하고 병력을 축소할 것

② 정치 군사 외교 경제 문화 등 남북 간 다방면의 합작을 구체화할 것, 특히 문화 분야에서 민족어와 역사의 공동연구, 무대예술의 교환공연, 영화의 공동제작과 필름 교환, 공동박람회 개최, 단일 민족예술단과 단일 체육팀을 구성하여 해외 공동 진출 등 제반 합작 문제를 구체화하기 위한 문화합작위원회를 구성 운영할 것, 그리고 경제 분야에서 지하자원의 공동개발 이용, 남북한 어로 개방 및

자유로운 어로활동 보장, 어항 개방, 남한 지역의 관개 공사 등 제
반 합작문제를 구체화하기 위해 경제합작위원회를 구성 운영할 것

③ 최고위급 회담을 조속히 개최할 것 등

이에 대해 서울 측은 다음과 같이 제의했다.

① 남북대화를 성공시키기 위하여 쌍방은 상호 체제부정을 지양하고
서로 상대방의 체제를 이해하면서 각기 상대방의 체제내부 문제를
비난 간섭하지 않고 자기 체제를 상대방에 강요함이 없이 오로지
각자 자기 체제에 입각하여 국민의 복지증진에 노력을 경주하는
한편, 체제를 초월하여 민족의 동질성을 강화하는 방향으로 남북
간의 협력관계를 조성해나가며, 체제와 체제 간에 「7·4 남북공동성
명」의 정신에 입각한 성실한 대화를 계속해나가야 할 것

② 군비축소, 경제 문화 분야의 합작문제의 구체화, 최고위급 회담보
다 우선적으로 '남북조절위원회 구성 및 운영에 관한 합의서'에 의
거, 조속한 시일 안에 공동사무국을 설치하고 간사회의를 구성하
여 남북조절위원회 운영세칙을 마련하고 조속히 남북조절위원회
본래의 기능을 마련할 수 있도록 필요한 실무적 조치를 확보할 것

③ 경제·문화 분야의 협력을 위한 실무자 회의의 구성을 간사회의에
위임할 것 등

── 북측 대표단의 박 대통령 예방

이처럼 양측 주장이 대립하는 가운데 오전 회의를 끝내고, 12월 1일
오후 평양 측 대표단은 청와대로 박정희 대통령을 예방했다. 박 대통

령은 북측 대표단에게 통일에 접근하는 방법에 대해 다음과 같이 언급했다.

"기본이 될 수 있는 3개 원칙(통일 3대원칙)의 합의를 대단히 기쁘게 생각합니다. 3개 원칙에 전적으로 동의하며 찬성합니다. 통일을 바라는 마음이 아무리 간절하다 하더라도 전쟁으로 이를 성급히 이룩하려 할 것이 아니고 평화적으로 이룩해야 합니다. 우리는 서로 체제 이념 세계관이 다르더라도 이 모든 것을 초월하고 동족이란 의미에서 단결할 수 있습니다.

'외세의존을 배격하자', '자주적으로 하자'고 하는 것은 지당한 말씀입니다. 이를 위하여 '협상기구를 만들자' 하는 것도 찬성합니다. 문제는 '어떠한 방법으로 추진하느냐'입니다. 아무리 급하다 하더라도 일에는 순서와 절차가 있습니다. 현실적으로 높은 장벽이 있는데 이를 제거하려면 벽돌을 하나씩 제거해야지 한꺼번에 허물 수 없습니다. 콩으로 메주를 쑨다고 해도 믿지 않는 사람 사이에 서로 믿는 분위기를 조성하고 그 바탕 위에서 이런 문제를 논의해야 해결됩니다.

전쟁의 피해를 입은 친척, 가족이 얼마나 많습니까? 또 휴전 후 간첩과 게릴라를 얼마나 내려 보냈습니까. 나를 암살하려 김신조 팀이 400m 거리까지 왔었습니다. 나는 그 때 침실에 들어가려다 총소리 듣고 알았습니다. 이러한 문제 때문에 원칙적 합의가 되었더라도 동포들이 갖는 불신은 해소되지 않습니다."

박 대통령의 접근방식은 '단계적인 접근, 용이한 문제부터 해결, 장벽을 헐 듯 하나하나 제거하는 방식'이어야 한다는 것이었다. 그러나 북측은 당장 정상회담을 열어 정치적으로 해결하자는 것이었다. 박성철 부수상은 준비한 원고를 읽으면서 다음과 같이 남북정상회담을 제의했다.

"솔직히 말씀드려 오늘 통일위업을 성취하는 문제는 사실상 박 대통령과 김일성 수상의 구상과 결심 여하에 달려있다고 봅니다. 우리가 통일하자고 한다면 어차피 두 분 사이에 합의가 이루어지지 않고서는 안 될 것입니다. 우리는 두 분께서 직접 상면하시어 상호 신임을 두터이 하시고 격의 없는 담화를 나누신다면 반드시 합의점에 도달하실 것이며, 두 분 사이에 합의만 이루어진다면 문제들이 매우 쉽게 빠른 속도로 풀려나가게 되리라고 믿고 있습니다."

박성철이 남북정상회담을 제의하자 박 대통령은 정중하게 거부했다.

"분위기가 조성되고 여건이 성숙되면 나와 김 수상이 만나 툭 털어놓고 이야기할 것입니다. 지금은 아직 그런 여건이 아닙니다. 불신임 문제와 같은 해결할 문제들이 산적해 있는데 지금 만나보았자 남북문제 해결의 구체적 진전은 어려울 것입니다. 지금 당장 만나서 아무런 성과를 거두지 못할 바에야 오히려 만나지 않는 것보다 못할 것입니다.

남북 간에 불신을 제거하고 하나씩 하나씩 서로 이해해야 합니다. 통일은 서두를 문제가 아닙니다. 평양에 가서 가족과 같이 냉면이라도 먹고올 생각은 있으나 현실은 그렇지 않습니다. 의욕과 현실은 다릅니다."

박 대통령은 우선 쉬운 문제부터 해결하고 어려운 문제는 일단 뒤로 미루어 해결한다는 자세로 추진해야 할 것이라고 강조하면서, 먼저 남북적십자회담의 진전으로 이산가족들이 만나면 그 다음 단계로 남북 간의 분위기가 좋아져 경제교류 문제가 토의되어 실시될 수 있을 것이라고 말한 것이다. 박성철 부수상은 남북조절위원회 제1차 회의에서 북측이 제의한 군비축소를 제기했으나 박 대통령의 쉬운 문제부터 단계적으로 해결하자는 주장에 김일성의 말을 인용해 동의한다는 뜻을 표시했다.

결과적으로 남북조절위원회 제1차 회의는 평양에서처럼 뚜렷한 합의를 보지 못한 채 끝나고 말았다. 그래도 회의 종료에 즈음하여 공동발표문을 내놓아야 한다고 합의하고 다음의 내용을 발표했다.

① 「7·4 남북공동성명」의 정신과 남북조절위원회 제2차 공동위원장 회의의 합의사항에 따라 각 분야에서 교류와 힘을 합쳐 사업을 하는데 대하여 의견교환을 하고

② 남북조절위원회의 실무기능을 조속히 완비하기 위하여 조속히 간사회의를 구성하고 공동사무국을 설치하며 필요한 운영세칙을 마련하기로 합의했다.

제2차 남북조절위원회 회의 참가

두 번째 평양 방문

1973년 3월 14일 나는 남북조절위원회 제2차 회의 참석차 평양으로 갔다. 대표단은 제1차 회의 때와 같이 이후락 공동위원장, 장기영, 최규하, 나 그리고 정홍진 등이었다.

오전 10시 북측 김덕현 간사위원의 안내를 받아 판문점을 통과하여 북측 판문각에서 잠깐 쉰 뒤 10시 17분 판문점을 출발했다. 이번에는 헬리콥터가 아닌 자동차 편으로 평양–개성 간 고속도로(왕복 2차선 도로)를 따라 평양으로 향했다.

12시가 조금 넘어 황해도 봉산군 청계리 휴게소에서 10분쯤 쉬었을 때였다. 길가에 서있는 큰 입간판이 눈에 띄었다. 김일성의 현지지도를 선전하는 내용이었다. 한 곳에는 김일성이 현지지도하며 앉았던 곳이라 하여 무슨 역사적 장소나 되는 듯이 큰 돌 하나를 낮은 울타리로 감싸 놓은 곳도 있었다. 밭 한가운데에 살수기를 설치한 곳도 보였다.

나는 새삼스럽게 펼쳐지는 산하의 경관이 감격스럽게 다가옴을 느꼈다. 어떻게 해서라도 남북관계를 풀어야 한다, 자유왕래가 실현될 수 있도록 해야 한다는 생각이 불현듯 치솟아왔다.

그날 내가 강하게 느낀 점은 '역시 가깝구나!' 하는 점이었다. 서울에서 평양까지 거리로 치면 150km 이내로 자동차로 2시간이면 족히 가는 거리였다. 이 가까운 곳에 고향이 있는데 지난 20년 넘게 찾아올 수 없

1973년 3월 14일 평양 보통강호텔에서 개최된 북측의 환영만찬회에서
남측을 강하게 비난하는 박성철 부수상

었다니!

그러나 현실은 그렇게 만만하지 않았다. 이번 회의만 해도 넉 달 만에
열리는 회의였다. 지난 4개월 동안 남북 간에는 조절위원회 구성과 운영
문제를 놓고 지루하게 밀고 당기는 실무자 회의가 개최된 바 있었다.

우리 측은 경제, 사회, 문화 등 비정치적 분과위원회를 먼저 구성하
고 성과를 보아 정치 군사 분과위원회로 넘어가자는 데 반해, 북한 측은
처음부터 5개 분과위원회를 한꺼번에 구성하여 정치·군사문제 중심으
로 정치협상을 진행하자는 것이었다.

나는 1973년 3월 1일 주한 미대사관의 관계자를 만났을 때, 북한 측
이 제2차 남북조절위원회 개최를 계속 연기하려는 태도를 보이는 것은
"북한 지도부 내에 강·온파 간의 의견이 갈린 때문인 것처럼 생각하는
사람이 있는 것 같은데 그렇지 않다. 절대 권력자인 김일성이 정치·군

1973년 3월 14-16일 평양 모란봉초대소에서 개최된 제2차 남북조절위원회 회의

사회담 우선을 지시하는 한 북측 태도가 바뀔 가능성은 없다고 본다"라고 말한 바 있다.

평양회의에서 박성철 북측 대표는 환영만찬 때부터 정치·군사문제 우선을 주장했고, 다음날 오전에 열린 본회담 벽두부터 남북관계 개선의 선결조건으로 남북 간의 긴장상태 완화와 군사적 대치상태의 해소를 요구하고 이를 위해 5개항을 제안했다.

① 무력증강과 군비경쟁 중지
② 쌍방 군대의 10만 또는 그 이하로의 감축 및 군비의 대폭 축소
③ 외국으로부터의 일체의 무기, 작전장비, 군수물자 반입중지
④ 미국을 포함한 일체의 외국 군대 철거
⑤ 이상 문제의 해결과 상호무력 불행사를 보장하는 평화협정 체결

북측은 이들 제안의 집행을 위해 쌍방 참모총장을 포함한 군사 인원을 남북조절위원회에 망라하든가 군사분과위원회를 만들 것을 제의했다. 또 북측은 정치, 군사, 외교, 경제, 문화 분과위원회의 동시 일괄 설치와 남북 정당·사회단체 대표 연석회의 개최라는 새로운 제의를 내놓았다.

우리 측이 북측 제안을 선뜻 받아줄 처지가 아님은 명백했고, 따라서 회의는 교착상태를 면할 수 없었다.

─── 「10월 유신」에 함몰된 남북대화

1972년 10월 17일 박정희 대통령이 '특별선언'을 발표하고 전국에 계엄령을 선포한 결과, 국회는 해산되고 모든 정당의 정치활동이 금지

되었고, 해산된 헌법기관의 업무는 비상국무회의가 대행하게 되었다. 특이한 것은 '11월 27일 이내' 평화통일을 지향하는 헌법개정안을 제시하며, '연내'에 헌정질서를 정상화하겠다는 것이었다.

계엄사령부가 발표한 포고령 제1호는 대학교의 휴교 조치와 언론매체에 대한 사전검열을 실시한다는 것이었다. 이러한 상황에서 1개월여 만인 11월 21일 실시된 유신헌법 개헌 국민투표는 찬성 91.5%로 확정되었다. 이 개정된 헌법에 따라 통일주체국민회의 대의원 선거가 12월 15일 실시되어 2,359명의 대의원이 선출(?)되었다. 이어 12월 23일 대의원 전원이 참석하여 찬성 2,357표, 무효 2표로 박정희 제8대 대통령을 선출하였다. 그러자 재야 언론매체들은 '왜 만장일치의 통일주체국민회의가 아니고 2명의 무효표가 나왔는가?'를 놓고 설왕설래했던 기억이 생생하다.

12월 27일 박정희 대통령은 제8대 대통령으로 취임하였고, 유신헌법을 공포하고 정당·사회단체의 정치활동 재개를 비롯하여 헌정질서의 회복을 천명했다. 유신헌법에 의거한 국회의원 선거는 1973년 2월 28일 실시되었는데, 지역구 국회의원 146석 중 공화당 73석, 신민당 52석, 통일당 2석, 무소속 19석을 차지하였다. 여기에 대통령이 추천한 별도의 유신정우회(維新政友會) 후보를 통일주체국민회의 찬부에 따라 선출한 73석이 추가되어 국회의 총의석은 219석으로 구성되었다.

이처럼 남한에서 유신정국의 소용돌이가 휘몰아치던 기간에도 남북대화는 여전히 속개되어 1972년 11월 30일부터 12월 2일까지 남북조절위원회 제3차 공동위원장 회의 겸 제1차 남북조절위원회 회의가 서울에서 개최되었다. 1973년 3월 15~17일까지 제2차 남북조절위원회 회의가 평양에서 개최되었으며, 3월 21~23일까지는 남북적십자 제5차 본회담이 평양에서 개최되었다.

그러나 1972년 12월 1일 계엄령 선포 1개월 12일 만에 개교한 대학가는 결코 평탄치 않았다. 북한은 이러한 남한사회 내에서 일기 시작한 반유신운동을 간과하지 않고 반정부 투쟁으로 확산시키려 기도했다.

유신 선포 후 2개월 동안 박정희 대통령은 기회 있을 때마다 "유신헌법의 성실한 수행과 안정되고 번영한 통일을 이룩하기 위해서는 모든 국력을 효과적으로 사용해야 하며, 우선 급속한 경제성장으로 통일기반을 조성해야 한다(선 경제건설, 후 통일)"고 강조하면서 '남북대화의 성실한 진행'을 천명하였다. 그러나 이러한 박 대통령의 소신 천명에 대한 북측의 반응은 지극히 냉엄한 것이었다.

급기야 1973년 6월 10일 북측은 남북조절위원회 제2차 공동위원장 회의에서 합의하여 실행에 옮겨지고 있었던 '상호 비방방송 중지(72년 11월 11일부터 시작)'를 깨고 휴전선 상 4개 지점에서 확성기를 이용한 대남 비방방송을 재개하였다. 6월 12~14일까지 서울에서 개최된 남북조절위원회 제3차 회의에서는 '통일혁명당 목소리방송'의 지속과 휴전선 상의 확성기 비방방송 재개를 규탄하는 남측의 공격과 이를 반론하는 북측 간에 치열한 공방전이 전개되었지만, 원상복귀 가능성이 없다는 것이 확인되었다.

이처럼 남북 간의 대화가 화해협력의 방향에서 역류하는 가운데 1973년 6월 23일 한국정부는 「평화통일 외교정책에 관한 특별선언 (6·23 선언)」을 발표했다. 「6·23 선언」의 요지는 다음 7개 항목이었다.

① 조국의 평화통일을 위해 모든 노력을 다한다.

② 남북한은 서로 내정에 간섭하지 말자

③ 남북대화의 구체적 성과를 얻기 위해 노력하자

④ 남북한이 함께 국제기구에 가입하자

⑤ 남북한이 유엔에 동시 가입하자

⑥ 대한민국은 호혜평등 원칙 하에 모든 국가에게 문호를 개방한다.

⑦ 대한민국의 대외정책은 평화선린에 두고 있으며 우방들과의 기존
유대관계를 공고히 해 나갈 것이다.

「6·23 선언」이 발표되자 북한은 즉각 반대성명을 발표하고 '2개의
한국책동'이라고 몰아부쳤다. 상황이 여기까지 온 이상 향후에도 남북
대화가 순조롭게 진행될 것이라는 전망은 거의 사라지고 말았다.

나는 이로써 2년 전 밤새워 준비했던 남북대화가 종식될 위기에 놓
이게 되었다고 판단했다. 하기야 애당초부터 "북한의 전략적 변화가 없
는 한 기존 대남전략이 수정될 가능성은 희박하다"는 전제하에 추진하
던 남북대화이지만, 이산가족의 고통을 덜어주기 위한 티끌만한 성과도
거두지 못한 채 중단된다는 것은 지극히 유감스런 일이 아닐 수 없었다.

그러나 정권 당국은 남북대화를 이용하여 유신체제로 전환할 수 있
었고, 특히 그 중심에 위치한 이후락 부장은 박 대통령의 장기집권을 위
한 기반 구축이라는 일대 거사를 무사히 수행했다는 만족감에 사로잡
혀 있지나 않을까 하는 생각으로 지난날을 반추하면서 날로 경직되는
남북관계를 직시하지 않을 수 없었다.

나는 남북대화를 준비하던 1970년 이후 2년간의 남북관계와 박정희
대통령의 대북 인식, 나아가 남북통일에 관한 인식을 회고하면서 박 대
통령 자신이 당초부터 남북대화를 장기집권(유신체제 출범)을 위해 시작
한 것이었다고는 생각하지 않는다.

왜냐하면 1970년 「8·15 평화통일구상」을 발표할 때부터 박 대통령
은 「조국근대화」를 이루어 우선 경제면에서 우리가 대북우위를 확보하
지 못한다면 통일의 주도권을 장악할 수 없다고 판단했다. 이를 위해서

는 국제정세의 급변에도 불구하고 남북관계를 동·서독 관계처럼 정립해야 한다고 강조해왔으며, 이런 의미에서 박 대통령은 「선 경제건설, 후 통일」이라는 전략노선을 견지해왔기 때문이다.

「5·16 혁명」 당시 해병여단 병력을 이끌고 한강을 건너왔던 김윤근 (金潤根) 장군은 왜 박 대통령이 유신을 선언했는가에 대해 다음과 같이 지적한 것을 나는 무겁게 받아들였다.

"박 대통령은 1963년, 67년, 71년 세 번의 대선에서 근소한 득표 차이로 상대 후보를 누르고 당선되었다. 그의 집권 전반기는 민주정치 제도를 성실히 지키기 위해 애쓴 것은 사실이다. 자유당 정권의 부정선거를 비웃던 기억이 남아 있었기 때문에 그는 부정선거를 미워했고 부정선거를 멀리했다. 세 번의 대선을 치를 때마다 부정선거를 했다는 말이 나왔지만 압도적 표 차이가 아니고 근소한 표 차로 당선되었으니 부정선거를 했다는 말은 설득력이 없었고 그래서 매번 슬그머니 자취를 감추고 말았다.

세 번의 대선에서 근소한 득표 차이로 승리했으니 스트레스를 많이 받았을 것을 쉽게 짐작할 수 있다. 그래서인지 그는 유신헌법을 만들면서 대통령 선거를 직접선거에서 간접선거로 바꾸어 버렸다. 많은 비용을 소비하는 직접선거 대신 비용과 시간이 적게 드는 간접선거로 바꾼 것은 이해할 수 있는 개혁이지만 경선 후보의 입후보를 봉쇄해 버린 것은 도가 지나친 개혁이었다." (김윤근, 『5·16 군사혁명과 오늘의 한국』, 삼일서적, 2006, p. 309)

나는 김윤근 장군의 위 설명을 보면서 「유신 선포」는 남북관계를 명분으로 했지만 그 본질은 내정의 안정화에 있었다고 생각한다.

다행인 것은 유신선포 이후 7년 동안(1972~1979년) 박정희 대통령 자신이 원했던 「남북관계의 동·서독화」, 즉 "누가 국민을 더 잘살 수 있게 하는 체제인가? 경쟁 마당에 나오라"(1970년 「8·15 평화통일선언」)고 직격탄을 김일성에게 날렸던 그 도전을 달성했다는 점이다. 그가 시해 당했던 1979년 수출 총액은 150억 달러를 넘어섰고 1인당 국민총소득(GNP)는 1,200달러에 달했다.

우리 경제는 바로 7년간 유신정치 기간에 중화학 공업국가로 진입했고 경제빈곤을 퇴치하여 후일 민주주의를 꽃 피울 수 있는 기반을 마련했다. 뿐만 아니라 오늘날 40 : 1의 상상할 수 없었던 남북 경제력 차이를 실현하여 남한이 통일의 이니셔티브를 갖고 각종 남북대화를 추진할 수 있는 기반도 마련했다. 이 사실은 한국 국민 누구도 부인할 수 없는 '승리의 역사'로 높이 평가해야 할 것이다.

만경대 방문에서 생길 일

6·25 때 행방불명된 넷째 형님 소식을 듣고

1973년 3월 15일 평양에서의 제2차 남북조절위원회 오전 회의가 끝난 후 우리는 북측이 짜놓은 참관일정에 따라 만경대(萬景臺)를 방문하게 됐다. 만경대란 평양 근교, 대동군 고평면 남리(大同郡 古坪面 南里)에 위치한 역사적으로 유서 깊은 곳이다. 옛부터 평양 팔경과 더불어 명승지로 알려져 있는 곳이다. 그런데 해방 후 이곳이 김일성의 출생지라는 이유에서 최고의 성지(聖地)가 된 것이다.

── 북측 안내원이 꺼낸 형님 이야기

이후락 부장을 선두로 우리 일행은 북측 안내를 받아 김일성의 생가로 향했다. 그런데 나를 안내하는 북측 요원이 불쑥 "강 선생은 뒤로 좀 떨어지시지요"라고 하는 것이었다. 나는 왜 그런가 의아해하면서 약간의 거리를 두고 따라갔다. 그랬더니 조금 가다가 "강 선생, 오른쪽으로 들어갑시다"라는 것이었다. 나는 그를 따라 길 옆 소나무밭 속으로 들어섰다. 거기에는 20~30cm 높이로 나지막하게 흰 울타리를 치듯 작은 기념비가 서 있었다.

"강 선생, 김원주(金元柱) 동지 아시지요?"

"알지요. 김일성 총비의 4촌 동생 아닙니까? 생가 사진틀 한 모퉁이

1973년 3월 15일 남측 대표단의 만경대 방문

남측 수행원과 기자들이 대동강백화점에서 쇼핑하는 장면
판문점 도착 후 구입한 물건을 모두 수거하여 북한경제 분석자료로 사용했다.

에 김원주 씨의 사진이 있지요."

"잘 아시는구만요. 바로 김원주 동지가 권총을 숨겼던 곳이 여깁니다. 강 선생, 김원주 선생이 숨긴 권총이 어디서 구한 건지 아십니까?"

"알지요. 제 형님이 준 것 아닙니까?"

"그렇지요, 강인준(康仁俊) 선생이 준 것이지요."

나는 몽매에도 잊을 수 없는 내 형님들의 항일투쟁기를 회상하지 않을 수 없다. 북한에서 발행한 『조선전사』 제22권 55쪽 이하를 보면 김일성이 조직했다는 「조국광복회」가 국내에 항일 무장투쟁 조직을 여러 가지 형태로 심었다고 기술하고 있다. 물론 이런 얘기는 거의 거짓이다. 그런데 김일성이 조직했다는 국내 무장조직 속에 「조국해방단」이라는 조직이 있었다. 『조선전사』 제22권 55~56쪽에는 다음과 같이 기술하고 있다.

"1944년 7월 평양에서는 조국해방단이 결성되었다. 조국해방단은 서부 및 중부 조선일대의 넓은 지역에서 적극적인 활동을 벌리였다.

조국해방단은 혁명적인 로동자, 농민, 청년학생들을 망라한 대중적인 반일 지하혁명 조직이였으며, 인민들을 조선인민혁명군의 최후 공격작전에 배합하는 무장폭동에로 조직동원할 것을 주되는 목표로 내세운 무장봉기 조직이였다.

조국해방단에는 김원주 동주를 비롯하여 당시 일제의 징병, 징용 등을 기피한 20살 안팎의 애국적 청년들이 망라되여 있었다.

조국해방단은 평양, 남포, 겸이포(송림), 중화, 룡연, 림원, 고평, 수안, 정주 등지에 조직들을 포치하고 조선인민혁명군의 최후 공격시기 그에 배합하여 무장폭동을 벌리기 위한 준비사업을 적극적으로 추진시켜 나갔다.

무장폭동준비를 위한 조국해방단의 활동에서 중요한 것은 무장을 마련하는 투쟁이였다. 조국해방단 성원들은 황해도 구월산에 설치한 야장간과 평양시 안의 철공소들, 농촌 야장간들에서 여러 가지 무기들을 자체로 만들거나 적의 무기를 빼앗는 투쟁을 벌렸다.

조국해방단 조직들은 해당 활동지역에서 그곳에 배치된 적들의 형편을 구체적으로 정찰하고 적의 력량과 동향, 놈들의 기도를 상세히 장악하였으며 그에 기초하여 폭동계획을 완성해 나갔다.

조국해방단은 무장폭동을 일으킬 수 있는 준비를 적극 추진하면서 광범한 인민들 속에서 반일 선전활동을 비롯하여 징병 징용 반대투쟁, 안주 군용비행장 건설 반대투쟁, 강제공출 반대투쟁 등 각종 반일투쟁을 활발히 벌려 일제 침략자들의 전쟁정책에 큰 타격을 주었다. 조국해방단의 이러한 활동의 일단에 대하여 『평양민보』는 다음과 같이 썼다.

'7월 26일(1944년-인용자) 밤 전기 데끼섬 깊은 숲 속에서 제1차 대표회의

를 개최한 이래 수차례 회의를 거듭하면서 구체적 운동방침을 결정하였다. 운동방침으로서는

1. 일본제국주의가 조선 청년을 징용으로 징병으로 강인(강제로 끌어간다는 뜻-인용자)하여가는 제1선 기관을 파괴하여 그들의 전력(전투력이라는 뜻-인용자)을 약화하자.

2. 김일성 장군과 련락하여 무기를 입수하자.

3. 인재를 뽑아 해외에 보내여 직접 무력전에 참전케 하자의 세가지 강령을 정하고 다시 구체적 방법으로서 우선 평양서(평양경찰서-인용자)를 비롯하여 평양의 3서(경찰서)와 헌병대를 폭파하고 또 각지 면사무소를 습격하여 징용, 징병의 명부와 작성자료를 불사르는 동시에 공출미 저장한 것을 일반에게 헤쳐주고 교통기관을 파괴하여 그들의 련락을 두절케 하기로 하며, 이것을 실행하기 위하여는 무엇보다도 무기와 폭탄이 필요한데 그 입수를 위하여는 이런 것들을 빼내게 하는 동시에 구월산 패엽사에 동지가 있으니 여기에서 폭탄을 제조하고 또 그곳에서 무술의 훈련을 실행하기로 하였다. 이래부터 눈부실만한 활동은 전개되여 그같이 엄선주의였음에도 불구하고 회원은 200명을 넘었는데 그들은 모두 20세 전후의 물불을 가리지 않는 용사들로 징병, 징용을 피한 사람이 많이 섞여있고 또 대학과 전문학교 출신이 8,9명 참가하였었다.' (『평양민보』 1945년 11월 15일자)

조국해방단은 이와 같이 적극적인 활동으로 평양을 중심으로 하는 평안남도, 황해도 일대에서 조선인민혁명군의 최후 공격작전시기 그에 배합하는 무장폭동을 벌릴 수 있는 준비를 튼튼히 갖추어 나갔다."

나는 이 『조선전사』의 기록을 보면서 '너무 과장했다'고 생각했다. 하지

만 일부 사실은 형님들과 조국해방단 선배들의 증언과 비슷한 점이 있다.

── 형님들의 항일운동

위 글에서 기술한 「조국해방단」의 단장, 최고책임자는 바로 나의 둘째 형님인 강인준(당시 33세)이었다. 형님을 비롯한 7명의 동지들이 1942년 3월 말 바로 만경대를 끼고 흐르는 대동강 건너편 두단리(대동군 남건면)에서 김득룡(金得龍), 차동일(車東一, 미국 시카고로 이민) 등 동지들과 항일 결사투쟁을 다짐하고 비밀 무장투쟁 조직인 「조국해방단」을 조직했다.

그 후 조직을 확대하여 1944년 말까지 56명의 조직원을 확보했다. 그리고 이들을 무장시키기 위해 평양시 하선교리 내 맏형 강인영(康仁永)이 경영하던 숭인철공소(崇仁鐵工所)에서 무기 조달을 꾀했다.

당시 일본 군부는 태평양전쟁 때 노획한 미군 무기나 고장난 무기들을 자신들이 관할하는 민간 철공소에 보내 용해시켜 야포탄을 생산케 했는데 바로 형님의 숭인철공소는 그 관할 하에 있었다. 그래서 비밀 유지만 된다면 권총이나 수제 폭탄 제조는 충분히 가능했다.

당시 형님들과 단원 선배님들이 증언한 조국해방단의 무기 확보 현황을 보면 권총 2정, 단검 30점, 수류탄 등 수제 폭탄 23개, 다이너마이트 35개로 돼 있다. 바로 이 조직의 외곽요원으로 200여 명이 연루되었는데 그 중에 김원주가 포함돼 있었다.

나는 내 형님들이 정식 조직원도 아닌 김원주에게 2정밖에 확보하지 못했던 권총을 주었다는 말을 믿지 않지만, 나를 안내한 사람이 그렇게 말하니 그런가 보다 하고 답했을 뿐이다.

이 기회에 조국해방단의 그 후를 기술하면, 1943년 11월 일본군의 전

세 악화로 징병·징용의 강제동원령이 선포되어 조선 청년들에 대한 감시가 강화되자 일시 조직활동을 중단하고 연합군의 폭격시기를 기다려 궐기하기로 결정하였다. 이들이 예정했던 유격활동 개시 시기는 1945년 6월 초로 잡고 있었다.

그런데 불행한 사태가 발생했다. 1944년 12월 평양시 신리(新里) 조직원이던 이옥섭(李玉燮)의 누이동생인 기생 이화자(李花子)가 정부(情夫)였던 선교(船橋)경찰서 김모 형사에게 밀고해 조직이 발각되었다. 1945년 1월부터 조국해방단원에 대한 일제 검거가 시작되었다. 경찰뿐 아니라 헌병, 경방단원(警防團員) 등 2,500명이 동원된 대대적인 검거작전이 시행된 것이다.

지금도 나는 생생히 기억한다. 우리 시골집, 대동군 용연면 소리 집에 숨어있던 넷째 형(康仁成)을 체포하기 위해 사촌형(康仁弘)을 앞세운 헌병들이 새벽에 들이닥쳤다. 그 때 아버님은 "이 한밤중에 무슨 자동차 소리가 이리 요란한가?" 하면서 방문을 열어보시고는 즉각 "인성아, 빨리 뒷문으로 빠져나가라" 하시면서 잠자던 넷째 형님을 깨웠다. 그러나 이미 때는 늦어 군화발의 헌병 4~5명이 들이닥쳐 형님을 체포해갔다.

1945년 2월 하순까지 신리, 선교리, 정백리, 서포리, 남리 등 평양 근교의 조직원들이 모두 체포됐다. 모진 고문이 계속되고 가족들은 매주 토요일 면회일에는 사식을 넣어주기 위해 평안남도 경찰국 고등계 유치장을 찾았다. 그러다 1945년 8월 15일 해방을 맞아 8월 16일과 17일 이틀 간에 전원 석방돼 나왔다. 단원 중 한 분이 선교경찰서 유치장에서 고문을 이기지 못하고 사망했다.

위에서 언급한 바 있지만 해방 직후의 우리 집은 매일같이 잔칫집이었다. 조국해방단 동지들이 모여들어 평안남도와 평양에서 해방 정국을 주도하는 분들과의 분주한 회합이 계속됐다.

평양에 들어온 김일성은 공산당의 전위조직으로 「민주청년동맹」을 조직키로 하고 그 기간조직으로 조국해방단을 지목했다. 그러나 조직 초기부터 조만식 선생을 비롯한 송석찬(宋錫燦) 선생, 김선두(金善斗) 목사, 김세진(金世鎭) 선생 등 애국지사들을 고문으로 모시려 했던 이들이 김일성의 요구를 받아들일 리 없었다.

그러자 일제를 대신한 듯 공산당의 탄압과 체포령이 발동됐다. 다시 피신할 수밖에 없었던 조국해방단 조직원들은 하나 둘 월남하기 시작했다. 내 형님 세 명도 1946년 월남했다. 그런데 6·25 동란이 일어났다. 미처 피난하지 못했던 넷째 형님이 체포되어 서울 중구의 일신소학교에 수용됐다가 북으로 끌려갔다.

국군의 서울 수복으로 살아남은 둘째, 셋째 형님들이 사방으로 수소문했으나 넷째 형님의 소식은 알 수 없었다. 그저 살아계셨으면 하는 바람뿐이었다.

─── 넷째 형님 소식을 듣고

그런데 뜻밖에도 내가 두 번째 평양을 방문했던 1973년 3월 15일 바로 만경대를 방문하고 돌아오는 길에 안내자로부터 형님이 월북하여 생존해 있으며, 그것도 김원주의 지극한 도움으로 평성(平城)에 있는 당학교에 근무하고 계시다는 소식을 접했다. 뿐만 아니라 아버님은 1962년에, 어머님은 1965년에 세상을 떠났다는 얘기도 해주었다.

나로서는 놀라지 않을 수 없었다. 그는 나에게 "원하시면 만날 수 있도록 하겠다"는 것이었다. 나는 곧바로 "이산가족 문제도 해결하지 못한 형편에서 어떻게 내가 먼저 만날 수 있는가?"라고 답했다.

착잡한 심정으로 만경대에서 돌아왔다. 아무래도 이 문제를 매듭지어야겠다고 생각하고 이후락 부장에게 우선 보고했다. 그랬더니 그 자리에서 "이 사람아, 만나봐야지" 하는 것이었다. 나는 내키지 않았으나 안내원에게 만나볼 수 있는지 물었다. 그랬더니 떠나기 전까지 노력해 보겠다고 했다.

그러나 3월 15일 오후 3시 우리 일행이 판문점을 넘어올 때까지 회답이 없었다. 막 판문점을 건너오려 할 때 북측 김덕현 간사위원이 귀띔했다.

"강 선생, 이번에는 시간이 없어 형님을 만나게 해드리지 못했습니다. 이 다음 방문 때는 꼭 만나도록 조치하겠습니다."

그 후 나에게는 북한 방문 기회가 오지 않았다. 결국 넷째 형님과의 만남을 영원히 잃고 말았다. 추측컨대 1·4 후퇴 때 고향에 남으신 부모님을 넷째 형님이 끝까지 모신 것으로 생각되어 그저 고맙게 생각할 따름이다.

추가로 김원주의 그 후에 대해서는 북한에서 발행한 『력사사전』을 통해 알 뿐이다. 해방 직후 북한에 주둔한 소련군 사령부가 북한 지배를 위한 공산당 간부양성소로 세운 '평양학원'을 나와 전쟁 기간에는 인민군의 간부로, 전후에는 보안기관의 간부로 임명되어 활약하다 1957년 6월 27일 사망했다고 한다.

나는 지금도 조국해방단원들이 대한민국에서 건국공로자 대우를 받지 못하고 있는데 대해 죄책감을 느낀다. 국가보훈처 건국공로자 심사기관에서는 해방 직후 『평양민보』의 한재덕(韓載德) 씨가 형님들과 인터뷰하여 1945년 11월 15일자 특집기사로 게재한 바 있는데, 이 자료를 찾아 제시하면 건국공로자 추대에 도움이 되겠다고 말하고 있다.

그러나 지금 『평양민보』를 입수하기가 쉽지 않다. 혹시나 하여 러시아의 문서보관소에 문의했지만 찾을 수 없었다. 『조선전사』 제22권에 분명히 『평양민보』 1945년 11월 15일로 주기한 것으로 보아 북한에는 보관돼 있는 것이 확실하다.

단원 61명 중 수감됐던 55명(평안남도 도경 15명, 평양 선교리경찰서 24명, 대동경찰서 13명, 헌병대 3명) 중에서 8·15 해방 이후 출감한 41명 중 36명이 월남하고 이북에 남은 사람은 5명이라고 한다. 이들 36명의 진술이 있더라고 문서로 입증되지 않는 한 공로자로 지정할 수 없다는 것이다.

이들 조국해방단 단원들이 갑자기 닥쳐온 조국해방으로 더 이상의 고통을 받지 않고 석방된 것은 감사한 일이다. 그러나 정식 재판을 받지 않고 풀려난 덕에 그것도 수감된 장소가 평양이었던 탓에 남한에서는 진실을 규명할 조사문건을 찾을 수 없다. 내 생전에 불가능하더라도 내 후대들이 반드시 이 문건을 찾아 작고하신 형님과 그 동지들의 소원을 풀 수 있기를 바랄 뿐이다.

나는 서울에 돌아와 맏형님, 둘째 형님, 셋째 형님을 만나 넷째 형님 소식을 전했다. 세 형님들은 놀라 눈물을 흘리며 흐느꼈다.

그래도 "넷째가 아버님, 어머님의 임종은 지켜봤으니 정말 다행이구나…." 맏형님의 말씀이었다.

나는 다시 형님들에게 말했다. "나를 안내한 사람이 '장씨'라고 했는데… 진짜 성인지는 알 수 없지만요." 그러자 둘째 형님은 "사촌누이 시가가 장씬데…. 아마 그 집 사람이 아닐까? 그러니까 우리 집안과 너를 그렇게 잘 알지…"라고 말했다.

지금은 이처럼 집안 형제 간 얘기를 나누던 형님들 모두가 세상을 떴다. 아마도 지금쯤 하늘나라에서 아버님, 어머님 그리고 넷째 형, 큰누나, 작은 누나 모두를 만났겠지. 나는 확실히 그럴 것이라 믿어 의심치 않는다.

제 4 부

1970년대 후반

다양한 중앙정보 분석관의 역할 경험

「김대중 납치사건」과
추락하는 중앙정보부의 위신

1973년 8월 8일 오후 1시반경 일본 도쿄 그랜드 팔레스 호텔에서 '괴한'들에 의해 납치된 김대중 의원이 127시간만인 8월 13일 서울 자택으로 돌아오는 기괴한 사건이 발생했다. 흔히 말하는 「김대중 납치사건」이다.

━━ 이후락 부장의 '김대중 납치' 지시

누가 그를 납치했는가? 당시 중앙정보부장 이후락(李厚洛)의 명령을 받은 중정 요원들에 의해 납치된 것이다. 사건 발생 후 14년만인 1987년 9월 납치명령자 이후락 부장 자신이 『신동아』와 『월간조선』과의 인터뷰(10월호)에서 그 실상을 다음과 같이 밝히고 있다.

"내가 1972년 5월 평양을 방문하여 김일성을 만났을 때, 김일성이 '남쪽에는 통일방식에 다른 생각을 가진 민주인사도 많지요?'라고 말한 적이 있다. 그 때 나는 상당한 쇼크를 받았다. 역시 통일문제에 관한 의견이 이것저것 나오는 것은 한국의 약점이라고 절실하게 느꼈다.
김대중 씨는 미국에서 한국민주화촉진국민회의를 만들어 각지로 다니면서 연설했다. 거기에 모인 사람 모두가 민주인사는 아니며 그 중에는 위험한 인물도 있었다. 그는 캐나다에도 비슷한 조직을 만들고, 또 이번에는 일본에도 만들고, 장래에는 유럽에도 만들 것이라는 이야기도 있었다. 국민회의에 그치지 않고 망명정부를 만들자고 하는 사람도 있었다.

그것이 나에겐 큰 고통이었다. 이대로는 남북대화가 어렵다. 또한 해외해서 어떤 조직이건 세계적인 조직을 만들어 가지고 반한활동, 반정부활동을 하는 것은 남북대화를 위해 유익하지 않다. 만일 일부 인사가 주장하는 대로 망명정부가 만들어졌을 때 이 나라는 어떻게 될 것인가 하는 걱정도 나에겐 있었다. 그럼 점을 생각하여 가슴 아픈 일이지만 결국 이 사람을 본국으로 데리고 오지 않으면 안 되겠다고 생각하는 사람이 많았다.

지금도 그와 똑같은 상태가 일어난다면 똑같이 할 수밖에 없다. 자기를 위해서가 아니라 국가를 위해서라고 생각하기 때문이다. 나도 인간적으로 괴로운 생각이 있었다. 그러나 나도 내 나름대로의 국가안보론이 있고, 내 나름으로 국가의 장래를 내다보는 눈이 있었기 때문이었다.

이 사건에 관해 여러 사람들이 여러 가지로 말하고 있는데, 분명히 말하자면 이것은 내가 한 일이다. 어떤 사람들과 어떻게 이 일을 했는지에 관해서는 좀더 많은 문제가 파생되기 때문에 더 이상은 밝힐 수가 없다."

(『신동아』『월간조선』, 1987년 10월호)

나는 이 글을 읽으면서 당시의 당혹했던 순간들을 회상해 보았다.

이후락 부장에 의하면 "김대중 씨가 캐나다, 일본 등지에서 「한국민주화촉진국민회의」라는 것을 조직하고 민주인사도 아닌 위험한 사람(친북인사)들과 통일 논의를 벌이고 있다. 이를 그대로 둔다면 '남북대화가 어렵게 되고' 나아가 '망명정부를 만든다면 이 나라는 어떻게 될 것인가?'를 걱정하여 이 사람을 본국으로 데려오지 않으면 안 되겠다"고 생각해서 납치했다는 것이다.

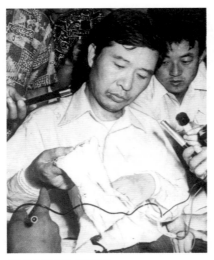
1973년 김대중 납치사건

이에 덧붙여 이후락 부장은 "지금도 그와 똑같은 상태가 일어난다면 똑같이 할 수밖에 없다. 나도 내 나름의 국가안보론이 있고 내 나름으로 국가의 장래를 내다보는 눈이 있었기 때문이다. …이 사건에 대해 분명히 말하지만 이것은 내가 한 일이다. 어떤 사람들과 어떻게 이 일을 했는지에 관해서는 좀더 많은 문제가 파생되기 때문에 더 이상은 밝힐 수가 없다"고 말하고 있다.

나는 이 글을 읽으면서 도대체 김대중 씨 납치사건이 남북대화와 무슨 관계가 있다는 말인가? 당초부터 남북대화를 순조롭게 진행시킬 생각이 그에게 있었는가? 나로서는 도저히 이후락 부장이 내세운 남북대화 운운하는 말을 이해할 길이 없었다.

국가의 중추 정보기관인 중앙정보부에 대한 국민적 불신뿐만 아니라 국제사회에 최악의 정보기관으로 인식시킨 납치사건을 주도하고도 무엇을 잘했다고 당돌한 주장을 내세우는가? 오직 권력밖에 관심 없는 그의 소행을 개탄치 않을 수 없었다.

「김대중 납치사건」이 일어나던 당시 나는 이문동청사 9국장(북한국)실에서 평시처럼 북한의 정치·경제·군사 동향 등을 검토하고 있었다. 그런데 보좌관이 내 방으로 들어오면서 "김대중 의원이 일본에서 납치돼 서울 자택에 돌아왔답니다"라고 말하는 것이었다.

나는 어리둥절했다. "도대체 무슨 소리야? 김대중 의원이 누구에게 납치돼 서울 자기 집에 돌아왔다는 말인가? 납치된 사람이 어떻게 자기 집에 돌아왔다는 것인가?"라고 되물으면서, 동부백림 사건 때 중정 요원들에 의해 강제로 귀국(?)시켰던 수 명의 인사—윤이상(尹伊桑), 이응로(李應魯) 화백 등—때문에 중정이 겪었던 쓰라린 경험을 떠올리며, 이 사건이 몰고올 거대한 소용돌이가 당장 닥쳐오는 느낌이었다.

나는 곧장 8국장실(해외공작국)로 갔다. 그리고 다짜고짜 "김대중 씨가 일본에서 납치돼 서울로 왔다는데, 8국장님 무슨 소리요?"라고 물었다. 그러나 8국장은 묵묵부답, "나도 모르겠습니다"라는 말할 뿐이었다. 나는 설마 이런 무지막지한 깡패집단의 소행 같은 납치사건을 '우리 부(정보부)'가 하리라고는 전혀 생각하지 못한 채 8국장실을 나왔다.

그런데 몇 시간도 안 돼 이 납치사건은 '우리 부'가 자행한 것임이 조금씩 드러나기 시작했다. 그렇다면 납치공작을 명령한 사람은 누구이고 이를 집행한 사람은 누구인가?

이후락 부장이 '내가 했다'고 했으니 명령한 자는 밝혀졌고, 그 명령을 집행한 사람은 "더 많은 문제가 발생할 것이기 때문에 더 이상 밝힐 수가 없다"는 그의 말을 나도 당연히 따를 수밖에 없다. 아무리 그동안 미국, 일본 등 각국에서 개최된 조사청문회와 수십 개의 유력한 각국 신문과 방송국이 밝혀낸 '진실'이 있다 하더라도 중앙정보부 조직 속에서 잔뼈가 굵은 나로서도 아는 대로 쓸 수가 없는 것이다.

—— 북한의 일방적 '남북대화 중단' 선언

어떻든지 간에 「김대중 납치사건」이 발생한 후 북측의 대남 비난은 극에 달했고, 급기야 1973년 8월 28일 오후 6시 북한의 평양방송은 돌연

정규방송을 중단하고 '중대방송'이라는 예고 하에 남북조절위원회 평양 측 공동위원장 김영주(金英柱)의 명의로 된 장문의 성명을 보도했다.

동 성명은 8월 8일 일본 도쿄에서 발생한 「김대중 납치사건」은 "남조선 중앙정보부장인 이후락 서울 측 공동위원장이 한 짓이므로 평화통일을 주장하는 애국적 민주인사를 탄압하는 이후락을 비롯한 남조선 중앙정보부 깡패들과는 더 이상 마주 앉아 국가대사(國家大事)를 논의할 수 없다"고 비난하며 남북조절위원회 운영의 일방적 중단을 선언했다.

물론 북한 측이 남북조절위원회 운영을 일방적으로 중단시킨 이유는 「김대중 납치사건」 때문만은 아니었다. "남한 측이 「6·23 평화통일외교정책선언」을 발표하고 국제사회에서의 유연한 외교활동을 공언하자, 북한은 '2개의 조선정책'을 조작하여 남북공동성명을 완전히 뒤엎으려 한다"라고 강력 반발한 바 있었다.

이러한 북측의 일방적인 남북조절위원회 중단 선언에 대해 이후락 부장은 "8·28 대화중단 선언은 한반도의 진정한 평화와 통일을 지향하는 가장 합리적이고 현실적인 정책인 「6·23 선언」에 대한 국내외의 높은 평가와 지지에 당황한 나머지 대화를 깸으로써 평화통일 노력 자체를 파탄시키려는 것"이라고 반박했다.

그러나 북한측은 남북조절위원회를 통한 남북대화는 물론 남북적십자회담을 통한 남북대화도 중단시키는 조치를 취했다. 1973년 7월 개최된 제7차 남북적십자 본회담에 이어 속개되어야 할 제8차 남북적십자 본회담의 연내 개최를 끝내 무산시켜 버린 것이다.

결국 이후락 부장은 남북대화의 순조로운 개최를 위해 '김대중 납치'가 불가피하다고 판단하고 그 계획을 실행했다고 주장하지만, 결과적으로는 남북대화 자체를 중단시키는 빌미를 북한 측에 안겨준 셈이 되었다.

─── 추락하는 중앙정보부

다음해(1974년) 8월 14일 한국정부는 김대중 사건의 수사종결을 일본 측에 통보하고 유감을 표시했다. 이어 11월 2일 김종필 총리가 대통령 친서를 휴대하고 일본을 방문하여 다나카 가쿠에이(田中角榮) 총리와 회담, 사죄함으로써 이 사건으로 서먹해졌던 한일관계가 정상 복귀되었다.

그해 12월 3일 단행된 대규모 개각(외무, 내무, 법무, 상공 등 10명의 장관 경질)과 함께 납치 지령자인 이후락 부장은 중앙정보부장직에서 해임되었고, 이로써 1961년 「5·16 군사혁명」에 참여하지 않은 유일한 인물로 중앙정보부장에 임명되었던 이후락 씨는 1961년 정보부 창설 이후 가장 큰 상처를 국가정보기관에 안겨준 자로 낙인찍히는 불명예를 안은 채 물러나고 말았다.

당시 부장의 명령을 충실히 수행했던 해외공작 부서의 동료 10여 명 모두가 깊은 심신의 상처를 입고 정보부를 떠났다. 그 후 이들 동료들이 어떻게 되었는가? 이들 중 몇 분은 고국에서의 삶이 너무나 힘겨워 보따리를 싸들고 미국 이민길에 올랐다.

그들은 그곳 낯설은 이국땅에서 자신의 한을 풀 듯 후대교육에 전력했다. 그리하여 마침내 이들 후예가 미국 중앙정보기관의 어엿한 정보 분석관으로, 나아가 미·북 협상을 주도하는 외교관으로 우리들 앞에 우뚝 서게 되었다. 이 얼마나 자랑스러운 일인가! 나는 미국을 방문할 때마다 이민 간 옛 동료들을 만나 지난날의 무거운 회포를 풀며 즐거운 대화로 뜻있는 만남을 가졌다. 그러나 아직도 풀리지 않는 의문이 남아 있다.

그것은 지난 35년 동안 피랍자였던 김대중 씨가 어찌하여 이후락 부장에 대한 처벌 요청을 강하게 언명하지 않는가? 하는 점이다. 김대중 씨가 넓은 아량으로 이후락의 범죄적 행위를 용서했기 때문일까? 아니면 피차 간에 무덤까지 가져가야 할 비밀이 있기 때문일까? 지금도 나는 당시에 품었던 갖가지 의구심을 풀지 못한 채 그날의 당혹감을 되새기곤 한다.

베트남의 공산화와
특수 홍보활동 전개

1974년 전반기 동안 나는 북한 기본정보의 재정리와 체계화, 북한정보의 공개, 북한연구에 필요한 북한서적 복사(주로 사전류), 그리고 북한 시사정보 전문 통신사인 「내외통신」의 정상화 등 연초에 계획했던 사업들을 순조롭게 진행시키고 있었다.

── 유능한 북한정보 분석관 양성을 위한 노력

1972년 7월 겸무했던 남북대화사무국장을 정홍진 국장에게 넘기고 내 본래의 직책인 북한국장으로 돌아온 직후부터 부내 각 부서 과장급 이상 사무실에는 북한의 권력기구도, 연중 주요 행사표 등 북한의 기본정보를 손쉽게 펼쳐볼 수 있는 도표화된 자료를 작성 배포했다. 한편 정보의 질적 향상을 위해서는 북한정보 실무자들의 경직된 사고(터널 비전)를 바꾸고 전문적인 관련 지식을 함양하도록 몇 가지 조치를 취했다.

새로 부임하는 신입 요원에 대해서는 최소 6개월간 정보분석 업무에 직접 참여시키지 않고 북한관련 기본문서의 '숙독과 요약'에 몰두하도록 조치했다. 주로 김일성이 당대회에서 행한 보고와 결의문, 북한의 헌법, 당의 강령과 규약, 최고인민회의 보고, 통일전략 관련 문헌, 『노동신문』의 주요 사설과 정론(正論) 그리고 해방 이후 지금까지 주요 시기마다 전개했던 '전략·전술 관련 문건'들 중 20여 편을 선택하여 완전 숙독하고 1,000자 또는 500자로 요약하여 국장에게 직접 제출토록 지시했다.

그 후 모든 신입사원들이 열심히 읽고 1~2개월 안에 자신이 적출한 포인트를 묶어 제대로 된 요약서를 제출했다. 그러나 일부 신입사원들은 장님 코끼리 만지듯 엉뚱한 부분을 중시하여 빗나간 요약서를 제출하기도 했다. 나는 신입사원들이 제출한 요약서를 일일이 읽고 붉은 글씨로 수정하여 본인들에게 돌려주면서 다시 읽고 요약서를 제출하라고 지시했다.

하기야 대학이나 사관학교 등 4년제 대학과정을 졸업하고 정보학교 1년 연수과정을 이수한 신입사원들이지만, 생전 대해 보지 못했던 장문의 북한 문건을 읽고 요점을 적출해 낸다는 것, 그것도 1만 단어를 1,000단어로, 500단어로 요약한다는 것은 결코 쉬운 일이 아니었다.

그러나 계속 반복하여 북한 문건을 읽힘으로써 신입사원들로 하여금 난해한 북한용어는 북한에서 출판한 정치사전, 경제사전, 철학사전, 역사사전, 문화예술사전 등을 찾아 그 정치적 의미를 명백히 이해하도록 하였고, 이러한 과정을 밟음으로써 북한의 정권사(政權史)와 대남 혁명 전략의 기본 줄기를 이해시킬 수 있었다.

─── 미국의 베트남전 패배 : 대국민 사상교육 전개

이처럼 북한정보국 분석관의 저력과 분석 능력을 높이기 위해 노력하던 1974년 9월 갑자기 부 개편 지시가 하달되었다. 중앙정보부는 다른 정부부서와 달리 정부조직법에 의한 기구 편성이 아니라, 대통령의 통치방침에 따라 부장이 필요하다고 판단하면 수시로 기구개편을 단행할 수 있도록 법에 의해 보장 받은 기관이기 때문에 가능한 일이었다.

하달된 조직개편 지시는 심리전국을 해체하고 북한국 산하에 '심리전단(團)', 다시 말해 국(局)보다는 작고 과(課)보다는 큰 조직을 편성한다는 것이었다. 대통령의 재가를 받은 부장의 개편 지시이니 이의를 제기할 수 없어 지시대로 심리전국의 기능과 일부 직원을 인수하여 2~3개과로 '심리전단'을 편성했다.

솔직히 말해서 나는 하달된 심리전국의 해체와 축소 개편에는 찬성할 수 없었다. 왜냐하면 국내외 정세와 북한의 대남 평화공세를 고려할 때 '심리전국의 축소 개편'이 아니라 반대로 '확대 강화'가 필요한 시기였기 때문이다. 당시 국제정세 중 우리에게 가장 큰 영향을 미치는 베트남 정세가 지극히 위험한 상황이었다. 이미 미국은 1973년 3월 파리에서 키신저(Henry Kissinger) 국무장관의 주도하에 북베트남, 베트콩 간의 3자회담을 개최하여 휴전협정에 조인하고 파월 미군철수를 거의 완료해가고 있었다.

우리나라의 경우는 이보다 앞선 1971년 12월부터 파월 장병의 철수가 시작되어 1973년 5월 주월 한국군 사령관이었던 채명신(蔡命新) 장군이 귀국 보고를 마친 바 있었다. 그 후 1년이 지나면서 남베트남의 사이공 정부와 군대는 날이 갈수록 강화되는 하노이 정부와 베트콩의 선전·선동과 게릴라 공격에 의해 급격하게 전의(戰意)를 상실해갔다.

북한은 베트남전쟁에서의 미군의 패배를 남한사회에 유입시켜 고조되는 반유신운동과 결합, 반정부 반체제 통일전선을 강화하려 기를 쓰고 있었다. 북한의 선전 매체들은 김일성이 호언한 말, "우리 인민은 다 총을 갖고 있으며 총을 쏠 줄 안다"고 떠들어대며 대남 군사위협을 강화하고 있었다.

나는 무엇보다 남베트남의 적화를 기정사실로 보고 우리 국민의 반공사상·의식 강화를 위해 우선 홍보교육 요원의 양성을 제의하고 특수교육기관의 설치를 건의한 바 있었다. 1974년 7월 신직수(申稙秀) 부장에게 이러한 정세변화를 감안하여 적극적인 대국민 사상교육을 실시하기 위해 전문적인 지식과 능력을 갖춘 특수 교육요원을 확보해야 하며, 우선 중앙정보부가 주관하는 특수 교육기관의 설치를 건의하였는데, 그 기관이 바로 「자유아카데미(Freedom Academy)」였다.

그러나 이 때까지만 해도 나는 아직 구체적인 교육기관의 '틀'을 구상하지 못하여 구두보고만 마친 상태였다. 다만 부장님의 관심과 긍정적 판단을 읽을 수는 있었다. 이러한 상황에서 국내정세는 반유신, 민주화 운동의 물결이 강화되어 빈번하게 발령되는 대통령 긴급조치령에도 불구하고 진정될 기미가 보이지 않고 있었다. 아니 더욱 격화일로를 향하고 있다는 것이 옳은 판단이었다.

1974년 7월에 열린 군법회의에서 민청학련 관련자—이철(李哲), 김지하(金芝河) 등 7명에게 사형이 선고되자 대학가, 정계, 언론계의 반유신 운동은 더욱 격앙되고 있었다. 과연 이들 젊은 대학생들이 사형선고를 받을 만큼 반국가 범죄를 저질렀는가? 그렇지 않다. 이들은 유신체제와 장기 군부집권에 저항한 것이다. 인식 부족을 탓한다면 북한의 대남 통일전선을 가볍게 인식하고 있다는 것 아닐까?

그렇다면 정부는 북한의 대남 도발을 막아내는 것이 우리의 민주주의를 거향하는 길임을 분명히 교육시켜야 하지 않는가? 이런 관점에서 나는 직접 일선에서 대국민 홍보사업을 측면 지원하고 있는 중앙정보부의 심리전국 축소가 옳은 것인가? 나는 잘못된 개편 방향이라고 생각했다.

─ 대북 심리전 강화

그러나 개편 명령이 떨어진 이상 심리전 기능을 북한국이 인수하지 않을 수 없었다. 나는 '심리전단(心理戰團)' 편성을 완료하자 수도권 내에 있는 두 개의 '작전기지'를 방문했다. 하나는 심리전 방송을 담당하는 기지였고, 다른 하나는 대북 전단 살포를 전담하는 기지였다. 나는 두 기지를 방문하고, 우선 남루한 건물을 개수하고 구식 기자재를 교체하며, 특히 턱없이 부족한 정원(定員)을 늘리기로 결정했다. 비록 본부의 분석요원을 줄이는 한이 있더라도 '작전기지' 강화는 불가피했다.

이외에도 시급히 착수해야 할 문제가 하나 더 있었다. 그것은 대북 심리전 방송의 중심인 KBS 제3방송을 비롯한 민간 방송국과 육해공군 심리전 담당 요원들이 사용할 수 있는 심리전 정보의 생산과 관련 정보 문건의 전달체계를 확립하는 것이었다. 나는 북한국에서 수집 분석·평

대북 전단 살포기지 확대 강화

가한 정보 중에서 대북 심리전에 사용할 수 있는 정보들을 선택하여 주간 「심리전 정보」라는 자료를 발간하여 관련 부서에 배포했다.

1974년 10월에 들어서자 '심리전단'의 정상 가동이 가능하게 되어 다시금 「자유아카데미」 설치 계획안을 보완하며 기회가 허락되는 대로 부장에게 재가 받을 준비를 진행했다.

가을이 지나 겨울에 접어들자 국내외 상황은 더욱 악화되었다. 나는 대북 심리전 강화 방침을 부장께 보고하며, 특히 심리전 방송 기능의 강화를 역설했다. 신직수 부장은 청와대에서 개최된 관계 각료회의에서 이 문제를 제시했고, 문화공보부(문공부) 장관은 자신의 관할 하에 있는 KBS, MBC, TBS(동양방송), DBS(동아방송), CBS(기독교방송), 여기에 중앙정보부 심리전단이 참가하는 '반공방송협의회'를 구성했다.

이 협의회를 통해 각 방송국이 대국민 반공사상 강화를 위한 프로그램을 별도로 편성하던가, 아니면 기존 프로그램에 교양내용을 많이 담는 방식으로 충실한 사상교양 프로그램을 편성했다. 특히 KBS의 제3방송(사회교육방송)은 방송출력을 대폭 강화하여 북한 중앙방송과 평양방송 또는 통일혁명당 방송과 같은 백·흑색방송을 제압할 수 있을 정도로 강화했다. KBS 제3방송의 방송출력은 시베리아나 북유럽 국가까지 도달할 수 있도록 신장했다.

1975년 새해가 밝자마자 한 발자국 더 나아가 KBS 제3방송을 대북 심리전 전담방송으로 개편해야 하며, 이를 위해 문공부와 협력하여 중앙정보부가 부족한 재정과 정보 지원을 직접 담당할 수 있도록 체계화해야 한다고 건의하여 부장의 재가를 얻었다. 이 때부터 KBS 제3방송에 대해서는 심리전단이 별도의 정보 예산을 책정하여 70여 명의 제3방송 종사자들—정식 직원과 성우(聲優)—을 지원하여 사기 진작에 기여할 수 있게 되었다. 뿐만 아니라 북한의 대남방송(TV방송 포함)을 차단하기 위한 방파망(防波網, 재밍시스템) 강화를 위해 북쪽의 전파송출 경로(TV의 경우 파주군 탄현)에 방파탑을 설치했다.

이처럼 심리전단의 본래 기능을 차례로 정비·강화하는 한편 중앙정보부 산하의 외곽단체, 즉 심리전국 산하에 있던 북한연구소, 북한정보국 산하의 극동문제연구소와 내외통신 등 3개 기관을 통합 운영하기로 결정했다. 이렇게 함으로써 극동문제연구소에서 발간하는 월간 『국제문제』와 영문계간지 『East Asian Review』, 북한연구소에서 발간하는 월간 『북한』을 연관된 시각에서 국제문제와 북한문제를 해설하여 대국민 교양자료로 활용하며, 나아가 해외에서의 정부 홍보활동을 지원할 수 있다고 판단했기 때문이었다. 특히 이들 출판물들은 「내외통신」이 발신하는 생정보를 그때그때 이용함으로써 보다 생생한 자료로 충당할 수 있도록 했다.

─ 베트남의 적화통일
: 패배의식 유입 저지를 위한 특수 홍보활동 준비

그 무렵 6개월 전 심리전국이 해체되어 북한국에 축소 개편되던 시기에 우리 중앙정보국 분석관들이 염려했던 상황이 벌어지고 말았다. 그것은 남베트남 사이공 정부의 붕괴와 베트남의 적화통일(공산화)이었다. 1975년 3월 10일 북베트남군은 파리 휴전협정을 파기하며 남베트남 군대에 대한 대규모 공격을 감행한 것이다. 4월 10일 티우 사이공 정부 대통령이 망명하였고, 이어 4월 30일 드디어 사이공이 함락됨으로써 베트남민주공화국은 이 지구상에서 영원히 사라지고 만 것이다.

나는 이 사실을 보면서 파리 휴전협정이 체결된 직후(1973년 4월로 기억된다), 청와대에서 개최된 안보회의에서 박정희 대통령이 예언하셨던 말을 회상했다. 중앙정보부가 작성한 「파리 휴전협정 체결과 전망」이라는 보고가 끝난 후 대통령은 회의에 참석한 5~6명의 각료들에게 차례로 똑같은 질문을 던졌다.

"장관들, 향후 월남(남베트남) 정부가 얼마나 견디어낼 것 같소?"

이 질문에 대해 어떤 장관은 "미국이 그처럼 엄청난 무기를 남겨주었는데 상당기간 유지하겠지요." 어떤 장관은 "미국의 군사·경제 지원이 계속될 것 같은 데 아마 10년은 안 가겠습니까?"라고 말했다. 그러자 박 대통령은 담배를 피워 무시면서 "나는 3년 정도를 보고 있소"라고 못을 박듯 말씀하시는 것이었다. 나는 이 때를 회상하면서 "각하께서 예언했던 그대로 되었군!" 하고 되뇌었다.

남베트남이 적화된 직후 청와대에서 안보각료회의가 개최되었다. 나는 실무자로서 뒷자리에 앉아 있었다. 대통령은 류혁인(柳赫仁) 외교안보수석비서관을 보시면서 "류 비서관, 시급히 범정부 '특수홍보대책위원회'를 구성하여 베트남 적화에 따른 패배의식의 국내 유입을 막기 위한 대책을 수립하시오. 중앙정보부 강 국장이 실무를 맡도록 하시오"라고 하명하시는 것이었다.

나는 자리에서 일어나 "알겠습니다"라고 대답했다.

회의가 끝나자 류 수석 방에서 대통령 지시를 수행하기 위한 대책을 숙의했다. 류 수석의 말인 즉, "강 국장, 나야 손발이 없지 않소. 대체적인 방향이나 계획을 세우는 것이 고작인데 어떻게 실무를 수행하겠소? 각하의 말씀은 강 국장이 직접 일을 하고 나는 뒤에서 지원하라는 말씀인 것 같소"라고 하면서 웃었다.

나는 평시에도 자주 류 수석과 상황 정보를 교환해왔던 관계로 그와는 허물없이 얘기할 수 있는 사이였다. 특히 안보관계에 대해서는 서로 기탄없이 의견을 주고받는 사이였다. 나는 류 수석에게 "알겠습니다. 예산 따는 일이나 도와주시지요. 별도의 팀을 만들어 각하의 지시를 수행하기 위한 대책을 세울터이니…. 그런데 우리 부장님은 보나마나 각하께서 지시하신 범정부 차원의 특별사업이니만큼 중앙정보부에서 예산을 염출하는 데는 반대할 것입니다. 내 입장도 곤란하게 될 것 같으니 경제기획원 예산국장에게 내가 제출하는 예산을 내주도록 협조해주십시오"라고 말했다.

류 수석 방에서 나와 이문동청사로 돌아오는 길에 남산 청사의 부장실로 갔다. 이미 신 부장은 도착해 계셨다. 나는 부장님께 "특수홍보대책위원회 구성에 대해서는 류혁인 수석이 담당키로 했고, 내가 이 위원회의 간사 역을 맡아 실제 업무를 수행키로 했습니다…"라고 보고했다.

신 부장은 "그럴 수밖에 없지 않은가? 강 국장이 또 수고해야겠구만…"이라고 말씀하시기에, 나는 "부장님, 소요예산은 오늘부터 짜서 2~3일 내 경제기획원에서 받아내겠습니다. 그러나 당장 내일부터라도 필요한 인원을 각 부에서 차출하여 일을 시작하자면 사무실 집기를 구입해야 하는데, 우선 이를 위한 예산은 부에서 대처해줄 수 없겠습니까?"라고 말씀드렸다.

그런데 아니나 다를까. "강 국장, 각하의 특별 지시사업이니 정부에서 예산을 따와야 합니다. 그리고 나서 부족 되는 것은 부에서 충당해주겠소"라는 것이었다.

우선 이 정도의 답이라도 얻었으니 정부에서 최대한의 예산을 따낼 수밖에 없다고 마음먹고 이문동청사로 돌아왔다. 그날 밤부터 예산안을 작성했다. 예산을 편성한 실무자들의 얘기인 즉, 정부와 중정에서 인원을 파견 받으면 되니 인건비는 필요 없다고 하더라도 연락용 차량, 사무실 집기와 소모품을 구입하자면 당장 3억여 원이 필요하다는 것이었다. 다음날 나는 류 수석에게 작성한 예산안을 제시했더니 그 자리에서 경제담당 수석비서관에게 협조를 요청하는 것이었다. 나는 예산안 서류를 류 수석에게 건네주면서 "오늘 중으로 각하의 결재를 받아달라"고 부탁했다.

다음 날 각하의 윤허가 났다기에 류 수석으로부터 원본을 받아들고 경제기획원 예산국장실을 노크했다. 청와대 회의나 월례 무역확대회의에서 가끔 옆자리에 앉았던 예산국장인지라 단도직입으로 예산 지출을 요구했다. 국장은 이미 청와대 경제수석으로부터 통고를 받고 알고 있었다.

"강 국장, 얼마나 필요합니까?"

"한 3억 되는 것 같소. 여기 각하께서 결재한 서류요."

나는 결재 받은 서류를 탁자 위에 놓았다. 예산국장은 빙그레 웃으면서 "강 국장, 한 번도 예산 타러 온 일이 없지요?"

"없어요." 나는 사실 예산문제로 한 번도 경제기획원에 들른 일이 없었다. 예산은 기획조정실의 소관이었기 때문이다.

그러더니 예산국장 왈, "강 국장, 각하께서 하신 이 결재는 '보셨다'는 것이지 이대로 돈을 내주라는 뜻이 아닙니다…."

나는 아차 싶었다. 이만큼 예산국장의 권한은 막강한 것이었다. 그는 탁자 서랍을 열더니 한 뭉치의 각 부처에서 제출된 '각하 결재서류'를 보이면서 예산타령을 늘어놓는 것이었다. 나는 정중하게 예산국장에게 간청했다. 내가 정부 국장급 관료에게 이처럼 고개 숙여 부탁한 일은 이것이 처음이자 마지막이었다.

나는 후일 이 때의 경험을 되새겨 정부 각 부처 심리전 관계자들과 함께 대책회의를 개최할 때마다 경제기획원 예산국 관계자들을 '모셔다' 놓고 회의를 진행했다. 심리전 사업의 중요성을 이해시킬 뿐만 아니라 예산 확보를 위해서였다. 그것이 효과가 있어 정부 각 부처의 심리전 예산을 총괄 책정 받기로 했다.

예산국장은 "내일 청와대 경제수석실에서 각 부처 기획실장 회의를 소집토록 해놨으니 이 회의에 꼭 참가해주시오”라는 것이었다. 나는 또다시 “부탁한다”고 말하고 회의실을 나왔다. 다음 날 예산국장의 ‘지시’대로 청와대 경제수석비서관실에서 개최된 정부 부처 기획실장 회의에 참가했다. 경제수석비서관이 먼저 특수홍보대책위원회 설치에 대한 각하의 지시를 잠시 설명하고, 이어 예산국장에게 조치를 부탁했다.

그러자 예산국장은 안주머니에서 작은 수첩을 꺼내더니 “○○부 무슨 예산 얼마, ○○부 무슨 예산 얼마…” 따로 외우듯이 각 부처에서 쓰지 않고 있는 예산을 열거하며 염출을 지시하는 것이었다. 이런 예산국장의 언급에 “노(NO)”라고 말하는 기획실장은 단 한 명도 없었다. 그리하여 나는 3억 원 내외의 특수홍보대책비를 간단히 지급 받게 되었다.

몇 년후 아마도 1980년대 전두환 정부 시절로 기억되는데, 중앙정보부를 사임한 나는 국민은행 직원들에 대한 강연을 위해 독립문 근처의 국민은행 연수원을 방문한 바 있었다. 그 때 마중나온 이 은행의 부행장과 담소하게 되었는데, 무슨 얘기 끝에 그가 “예산국장이 바로 내 친동생”이라고 말하여 그 때 일을 즐겁게 회상한 바 있었다. 역시 국가예산을 관할하는 예산국장은 막중한 국가금고를 책임지는 사람답게 각 부서 예산담당관들이 찍소리할 수 없을 정도의 매끈한 일처리를 해내는 유능한 고위 경제관료이기에 장관으로 발탁, 승진하는 것은 당연한 일이라 생각했다.

─ 특수 홍보활동 전개

특수 홍보예산을 확보한 나는 우선 대책위원회 사무실로 장충단에 있는 반공연맹(오늘의 자유총연맹) 청사 2층의 절반을 빌려 사용하기로 했다. 전기·통신선이 모두 부식되었기 때문에 정보부 시설과에 부탁하여 수리한 후 북한국 심리전단 인원 중에서 20명 정도를 차출하여 업무를 시작했다.

우선 각 언론, 보도매체, 특히 TV 방송을 통해 "미국과 자유베트남 정부가 북베트남 공산군에게 패배한 것은 군사작전에서 패배했기 때문이 아니라 정치작전에서 패배했기 때문"이라는 주제 하에, 북한의 어떤 선전·선동에도 끄덕하지 않는 강력한 정신무장만 갖추면 북한의 어떤 위협도 격퇴할 수 있다는 홍보를 연일 전개했다.

한편, 매일 오전 11시 30분과 오후 5시, 하루 두 차례에 걸쳐 서울 외곽과 명동 한복판 귀금속 상점이나 달러 상인들로부터 정확한 금 시세와 달러 시세의 등락을 조사하여 취합했다. 불안의식이 증가한다면 당연히 금값과 달러값이 오를 것이고, 그 반대라면 내릴 것이기 때문이다. 1개월 정도 지난 4월 하순부터 올라가던 시세가 하락하기 시작하더니 5월에 들어서자 평시로 돌아왔다. 그만큼 베트남전쟁 패배와 북한의 대남 선전·선동이 우리 국민의 불안감을 부추기지 못했음을 입증하는 것이었다.

나는 수시로 류 수석에게 그때그때의 사회동향을 통보하여 대통령께 보도토록 조치했다. 이처럼 특수 홍보대책 사업을 추진하면서 부수적인 수확(?)으로 청계천 음반가계에 엄청난 '백판'(공식 제작된 것이 아닌 해적판 음반)이 나돌고 있음을 알게 되었다. 당시 청계천은 복개가 안 되어 양쪽에 따닥따닥 무수한 '하코방(판자집) 상점'이 이어져 있었다.

이 해적판 음반에는 퇴폐적인 노래뿐만 아니라 공산국가의 선전·선동 음반도 섞여 판매되고 있었다. 나는 문공부와 협조하여 이런 불순 음반의 판매를 막기 위한 조치를 강구했다. 며칠 후 경찰들이 '백판' 판매 상점에서 엄청난 양의 해적판 음반을 압수했다는 보도가 나왔다.

이렇게 하여 특수홍보대책위원회 사업은 순조롭게 진행할 수 있었다.

각종 정보원(情報源)의
발굴 노력

정보기관의 정보판단 자료 중 가장 많이 이용되는 자료는 무엇일까? 비밀정보 자료인가? 공개정보 자료인가? 적진 깊숙이 침투한 공작원이 알아낸 정보나 최신 통신감청으로 획득한 첩보들이 정보판단에 긴요한 기초자료가 된다는 것은 상식에 속한다. 그러나 정보 분석관들이 손쉽게 취득할 수 있는 정보자료는 적대국이 공개한 각종 정보자료이다. 나는 이 자료의 정밀분석으로 적의 기도를 상당부분 파악할 수 있다고 본다. 때문에 나는 후배들에게 가장 좋은 정보판단 자료는 공개정보라고 말해왔다.

▬ 공개정보의 중요성

나는 중정 근무 16년 중 누구보다 북한의 출판물 분석과 북한방송 청취 그리고 귀순자 심문, 방북자의 보고나 관찰사항 청취 그리고 외국 정보기관과의 정보교환(미 CIA, 일본 내각조사실과 공안청, 유럽과 세계 각국의 정보기관) 등을 통해 관련정보를 수집했다고 자부한다. 물론 외국 정보기관과의 정보교환도 첩보수집의 일환이지만 구체적인 상황 판단에는 미흡한 점이 적지 않았다.

왜냐하면 같은 민족으로 살아온 우리보다 북한을 잘 알 수는 없기 때문이다. 그래서 북한 노동당의 기밀문서, 조선중앙통신, 『노동신문』, 『민주조선』 등 공식문헌 그리고 북한산 물품, 특히 공업제품의 수집에 열중했다.

예를 들면, 1961년 중국인이 An-2 안토노프(Antonov) 경수송기로 제주도에 내려서 망명한 일이 있다. 당시 중정은 북한이 소련과 폴란드 등에서 An-2를 100기 이상 수입한 사실을 알고 있었기 때문에 이 비행기를 정밀 분석했다. 소련처럼 농약살포를 위해 그 많은 An-2를 들여왔다고 보지 않았기 때문이다. 이 비행기는 6~8인이 탑승할 수 있고, 저공비행 성능이 우수하며 150m 정도의 활주로가 있으면 착륙이 가능하다는 것을 알았다.

우리는 북한이 이 비행기를 대남침투, 특히 게릴라 침투용으로 사용할 가능성이 농후하다는 결론을 내렸다. 공작원을 태워서 저공침입하면 우리측 군 레이더에 탐지되지 않고 고속도로와 골프장에도 착륙이 가능하다고 판단했기 때문이다. 그래서 An-2가 착륙 가능한 골프장과 고속도로를 조사했더니 몇몇 곳에 착륙할 수 있다고 판단됐다. 방어책으로 10여m 높이의 공중에 강한 강철선을 설치하면 착륙할 때 그 강철선에 걸려 추락시킬 수 있다고 판단하고, 실제로 설치하기도 했다.

또 다른 예로, 1970년대 초 나는 서울 여의도에 전시되어 있는 북한군 주력인 T-55 전차를 정밀 분석하기도 했다. 민간인 수집자에게 '대통령의 지시'라고 신신부탁하며 이를 일시 빌렸다. 경기도의 한 육군 공병기지에서 T-55를 분해해서 조사했다. 눈길을 끌었던 것은 볼트와 너트를 많이 사용하지 않았다는 것이었다. 소련제 병기는 용접한 부분이 많았다. 생산비를 줄이기 위해 채택한 것이지만, 그럼에도 기능에는 문제가 없다는 것이었다. 수백 대의 T-54, T-55 탱크를 보유한 북한군은 부품생산에 주력할 것이고, 결국 자체 생산도 가능할 수 있다고 판단했다.

북한에서 수출하는 상품은 모두가 귀중한 정보원(源)이었다. 북한의 선전 문헌을 보고는 해외파견원들에게 특별수집요구(SRI)를 보내 '실물입수'을 계속했다. 북한제 화물자동차, 트랙터, 선반, 이양기, 각종 생활필수품 등을 닥치는 대로 수집, 분석했다. 이러한 경험을 통해 정보란 비공개 수집을 통해서보다 공개적인 문서나 물건을 분석함으로써 상당 부분 얻을 수 있음을 확인했다. 그렇다고 비밀공작이 불필요하다는 얘기가 아니라 상당부분은 공개정보 수집·분석으로 획득할 수 있다는 것이다.

물론 적국의 최고위층의 움직임이나 정책결정을 인지하기 위해서는 휴민트·공작원을 핵심부에 침투시키는 것이 가장 효과적이다. 가끔 "한국 중앙정보부도 영국 영화 '007작전' 같은 첩보활동을 하고 있는가?" 하고 질문하는 사람을 있었다.

물론 구체적으로 밝힐 수는 없지만 생명의 위험을 무릅쓰는 우리 첩보원들의 활동이 끊임없이 전개되고 있으며, 이들로부터 입수된 귀중한 첩보가 적의 기도를 파악하는데 소중하게 사용되었음을 밝혀둔다. 중앙정보부 해외공작원이 각국에서 희생된 사례도 적지 않다.

그러나 내가 북한국을 담당했던 그 시기는 북한의 방첩망이 강해 휴민트 정보입수가 어려웠던 시기여서 대부분의 정보판단은 첨단과학 장비를 이용한 첩보수집과 산더미 같은 공개문서를 면밀히 분석하여 일일정보, 단기·중장기 판단서를 작성했다.

이런 의미에서 정보분석관은 끈질긴 인내력을 발휘하여 신문, 방송, 각종 문서의 행간의 의미를 알아내기 위해 노력한다. 이런 피나는 노력의 결과로 A4용지 한두 장의 간략한 정보판단서가 작성되는 것이다.

━━ 북한 기본정보의 정리와 공개 : 『북한전서』 출판

1974년에 접어들면서 북한정보국의 근무환경은 훨씬 여유 있는 시간을 갖게 되었다. 그 주된 이유는 국내정세의 변화와 남북대화의 사실상 중단 때문이었다.

1973년 2월에 부임한 신직수 부장은 전임자(이후락 부장)처럼 권력 지향형의 인물이 아니라 부여된 임무에 충실한 법무부 출신의 율사(律士)였다. 신 부장은 부임과 함께 유신정국(維新政局)이 몰고 온 긴박한 국내정치에 직면해야 했다.

연이어 발령되는 대통령 긴급조치에도 불구하고 대학과 야당의 반유신운동과 민주화 요구는 더욱 거세게 일어났고, 이로 인해 중앙정보부 국내부서는 시국 수습과 시국사범 처리에 여념이 없었다. 때문에 신 부장은 많은 시간을 국내정보·보안·수사 업무에 할애할 수밖에 없었고, 그에 따라 해외정보 담당부서는 긴급을 요하는 중요사안(업무)이 아닌 한 국장 수준에서 처리하게 되었다.

나는 모처럼 찾아온 여유로운 이 시점에 그 간 남북대화 때문에 실행하지 못했던 두 가지 일—북한 기본정보의 정리와 체계화, 그리고 언론 및 연구기관의 북한정보 요구에 대한 충족—에 착수하기로 했다. 솔직히 말해 1960년대와 1970년대 초반까지만 해도 정보통제권과 보안감사권을 갖고 있는 중앙정보부의 허가가 없는 한 북한정보의 공개·유포는 불가능한 실정이었다.

나는 중앙정보부의 경직된 북한정보 통제는 대북 안보의식을 고취하는데 있어서나 국민의 알권리 충족의 면에서도 옳은 일이 아니라고 생각하고 있었다. 나는 북한정보의 분석·평가 능력에 관한 한 북한 거주자와 피를 나누고 같은 역사와 전통과 문화를 가진 우리 남한 정보기관의 북한담당관들을 따라올 외국 정보기관은 없다는 확신을 갖고 있었다.

나는 미 CIA를 비롯한 외국 정보기관의 북한 분석관을 대할 때마다 "과학적인 수단(항공사진이나 통신정보)에 의해 수집되는 북한첩보는 당신들이 앞서 있지만, 그것을 분석·평가하여 북한 통치자들의 기도를 밝히는 데는 우리가 앞선다. 왜냐하면 남북한은 같은 혈통과 문화를 가진 같은 민족이기 때문이다"라고 강조해왔다. 이런 의미에서 세계에서 가장 우수한 북한정보 판단 요원은 바로 중앙정보부 북한국 분석 요원이라는 긍지를 갖고 당당한 자세로 외국 정보기관과의 정보교류를 진행했다.

이런 사고를 갖고 있는 나의 입장에서 보면 우리나라 신문·방송이 북한관련 뉴스를 「모스크바발 AP」, 「워싱턴발 UP」, 「베이징발 로이터」 등으로 보도하는 것은 부끄러운 일이 아닐 수 없었다. 나는 북한 뉴스에 관한 한 우리나라 통신사와 방송사가 맨 먼저 「서울발」로 보도해야 한다고 생각하고 있었다.

이런 문제를 해결하기 위해서는 북한정보국이 스스로 보유한 북한정보의 기밀등급을 낮추거나 해제하여 공개하고, 또한 정보·보안 통제권을 완화하여 최소한 북한의 조선중앙통신이나 조선중앙방송 보도를 우리나라 통신·방송·신문사가 인용, 보도, 게재할 수 있도록 해야 한다고 판단했다. 이를 위해 나는 "내 책임 하에 내 재량으로 일부 북한정보를 공개하겠다"는 보고를 부장께 드리고 허락을 받았다.

1974년이 밝자 나는 우선 북한국 직속 외곽기관으로 조직한 「극동문제연구소」 명의로 북한에 관한 종합 교양서를 출판하기로 하였다. 마침 중앙정보부 기관지인 『양지(陽地)』 편집부에서 근무하다 사직하고 신현실사(新現實社)라는 출판사를 경영하고 있던 이규헌(李圭憲) 사장이 찾아왔기에 그와 의논했다.

『북한전서』 (3권) 표지
(1974년 극동문제연구소 발간)

나는 이규헌 사장의 출판능력은 졸저(拙著) 『국민승공사상대계』를 출판하던 1970년에 이미 알고 있었다. 나는 이 사장에게 "북한에 관한 종합적인 교양, 연구서를 출판하여 국내 연구기관과 대학을 비롯한 교육기관 그리고 언론기관들이 이용할 수 있도록 하고 싶은데, 이 사장이 편집, 출판, 판매까지 맡아주되 발행사는 극동문제연구소로 하면 어떤가? 발행사를 극동문제연구소로 하려는 이유는 앞으로 계속하여 북한관련 정보공개 창구로 극동문제연구소를 사용하려 하기 때문이다"라고 제안했다.

일반적으로 정보기관에서 출판하는 책은 '무료 배포'를 원칙으로 하지만, 나는 시판하여 출판비를 충당할 뿐만 아니라 이익을 내서 극동문제연구소의 자급자족 체제를 구축할 생각을 갖고 있었다. 이 사장은 내 제의에 쾌히 동의하고 "필요한 자료만 공급해준다면 출판은 1개월 내에 가능하다"고 확언했다. 그 다음날 즉각 자료 제공에 착수하여 그가 자신했던 대로 그해 전3권(4×6배판), 1,700쪽의 『북한전서(北韓全書)』를 출간하게 되었다.

이 책이 출간되자 부장을 비롯한 모든 부서 간부들이 찬사를 아끼지 않았을 뿐만 아니라 정부 각 부처, 연구기관, 대학교수와 고등학교 교사, 보도기관 등등 모든 사용기관으로부터 호평을 받았다. 최초 출판은 1,000부였지만 증판하여 5,000부 넘게 시판할 수 있게 되었다.

─── 『남북한경제력비교』 출간과 청와대 보고

『북한전서』 출판을 준비하면서 나는 비공개 정보문서에 기초한 별도의 출판 계획에 착수했다. 바로 1974년 3월에 출간한 『남북한경제력비교(南北韓經濟力比較)』이다. 이 책은 1972년 2월 이후 북한국 경제과─과장 정운학(鄭雲鶴)─가 심혈을 기울여 분석 판단한 북한경제에 대한 종합 판단보고서로 총9권(4×6배판), 6,000쪽에 달하는 방대한 책자였다.

그해 4월 초 나는 중앙정보부 인쇄소에서 인쇄한 초록색 하드카버로 묶은 9권의 보고책자를 들고 박 대통령께 보고하기 위해 청와대 별관 2층 회의실에 갔다. 회의 개최 직전에 9권의 보고 책자를 각하 좌석에 진열했다. 최규하 대통령 특보, 김용식 통일원 장관 겸 부총리, 류혁인 수석비서관 등이 회의실로 들어서며 초록색 보고서를 보자 모두가 깜짝 놀라는 표정이었다.

이윽고 비서실장이 박 대통령을 모시고 회의실로 들어오셨다. 자리에 앉으신 대통령은 탁자 위에 놓인 『남북한경제력비교』 9권의 첫 권을 펴시더니, "강 국장이 작성중이라던 그 보고서이구만! 수고했네!"라고 치하와 함께 크게 만족해하시면서 회의를 시작했다.

나는 차트로 정리한 보고서 작성 경위와 요지를 30분 가량 대통령께 보고했다. 주요 정부 경제기관, 대기업 연구소, 주요 은행 조사부, 정부 산하 공업연구소 등 1,000명 내외의 전문가, 학자, 기술자들이 참가했음을 보고했다. 차트 마지막 장을 넘기면서 나는 "각하, 이 보고서를 작성한 우리 경제분석관들은 그동안 수집한 실물들(자동차, 트랙터, 선박, 경공업 제품, 노획한 무기 등등)을 거의 다 분해하여 분석해보고 이 보고서를 작성했습니다. 그렇다고 하여 이 보고서가 완전한 보고서라고 생각하지는 않습니다. 앞으로 새로운 정보가 입수되는 대로 수정해나갈 것입니

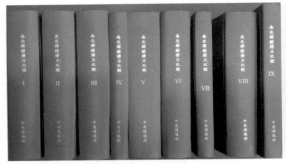

『남북한경제력비교』 표지 (1974년 중앙정보부 발간)

다. 이 보고서가 있는 한 정확도를 높이기 위한 수정 작업은 그리 어렵지 않으리라 생각됩니다. 이 보고서가 새빨갛게 추고, 수정되도록 심혈을 기울일 작정입니다"라며 보고를 마쳤다.

대통령께 보고를 마친 후 나는 『남북한경제력비교』를 500질 인쇄하여 정부 각 부처, 국회도서관, 대학 그리고 민간 연구기관에 배포했다. 이 보고서에 대한 평가는 당초 생각했던 것 이상으로 긍정적이었다. 20여 년이 지난 1996년 『월간조선』 1월호 별책으로 출판된 『한국현대사비(秘)자료 125권』에는 이 『남북한경제력비교』에 관한 나의 기고문이 게재되었다.

이 기회에 첨가할 것은 위 『월간조선』 별책에는 1969년 2월에 개최된 북한인민군 제4기 4차 당대회에서 행한 김일성의 결론연설을 비롯하여 김일성 집권 후 그가 행한 군사관계 연설과 특별 지시들을 선별하여 북한정보국 군사과가 엮은 「김일성 군사논선(金日成軍事論選)」에 관한 평가논문도 실려 있다.

나는 1974년 1년 동안 북한에서 출판한 『철학사전』, 『정치사전』, 『경제사전』, 『력사사전』 등 기본자료를 복사하여 정보기관 요원들과 고등

교육기관 종사자들이 참고하도록
출판하는 한편, 노동신문이나 조선
중앙방송의 주요 논설, 사설들을 월
별로 묶어 연구자들이 참고하도록
배포했다.

내외통신

이러한 북한의 '생자료(生資料)'
배포에 대해 관계자들의 반응은 대
개 긍정적이었다. 그러나 일부 연
구자, 특히 대학교수들 중에는 "불
온문서 보관이 어렵다"면서 반송해
오기도 했다. 그런 사람에 대해서는
그 즉시 배포선에서 제외했다. 가소
로운 것은 "중앙정보부가 북한정보
를 독점하고 공개하지 않아 북한에 대한 학문적 연구의 길이 막히고 있
다"고 비판하던 바로 그 사람들 중에 개봉도 하지 않고 반송하는 사람
이 있었다는 사실이다.

이외에도 방송과 신문 등 매스컴의 요구에 응하기 위해 1974년 4월
16일 북한통신을 받아 국내 보도기관과 연구기관에 배포하는 북한전문
통신사「내외통신(內外通信)」을 창설했다. 내외통신은 서울 중구 예장동
작은 빌딩 2층에 스튜디오를 갖춘 북한과 공산국가의 통신을 청취할 수
있는 시설을 갖고 1998년 이종찬 부장이「연합통신」에 병합시킬 때까
지 24년간 중앙정보부 북한국의 직접 관할 하에 운영되었다.

이와 함께 1974년은 나 자신이 스스로의 지적 향상(知的 向上)을 위해
서도 노력한 해였다. 평양 제3중학교 선배이며 경희대학교 총장이던 조
영식(趙永植) 선배님의 권유로 나는 경희대학교 대학원 정치학과 박사

과정에 입학했다. 이문동청사와 이웃한 경희대학교 교사를 오가면서 젊은 교수들의 훈도를 받아 국제정치에 대한 새로운 지식을 함양했다. 그 과정에서 '터널 비전'을 갖기 쉬운 북한정보 분석관의 약점을 극복하고 '편조백방(偏照百邦), 투시만년(透視萬年)'—서도가 김창환 선생이 써준 휘호—할 수 있는 넓은 시야와 전략적 사고를 갖기 위해 노력했다. 참으로 고마운 조영식 선배님이었다. 지금도 당시 선배님의 여러 권고의 말씀을 잊지 못한다.

── 소리 없이 각 정보기관을 통제하여 북한정보를 집중시킨 박정희 대통령

박정희 대통령은 중앙정보에 대해 누구보다 확실한 지식의 소유자였고 중앙정보 운용에 탁월한 인물이었다. 우리나라의 모든 정부기관과 민간이 갖고 있는 정보를 종합해 국가의 최고 통수권자, 최고 정책결정자들이 필요한 정보를 생산해 내는 역할을 하는 것이 바로 센트럴 인텔리전스(Central Intelligence), 즉 「중앙정보」다.

본래 정보기관은 폐쇄적이고 기관본위주의적 특성이 강하다. 자기가 보유하고 있는 정보를 타 기관에 내놓지 않는다. 남이 알지 못하는 정보를 갖고 있을 때 자기 기관의 권위가 선다고 생각하기 때문이며, 이는 그 어느 나라의 정보기관도 마찬가지다. 법으로 중앙정보부가 정보조정 통제권을 갖고 있다고 해도 좀처럼 국방부, 내무부, 외무부 등 각 부서의 정보를 통합하기가 어렵다. 그렇다고 그 바쁘신 대통령 자신이 직접 각 정보기관에서 올라오는 정보 보고를 다 읽고 자신이 종합평가한다는 것은 무리하기 짝이 없는 일이다.

한 가지 사안에 대해 각 정보기관(최소 4~5개)에서 작성한 정보가 획일적인 판단을 내릴 수는 없다. 또한 각 정보기관은 자신들이 담당한 업무와 관련한 입장에서 정보판단서를 작성하기 때문에 서로 다른 정세판단이나 전망을 제시하게 된다. 이런 각 정보기관의 서로 다른 정보판단서를 과연 누가 종합하여 대통령이 정책결정에 사용토록 할 수 있는가?

나는 박정희 대통령께서 북한 정보에 관해서만은 모든 정보기관의 보유 정보를 자연스럽게 우리들 중앙정보부 북한국으로 하여금 통합할 수 있도록 몸소 조정해주신 것에 감사드린다.

박 대통령은 우리 북한 정보국으로 하여금 종합판단서를 작성할 수 있도록 각 기관에 대한 조정, 통제를 해주셨는데 그 방법은 이런 것이다. 대통령께서는 각 부서의 북한관련 정보분석 또는 판단서를 받으시면 그 보고서를 봉투에 넣어서 "검토 후 보고하라. 희(熙)"라고 싸인한 후 중앙정보부 북한국에 보내셨다. 그 봉투가 우리들 북한분석관에게 전해오는 시간은 대체로 저녁 7~8시 경이다.

그 정보 보고서를 작성한 부서의 근무자들 대부분이 퇴근한 이후다. 이 봉투를 받은 북한국은 즉시 그 보고서 올린 정부 산하 다른 정보부서 책임자에게 전화를 걸어 "대통령의 명령이니까 즉시 그 보고를 작성한 실무자로 하여금 관련 판단 자료를 지참하여 우리에게 보내주시오"라고 요청한다. 이런 전화를 받으면 상대방 정보부서 책임자는 대부분 놀라 "어떻게 그게 당신들 손에 들어갔느냐, 대통령께 보낸 게 어떻게 중정 분석관 손에 들어가 있느냐"고 반문한다. 그러면 "대통령께서 저희들에게 재검토, 보고하라는 지시가 있었다"라고 간단히 답할 수밖에 없다.

그러면 이미 퇴근한 실무자, 보고서 작성자를 비상소집해서 자료를 전부 모아가지고 우리에게 보낸다. 대체로 한두 시간 정도 걸려 저녁 9시경 되어야 이들이 우리 사무실에 도착한다. 그 때부터 토의가 시작되면 밤 10시경 토의가 끝난다. 그 후 보고서 내용의 적·부(適·否) 여부를 기술한 북한정보국의 판단 결과를 정리하여 중정 일일보고와 함께 청와대로 보낸다.

매일매일 작성하는 일일보고서는 한자(漢字)가 섞인 공타로 찍기 때문에 밤 11시경 완성된다. 사건이 많을 때는 30페이지, 적을 때는 20페이지 정도의 해외정보와 북한정보를 요약한 보고서다. 이처럼 밤늦게 작성되니까 차장, 부장들은 보지 못하고 국장 또는 부국장 선에서 끝난다. 따라서 하명하신 타 정보기관 보고서의 재검토 결과도 대체로 다음날 새벽 4~5시 경이면 대통령 책상 위에 놓인다.

그런데 대통령께서 재검토하라고 우리에게 내려보낸 타기관 보고서에 대해서 하루이틀 지나도 아무 소식이 없다가, 얼마 후 또 다시 타 정보기관의 보고를 재검토하라는 지시가 거의 같은 시각에 내려온다. 전번과 마찬가지 수순으로 재검토 보고한다.

이쯤 되면 북한 정보에 관해서는 충분한 정보도 지식도 없는 타 정보부서는 "자기들이 수집된 정보를 군이 분석 보고할 생각 말고 중앙정보부 북한국에 보내라…"라는 대통령의 메시지임을 알아차리게 되어 순조롭게 북한정보에 관해서는 중정 분석관에게 집중될 수 있는 것이다.

이런 조정 방법은 오래 정보분석 업무를 직접 담당해 오신 박정희 대통령이기에 가능한 것이었다. 또 하나의 예를 들어보자. 가끔 외국 정보기관에서도 대통령께 담당 전문분석관을 보내 중요한 정보를 전하는 경우가 있다. 대통령을 뵙고 직접 말씀드리겠다고 요청하는 경우 만약 북한 문제를 보고하러 온다고 한다면 중정 북한정보 분석책임자인 나를 참여시킨다. 그리고 보고가 끝나면 대통령께서는 "훌륭한 보고, 잘 들었습니다" 하시면서 일일이 악수를 한다.

그리고 나서 "앞으로도 가끔 귀국 정보기관의 분석 결과를 브리핑

받고 싶지만, 내 업무가 바빠 그럴 수 없을 지도 모르겠다. 앞으로 중요하고 급하게 내게 전할 정보가 있으면 우리 강 국장한테 주면 나한테 금방 올라온다"고 말씀을 하신다.

그럼 외국 정보기관에서 온 사람들이 대통령의 이 말씀을 듣고 우리 중정 북한국에 대한 신뢰가 어느 정도인지 즉석에서 알게 된다. 대통령의 이런 말씀을 들은 외국 정보기관은 그 보고가 극비사항이 아닌 한 주저하지 않고 우리에게 보내온다. 박 대통령은 이런 간단한 방법을 통해 북한정보에 관한 중앙정보 판단이 가능하도록 관련정보를 우리에게 집중시켜주셨다.

솔직히 말해서 나는 후대의 대통령들을 보면서 "저렇게 중앙정보를 경시하면서 어떻게 정책결정에 필요한 정보를 획득할 수 있을까?" 하는 생각을 했다. 중앙정보의 중요성, 그 가치를 경시하는 최고 통수권자는 옳은 정책을 수립할 수 없다. 나는 그래서 박정희 대통령 같은 분 밑에서 정보분석관 생활을 십여 년 넘게 했다는 것에 진심으로 감사하고, 내 관운이 좋았다고 생각한다. 최고 통수권자는 '국가 정보기관을 어떻게 운영할 것인가?', '기관본위주의로 자기 권위를 세우려는 각 정보기관을 어떻게 통제할 것인가?'를 먼저 생각해야 한다.

박정희 대통령 자신이 '1949년 육군본부 정보국 분석과장 시절 "내년 봄, 즉 1950년 봄에 대규모 북한군이 남침할 것이다'라는 정보판단 보고서를 작성했던 분이기 때문에 우리들 중앙정보부 분석관의 입장을 누구보다 잘 아시고 사랑하고 격려해주셨다고 생각한다.

이런 점에서 나는 평생 동안 그의 지도를 잊지 않고 퇴직 후에도 중정 분석관 시절의 긍지를 지니고, 그 때의 작업 방식으로 지금도 북한정세를 계속 주시하면서 나름대로의 개인적인 북한정보 판단을 갖고 크고 작은 집회에서 과감하게 떠들 수 있었다고 생각한다.

북한의 「8·18 도끼 만행 사건」과 그 대응

미국의 강력 대응은 없었다

1976년 8월 18일 당시 중앙정부부 심리전국장이던 나는 이문동 청사에서 9월에 실시할 '전국 안보정세 보고회'를 위한 브리핑 슬라이드를 하나하나 검토하고나서 늦은 점심을 먹으러 나갈 참이었다. 그 순간 황급히 문을 열고 들어온 보좌관으로부터 상상할 수 없는 북한의 만행을 보고받았다.

보좌관의 말인즉, 두 시간 전인 11시경 판문점 공동경비구역(JSA)에서 북괴군과 유엔군 간에 대충돌이 발생했는데, 총기를 사용한 충돌이 아니라 도끼와 삽 등으로 치고받는 충돌이었는데, 상당한 인명피해가 발생했다는 것이다. 나는 "도대체 도끼와 삽 등으로 치고받을 충돌이란 무엇을 어떻게 했다는 것이냐?"고 되물었다. 왜냐하면 종전의 남북 간 충돌이라고 하면 응당 총기나 항공, 함정을 동원한 총격사건이었기 때문이다.

나는 식당으로 가지 않고 즉시 전화로 북한국장을 찾았다. 전화를 받는 상대방도 몹시 흥분한 어조로 "우리측 경비초소 간의 관측을 용이하게 하기 위해 미루나무 가지를 치던 유엔군측 병력과 북측 병력 간에 충돌이 있었던 것 같은데, 아마도 가지치기를 위해 갖고 갔던 도끼나 낫 등을 휘둘러서 우리측에 인명 손실이 난 것 같다"는 보다 자세한 정보를 전해들었다.

1976년 「8·18 도끼만행 사건」

　나는 '역시 북한국과 심리전국 사이에는 정보 전달시간이 다르구나'
하는 생각을 하면서 과장들에게 "우리 국과 연계되는 국방부나 유엔군
사령부 요원에게 연락하여 보다 자세한 정보를 입수하라"는 지시를 내
리고, 급히 구내식당에서 점심을 먹고 내 방으로 돌아왔다.

　그 사이 우리 국에서는 보다 상세한 사건 전말을 입수하고 있었다.
사건의 전요는 다음과 같다.

　오전 10시 40분경 판문점 공동경비구역 미군 중대장인 보니파스
(Arthur G. Bonifas) 대위가 소대장인 배럿(Mark T. Barret) 중위와 한국군 김
문환 대위, 5~6명의 노무자(한국 노무단 12중대 소속) 등 15~16명을 인솔
하여 '돌아오지 않는 다리' 남쪽에 위치한 유엔군측 제3경비초소(CP3)
로부터 35~40야드 떨어진 곳에 있는 높이 15미터 정도의 미루나무가
너무 크고 가지가 뻗어 시계(視界)를 막고 있어 그 가지를 잘라내기 위
해 갔다.

그런데 이를 본 북괴군 20여 명이 나와 "왜 우리와 상의 없이 일방적으로 나뭇가지를 치려 하는가?"라고 시비를 걸었고, 여기에 또 다시 30여 명의 북괴군이 차량으로 증파되었다. 이 때 느닷없이 북측 지휘관(박철 중위)이 "죽여라!"라고 공격 명령을 내렸다는 것이다.

유엔군이 가지치기를 위해 갖고 갔던 도끼와 낫, 삽, 그리고 북괴군이 갖고 온 것 같은 몽둥이로 우리측을 공격하여 유엔군 지휘관 보니파스 대위와 배럿 중위가 치명상을 입었고 수 명의 한국군과 노무자가 부상했으며, 타고 갔던 차량 3대도 파괴되었을 뿐 아니라 제3경비초소도 박살이 났다.

이처럼 50~60명에 달하는 북괴군의 포위 속에 공격받고 있던 유엔군측 노무자가 수풀 속으로 도망쳐 나와 유엔군측 지휘본부에 보고하여 사건 발생 30분 후에 유엔군 지원부대가 현지에 도착했다. 그러나 이미 북괴군은 철수한 후였고 얼굴이 참혹하게 뭉개진 2명의 미군 장교는 인근에서 발견되었다는 것이었다.

나는 휴전 후 20여 년 동안 휴전선 또는 해상과 공중에서 발생한 남북 간의 무력충돌 사건을 수없이 보아왔지만, 이처럼 무지막지한 만행을 본 일이 없었다. 북괴군의 만행으로 더욱이 판문점 공동경비구역에서 한국군이 아닌 미군 현역장교 2명이 희생되었으니 주한미군은 물론 미국정부로서도 묵과할 수 없을 것이라고 생각했다.

이날 오후부터 국방부는 물론 청와대가 주관하는 비상대책회의가 개최되었다. 중앙정보부에서는 저녁 무렵 청와대를 다녀온 신직수 부장이 주재하는 국장 회의가 개최되었다. 신 부장은 박정희 대통령께서도 격노하며 미군측에 강경대응을 요구했다고 전해주면서 우리 부도 비상근무에 임하도록 지시했다.

나는 이날 밤 국장실에서 거의 뜬 눈으로 밤을 새우며 '과연 미국이 향후 어떤 대책을 세울 것인가'를 곰곰이 생각해 봤다. 솔직히 말해 나는 북한에 대한 우리 정부의 대응조치보다 미국이 어떤 수준의 대응조치를 취하는가에 중점을 두고 대책을 생각했다. 사건 직후 주한미군과 한국군이 '데프콘-3'(방어준비태세)를 발령하고 경계태세를 한층 높이고 있지만, 과연 미국이 북괴군의 만행을 응징할만한 강경대책을 세울 것인가? 솔직히 회의적이었다.

이튿날 아침이 되자 오키나와 가데나(嘉手納) 공군기지에서 F-4 팬텀기 24대를 비롯하여 본토 아이다호(Idaho)주 마운틴 홈 기지에서 F-111 전투기 20대, 괌에서 B-52 전략폭격기 3대가 한반도를 향해 출동했을 뿐만 아니라 미드웨이호 항공모함 전단이 한반도 근해로 출동했다는 소식이 들어왔다. 청와대 소식으로는 박정희 대통령이 "참는 데도 한계가 있다. 미친개는 몽둥이로 때려잡아야 한다"고 말씀하셨다는 전언도 있었다. 오후가 되자 미국이 서해의 무인도를 선택하여 베트남전쟁 때처럼 융단폭격을 실시하여 북측에 대한 위협작전을 전개할 것이라는 정보도 들렸다.

그러나 1968년 「1·21 사태」와 그 직후 푸에블로호 납북사건 때도 북한지역에 대한 폭격과 같은 강경대응을 할 것이라는 정보가 있었지만, 말뿐이었다. 이번에 미군 장교 2명이 도끼에 희생되었다고 미국이 강경대응을 취하겠는가? 더구나 파리 3자회담(미국, 북베트남, 남베트남 베트콩)을 주도하여 사실상 베트남의 적화통일을 묵인했던 키신저가 국무장관으로 있는 미국 행정부가 군부의 강경대응을 주창한다고 해도 포드(Gerald R. Ford) 대통령이 DMZ 북방의 북괴군 전방기지를 포격하라는 식의 강경대응은 있을 수 없는 일이라고 생각했다.

「1·21 사태」 당시 한국군 사단장들이 개성을 쳐서 우리의 결의를 보여주자고 주장했지만, 푸에블로호 사건이 발생하자 「1·21 사태」에 대한 대응은 유야무야로 끝내려 했던 미국이 아닌가?

도끼 만행사건 다음날인 8월 19일 오후 4시에 개최된 제379차 군사정전위원회 본회의에서 마이크 프르덴 유엔군측 수석대표(해군 소장)는 북측 수석대표 한주경에게 15장의 현장 사진을 제시하며 북괴군의 만행을 규탄하고, "유엔군사령관의 강력한 항의를 김일성 인민군총사령관에게 전하라"고 주장했지만, 이에 대해 한주경은 "그 나무는 유엔군측이 일방적으로 자르려했기 때문에 일어난 사건이고, 우리측도 수 명의 부상자가 있었다"고 주장했다. 이러한 양측 간의 논쟁은 회의장 안에서 뿐만 아니라 남측의 자유의 집과 북측의 판문각의 중간지대에 그어놓은 군사분계선을 사이에 두고 부동자세를 취하는 양측 경비병 간에 서로 마주보며 옥외설전(屋外舌戰)을 이어갔을 정도였다.

8월 20일 오후 5시 북한의 중앙방송은 "김일성이 북한군과 노농적위대, 붉은청년근위대 등 예비군에게 전투태세 돌입을 명령했다"고 보도했다. 같은 날 키신저 미 국무장관은 NBC-TV와의 인터뷰에서 "미군장교 2명의 살해에 대한 해명과 배상 요구에 만족할만한 해답을 받느냐 여부에 달려 있다. 미국인이 어느 장소에서든 아무런 이유없이 공격을 받아도 된다는 관계가 형성되는 것은 절대 용납할 수 없다"고 강조하면서 "판문점 사건 후 주한미군에 대한 증강조치를 취했으며 그 어떠한 북한의 도발 확대 시도도 억제하기 위한 조치를 취했다"고 말했다.

이러한 키신저의 주장을 접한 우리들 정보분석관들은 그의 경고는 도끼 만행과 비슷한 대응조치를 취하는 수준에서 대응할 것이며, 북측 군사기지 포격 같은 물리적 조치를 취하는 일은 없을 것이라고 단언(?)했다. 그렇다면 미국은 구체적으로 어떤 대응책을 택할 것인가?

8월 20일 밤에는 '문제의 미루나무 절단'이라는 대응조치를 취할 것이라는 말이 전해졌다. 과연 누가 이 미루나무를 베어내는 절단 작전을 맡을 것인가? 박정희 대통령은 "한국 땅에서 일어난 사건이니 우리 군이 맡겠다"고 제의했다.

이 작전 임무는 한국의 특전사령부 산하의 군부대가 맡기로 결정했다. 그런데 미군은 공동경비구역에서의 작전이기 때문에 무기는 휴대하지 않고 작전에 임해야 한다고 요구했다. 그러나 우리 군은 작전 중 충돌사건이 일어날 때를 대비하여 미루나무 절단 작전—폴 번연(Paul Bunyan) 작전—에 투입되는 장병의 안전과 임무수행을 위해 소화기 휴대는 불가피하다는 결론을 내리고, M16 소총과 권총, 크레모어 수류탄을 군복 속에 은닉시켜 병력을 투입하기로 결정했다.

8월 21일 유엔군이 '데프콘-2'(공격준비태세)를 발령한 가운데, 새벽 6시 47분 20여 대의 차량에 태권도 유단자로 구성된 60여 명의 특전사 병력이 투입되었다. 그들은 판문점 공동경비구역에 도착하자 유엔군 제2경비초소(CP2)에서 몽둥이를 들고 경계태세를 취하면서 작전에 돌입했다. 판문점 외곽지역에는 한국군 제1사단 수색대와 미군 제2사단 포병화력 지원부대가 배치되었다. 7시 20분 우리 군 병력은 '돌아오지 않는 다리'를 트럭으로 막아 북괴군 진입을 저지하며 45분간에 걸쳐 문제의 미루나무를 통째로 잘라냈다.

한 때 북괴군 병력 150명 정도가 AK-47 소총으로 무장하고 출동했으나 '돌아오지 않는 다리'를 건너오지 않고 돌아갔다. 미루나무 절단을 마친 우리 군은 북한군의 제5, 6, 7, 8 경비초소를 몽땅 때려 부숴버렸다. 공동경비구역 지휘관인 비에라 중령은 한국군의 이런 작전을 상상도 못했으며, 당시 북괴군과 마주했다면 총격사건이 일어났을 것이라고 자평했다.

8월 21일 오전 9시 30분 박정희 대통령은 국가안보대책회의를 소집하고 차후 북한의 그 어떠한 도발에도 대응할 수 있도록 경계태세를 갖출 것을 지시했다. 이처럼 우리측의 강경한 작전이 전개되자 김일성은 군사정전회담 북측 대표단을 통해 '유감의 뜻'을 전하는 메시지를 전달했지만, 유엔군 측은 책임을 인정하지 않는 회답은 받아들일 수 없다고 일축했다.

이처럼 「8·18 도끼 만행 사건」에 대한 유엔군 측의 상응한 응징조치가 완료된 8월 21일 이후 우리 심리전국은 매일 개최되는 안보 회의에서 북한의 동향에 관한 판단과 대북 심리전의 진행 상황 그리고 국제사회를 향한 우리의 홍보자료 작성과 배포 현황 등을 보고했다.

이 때 효과적인 수단으로 사용한 것이 내가 창설한 「내외통신」이었다. 나는 이미 1971년 8월에 시작했던 이산가족찾기를 위한 남북적십자회담과 남북 간의 제반문제를 총괄적으로 논의하는 남북조절위원회회담에서 터득한 경험으로 북측의 도발과 전쟁 기도를 억제하는 최선의 방법은 북측이 보유하고 있는 그 어떠한 수단에도 대응할 수 있는 우리의 수단과 무기를 보유하지 않으면 안 된다는 사실을 뼈저리게 느껴왔다. 그 때문에 나는 북한의 대남 심리전과 평화공세에 대응하기 위한 우리의 심리전 수단과 장비, 이를 운용할 수 있는 유능한 요원 양성에 전력했다.

나는 50여 년이 지난 지금도 이 대북 작전의 기본 원칙은 조금도 약화시켜서는 안 된다는 강한 신념을 갖고 있다. 때문에 문재인 정부가 취한 '대북 전단 살포금지법' 제정이나 공영방송을 이용한 대북 심리전 방송 중단을 강하게 비판하는 것이다.

다시 강조하지만 북한이 갖고 있는 여하한 수단, 그것이 핵무기라 할지라도 우리가 이에 상응하는 수단을 보유하고 있을 때 비로소 대북 억지전략을 성공적으로 수행할 수 있다. 그 중에서 북한의 최대 약점인 '심리전'이야말로 우리가 갖고 있는 대북 비대칭 무기(수단)임을 인식하고, 이를 강화하는 길이 북한과의 군사적 대결이나 비군사적 대결(통일전선)에서 승리하는 길임을 강조한다.

북한 핵 정보의 과소평가 - 나의 오판

1977년 10월 어느 날의 일이다.

수사 담당 부서로부터 북한노동당 연락부(대남공작 담당부서)가 침투시킨 거물 간첩이 귀순해왔으니 전략심문을 해달라는 것이었다.

보내온 문건을 보니, "성명 김용규, 나이 40세(1936년생), 서울 태생, 1951년 3월 서울중학교 2년 재학 중 패주하는 북한군에게 피랍, 강제 월북, 전쟁기간 중 월북자 사상전향을 위한 교육기관인 금강정치학원과 중앙당학교 졸업, 휴전 후 김일성대학 철학과 입학, 1957년 2학년 재학 중 제2차 남로당계 숙청에 걸려 문천 기계공장 노동자로 하방(下放)배치, 1962년 문천공업대학 기계제작과 졸업, 1967년 노동당 연락부 공작원으로 소환, 대남 침투공작, 1972년 6월 김일성군사정치대학 입학, 1년 후 졸업, 남파침투 7회, 통일혁명당 관련 공작수행, 10여년의 대남공작 공로로 금별(金星)메달(영웅메달), 국기훈장 1급 3회 수상…" 등등 말 그대로 화려한 대남공작 경력의 소유자였다.

나는 3~4일 동안 그와 마주앉아 때로는 소주 한 잔하면서 북한의 정치, 군사, 경제, 사회 등 전반적 정세에 대한 전략심문을 계속했다. 이처럼 격의 없이 얘기를 주고받으며 심문을 계속하던 중 핵개발에 대한 얘기가 나왔다. 그의 말은 1968년 11월 김일성이 함흥(咸興)의 과학원분원(科學院分院)을 현지지도하면서 다음과 같은 놀라운 교시(教示)를 했다는 것이다.

　"…남조선에서 미군을 몰아내야 하겠는데 절대로 그냥 물러나지 않는다. 그러니까 우리는 언젠가는 미국과 한번 붙을 각오로 전쟁준비를 다 그쳐야 한다. 현 시기 전쟁준비를 갖추는데서 무엇보다 시급한 것은 미국 본토를 타격할 수 있는 수단을 가지는 것이다. 지금까지 세계전쟁 역사에는 수십, 수백 건의 크고 작은 전쟁이 있었지만 그 모든 전쟁이 미국 밖의 타지역 국가에서 일어난 전쟁이기 때문에 미국 본토에는 아직까지 포탄 한 발도 떨어져 본적이 없다.

　그런데 미국 본토가 포탄 세례를 받게 되면 어떻게 되겠는가? 그 때는 상황이 달라진다. 미국 내에서 반전 운동이 거세게 일어나고, 제3세계 국가도 반미공동행동에 나서게 된다. 그렇게 되면 미국은 남조선에서 손을 떼지 않을 수 없게 된다.

　그러니까 동무들! 하루속히 원자탄(핵무기)과 장거리 로켓을 자체 생산하여 우리가 미국 본토를 때릴 수 있도록 적극적으로 연구개발에 힘쓰라! ….″

대체로 이런 내용을 강조했다는 것이었다. 이외 그는 당 군사위원회에서 행했다는 김일성의 교시 "무슨 수를 써서라도 미국 본토를 때릴 수 있도록 해야 한다. 중남미에 나가 있는 특공대를 투입시키고 교포조직을 동원할 수도 있다. 미국 본토뿐만 아니라 세계 도처에 널려있는 미군 기지를 폭파해도 좋을 것이다. 죽을 각오로 어떻게 해서든지 미국 본토에 혼란이 일어나도록 해야 한다. 이렇게 매서운 맛을 보게 되면 미국 내에서는 거센 반전운동이 일어 결국은 남조선에 주둔하고 있는 미군도 철수하게 된다"고 강조했다는 것이었다.

나는 이런 그의 진술을 들으면서 '제2차 세계대전 당시 일본군이 하와이 진주만을 기습공격 했을 때 미국 국민이 분연히 궐기하여 대일 전쟁에 나섰다는 사실을 모르는 김일성이구나' 하는 생각을 하면서도, 한편 중요한 첩보이기 때문에 북한국 과장, 종합분석관 회의를 개최하고 북한이 추진하고 있는 화생방(화학무기, 생물학무기, 방사선 원자탄) 전력 전반을 종합 검토했다.

화학무기(독가스)와 세균탄 개발에 대해서는 상당한 정보가 수집 평가되어 상부에 보고돼 있었다. 문제는 핵과 미사일 개발 문제였다. 북한은 1956년 3월 당시 소련 우크라이나의 드브나 합동 핵연구소(JINR)와 '원자력 협력협정'을 맺고 매년 30명 내외의 북한 물리학자, 연구원 그리고 기술자를 파견 교육시키고 있었다.

1959년에는 소련, 중국과 "원자력 평화이용에 관한 협정"을 체결하였고, 1962년에는 평양 북방 96km 지점인 평북 영변군 용강동(寧邊郡 龍江洞)에 과학원 산하 '원자력연구원'을 창설했고, 김일성대학과 김책공과대학에서는 핵연료와 원자로 연구를 본격적으로 실시하고 있었다. 1964년 중국이 핵실험에 성공하자 북한은 국내 우라늄광산 개발에 전력하여 황해도 평산군(平山郡) 구릉지대에서 우라늄 광석 채굴을 시작했다.

1965년 소련이 제공한 전기 출력 5MW의 실험용 원자로(IRT 2000)을 설치하였고, 1975년 4월 김일성이 중국 방문 시 북한 원자력 기술자에 대한 교육훈련을 요청하기도 했다. 특히 내가 주목한 인물은 월북한 과학자 이승기(李升基) 박사였다. 그는 일본 교토(京都)제국대학에서 비닐론(Vinalon) 연구를 진행했고 그 당시 북한 원자력위원회 위원장으로 있다는 사실이었다.

이런 여러 정보를 종합해 볼 때 분명히 김일성은 핵·미사일 개발에 상당한 노력을 경주하고 있다는 것을 확인할 수 있었다. 그 후 1977년 3월 중국을 방문한 북한 내각의 강성산 총리 일행이 중국의 탄도미사일 개발을 담당하고 있는 제7기계공업부와 핵시설을 방문한 사실도 확인했다.

그러나 당시 국내외 과학기술자들은 북한이 핵탄두를 적재한 대륙간 탄도미사일을 개발하여 미국 본토를 공격하는 데는 북한의 과학·기술과 재정 능력으로 보아 요원하다는 판단을 내렸다. 이런 이유에서 북한 정보 분석 책임자인 나 자신도 북한의 핵·미사일 개발에 대한 첩보수집 우선순위를 최고 수준으로 높이지 않았다. 그 후 나는 1978년 7월 중앙정보부를 떠났다. 지금 생각하면 후회스러운 일이 아닐 수 없다.

10년이 지난 1980년 말 우리나라의 중앙정보기관은 물론 미국 CIA가 북한 핵 개발에 대한 확실한 정보판단을 내놓고, 핵개발 중단을 위해 본격적인 외교 노력을 시작한 것이다.

만약 내가 북한 핵·미사일 첩보 수집 우선순위를 최고 수준으로 높이고 경고한 후 중앙정보부를 그만두었다면 후배들도 깊은 관심을 갖고 첩보수집에 전력하여, 저들의 핵·미사일 개발 노력을 저지할 수 있는 정책결정자들의 결심을 보다 일찍 이끌어 낼 수도 있지 않았을까? '선대의 유훈이 조선반도 비핵화'라고 떠드는 김정은의 주장의 싹을 원천적으로 잘라버릴 수 있지 않았을까? 하는 생각도 한다. 1976년 10월 그 때 김용규 씨가 제공한 귀하고 귀한 정보를 제대로 살리지 못해 오늘날 우리가 이처럼 북핵 위협에 직면하지 않았는가? 하는 후회가 막심하다.

나는 다시 한번 중앙정보 분석관들의 안이한 정보판단이 돌이킬 수 없는 국가적 재난을 가져온다는 사실을 깨닫고 나의 「과소평가」가 분명한 오판이었음을 고백하지 않을 수 없다.

귀순한 김용규 씨가 제공한 정보로 1976년 10월 3개 고정간첩단 12명을 일망타진하였고 그 후 그는 치안본부 대공분실 연구관, 경찰청 공안문제연구 분석과장 등 대공전선 일선에서 맹활약하는 한편, 『평양의 비밀지령』, 『시효인간-회한의 25년』, 『김일성 비밀교시』, 『소리 없는 전쟁』, 『태양을 등진 달바라기』 등 여러 권의 단행본과 수많은 논문을 발표했다. 1988년 김용규 씨는 국가공로자로 지명되었다. 2013년 2월 3일 세상을 떠나 대전 현충원에 안장되었다.

심리전국 재건과 「자유아카데미」 창설

자유중국의 정치사상교육 실태 시찰

베트남전쟁의 종식과 베트남의 적화통일로 인한 '패배의식'의 국내 유입 저지를 위해 전개했던 대국민 특수홍보대책 업무가 일단락되자 나는 북한정보국 본래의 임무인 북한동향에 관한 정밀 추적 작업을 진행하고 있었다.

그런데 1975년 6월 나는 신직수 부장으로부터 "심리전국의 재편성이 불가피하다는 견해가 청와대를 비롯한 정부 곳곳에서 나오고 있으니 이 문제를 검토해보라"는 지시를 받았다. 1974년 9월 심리전국이 해체되어 북한국의 '심리전단(團)'으로 축소 편입되던 당시 내가 예상했던 그대로의 결과가 나타난 것이다.

심리전국의 재건 문제는 지난 9개월간 심리전 업무를 직접 수행했던 나로서는 그리 어려운 과제가 아니었다. 누구와 상의할 필요도 없이 심리전의 기본원리를 고려하여 내가 생각하는 개편 복안을 문서화하여 부장님께 드렸다.

신 부장은 나의 개편안을 기획조정실에 보내 구체적인 심리전국 편성안을 작성케 하고 7월 중순 정식 명령으로 하달했다. 새로 편성된 심리전국 정원은 120여 명 내외로 과(課)의 수나 정원 수 공히 당시 북한국 심리전단 규모의 배가 조금 넘는 규모였다.

─── 심리전국 국장 부임과 「자유아카데미」 창설

신 부장이 나를 부르기에 남산청사에 갔더니 북한국은 기초가 탄탄하니 심리전국을 맡으라는 하명이 있었다. 나는 내 평생의 일로 생각하고 13년간 담당했던 북한정보 분석관의 지위에서 떠나는 것은 서운한 일이 아닐 수 없었다. 하지만 내정(內政)의 안정과 강화 없이는 외정(外政)과 대북정책의 효과적 수행이 불가능하다는 점을 절감해왔던 나로서는 격화되는 북한의 대남 선전·선동을 견제하는 한편, 공세적인 대북심리전을 전개하면서 점차 감퇴되고 있는 국민의 반공의식과 대공 경계심을 고양시키는데 직접 기여하는 심리전 업무를 담당하는 것도 보람 있는 일이라고 판단하고 부장의 인사(人事)에 이유 없이 순응하였다.

그리하여 북한정보국은 고준봉(高準鳳) 신임 국장에게 인계하고 심리전국 국장으로 부임했다. (후일 중정에서 정년퇴직한 고 국장은 경기대학 교수로 근무하다 암으로 세상을 떠났다.) 그동안 주야 구분 없이 함께 북한정보 분석업무를 수행해왔던 북한국 고참 분석관들로서는 기획조정실에서 주로 행정·기획·예산 업무를 담당했던 고준봉 신임 국장에 대해 다소 불안해하는 눈치였으나, 조용하면서도 학구적 열의가 충만하며 중앙정보부 입사 후 정보학교 교관 근무경력도 있는 그인지라 어렵지 않게 북한정보 분석판단 업무를 감당할 수 있으리라고 나는 믿었다.

반면 심리전국 재편성에 착수해야 하는 나로서는 지난 9개월간 내 휘하에서 심리전 업무를 수행해왔던 낯익은 직원 50여 명을 대동하고 심리전국 편성에 임하게 되었다. 이들이 각 과에 배속되어 있는 한 심리전국이 수행해야 할 기본업무는 문제없이 진행시킬 수 있으리라 확신했다. 특히 북한사회를 담당했던 박명석(朴明錫) 과장(암으로 일찍 타계했다.)이나 행정지원 업무에 능통한 방이동(方二同) 과장(중정 퇴직 후 KBS 사회교육방송에서 대북 심리전 방송을 담당했다.)을 차출할 수 있어 한결 마음이 편했다.

그렇다고 하여 문제가 없었던 것은 아니었다. 무엇보다 이문동청사 내에는 심리전국이 들어갈만한 사무실 공간이 없었다. 나는 사무실 공간이 생길 때까지 특수홍보대책위원회 사무실로 이용했던 장충단 반공연맹 2층 사무실을 그대로 임대하여 사용키로 하되 국장실과 행정업무 담당과는 이문동 정보학교 2층에 들어가기로 하였다. 결국 심리전국의 사무실이 이문동과 장충단으로 양분되다보니 업무수행에 적지 않은 불편이 수반되었다.

나는 심리국장 부임과 함께 그 간 심리전단(團)이 수행해왔던 기본업무를 확대함과 동시에 1974년 10월 부장님 결재를 받고도 착수하지 못했던 「자유아카데미(Freedom Academy)」의 교육과정을 개설키로 했다. 다행히 1970년 9월 북한국 산하 외곽기관으로 극동문제연구소를 창설하고, 그 기관지 형식으로 창간한 월간『국제문제』의 유가 보급이 순조롭게 진행되어 다소 자금의 여유가 있었고, 1974년 한 해 동안 시판한 『북한전서』의 수입금과 북한연구소가 발행하는 월간『북한』의 수익이 있어 부의 보조를 받지 않고 두 개의 연구소가 보유하고 있는 여유 자금으로 건물을 매입하여 상설「자유아카데미」 교사로 사용키로 하고 부장의 허가를 받았다.

그리하여 중앙정보부 남산청사에 가까운 예장동의 허름한 150평 규모의 4층 건물(지하 1층, 지상 3층)을 매입했다. 부 기획조정실에 부탁하여 극동문제연구소 건물로 등기하고 대대적인 수리를 한 후 1층은 행정업무실과 도서실로, 2층은 교수실과 학생 휴게실로, 3층은 강의실로 꾸몄다. 1975년 7월 하순부터 시험 삼아 2개월 코스의 '마르크스-레닌주의 강좌'를 개설하기로 했다.

그러나 휴전 후 정부 산하 교육기관이나 일반대학 교육기관을 막론하고 그 어떤 교육기관에서도 실시한 바 없는 '공산당의 혁명이론'을 교육하는 과정이라는 점에서 교육내용은 물론 담당 교관의 신원과 사상성을 충분히 검토하지 않을 수 없었다.

나는 무엇보다 담당교수의 신원과 사상성을 중시하여 중앙정보부에서 초창기부터 함께 일하면서 부국장까지 역임했고, 사임한 후 대학에서 강의를 맡고 있던 김갑철(金甲喆) 교수에게 이 '마르크스-레닌주의 강좌'를 총괄하는 상임 책임교수를 맡아달라고 부탁했다. 그는 누구보다 정치교육의 필요성을 이해하고 있던 터라 흔쾌히 응해주었다.

김갑철 교수(후일 건국대 교수, 정년퇴임)는 아무래도 상임교수가 3명은 되어야겠다고 제의했고, 그렇다면 김 교수가 함께 일할 2명의 교수를 선발하라고 부탁했다. 그는 이용필 교수(李容弼, 시카고대학 박사, 후일 서울대 사범대학 교수)와 황현봉 교수(黃顯鳳, 연세대 정외과 출신)를 선임했다.

나는 이들 3명의 교수에게 전국 규모에서 이 강의를 담당할 교수를 선발하도록 지시했다. 내가 염려한 것은 해방 직후에는 공산당 정권을 비롯한 좌익에 속한 마르크스-레닌주의 연구자들이 허다했지만, 6·25 전쟁을 거치면서 많은 좌익 지식인들이 월북하였거나 전향하여 사회 깊이 숨어버렸기 때문에 '비록 비판적 입장이기는 하나 공개적으로 마르크스-레닌주의를 강의할 사람을 쉽게 찾을 수 있을 것인가?' 하는 것이었다.

더욱이 유신정국(維新政局) 하에 조금만 당국의 비위를 거슬려도 반공법, 국가보안법 위반으로 걸려들어 무고한 지식인이 곤욕을 치루는 판국에 아무리 중앙정보부가 운영하는 자유아카데미 강의라 하더라도 마르크스-레닌주의의 장·단점을 적나라하게 해설할 교수를 찾아낸다는 것은 쉽지 않은 일이라고 생각하고 있었다.

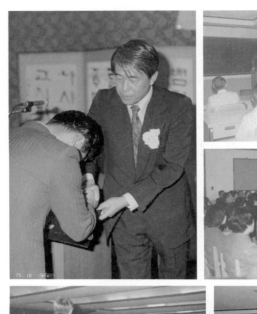

1975~1976년 「자유아카데미」 맑스-레닌주의 비판 강좌 단기과정 개강

그러나 김갑철, 이용필 그리고 황현봉 교수 세 사람은 전국 각 대학을 수소문하여 미국, 독일, 일본 등 유명대학에 유학했던 중견 교수와 중국대륙이나 북한에서 공산당의 전략·전술·통치형태를 경험한 전문 지식인을 찾아냈다.

그리하여 1975년 7월 여름방학을 이용하여 대학원생을 대상으로 하는 2개월 코스의 단기(7월 28일~9월 29일) '마르크스-레닌주의 교육강좌'를 시작할 수 있었다. 나는 이 단기 강좌에 대해 어느 정도의 교육기간을 설정하면 교육계, 사회·문화계에서 자기 소신을 갖고 이념 지도에 임할 수 있는 지식인을 양성할 수 있는가를 탐색하기 위한 예비과정(파이로트 코스)으로 삼았다.

나는 두 차례의 단기과정을 개설하여 강의과목, 강의내용, 수강자들의 이해도 등등에 대한 세밀한 분석 평가를 실시했다. 그러나 내가 얻은 결론은 이 정도의 교육을 통해서는 국가가 필요로 하는 마르크스, 레닌, 마오쩌둥(毛澤東) 등의 정치사상교육 담당 교관 양성에는 미흡하다고 판단했다. 숙고 끝에 서독이나 자유중국 등 분단국가의 정치사상교육을 좀더 깊이 있게 연구해야겠다고 판단했다.

── 자유중국의 정치사상교육 실태파악 준비

나는 우선 자유중국의 정치작전학교(政治作戰學校)의 교육실태를 직접 가서 살펴봐야겠다고 마음먹고 대만 방문계획을 수립했다. 서울주재 자유중국 대사관에 나와 있는 국가안전국 파견관 등기성(藤技盛) 대령을 불러 나의 '대만 방문계획'을 상의했다.

나는 등 대령에게 "자유중국은 25년 동안 중국대륙의 마오쩌둥 정권과 대치하고 있는데 그 저력은 철저한 정치사상교육에 있다고 생각된다. 내가 심리전 업무를 당당한 지 2년밖에 안 되어 자유중국의 대중공 정치작전을 배우고 싶으니 1주일 정도 기간으로 초청해달라"고 요청했다. 당시 내가 등 대령에게 제시한 '대만 방문시 착안점'은 대략 다음과 같은 것이었다.

   1. 정치사상교육체계

      - 국민당 중앙위원회, 각 공작회, 정부·군민, 청년구국단(靑年救國

團), 정치교육 행정체계

2. 사상교육 교재 작성 및 제작 체계

   - 각 부서별 제작물의 특징

3. 대중예술 분야에서의 사상교육, 문예인의 조정·통제 방법, 교육훈련 내용

4. 학교 반공교육 방법

   - 교과내용, 교사양성 문제

5. 여가(餘暇)와 사상교육의 연계

   - 서클운동의 조직과 그 종류, 캠프지역과 설비 등

6. 전통문화와 사상교육

   - 도덕·윤리관, 역사교육

7. 사회정책 분야와 사상교육의 연계

   - 복지 향상, 직업 보도와의 관계

8. 대중조직에 대하여

   - 청년조직과 사상교육

9. 마르크스-레닌주의, 모택동과 대륙에 대한 학술연구, 그 결과의 공개

   - 대학 반공교육 강좌

10. 지도급 인사에 대한 특수 사상교육

    - 교육기관, 교과내용, 체제와 자신과의 공동운명체화 노력

11. 직장 반공사상교육 체계

    - 교과내용, 교과목, 교육설비, 교관의 양성방법

12. 방송, 신문, 통신에 대한 통제

    - 사상교육의 시간대 편성

13. 해외선전의 기본 내용

    - 교포선무공작, 포석 공작

14. 공무원의 사상교육

15. 정치작전 학교의 심리전 요원 양성체계

16. 국민당, 국방부 등 당과 정부기관의 심리전 기구, 명령체계, 협조
    기관 등등

이러한 나의 관심사항을 노트한 등 대령은 일주일 정도 지난 시점에 환한 얼굴로 내 사무실을 노크했다. 그는 나와 마주 앉자마자 "우리 안전 국뿐만 아니라 국방부에서도 강 국장님의 대만 방문을 환영한다는 회답이 왔습니다. 특히 국방부 총정치작전 주임인 왕승(王昇) 장군께서 직접 국장님을 영접하시겠다는 말씀입니다. 아시겠지만 왕승 장군은 장경국(蔣經國) 행정원장의 측근 중 한 분이고, 바로 『정치작전(政治作戰)』이라는 책을 쓰셨고, 장개석(蔣介石) 총통의 지시를 받아 정치작전학교를 창설하는데 중요한 역할을 하신 분입니다. 참고가 될 것 같아 왕승 장군이 저술한 『정치작전』은 물론 각급 학교의 사상교육 과정뿐만 아니라 국민당의 역할을 알 수 있는 자료를 모아서 가져왔습니다"라고 말하는 것이었다.

나는 고맙다는 인사를 하고 일정을 숙의했다. 다음날 나는 부장님께 10월 20일부터 27일까지 1주일간 방문하되 실무자 7~8명을 데리고 가겠다는 대만 방문계획을 상신하여 허락을 받았다.

대만 방문에 대한 부장님의 재가를 받은 나는 다시 등 대령을 불러 왕승 장군이 쓴 『정치작전』과 여타 자료를 읽고 난 후 갖게 된 새로운 관심사 몇 가지를 다음과 같이 제시했다.

1. '청년반공구국단'의 청년반공교육심의위원회가 연구한 반공교육
   의 효율적 방법이란 어떤 것인가?
   - 교육성, 군중성, 전투성의 측면에서

2. 청년들(15~35세)이 참가하고 있는 구국단의 각종 활동 내용(종류)
과 각급 지방자치기관과의 연계, 협조체계

　가. 청년반공구국단의 학술활동

　나. 청년반공구국단의 체육조(組) 활동의 종류

　다. 기타 기능과 활동의 내용

3. 매스컴의 국가이익 구현을 위한 국민여론 형성 방법

　- 사회적 동원기능 수행의 구체적 방법은?

　- 정부를 지원하고 정치적 가변성(可變性)을 통제하는 역할을 어
떻게 수행하는가?

4. 잡지의 기능적 분류

　- 사상교육과 문화 부문 관련 내용이 몇 %를 차지하는가?

5. 학교 반공교육

　가. 초등학교 사상교육 교과서, 중·고등학교 사상교육 교과서 구입

　나. 학생들이 특별활동과 사용 교재에 대하여

　- 중산당(中山堂, 손문 선생기념관)에 관하여

6. 사회적 사상교육

　- '반공사상교육중심(Center)'의 역할

등 대령은 나의 추가 관심사를 메모하고, "도착하시는 날부터 대단히
바쁘게 움직이셔야겠습니다. 가능한 한 스케줄을 바쁘지 않게 잘 짤 생
각입니다만, 이 많은 관심사를 소화하시자면 분주할 수밖에 없겠습니
다. 내가 수행하기로 되어 있으니 안심하고 오십시오…"라고 말했다.

나의 대만 방문을 위해 자유중국 안전국은 등 대령에게 한 발 앞서
귀국하도록 지시한 사실을 알고 얼마나 고마웠는지 모른다. 인천에서
출생하여 서울 화교학교를 나와 대만 육군사관학교를 졸업한 현역 고

급장교이며 여기에 한국어를 모국어처럼 잘 하는 등 대령이 따라붙는다고 생각하니 한결 안심되는 느낌이었다.

대만 출발을 2~3일 앞둔 시점에 부장님의 부름을 받고 남산청사에 갔더니 "며칠 전 대통령께서 '군 정신교육 강화 지침'을 국방부에 지시하시면서 대만 국방부의 정신교육 방법을 연구하라는 말씀이 있었는데, 강 국장의 대만 출장을 말씀드렸더니 국방부 인력 차관보인 황 장군과 협조하라는 지시가 계셨다"고 알려주었다. 나는 심리전국 차원의 교과과정에 대한 참고자료 뿐만 아니라 군에서 참고할 수 있는 자료까지 수집해 보겠다는 말씀을 드리고 돌아왔다.

── **자유중국 방문**
: 대만의 심리전, 정치작전 교육 전반에 대한 요해

1975년 10월 20일 나는 수행원 8명과 함께 대한항공편으로 대만 타이페이를 방문했다. 다음날부터 1주일 동안 바쁜 일정을 소화하며 등 대령에게 미리 수교했던 내 착안점을 중심으로 각급 학교에서의 정치교육 실태, 국민당 외곽단체의 교육·선전 실태, 특히 국민당과 국방부와 군부대 심리전 작전현황과 정치작전학교의 교육체계와 교육내용 등을 살펴보았다.

첫날은 오전 9시 국가안전국 간부인 한대지(韓大志) 육군 소장의 안내를 받아 국가안전국장을 예방한 후 곧이어 국민당 청년공작회(靑年工作會)를 방문하여 왕유농(王維農) 주임으로부터 「지청년(知靑年)」, 즉 30만의 대학전문학교 학생과 지식청년들에 대한 사상교육 실태를 들었다. 이어 교육부를 방문하여 임청강(林晴江) 선생으로부터 각급 학교에서의 방공교육과 군사훈련을 담당하는 훈도처(訓導處)의 역할에 대해 들었다.

1975년 10월 20~28일 자유중국 심리전 공작활동 견학 방문

상단은 나와 왕승장군(자유중국 국방부 정치작전주임)이다.

422

오후에는 국립정치대학을 방문하여 대학에서의 사상교육과 정치교육 전반에 관해 들었다.

이 국립정치대학은 1924년 국민당과 중국공산당 간의 제1차 국공합작 이후 황포(黃浦)군관학교에 파견된 중국공산당 대표 주은래(周恩來)가 정치위원에 임명되어 군관학교 젊은 학생들에게 공산주의 사상교육을 실시하는데 반발하여 국민당 측 인사들이 분리해 나와 민족·반공 간부를 양성하기 위해 창설한 대학교육기관이다.

나는 이 정치대학 학생들이 공부하는 「전쟁개론」, 「전지정무(戰地政務)」의 교과내용을 살펴보고, 이어 「대학 과외활동 학생중심(센터)」를 방문하여 대학생들의 실제 사업활동을 참관했다.

또 중고등학교에서의 사상교육 실태를 보기 위해 시립 경미(景美)여자고등학교를 방문하여 교사들의 학생지도, 구급훈련, 군사훈련, 사열 광경을 참관하고 훈도처에서 작성한 학생지도서와 삼민주의(三民主義) 연구회가 주관하는 교육현장도 참관했다.

60이 가까운 등옥상(鄧玉祥) 교장은 여학교 교사라기보다는 여걸과 같은 분으로 2시간 이상 학교 전체를 안내해주면서 학생의장대의 사열, 민족무용 교육장면까지 보여주었다. 나는 궂은 날씨에도 불구하고 학생들의 일반학과 교육 이외 모든 과외활동의 실상을 보여준 등교장님께 감사하며 학교를 떠나왔다.

저녁에는 안전국장이 초대한 만찬에 참석하여 참관한 일정에서 느낀 소감을 솔직히 얘기하며 공산당의 침투공작을 저지할 뿐만 아니라 공세적 작전 전개를 위해 필요한 굳건한 사상의지력의 배양이 얼마나 소중한가를 우리의 남북관계와 중국의 양안관계(兩岸關係)를 비교하며 논의했다.

2일째인 10월 22일은 아침부터 비가 왔다. 대만은 10월 하순이 바로 우기였다. 아침 8시 30분 국방부 총정치작전국 주임인 왕승(王昇) 장군을 방문했다. 첫 인상이 지장(智將)이라는 인상이 물씬 풍기는 분으로 장경국 총통이 가장 신뢰한다는 분이었다. 후일 나는 여러 차례 대만을 방문하여 왕승 장군을 뵙고 장군이 저술한『정치작전』에 대해 논의했다.

왕 장군은 내가 1978년 중앙정보부를 퇴임한 후 재단법인「극동문제연구소」를 창설하고 공산주의 연구사업을 추진하려는 나에게 중앙정보부 김재규 부장이 공공연히 지원해준다 운운하며 간섭해오는 것이 싫어 1979년 봄(3월) 타이페이로 나갔을 때 3개월여 동안 내 생활을 돌봐주었을 뿐만 아니라 1990년대 이후 집사람과 대만을 방문할 때마다 극진히 맞이해주신 분이었다.

우리 일행과 인사를 나누자마자 왕승 장군은 총정치작전국의 작전현황을 브리핑해주었고, 곧이어 하호(下湖)에 위치한 육군 제27사단 예하의 각 제대별 정치작전 부서와 부대의 작전시범을 보여주었다. 사단 연병장에 집합한 사단 본부, 연대 이하 각 제대 그리고 편의대가 사용하는 모든 장비(영사기, 무선, 방송시설, 확성기, 인쇄기, 전단살포용 대형풍선 등등)까지 총 동원하여 시범해주었다

이들 정치작전 담당 부서는 다음 여섯 가지 임무를 수행한다고 하였다. 사상전, 모략전, 조직전, 심리전, 정보전 그리고 군중전이다. 나는 이들의 시범을 보면서 북한군의 정찰총국과 노동당 대남사업부, 통일전선부의 업무기능을 연상했다. 비가 내리는 중에도 일사불란하게 시범을 보여준 27사단 장병들에 감사의 인사를 전하여 연병장을 나섰다.

오후에는 민간의「정치작전」담당부서라고 할 수 있는 국민당 산하 조직인 반공구국청년단을 방문했다. 이 청년단을 담당하고 있는 송시현(宋詩顯) 집행장으로부터 사업내용을 들었다. 송 집행장은 어릴 때부터 장경국 총통과 죽마지우 사이면서도 그처럼 겸손할 수가 없었다. 그는

한마디로 "나는 청소년에게 봉사하는 것을 임무로 하고 있으며 이 임무 자체를 나의 낙으로 생각하고 성심성의를 다해 이 일을 하고 있다" 하였는데 이 말이 결코 가식된 말이 아님을 그의 행동을 보고 충분히 느낄 수 있었다.

송 집행장의 소개로 검담(劍潭)반공구국청년단 활동중심(센터)을 방문했는데 400여 명을 수용할 수 있는 일반 호텔처럼 아늑한 건물이었다. 회의실, 수영장, 각종 운동설비, 영어, 불어, 독일어 등 외국어 어학교실 등이 완벽하게 갖추어져 있었다.

이외 타이페이 시내 중심에 있는 반공구국청년단 안내소인 장로사를 방문했더니 이곳에서는 여름방학이나 방과후 각급학교 또는 사회단체에서 들어오는 개인이나 단체의 각종 요구에 응하기 위한 상담을 하고 있었다. 이 곳 근무자들은 한결같이 헌신적으로 접수된 요구사항을 충족시키기 위해 심혈을 기울이고 있음이 역력했다.

예를 들면 "등산하고 캠핑하고자 하는데 필요한 장비를 빌릴 수 있는가?"라는 요구에 대해서 "현재 이곳에는 준비된 것이 없지만, 며칠까지는 그 장비를 구해주겠다"고 답하고는 관공서나 군부대에 연락하여 신청자가 요구한 장비 일체를 구하기 위해 분주히 연락하고 있었다. 놀라운 것은 이처럼 친절하게 서비스하면서도 일체 각자 자신이 노력하는 티를 내는 일이 없다는 점이었다. 이처럼 청년단 간부들이 친절하게 대하니까 젊은이들로부터 신뢰를 얻고 청년학생 조직 속에 깊이 들어가 지도할 수 있다는 것이었다.

이날 오후 일정에는 내가 가장 기대하고 있는 「정치작전학교」를 방문했다. 이 학교는 육·해·공군 3개 사관학교와 동열에서 정치작전 장교를 양성하는 사관학교다. 내가 중정을 그만두고 타이페이를 방문했던 1979년 여름 나는 이 학교에서 2~3차례 「남북대화와 통일전선」에 대해 강의한 바 있지만, 첫 인상부터 말 그대로 '사상교육 간부양성의 중심기관이구나!' 하는 인상을 받았다.

이 학교에는 우리나라 국방부와 중앙정보부에서 파견한 8명이 대학원에서 이수중이었다. 허(許) 교장과 교수들이 참석한 가운데 한국 해병대 장교인 김기동 소령이 브리핑을 담당했다. 이 학교의 특징은 이론교육과 함께 실제 작전을 수행할 수 있는 능력을 배양하기 위한 교육을 실시하고 있었다.

예를 들면 마르크스, 레닌, 마오쩌둥 등의 이른바 혁명이론 학습뿐만 아니라 포스터나 전단 작성에 필요한 문장작성법 또는 영화제작을 위한 연기, 감독의 역할 또는 미술, 음악, 기본교육, 각종 장비 사용법 등등 이론과 실기를 함께 교육하고 있었다. 이밖에도 정치·심리전 작전교육실에서는 실전적인 전단의 작성, 인쇄, 기구(氣球) 사용법 등을 구체적으로 교육하고 있었다.

영화제작소에서는 실제로 시나리오의 작성, 배역선정, 감독, 촬영 등 영화제작 일체를 담당할 수 있는 교육을 실시하고 있었다. 이 학교에서 배출된 졸업생들이 직접 자유중국군 60만의 강락(康樂)을 위한 「예술공작총대(藝術工作總隊)」의 지휘관으로 근무할 뿐만 아니라 군 방송국을 비롯한 각급 부대에서 음악, 연극, 미술, 영화, TV 등 각종 예술공작 업무를 수행한다는 것이었다.

특히 인상 깊었던 것은 정치교실이었다. 공산주의 이론과 체계 그리고 실제 전개과정을 6개 전시실에 도표를 통해 전시하고 있었는데, 나는 우리나라의 각종 반공교육 전시실과 비교하면서 깊이 반성했다.

3일째가 되던 10월 23일은 일정을 조정하여 타이페이 시내 교포 초등학교를 방문했다. 재학생 총수는 45명이었고 6학년생은 불과 3명뿐이고 대부분의 학생이 7~8세의 1~2학년생이었다.

나는 이들을 위해 갖고 간 『학생백과전서』와 색연필 세트 그리고 내가 쓴 『북한전서』 전 3권을 선물했더니 학생들이 이 학교 교가와 도라지 타령을 합창하며 감사를 표해주었다. 우리 일행 중에는 감격하여 눈물을 흘리는 사람도 있었다.

오후에는 내가 강력히 요청했던 장개석(蔣介石) 총통의 묘소를 방문했다. 1971년 남북적십자 회담을 시작하고 이어 1972년 「7·4 남북공동성명」 합의 그리고 남북조절위원회 회담을 위해 남북대화를 시작하면서 나는 북한과의 대화에 필요한 참고서로 장개석 총통이 집필한 「중국 안의 소련」을 몇 차례 읽었다. 당시 나는 국공합작의 교훈을 남북대화에 살리고자 노력했던 터라 스승을 대하는 간절한 마음으로 국가안전국장에게 장개석 총통의 묘소 방문을 간곡히 요청한 바 있었다.

장개석 총통의 영구는 그가 별세할 때까지 거주했던 자호(慈湖)의 저택에 안치돼 있었다. 작은 화환을 준비해 갔지만 총통의 영구에는 오직 한 분-총통의 영부인이신 송미령(宋美齡) 여사의 화환만 놓을 수 있다고 하여 밖에 놓고 안으로 들어가 묵념으로 비록 서책을 통해서이지만 나에게 공산주의자와의 대화에 필요한 지식을 가르쳐준 고인에 대한 고마움을 표시하고 돌아왔다.

이어 등 대령의 안내를 받아 화련(花蓮)을 비롯한 관광지를 순례했다. 1949년 대만으로 후퇴할 때 함께 온 국부군의 장병들이 나이가 들어 제대하게 되자 장경국 총통이 직접 지휘하여 순전히 인력으로 산을 뚫고 도로를 건설하고 이곳에서 생산되는 대리석으로 각종 제품을 만들어 이들의 사회생활을 보장한 곳 중 하나가 바로 화련이다.

나는 우리나라 면적이 절반밖에 안 되는 이 작은 섬, 대만에서 몇 십 배 넓은 대륙을 제패한 중국공산당과의 피 어린 투쟁을 전개하고 있는 자유중국이 어떻게 지금까지 정권을 유지하며 대만의 안전을 보장하고

2002년 4월 18일 왕승 장군 자택을 방문한 우리 부부

있는가를 다시 한번 느낄 수 있었다.

1965년 봄 베트남을 방문하는 길에 대만에 들려 금문도(金門島)를 방문하며 느꼈던 자유중국 군대의 투지와 사기를 직접 체감한 바 있었지만, 이번 대만 방문은 이들 자유중국 군대의 전쟁의지를 담보하는 정치·사상 교육현황을 직접 체험함으로써 남북관계에 있어 정치사상교육의 중요성을 절감했다.

나는 중앙정보부 근무 16년간 정보교환이나 정보협력을 위해 미국·일본·독일·인도네시아 등 10여 국가를 방문했지만 1975년 10월 1주일간의 타이페이 방문처럼 국가경영과 안전보장을 위한 최고지도자의 전략적 사고 그리고 이를 구현하기 위한 구체적인 정책의 수립과 집행, 특히 공산주의자와의 싸움에서 반드시 지켜야 할 원칙 문제 등에 대한 필수적인 지식을 전수 받은 일이 없었다. 진심으로 감사하며 석별의 인사를 나누고 귀국했다.

건전한 노사관계 형성을 위한
정부 산하 기업의 노동조합 간부교육

북한 노동당 제5차 당대회(1970년 11월)를 계기로 북한이 「인민민주주의혁명」 노선을 대남전략의 기조로 채택했다는 사실은 앞서 기술한 바 있다. 이런 나의 생각을 바탕으로 중화학공업 발전단계로 진입한 1970년대에는 우리나라 기업이 강경한 노조 활동에 의해 상당한 타격을 입게 될지 모른다는 생각을 하고 있었다.

특히 해방 후 남한의 좌익세력이 전개했던 강력한 반미·반체제 폭력투쟁은 남로당이 조직했던 노동조합과 농민단체, 예를 들면 조선노동조합전국평의회(전평), 전국농민조합총연맹(전농) 등이 중심이 되었다. 이러한 사실을 고려할 때 우리나라의 산업화를 추진하기 위해서는 우선 이런 근로자들에 대한 교육을 통해 폭력을 수반하는 강경 노동운동이 아니라 영국 노동조합처럼 평화적인 임금투쟁을 통해 기업의 성장을 보장하면서 자신들의 임금인상과 노동환경 개선을 주장하는 온건한 노동조합을 육성해야 한다고 생각했다.

이미 일부 기업에는 대한노총(대한노동총연맹) 이외에 또 하나의 노조가 조직되어 이른바 「선명 투쟁」을 전개하고 있었고, 일부 기업은 기독교의 도시산업선교회(都市産業宣教會)가 침투하여 노동환경의 개선과 과도한 임금인상을 요구하여 노사분쟁이 일어나고 있었다.

이러한 산업화에 따른 기업을 비롯한 근로자의 인식 변화, 이로 인해 발생한 노사분규를 어떻게 극복할 것인가? 나는 가장 좋은 방법은 우선 북한의 반자본 계급투쟁을 위한 선전·선동을 막고 폭력을 수반하는 과격한 노사갈등을 예방하여 노사 공히 노동현장에서 서로 타협하는 환경 조성에 있다고 판단했다.

이러한 생각에서 내 업무 소관은 아니지만 노동조합 간부들에 대한 이데올로기 교육의 필요성을 신직수 부장께 건의해보기로 마음먹고 관련 보고서를 준비했다. 그것이 「노동계층의 특이동향과 공산주의 침투 가능성 판단 및 대책」(1974년 1월)이었다. 나는 이 판단보고를 작성하면서 나의 해병학교 26기 동기생인 조승혁(趙承赫) 목사(감리교신학대학 출신)로부터 국내담당 부서(제3국)를 통하지 않고 우리나라 노동운동에 관한 구체적인 정보를 전수받았다.

조승혁 목사는 해군 군목(軍牧) 소령 예편 직후 '손쉬운' 교회 목회활동을 거부하고 직접 인천항에서 부두노동자와 3년간이나 숙식을 함께 하면서 한국 노동운동의 실제를 파악했으며, 한편 목사 신분이었기에 1950년대 말 이후 한국 개신교회가 주동하고 있는 도시산업선교(都市産業宣敎)에 깊이 관여할 수 있었다.

이 과정에서 각 기업의 노조 간부와 도시산업선교 목사 간의 갈등을 몸소 체험했을 뿐만 아니라 미국 뉴욕의 부두노동조합 실태, 인도네시아 자카르타의 부두노동조합 활동, 그리고 가까운 일본 노동조합운동 실태를 터득하기 위해 몇 개월씩 현지 체류하면서 연구한 말 그대로 노동운동 전문가였다.

조승혁 목사야말로 박 정권이 추진한 조국근대화 작업이 진행된 1960년대 후반 이후 10여 년간 우리나라 노동대중 속에서 일어나고 있는 문제를 체험을 통해 터득한 전형적인 노동운동 지도자 중 한 사람이었다.

그는 여러 차례 경찰과 중앙정보부 수사요원들의 오해를 사 경찰서 유치장에 구금되는 고난을 겪어야 했다. 그 때마다 그의 부인은 우리 집을 찾아 조 목사가 갇힌 곳을 알려주었고, 나는 곧 그를 취조하는 부서 담당자에게 전화를 걸어 '빨갱이 아님'을 설명하며 석방해줄 것을 간청하곤 했다. 이렇게 되풀이되는 과정 속에서 약자인 근로자 편에 서서 '돈과 권력'과의 싸움을 멈추지 않는 조 목사를 보면서, 나는 '하나님의 종의 모습'을 보는 듯하여 깊은 신뢰감을 갖게 되었다.

국내 정보에 어두운 내가 검찰총장 출신의 신직수 부장이 납득할만한 노동관계 보고서를 작성할 수 있었던 것은 전적으로 조승혁 목사가 제공해준 '정확한 정보'가 있었기 때문이었다. 당시 내가 작성한 보고서의 요지(목차)를 기술하면 다음과 같다.

〈노동계층의 특이동향과 공산주의 침투 가능성 판단 및 대책(1974. 1)〉

1. 문제의 제기
　　가. 일반적 사항으로서 문제점
　　　　임금 구조, 노조 조직문제, 노총의 역할, 노동계에 대한 외세 개입(기독교, 가톨릭교, 언론계, 학술기관), 미조직 노동자의 처지, 노사분쟁의 양상 등등
　　나. 국가안보 차원에서의 문제점
　　　　저소득 계층의 불평불만 고조, 미수혜 노동집단의 폭력화(전태일 분신자살, 광주단지 난동사건, 한진상사 파월노동자의 폭동 등), 노동자정당의 출현 가능성과 노동계 외 반유신운동의 확대 가능성
2. 한국 노동운동사의 교훈

가. 한국 노동운동의 기본성격(조선 말, 일제 하, 해방직후 노동운
동의 특징), 노동운동의 좌경화, 대한노총에 대한 노동대중의
불신

나. 최근 노사분쟁의 특징

다. 노조활동과 분쟁해결 건수

라. 노사관계의 문제점

마. 정부 노동정책의 허점

3. 노동계에 대한 외세 개입의 실태

가. 기독교세계기구(WCC)와 가톨릭세계기구의 노동정책

나. 기독교 현실참여의 신학적 특징

다. 도시산업선교회와 인권문제

라. 공산주의와 기독교의 연계(라틴 아메리카의 해방신학)

4. 노동문제에 대한 마르크스-레닌주의적 입장과 남한 노동계에 대한
북한의 전략·전술

5. 대책

이상과 같은 내용으로 구성한 나의 보고를 들은 신직수 부장은 조금
더 요약된 내용으로 재작성하도록 지시했다. 그 이유는 대통령의 시간
을 보아가며 기회 있을 때 보고하시겠다는 것이었다. 나는 곧 요약 보고
서를 작성하여 부장께 드렸다.

그 후 2~3개월 지난 것으로 기억된다. 보고차 부장실에 들어갔더니,
신 부장은 "강 국장, 그 때 내게 준 노동관계 연구보고서를 각하께 드렸
더니, 엊그제 '강 국장 주도 하에 노조 간부교육을 실시해보라'는 지시
를 받았는데, 한 번 계획을 세워보세요"라는 말씀이었다.

나는 부장 지시를 받은 후 즉시 노동조합 간부교육에 착수하려 했다.

1976년 2~7월 「자유아카데미」 특설과정 : 정부 산하 기업·기관 교환요원 교육 (9기 교육수료)

그러나 교육 장소, 강사진 구성 그리고 노동조합 간부들의 차출 문제 등등 때문에 곧바로 시작할 수는 없었다. 어쨌든 노동조합 간부교육은 자유아카데미를 창립한 1975년 후반기에 가서야 실시할 수 있었다.

이처럼 장기 국가전략을 생각하며 머지않아 닥칠 것으로 예상되는 산업사회에서 발생하는 노사문제를 염두에 두고 그 대책의 일환으로 「자유아카데미」 교육과정을 운영하던 1976년 6월 10일 중앙정보부 창설 15주년을 기념하여 나는 분에 넘치는 큰 훈장을 수여받았다. 보국훈장 청수장이다. 이 훈장을 받음으로써 나는 국가공로자의 대열에 들어가는 영광을 얻게 된 것이다. 말할 것도 없이 신직수 부장께서 상신해주신 덕분에 이 영광을 차지하게 된 것이며, 따라서 나는 신 부장께 싶은 감사를 표했다.

대통령의 신임이 남달리 두텁고 과묵하고 신중하며 못다 본 문서보고는 귀가한 후에도 열독하시던 신직수 부장 같은 분이 계셔서 이후락 부장의 실수로 땅에 떨어진 중앙정보부의 위신을 재건할 수 있었다. 그러나 그 후 6개월이 지나던 1976년 12월 부장직에서 물러나시었다.

김재규 부장과의 갈등

「자유아카데미」 폐쇄

1976년 12월 신직수 부장이 사임하고 김재규(金載圭) 부장이 부임해 왔다. 나는 김 부장이 육군 제3군단장(육군 중장)으로 계실 때 그의 요청에 의해 몇 차례 안보 강연차 군단사령부를 방문한 바 있었다. 1973년에는 유신정우회(維新政友會) 국회의원으로 정계에 입문한 직후 중앙정보부 보안담당 차장(국내 보안·수사 담당)으로 부임하여 유신정국 하의 대학과 지식인 사회의 저항을 통제하기 위해 노심초사하던 그와 몇 차례 대면한 바 있었다.

특히 수백 명의 대학생이 반유신 데모로 연행되고 있을 때 나는 신직수 부장의 지시로 연행된 학생들을 신문하는 중정요원과 경찰관 전원에게 북한의 대남 선전·선동에 대한 교육을 진행했다. 또한 당시 나를 비롯한 중정 간부들은 "일벌백계로 경각심을 높이는 것으로 끝내야지 이들을 모두 범법자로 몰아서는 안 된다"고 신 부장에게 건의한 바 있다.

신 부장이 우리들의 권고를 받아들였기 때문인지 알 수 없으나, 그는 얼마 안 있어 수 백 명의 체포학생들을 석방, 귀가시킨 바 있었다. 김재규 차장(당시)은 나의 직속 상사는 아니었지만 그 후에도 가끔 만나 국내 정치·사회 현상에 대한 의견을 주고받기도 했다.

1977년 새해가 밝아 나는 새로 부임한 김재규 부장에게 북한국의 연간 사업보고를 말씀드리면서 내가 담당하고 있는 외곽단체-북한연구소와 극동문제연구소 그리고 내외통신과 자유아카데미 교육사업에 대해 상세하게 보고했다. 당시까지만 해도 김 부장의 특별한 지시나 의견이 없었기에 사업을 계속 진행하면 되겠다고 판단했다.

그런데 가을(9월경) 어느 날 부장의 특별지시를 받았다. 바로 내 책임하에 운영되고 있는 '외곽기관의 존속 문제를 재검토하고 보고하라'는 것이었다. 당시 나는 연구소, 통신사, 자유아카데미 사업은 위에서 기술한 바와 같이 1971년 남북대화를 시작할 때 시작한 일이고, 그 후 베트남전쟁 종식으로 야기된 패배의식과 베트남 적화의 후유증이 국내로 유입되는 것을 막기 위해 실시한 특별 홍보사업임을 다시 설명했다.

이어 이미 2개 연구소가 자립할 수 있는 재정적 기반을 구축했으므로 민영화 계획을 수립한 단계이고, 내외통신은 퇴직한 중정 간부가 담당하고 사무관리는 2개 연구소와 같이 있으니 별문제 없는 상황이었다. 그러나 자유아카데미는 마르크스-레닌주의 공산주의 원전자료 구입비와 30여 명의 연구생 연구 보조비를 부에서 담당하고 있다고 부언했다.

또한 '각하께서는 이들 학생 전원을 뉴욕의 유엔총회나 제네바 군축회의를 견학시켜 교육시키라'고 말씀할 정도로 관심을 갖고 계신다는 사실을 설명했다. 아울러 대통령께서는 '냉전 하의 미·소 간의 논쟁을 실감하도록 산교육을 실시하라'고 하시면서 '국가의 인재 양성에 1인당 1억 원이 든다고 하여 그것이 큰 문제인가?'라고 말씀하셨으니, 이 자유아카데미만큼은 각하에게 보고한 대로 5년간 150명(30명 × 5개년)을 양성할 때까지 계속 우리 부가 담당해야 한다고 간곡히 말씀드렸다.

이런 내 말을 들은 김 부장은 알 듯 모를 듯 애매한 태도로 "다시 한번 검토해보라"고 지시했다. 그런데 그 후 1개월여가 지난 10월 어느 날 예고 없이 감찰실 요원들이 2개 연구소와 내외통신 그리고 자유아카데미에 나와 감사(監査)를 실시한다는 연락을 받았다.

「자유아카데미」정규과정 (2년) : 1976년 4월 개강(1기생), 1977년 4월 개강(2기생) 연구발표회

나는 '도대체 이런 무뢰한 일이 어디 있는가? 감사하는 것이면 사전 통고하고 할 것이지 이런 법이 있느냐?'고 감찰실에 항의하고, 이 업무를 담당하고 있는 북한국 행정과장을 예장동 청사로 보냈다.

그 후 행정과장은 감찰실에서는 예산 사용 문제를 깐깐하게 캐묻더라고 하면서 모든 증빙서류가 갖추어져 있으니 걱정할 것 없다고 보고했다. 나는 '역시 예산문제구나'라고 생각했다.

그런데 1주일 정도의 감사로 끝난 것이 아니라 10월 중순까지 찔끔찔끔 감사실 요원들이 들락거린다는 것이었다. 담당자들의 얘기인 즉, '연구소나 내외통신과는 관계없이 자유아카데미의 존폐 문제 때문인 것 같다'고 전해왔다.

나는 10월 말경 부장과 마주 앉았다. 김 부장은 나에게 "2개 연구소의 민영화는 좋은 일이니 속히 실시하라. 그러나 자유아카데미는 중앙정보부 본연의 사업이 아니고, 정부의 문교부가 담당해야 할 사업이 아닌가? 그러나 각하의 지시사항도 있으니 당장 그만 둘 수 없다면 일단 정보학교와 통합운영토록 하라"는 것이었다.

나는 즉석에서 "그렇게 하기가 곤란합니다. 일반대학의 대학원 재학생들이고 우리는 그들에게 연구실과 연구비용 그리고 마르크스-레닌주의 원론을 강의할 뿐입니다. 만약 이들의 교육장소를 이문동 정보학교 청사로 옮기고 '연구자료를 열람하라, 강좌를 들으라'고 하면, 당장 그만두겠다고 할 것입니다…"라고 답했다.

그러나 부장은 막대한 예산을 들여 이들 교육을 담당하는 만큼 부의 예산사정을 고려하여 자기의 지시를 따르라는 것이었다. 김 부장의 속내는 자유아카데미를 폐쇄하라는 뜻임이 자명했다. 나로서는 더 이상 김 부장과 얘기해도 소용없겠다고 판단하고 정보학교장과 협의해 보겠다고 답하고 부장실을 나왔다.

나는 그 길로 정보학교장을 만났다. 당시 중정의 정보학교 교장은 해병 대령 출신으로 나의 해병 선배였고, 특히 항일 독립운동가문 출신으로 국가의 장래 문제에 깊은 관심을 가진 분이었다.

내가 부장의 지시를 전하자 정보학교장은 "대단히 곤란하지 않은가? 민간 대학원에서 석사, 박사과정을 이수하는 학생들이 여기 이문동까지 오고가며 공부하려 하겠는가? 정보학교를 출입하는 것 자체가 그들의 자긍심을 훼손시킨다고 생각할 것인데… 아마도 예산문제 때문인 것 같으니 1기생 30명은 금년으로 끝나니 관계없고, 2기생도 1년 남았으니 이 상태로 미루도록 재건의 해보자"는 얘기였다.

나는 정보학교장과 함께 부장을 다시 뵙고 더 이상 아카데미 사업은 계속하지 않고 문교부에 이관토록 하되 남은 1년은 현 위치에서 운영키로 합의했다고 보고하자, 김 부장은 썩 내키는 기분은 아닌 듯 했으나 우리의 제의를 받아들였다. 나는 그 길로 자유아카데미에 가서 김 교수 등을 만나 "내가 직접 연구생들에게 전하는 것보다 교수들이 먼저 현재의 내 입장을 전해줄 것"을 요청했다.

연구생들의 견해는 예상했던 그대로였다. 1기생은 현 위치에서 2년 간의 연구기간을 종료하는데 이의가 없었으나 2기생은 절반 이상이 정보학교와 통합한다면 그만 두겠다는 것이었다. 결국 김 부장의 태도가 바뀌지 않는 한 당초 계획했던 '1기 30명 × 5개 기수 = 150명' 양성 계획은 좌절될 수밖에 없었다. 나는 곧장 문교부 장관과 상의키로 마음먹었다.

당시의 문교부 장관은 황산덕(黃山德) 선생이었다. 황 선생님은 평양고보 23기 졸업생으로 나의 고등학교 15년 선배님이었다. 1954년 소설 『자유부인』 문제로 이 소설의 작가 정비석(鄭飛石) 선생과 서울법대 황산덕 교수 간의 논쟁으로 온 사회를 떠들썩하게 만들었던 바로 그 교수님이시다.

나는 황 장관께 자유아카데미 창설과 현재의 입장을 다음과 같이 간곡히 말씀드렸다.

"선배님도 알고 계시는 대로 1970년대 들어 우리나라는 급속한 경세 성장으로 사회계층의 일대 변화가 일어나고 있습니다. 유신체제가 등장 하면서 대학가와 언론계, 종교계 등 각계 지식인들의 저항이 나날이 높 아지고 있습니다. 우리는 4·19 혁명을 경험한 세대입니다. 우리들 경험에 비추어 볼 때 젊은 학생들이 반유신, 반정부운동을 전개하는 것은 당연하 다고 생각합니다. 그러나 이런 반정부 운동이 자유·민주주의 정치체제와 자본주의 경제체제를 반대하는 운동으로 전환되어서는 안 된다고 생각 합니다.

1970년대에 들어와서 북한은 민족·민주주의 혁명단계에서 인민민주 주의 혁명단계로 발전한 대남공작을 전개 중입니다. 1960년대 통일혁명 당 사건 같은 것이 오늘 발각된다 해도 이상할 것이 없습니다. 이에 끝나 지 않고 현대 공산주의, 유로코뮤니즘과 같은 변형된 공산주의, 사회주의 혁명이론이 급속히 국내로 침투하고 있습니다.

나는 이런 반자유 반민주적 혁명이데올로기가 우리 사회에 침습하는 것을 저지하기 위해서 고전적 마르크스-레닌주의, 변형된 사회주의 혁명 이론 또는 라틴 아메리카의 종속이론 등을 제압하는 대학 내 자유·민주주 의 이념교육이 절실한 시점이라고 판단해 대통령께 대학가와 노동계의 상황을 보고하며 「자유아카데미」 창설을 건의드렸더니 쾌히 승낙하셨습 니다.

그래서 1975년부터 파일로트 과정으로 1~2개월의 단기 강좌를 설치 하고 대학원생과 노동계 간부교육을 실시해보고 이를 발전시켜 2년 교육 과정을 설치하여 이제 겨우 2년차에 들어갔는데, 김재규 부장이 부임하 여 예산 관계로 중단해야 할 처지에 처했습니다. 국가보안법, 반공법이 엄격히 적용되는 현실에서 대학이 공산주의 원전을 가지고 자유롭게 반 마르크스·레닌주의를 강의할 수 있다면 또는 '보안 울타리'를 쳐서 연구자들이 자유롭게 불온문서에 접근할 수 있다면 그 이상 좋을 수가 없을 것입니다.

그런데 지금 대학에서는 이런 환경 조성이 불가능합니다. 그래서 중앙정보부가 시작했던 것인데 2년차에 그만 좌절, 중단되게 되었으니 이 과정을 이수한 자들이 대학교수를 지망하니 장관께서 선처해주시기 바랍니다…."

물론 대통령의 재가를 받은 결재 문건과 자료실, 연구실 그리고 강의 현장 사진도 보여드렸다. 황 장관은 내 말을 듣고나서 "강 국장, 이런 탁견을 왜 진작 알리지 않았나? 우리는 북한 출신으로 공산당 치하를 경험했고 6·25도 겪지 않았나. 10여 년 전 1960년대에 시작했어야 하는 대학 교육사업이었는데 왜 이미 시작한 이 사업을 중단한다는 말인가? 대학에서는 할 수 없고 중앙정보부와 같은 막강한 기관에서나 가능한 이 사업인데 김 부장도 참 딱한 사람이구먼…"이라고 말씀하셨다. 이어 "자유아카데미 출신 20명 내외를 지방 국·공립 대학 전임강사로 배치할 터이니 염려말라"고 말씀하시는 것이었다.

그 후 나는 국방부와 협조하여 군에 입대해야 할 학생들은 육·해·공 군사관학교나 간부학교 교관으로 배치토록 부탁했더니 국방부도 대환영이었다. 이로써 나의 시름은 일단 끝낼 수 있었다. 2기생 수업이 끝난 1978년 이후 예장동의 자료실과 강의실은 폐쇄하고 2개 연구소는 민간에게 이관되었고 내외통신은 중앙정보부 산하에 그대로 남아 예장동 건물청사를 사업 공간으로 이용했다.

「자유아카데미」연구생들과 함께 나도 내 학문연구에 주력하여 1977년 2월 경희대학교대학원에서 박사과정을 졸업하여 정치학 박사학위를 수여받았다. 이 때부터 나는 더 이상 창의적인 계획을 세울 생각을 접고

1973년 3월 경희대학교대학원 정치학과에 입학, 1977년 2월 "공산주의 통일전선에 관한 연구" 제하의 논문으로 정치학 박사학위를 수여받았다.

북한정보국 본연의 일에 전념키로 다짐했다.

내가 김재규 부장이 부임한 후 1년간 얼마나 심적 타격을 입었는지 그해 12월 말일자 노트에 다음과 같이 기록하고 있다.

"긴 한해였다. 북한국을 재건하면서 공무(公務)도 사무(私務)도 내가 중앙정보부에 봉직한 후 가장 악조건의 한 해였다. 그러나 북한경제력 평가, 군사력 평가라는 큰 작업을 계획하고 대강 마무리했지만, 그 간 10년에 걸쳐 이룩한 극동문제연구소와 북한연구소가 몇 명의 '무뢰한'에 의해 박살나고 해체되었는가 하면 내 부하들이 사찰을 당해야 했으니 어찌 통분하지 않을 수 있었는가? 나라와 민족을 위해 일한 나의 보람으로 계속 봉직(중앙정보부)하기로 마음을 바꾸었지만, 지난 10월 이후 연말까지 중정을 떠날 모든 준비를 갖추었던 한해였다. 정사년(丁巳年) 잘가라!

무오년(戊午年)에는 내 기분이 바뀔까? 앞으로 내가 할 일을 다시 생각케 한 한해, 처음으로 동료를 의심한 한 해!

잘가라. 1977년 아듀!"

중앙정보부를 떠나다

한경직 목사님, "주님께서 강 집사에게 피난처를 주신거야…"

　중앙정보부 입사 이후 15년간의 정보분석관 생활 중 가장 격분하고 침통했던 1977년이 지나고 1978년 새해를 맞이했다. 나로서는 심기일전하여 김재규 부장에 대한 불만을 접은 채 북한정보국장으로서의 임무에 충실해 볼 생각이었다.

　그러나 뜻밖의 내 일신상의 불상사가 아니 내 가정을 엄습한 대재앙이 일어났다. 그것은 현대건설의 정몽구 사장에게 간접적으로 압구정동 현대아파트 분양 신청을 요청한 문제였다. 이 간접요청 전화 한 통이 내가 중앙정보부를 사임하는 아니 내 인생 모두를 바꿀 정도의 대사건으로 번질 것이라고는 꿈에도 생각지 못했다. 내가 정몽구 사장을 알게 된 것은 직장동료를 통해 아파트 분양 청탁 전화를 하기 1개월 전의 일이었다.

　1963년 초 중앙정보부 요원 선발 공채시험에 합격한 3~4명의 외국어대학 중국어과 후배들이 내가 과장으로 있는 중소과(후에는 공산과)에 배치되었다. 이들 후배 중에 정몽구 사장과 고교동창생인가 친구인가 하는 김동명 군이 있었다. 나는 물론 김 군이 정 회장과 동창인지 아닌지도 몰랐을 뿐만 아니라 그런 사실을 내가 알아야 할 이유도 없었다. 그 후 나는 중소과장에서 공산과장, 북한과장에서 북한국장으로 보직 변경을 받아 근무처를 옮겼지만 같은 청사에 근무하는 이들 후배들과는 직접 부하로 또는 특별과제 연구를 위한 TF 선발요원으로 10여 년간 같이 일해 왔다.

이처럼 가까운 후배인 김 군이 1978년 3월경 "정몽구 사장이 인사하고 싶다고 하는데 한 번 만나줄 수 있겠는가?" 하고 요청해왔다. 위에서 기술한 바 있지만 나는 그동안 북한경제력 평가를 위해 수시로 우리나라 중화학공업 분야의 주요 기업들을 방문하며 생산공정 과정에 대한 브리핑을 듣고 기술적 특징을 공부해 왔었고, 이들 기업 중에는 현대건설도 있었기에 '감사를 표할 겸 편할 때 만나보자'라고 답했다. 그랬더니 김동명 군이 정몽구 사장으로부터 "주말경 세종호텔에서 점심이나 같이하자"는 연락이 왔다는것이었다.

이 때 처음으로 나는 김 군의 소개로 정몽구 사장을 만났다. 나로서는 정주영 회장이 직접 소양강댐을 건설할 때 뵙던 일을 비롯하여 정주영 회장에게 들었던 재미있는 인사이드 스토리 등의 얘기를 나누며 즐거운 시간을 보냈다. 식사 도중 "앞으로 왕 회장(부친인 정주영 회장) 후계자가 될 정 사장은 지금 무슨 일을 맡고 있는가?"라고 물었더니 "일시적이지만 압구정에 건설 중인 아파트 건축사업을 담당하고 있는데, 이 사업을 끝내고 난 후 회장님의 명에 따라 다른 일을 담당하겠다"고 말했다. 그러면서 예상했던 것보다도 이 아파트 건설이 잘 될 것 같아 앞으로 이 사업을 확대할 생각이라고 자신감을 피력했다.

나는 이 사업이 잘되어 부친의 신뢰를 더욱 굳혀야 하지 않는가? 등등 의례적인 얘기를 주고받았다. 1시간 쯤 지나 점심을 끝내고 헤어질 무렵 정 사장이 "앞으로 아파트를 여러 곳에 지을 작정이니 혹시 아파트가 필요하다면 언제나 전화해달라"고 했다. 나는 그저 고맙다는 인사를 나누고 방에서 나왔다.

당시 나는 성북구 정릉동 정릉(貞陵, 조선왕조 태조 이성계의 둘째 부인 선덕 고황후의 묘가 있는 곳) 바로 곁에 10년 전 내가 직접 지은 60평 가까운 단독주택에서 불편 없는 생활을 하고 있었다. 정릉 스카이웨이와 근접한 산록에 조용하고 아늑한 이 집은 마당이 넓어 잔디밭도 만들고 개와 닭도 키울 수 있는 여유 공간이 있었다.

위에서도 대략 기술했지만, 이 집은 1965~1966년 정부 각 부처가 경쟁하듯 자기 부처 직원을 위한 주택 건설 사업에 착수할 때 김형욱 부장이 부 내의 공병장교 출신을 선발하여 직접 정릉 야산에 택지를 조성하여 과장급에는 60여 평, 과장급 이상에게 120여 평의 대지를 분양해주면서 빠른 시일 내에 주택을 지으라고 지시했다.

그러나 대부분의 신청자들은 평당 14,000원인 대지는 곗돈을 헐거나 은행융자를 받아 마련할 수 있었으나 정작 집을 짓자니 그런 여유 있는 간부는 거의 없었다.

주택단지 총면적은 70여 동의 주택이 들어설 정도로 넓었지만, 정작 이곳에 집짓겠다고 나선 사람은 겨우 18명이었다. 이들 18명은 모두 이문동청사에서 내근하는 간부여서 어디 가서 몇 십 만원의 현금을 빌려 올 주제도 되지 못하는 '조무래기 간부'들이었다.

당시 이문동청사 뒤 10여 평의 부지에 지은 단독주택을 배당받았던 내 형편은 더 말할 나위가 없었다. 그런데 공교롭게도 내가 이 정릉 중앙정보부 주택단지 조성위원회 위원장을 맡았기 때문에 집을 짓지 않을 수 없는 처지였다. 나는 김형욱 부장께 우리의 빈약한 주머니 사정을 읍소하며 "부 사업비 중 여유 있는 자금을 무이자로 일시 대부해주시면 그것으로 주택건축을 시작하면서 부에 필요할 때 은행대출을 받던 고리대금을 빌리던 갚도록 할 터이니 수락해 주십사" 하고 요청했다.

이런 나의 요청에 부장이 동의를 해주시어 나중에는 어떻게 됐든 일시적이나마 건축자금을 확보할 수 있었다. 그러나 이렇게 해서 집을 짓는다고 해도 갚을 방법이 없었다. 그래서 당시 유행하던 대로 외국인에게 이 집을 전세 또는 월세로 대여하고 그 수입으로 부에서 빌린 대금을 갚을 계산을 했다. 그래서 내 분수에는 너무 큰 60평의 주택 건축에 착수했다. 그런데 이런 내 계획은 건축 착수 1개월도 안되어 한낮 꿈임이 밝혀졌다.

우선 당시 스카이웨이는 유료도로로 지정되어 교통이 불편했고, 산중턱 넓은 주택단지에 불과 10여 동의 주택만 들어서다 보니 너무 외지고 편의시설이 전무하고, 보안상으로도 외국인들의 임대조건이 전혀 맞지 않는다는 것이 판명났다.

그러나 건축은 시작됐으니 어쩔 도리가 없었다. 다행히 집 건축을 완성 후 2년 동안은 부에 빌린 돈을 갚으라는 독촉이 없어 그런대로 견디면서 절약에 절약을 더하며 갚아야 할 대금 마련에 전력했다.

1968년 「1·21 사태」, 「울진·삼척 사태」가 끝날 때까지 별 일없이 지냈으나, 그 때까지 아내가 계를 들어 마련한 돈과 내가 번 원고비를 몽땅 합해도 빌린 돈의 1/3도 안 되었다. 그런데 1969년 10월 김형욱 부장이 해임되고 김계원 부장이 부임했다. 이미 그해 여름 기조실에서 부에서 빌린 돈을 갚으라는 통지가 왔다. 나는 국민은행에서 높은 이자로 대출을 받아 대여금을 갚았다. 이렇게 하여 마련한 집이다(나는 이 집에서 46년간 살다가 2017년 용산구 이촌동 차남의 아파트로 이주했다).

이렇게 마련한 스위트 홈이 있는 내 입장에서 정몽구 회장이 말하는 압구정동 아파트 분양에 무슨 관심이 있었겠는가? 그저 생각해주어서 고맙다는 인사를 했을 뿐이었다.

그런데 인생사란 우연한 일로 행운이 오기도 하고 불운에 휩싸이기도 한다는 말이 있지만, 나는 그날 저녁 집에 돌아와 오래간만에 집에 찾아온 처제들과 저녁을 같이 했다. 5~6세 때부터 키우다시피 한 4명의 처제가 있는데, 이중 3명이 결혼했으나 남편들이 봉급쟁이들이라 자기 집을 가진 처제는 한 명도 없었다. 나는 이들 3명의 처제들과 저녁상에 마주앉아 지나가는 말로 "오늘 낮에 세종호텔에서 현대건설의 압구정동 아파트 건설을 담당하고 있는 정몽구 사장과 점심을 같이하면서 아파트 얘기를 했다"고 말했다.

그랬더니 이 젊은 처제들이 금방 눈빛이 달라지며 "오빠 지금 그 아파트에 대해서 야단들입니다. 우리들도 모두 셋방살이 아녜요? 정 사장이 그런 말을 할 정도면 하나 정도는 분양받을 수 있지 않겠어요? …"라는 것이었다. 그들의 말인즉 우리들을 위해서라도 분양청탁을 해달라는 것이었다.

집 없는 서러움을 뼈저리게 경험한 나로서는 누구보다 이들의 절실한 말을 외면할 수 없었다. 그래서 이튿날 김 군에게 "정 사장에게 연락해서 그가 말했던 작은 평수의 아파트 분양 가능성을 타진해달라"고 부탁했다. 며칠 후 답이 왔다 작은 평수는 없고 큰 평수(60여 평)짜리만 한두 동 남아 있다는 것이었다. 나는 그런 큰 것은 살 처지가 아니니 그만두자고 김 군에게 답했다.

나는 그날 처제들에게 자초지종을 전했다. 그랬더니 아뿔싸 "우리 몇 집이 합해서 큰 것을 사겠다"는 것이었다. 물론 이들 2~3명이 저축한 돈을 다 털어봐도 큰 평수 아파트 구입에는 부족을 자인하면서 언니인 아내에게 지원을 요청했다. 집사람은 언니의 입장에서 이에 불응할 입장이 못되어 "우리집을 담보로 은행 대출을 해서 보태주겠다"고 답했다. 이런 과정을 거쳐 나는 다시 한번 김 군이 정 사장에게 아파트 분양 요청을 전하도록 부탁했다.

이것이 문제가 되었다. 이른바 '압구정동 현대아파트 특혜분양사건'이라는 것이다. 당시 현대건설이 짓는 압구정동 아파트를 분양받으면

떼돈 번다는 소문이 나있었던 것이다. 나는 이처럼 현대아파트가 부동산 붐을 일으키고 있는지 알지 못했으니 이 전화 한 통이 내 일생을 바꾸게 될 계기가 되리라고는 상상도 못했다.

1978년 5월 경으로 생각된다. 부장 결재를 받기 위해 부장 비서실에 갔더니 비서실장이 잠깐 보자는 것이었다. 옆방에서 그의 말을 들었더니 "우리 부원 중 몇 명이 걸렸는지 알 수 없으나, 압구정동 현대아파트 분양 전화로 비서실장인 자기와 내가 도마 위에 올랐다"는 것이었다. 나는 놀랐지만 냉정하게 "청탁전화 한 통이 문제가 되었다면 이야말로 운이 다했다는 것과 같으니 사표를 내라면 내지요, 내 걱정은 하지 마시오…"라고 말하고 결재 서류를 들고 김재규 부장과 마주 앉았다.

김 부장은 내가 내민 서류에 서명하고는 다음과 같이 말하는 것이었다. "강 국장, 내 친구 중에는 많은 이북 출신 동료, 장군들이 있지만 이북 출신자들은 남한 출신보다 한결 같이 물욕(物慾)이 강한 것 같은 느낌이야… 이런 강한 물욕이 인생을 망칠 수가 있지…"라고 말하는 것이었다.

나는 어이가 없었다. "부장님, 나는 가난한 가정에서 자라지 않았습니다. 나는 어릴 때부터 돈 때문에 걱정할 일이 없이 자랐습니다만 고향을 등지고 월남했으니 무엇을 의지할 수 있겠습니까? 그래서 월남한 북한 출신들은 살기 위해 악착같이 돈을 버는 것이지요. 이러쿵저러쿵 변명하지 않겠습니다. 내가 정 사장에게 아파트 분양을 요청한 것은 사실입니다. 청와대에서 해임시키라는 지시가 내려왔다고 하니 곧장 사표를 내겠습니다…"라고 간단히 말하고 나왔다.

그리하여 이날 저녁 이문동 내방에서 사표를 써서 다음날 남산 부장 비서실에 전했다. 그날 저녁 나는 이 사실을 가족들 앞에서 얘기했다. 내 말을 듣는 아내와 대학재학 중이던 큰 아이와 고등학교 재학중이던 딸과 작은 아들이 놀라면서 당장 취소하면 되지 않느냐고 강변했다.

　그러나 이미 청와대의 엄격한 지시가 내려왔으니 계약을 취소해도 소용없다고 타이르면서 "이 일은 너의 이모들 때문이 아니라 내가 저지른 것이니 아무 얘기도 하지말라, 나는 작년부터 중앙정보부를 그만둘 때가 왔다고 생각했는데 바로 지금이 그 때인 것 같다"라고 말하고 입조심을 하라고 타일렀다. 그리고는 내가 사표를 냈으니 아파트는 예정대로 분양받자, 두 가지 모두를 잃을 수는 없지 않냐"고 라고 말하고 아파트 분양 구입을 추진했다.

　그 후 나는 이문동청사로 출근했지만 특별한 업무지시를 받지 않았다. 이미 나의 "압구정동 아파트 분양사건으로 사표를 냈다"라는 소문이 순식간에 부내에 퍼졌다. 그 후 한 주가 지날 무렵 최규하 총리실의 정동열 의전비서관으로부터 전화가 왔다. 최규하 총리를 오랫동안 모신 정 비서관은 나의 평고 동기동창으로 무슨 얘기든지 터놓고 할 정도의 가까운 친구이다.

　정 비서관의 얘기인즉 "이 사건의 시발은 언론계 중진들이 정 사장에게 아파트 분양을 요청하여 마치 특혜처럼 비쳐 대통령의 힐책이 떨어진 사건인데, 결국 공직자들에게까지 불똥이 튀더니 자네 모가지를 날렸구나… 참 자네의 운도 고약하군…! 자네 입장이 어떻든 총리께서 걱정하고 있으니 오늘 내일 중으로 총리실로 와보게"라는 것이었다.

　나는 그날 저녁 최규하 총리를 찾아뵀다. 총리께서는 "사표를 냈는가?" 하고 물으시기에 "예, 냈습니다"라고 답했더니 "왜 그리 서둘렀는가?"라는 이외의 말씀이었다. 나는 그의 뜻이 무엇을 의미하는지 짐작하면서도 나로서는 "지금이야말로 불명예스럽지만 중정 근무를 접을 때가 되었다고 생각합니다"라고 말씀드리고, 작년 자유아카데미 문제로 1개월여 감찰실 감사를 받았다는 사실 등 그동안 김재규 부장과의 갈등으로 마음고생을 했다는 얘기를 자세하게 말씀드렸다. 총리는 아무 말씀 없이 내 말을 듣고만 계셨다.

그 후 7월 초 내 사표 수리가 확정(이사관 이상은 대통령이 결재)됐음을 확인한 총리는 다시 나를 불렀다.

"강 박(국장이라 부르지 않고 박사라고 불렀다), 이제 무엇을 할 작정인가? 자네가 원한다면 새 보직을 정부 내 또는 정부 밖 어디든지 주선하겠네, 대학교수를 원한다면 그것도 좋지…"라고 말씀하셨다. 나는 총리의 이런 말씀이 당신 혼자의 뜻이 아니고 청와대와의 교감을 가진 말씀임을 알아차렸다.

나는 "어른들의 배려는 잊지 않겠습니다. 나로서는 오래 전부터 내 연구소를 갖고 후대를 키우며 내 전공분야 출판물을 내는 것이 소원이었습니다. 전화위복의 기회가 왔으니 이 일을 하고자 합니다"라고 얘기하고 고맙다는 인사를 드리고 총리실을 나섰다. 밖으로 나오자 배석했던 정동열 비서관이 "이 사람아, 송충이는 솔잎 먹고 자라는 거야. 잘 생각했어"라고 격려해주었다.

한 달여가 지난 1978년 7월 나는 정식으로 중앙정보부를 사임했다. 나는 이날 저녁 내 소감을 다음과 같이 노트에 적었다.

16년간 몸 담아온 중앙정보부 근무, 나의 일생의 젊음을 바친 공직생활의 막을 내릴 때가 됐나 보다. 18:00시경 구정모 행정과장으로부터 김태서(金泰瑞) 부국장의 국장 승진과 길성철(吉成喆) 과장의 부국장 임명을 전통(전화통지문)으로 하달받았다는 소식이 전해졌다.

나는 곧 구 과장에게 국장실을 깨끗이 치우고 다리가 아파 몸이 불편한 김 국장의 신변에 대한 세심한 주의를 일렀다.

회고하면 그 간 남북적십자 회담, 남북조절위원회 그리고 하루도 빠짐

없이 수립했던 북한 도발에 대한 긴장된 판단·분석 작업으로부터 해방된 셈이다.

끝맺음이 좋아야 한다는 격언이 있지만 아파트 특혜분양 사건의 연루로 이 직을 해임함이 서운하다. 그러나 언젠가는 그만두어야 할 자리였고 특히 후배들의 승진을 위해서도 자리를 내주어야 한다고 입버릇처럼 뇌이던 나로서는 담담한 심정이다.

이제부터 나의 길을 가야하겠다. 밀린 집행계획을 마무리하고 학문적 결실을 맺기 위한 내 일생의 후반작업(後半作業)을 서둘러 시작해야 한다.

한편 감사한 것은 내 몸이 성한 채로 자리를 물러난다는 점이다. 동료들, 고준봉 국장, 김영환 국장, 서선수 부국장, 유장성 부국장 등 많은 동료들이 몸이 아파 그만두었다는 사실은 실로 가슴 아픈 일이다.

정보 일꾼이란 언제나 임무와 관련해서도 그렇거니와 냉정한 것이 특징이다. 냉정성은 인간으로서는 옳지 않을지 모르나 업무와 관련해서는 지극히 당연한 문제가 아닌가!

앞으로 국가전략에 대한 깊은 연구가 필요할 것임은 재언의 여지가 없지만, 김·길 팀(북한국 국장·부국장)이 북한에 대한 올바른 판단을 계속하기를 진심으로 축원한다.

그 간 수많은 북한의 경고적 행동과 위기를 예측케 하는 첩보들이 입수되었지만, 그 나름대로 비교적 정확한 분석과 판단을 내렸다는 사실에 저 혼자 자위(自慰)한다.

국가의 장래는 국가원수의 명석한 판단력에 크게 좌우됨은 사실이다. 다행히도 우리 국가와 민족은 박정희 대통령을 모심으로써 아마도 남한 인구 3,500만 중 가장 북한을 잘 아는 각하를 모셨다는 사실 때문에 안심하고 경제적 번영을 이룩하고 있는 것임을 좀 더 자세히 알게 되기를 바란다.

앞으로 내가 할 일은 바로 이러한 지도자에 대한 PR 그리고 역사적 인물로 기록되는데 있어 가장 중요한 오늘의 국내외 환경을 보다 깊게 국민들에게 알려야 하는 것이다.

중앙정보부는 '심방전(心防戰)'을 제1의 목표로 내세우고 있지만, 이를 수행하는데 있어 적어도 심리전의 차원에서 문제를 다루고 있지 않다는 사실을 감안하여 「인민민주주의혁명」과 「통일전선」의 문제를 나 스스로 깊이 다루어 중앙정보부를 지원하는 외부에서의 공헌을 하고 싶을 뿐이다.

과연 재정적 부담을 나 스스로 감당할 수 있을지 의문이나 비록 100권이 팔린다 해도 사재를 털어 이에 도전하고 싶을 뿐이다.

앞으로 현 정부나 정보기관이 당면하게 될 최대의 난관은 공산주의자들의 간접침략이며 이에 대항하는 방법은 응당 간접전략이어야 한다.

따라서 보다 명백한 것은 우리의 전술 운용이 직설적이 아닌 간접적이어야 하며 때문에 논리의 전개는 우회적이어야 한다.

우회적이라는 의미는 곧 정부의 업적 PR 같은 것, 각하의 치적 등을 공식적인 홍보기관이 담당하고, 우리는 차원을 달리하여 우리가 당면한 정세를 논리정연하게 정리하여 지식인을 설득시키는 것이다.

그러기 위해서는 북한의 통일전선 이론을 주제로 하고 이를 세밀하게 예증함으로써만이 가능하다. 나의 앞으로의 연구주제는 바로 여기에 둘 것이다.

오늘의 정세는 박대통령과 국가를 동시적 차원에서 논해야만 국가안보를 유지할 수 있다는 확신 때문에 그를 도와야 하는 것이 나의 심결이다.

북한정보국장으로서는 할 수 없었던 주요과제를 자유로운 입장에서 풀어나가야 한다. 바로 이것을 하라는 것이 오늘 해임의 의의가 아닌가?

오랜 공직에서 물러나면서 담담한 심정으로 이를 받아들이는 나의 자세도 바로 이러한 계획을 내심 갖고 있기 때문이라 확신한다.

좀 더 차분하게 스스로를 반성하고 정리하여 하루하루를 보다 뜻있게 보낼 수 있도록 설계해야겠다.

- 1978년 7월 14일 밤

중앙정보부를 그만둔 후 맞는 첫 주일날이었다. 나는 집사람과 함께 영락교회 3부 예배에 참석했다. 중정 근무 16년 동안 교회일에 불성실했던 일을 회개하며 감사와 참회의 기도를 올렸다.

예배가 끝나 본당 현관을 나서자 교인들과 인사를 나누던 박조준 당회장이 내 손을 잡으면서 수고했다는 인사와 함께 "강 집사! 지금 원로 목사님께서 봉사관 앞 광장에서 기다리고 계시니 뵙고 가시라…"고 귀띔을 해주셨다.

나는 집사람과 함께 계단을 내려와 마당 한가운데 서계신 한경직 원로목사님 앞으로 다가가 인사드리고 "그 간 베풀어준 은혜에 감사합니다"라고 인사드렸다. 그랬더니 한경직 목사님이 내 손을 잡으시면서 "그만두셨다며 강 집사? 주님께서 강 집사에게 피난처를 마련해 주신거야…"라고 말씀하시는 것이었다.

그 말씀을 듣고 다시 "고맙습니다"라는 인사를 드리고 돌아서 나오면서 집 사람에게 "목사님 말씀은 내게 피난처를 주신 거라는데, 지금 나는 가시지 않는 김 부장에 대한 불만으로 가득차 있는데…"라고 푸념하듯 중얼거렸다.

그런데 그 때부터 1년여가 지난 1979년 10월 26일 나는 한 목사님의 그 말씀에 고마움, 예언적인 말씀을 다시 생각했다.

대통령 시해 당시 청와대 경호실, 경호처장으로 대통령과 함께 어디든지 동행하던 나의 고향친구, 평양고급중학교 동기동창, 6·25 당시 땅굴에 숨어있는 나를 찾아왔던 사랑하는 친구 정인형(鄭仁炯) 군이 궁정동 안가에서 대통령과 함께 김재규 부장 경호관의 손에 살해된 것이다.

뿐만 아니라 「10·26 사건」이 발생하자 중앙정보부 국·실장들 모두가 전두환 보안사령관의 명령에 의해 서빙고 안가로 연행돼 무슨 큰 죄나 지은 듯 심한 심문을 받아야 했으니…. 한경직 목사님의 말씀대로 실제로 주님은 나에게 피난처를 마련해 주신 것이 아닌가…. 나는 다시 한번 무릎을 꿇고 회개와 감사의 기도를 올리지 않을 수 없었다.

「재단법인 극동문제연구소」 창립,
대만 도피 후 귀국

1978년 7월 중앙정보부를 사임한 나는 북한국장 시절 내 손으로 민영화시킨 북한연구소의 방 하나를 빌려 일시적으로 개인 사무실로 쓰고 있었다.

그런데 어느 날 10년 전에 중앙정보부를 사임하고 신현실사(新現實社)라는 출판사를 경영하는 이규헌(李圭憲) 사장이 찾아왔다. 그는 정보학교에서 발행하는 중정 사지(社誌) 『양지(陽地)』 편집을 담당했던 출판전문가였다.

위에서 기술한 바 있지만, 이 사장은 1969년 「1·21 사태」, 「울진·삼척 사태」가 진압되어 약간의 시간여유를 갖고 있던 때에도 나를 찾아와 "지금이야말로 국민의 승공사상을 고취할 때이니 보안에 관계되지 않는 범위 내에서 일반 저서용으로 서적을 집필해 달라"고 요청하였다. 나는 몇몇 분석관들과 함께 『국민 승공사상 대계』를 집필하여 1970년 6월 그의 출판사에서 발간한 일이 있었다. 그 후 1974년 『북한전서』 3권도 그와 함께 편집하여 「극동문제연구소」 명의로 출판하기도 했다.

── 재단법인 「극동문제연구소」 창립

그런데 1978년 가을 내가 중앙정보부를 그만두었다는 소식을 듣고

1978년 「재단법인 극동문제연구소」 창설

다시 찾아온 이규헌 사장은 "최근 마포에 몇몇 출판인들이 합작하여 큰 공장건물을 구입하여 출판단지를 조성했는데 나도 한 구좌(1,000만 원)를 사서 그 곳에 자리잡았는데 강 형도 그 곳으로 들어오면 어떠냐? 한 구좌의 사무실 평수는 거의 20평 정도이니 초기 단계의 연구소 사무실로는 적당하지 않은가?"라고 권유하는 것이었다.

며칠 후 나는 이 사장과 함께 마포출판단지를 방문했다. 겉보기에 허름한 건물이지만 당시만 하더라도 번듯한 건물이 그리 많지 않았고, 있다고 하더라도 임대료가 비싸 나로서는 20~30평 정도의 사무실을 얻기도 버거운 상황이었다.

나는 고민 끝에 2개 구좌 구입을 신청했다. 중정을 그만둘 때 근무연한 6개월이 부족하여 연금을 받지 못했지만, 일시금으로 수령한 퇴직금과 적금 2,000여만 원이 있었기 때문에 즉시 계약할 수 있었다.

나는 책상, 책장, 사무용품과 소모품 등 몇 가지를 구입하여 건물 2층에 사무실을 꾸렸다. 내가 연구소를 차렸다는 소식이 알려지자 전직 중정 동료와 대학에서 중국이나 소련을 공부하는 몇몇 교수들이 찾아왔다. 나는 이들에게 협력을 구하는 한편 은행에서 5,000만 원을 대부받아 「재단법인 극동문제연구소」를 창립했다.

그러고 나서 『북한』와 『국제문제』(중정시절 만든 월간지)의 각 지방 판매 계약자들에게 연락했다. "내가 독자적인 연구소를 창설하고 월간잡지를 발행코자 하니 재정지원을 해달라"고 요청했다. 내 계획은 6년 전에 내 아이디어로 구축했던 판매망을 이용하는 것이 적은 판매 부수에도 적자를 면할 수 있는 유일한 방법이라고 판단했기 때문이다.

대구와 경북 일원의 『국제문제』 보급을 담당하고 있는 이 사장은 상당한 재력가였다. 이 사장을 비롯한 7~8명의 각 도 보급 담당자들은 기꺼이 내 요청에 응해주면서 재단법인 등록을 위해 은행에서 대출한 5,000만 원을 상환할 수 있도록 재정지원을 해줌과 동시에 내가 계획하고 있는 『공산권연구』 창간호와 2~3호 출판비용을 사전에 지불해주겠다고 약속했다. 이로써 재정상의 큰 애로 없이 연구소 설립과 전문잡지 출판이 가능하게 되었다.

그런데 연구소 운영에 필수 요건인 연구자료가 전혀 없었다. 중앙정보부 근무 때의 개인 업무일지마저 반납하고 나온 터라 연구자료 확보가 최대의 과제였다. 나는 단시간 내 자료수집을 위해 일본 도쿄에 갔다. 중정 재직시 물심양면으로 지원해준 일본의 공산권 전문가들을 찾아뵙고 필요한 자료를 요청하기 위해서였다.

처음 찾아뵌 분이 노무라(野村)종합연구소 소장으로 계신 사에키 기

이치(佐伯喜一) 박사였다. 그는 10여 매의 자기명함에 나를 소개하는 간단한 글을 적어주시면서 몇몇 곳을 찾아가 보라고 하셨다. 그가 알려준 곳들은 내가 이미 알고 있는 소련이나 중공 연구전문가들이 모여있는 연구소나 또는 친목단체였다.

특히 감사했던 것은 우리나라의 경제인연합회에 해당하는 일본경제인연합과 중공 연구기관인 「가산회(霞山會)」 그리고 일본 외무성 산하 「국제문제연구소」 등 각 연구소의 연구자료 담당자들에게 따로 전화로 부탁해 주신 것이었다. 나는 방문한 기관과 모임의 대표자들과 자료 담당자로부터 따뜻하고 친절한 대우를 받으면서 상당량의 자료를 무료로 수집할 수 있었다.

한편 1960년대 이후 관계를 맺어온 일본 내각조사실과 일본 외무성의 OB(퇴직자)들 그리고 『아사히신문』과 NHK를 비롯한 여러 신문·방송국 근무자들 특히 서울 특파원 출신 기자들을 만나 자료를 요청하는 한편, 일본 시사통신사가 발간하는 『세계주보(世界周報)』, 일본공산당이 발행한 『세계정치경제자료』(월간) 그리고 『세계(世界)』와 『중앙공론(中央公論)』 등 몇 가지 월간 시사 종합지를 연간 구독계약하고 1주일여의 일본 방문에서 돌아왔다. 이로써 연구소의 겉모양을 갖출 수 있게 되었다.

── 김재규 부장의 제안

그런데 1978년 12월을 넘긴 시기에 내 후임자로 임명된 김태서 북한국장을 통해 김재규 부장의 호출을 받았다. 나로서는 그다지 내키지 않는 기분이었지만, 현 중앙정보부장직을 수행하고 있는 그의 호출을 거부할 수 없어 남산청사를 방문했다.

김 부장은 나를 반갑게 맞아 주었다. 그런데 내가 보기에는 그의 건강이 좋지 않다는 인상이었다. 왜냐하면 김 부장의 얼굴의 검은 티가 역력했기 때문이다. 내가 재직하던 시기에도 그는 간이 나빠 쉬 피로감을 느낀다는 국장들 간의 얘기를 들어왔지만 오래간만에 만난 그의 얼굴 안색은 몹시 피곤한 기색이 역력했다.

김재규 부장은 내가 연구소를 차렸다는 말을 들었다고 하면서 "내가 특별 지원해줄 터이니 번듯한 연구소를 만들라. 내 계획은 연구소 전담 건물을 새로 지을 작정인데 현재 대지를 물색 중이며 장충단 반공연맹 근처에 좋은 자리가 있어 곧 건물을 짓겠으니 그 연구소를 강 박이 맡아 운용하면 어떤가?" 하는 것이었다. 나로서는 김 부장의 제안이 내키지 않는 얘기였다. 왜냐하면 더 이상 관의 간섭을 받으며 내 소신에 어긋나는 일을 하고 싶지 않았기 때문이다.

그러나 그의 간곡한 요구를 그 자리에서 거부할 수가 없어 "염려해 주시어 고맙다"고 답했다. 얼마 후 김재규 부장이 말하던 연구소 건물 건축공사가 시작되었다는 소식을 듣고 찾아갔더니 장춘단에 위치한 그 반공연맹 건물 바로 뒤쪽 현재의 평화통일자문회의가 자리하고 있는 그 건물이었다. 당초에는 종합적인 국제관계 연구를 위한 연구소 건물로 건축했지만, 「10·26 사건」 후 이 건물은 평화통일정책자문회의 사무처가 입주했다.

김 부장은 또 하나 부탁이 있다고 말했다. 그 부탁이란 "유신 2기로 접어들었는데 아직도 정부는 통일문제에 대한 새로운 제안을 준비하지 않고 있다. 신년 대통령 시정연설이나 기자 회견에는 반드시 새로운 대북 제의를 내놔야 하는데 청와대에서는 이렇다 할 준비가 없어서 강 국장에게 부탁하는 것이니 신년 대통령 대북 제의 원안을 만들어주게…" 라는 것이었다.

나는 '대통령의 신년 시정연설에서 천명하실 대북 제안'이라고 하니 거부할 수가 없었다. 나는 그 길로 마포 내 연구소로 돌아와 1979년 대통령의 신년 시정연설에서 천명할 통일방안, 대북 제안문을 작성했다. 그것이 바로 1979년 「1·19 제의」다. 이 초안을 김재규 부장께 드렸더니 뜻밖에도 대통령께서 「남북대화 지도위원」으로 나를 임명했으니 며칠 후 청와대의 통고가 오면 들어가 그 임명장을 받으라는 것이었다. 그 후 나는 "남북대화 지도위원으로 명함"이라는 쓴 대통령의 사령장을 받고 판문점에서 개최된 남북대화를 지원하기 위해 2개월 이상 삼청동 남북 대화사무국을 출입해야 했다.

1979년 봄이 되자 나는 내 연구소가 발간하는 월간『공산권 연구』발행에 전념했다. 그러나 김재규 부장은 자신이 계획한 종합연구소 창설을 맡으라고 하면서 사업계획서를 내라는 것이었다. 그래서 내가 생각하고 있는 「재단법인 극동문제연구소 사업계획서」를 제출했다. 이 계획서를 받은 김 부장은 "나에 대한 지원 업무를 북한국(9국)에 맡겼으니 풍부한 지원은 아니지만 가난한 연구소가 되지 않도록 지원할 것"이라고 말했다.

그러나 나는 김 부장의 말이 나에 대한 '중정의 간섭'으로 느껴졌다. '왜 김 부장은 그만둔 내게 이래라 저래라 하는가?' 하는 의문이 쌓여갔다. 몇 차례 중공과 소련 그리고 국제관계에 대한 나름대로의 비록 간단했지만 몇 가지 판단 보고서를 작성했지만, 이제 겨우 출발하여 불과 4~5명의 직원을 갖고 있는 내가 이미 체계가 잡혀 100여 명의 전문요원이 24시간 정보를 수집, 판단하는 중앙정보부 북한국이나 해외정보국과 어떻게 경쟁하며 국가 최고 수뇌부가 채택할만한 권위 있는 정보 판단서를 작성할 수 있겠는가?

━━ 대만 도피 : 중국 공산주의와 공산당 공부

나는 김재규 부장이 말하는 종합연구소가 창설된다 하더라도 '자유롭게 내가 원하는 연구사업과 출판사업을 진행할 수 있을까?' 하는 의문을 아니 가질 수 없었다. 그래서 김 부장과의 결별을 결단해야겠다고 결심했다. 그 방법은 일정기간 해외로 도피하여 그와의 접촉을 끊는 것이 가장 효과적이라고 생각했다.

나는 3월 하순 자료수집차 해외여행을 이유로 여권을 신청하고 정동열 국무총리 의전비서관에게 부탁하여 4~5일 내로 수령했다. 여권을 수령하자 곧장 자유중국 대사관에 가서 대만 입국비자를 신청했다. 대만 입국비자도 별 일 없이 받을 수 있었다.

그리고 소리 없이 대만으로 출국하여 중화민국정부 국방부 총정치작전주임인 왕승(王昇) 장군(육군 상장)을 찾아갔다. 서울 출발에 앞서 서울 주재 자유중국 대사관 안전국 파견원에게 대만 방문시 왕승 장군 표경(表敬) 방문을 부탁했기 때문에 왕 장군께서 나를 기다리고 계셨다. 1971년 남북대화를 준비할 때 그리고 심리전국장 시절 많은 신세를 진 왕 장군이었기에 나에 대한 신뢰가 깊었다.

나는 중앙정보부에서 나온 이후 연구소 설치와 '공산권 연구'에 전념할 생각인데 이를 위해서라도 왕승 장군의 훈도를 받아야 되겠다고 생각하고 여기에 왔노라고 말씀드렸다.

왕 장군은 잘 왔다고 하시면서 일단 타이중(台中)에 있는 국방부가 운용하는 외빈 숙소(장군용 별장 같은 곳)에서 유숙하라고 하면서 몇 개월이든 내가 대만 체류하는 동안 계속 사용해도 좋다고 하셨다. 왕승 장군에게 신고 겸 인사를 마친 후 중정에서 타이페이(台北)에 파견한 대학과 중정 후배인 정치작전학교 유학생 몇 명과 만나 1주일여 한가한 시간을 보낸 후 왕 장군이 마련해준 타이중 숙소에 들어갔다. 아주 간소한 방이었다. 침대와 책상 그리고 화장실과 목욕탕이 갖추어져 있었고, 식사는 그곳 식당에서 해결할 수 있었다.

약 3개월 가까이 머물면서 왕 장군이 알선한 정치작전학교나 구국청년단 또는 정치대학에서 몇 차례 강연과 세미나에 참석하며 지냈다. 고맙게도 필요할 때마다 통역관을 파견하여 나의 언어장애를 쉬이 해결해 주었다.

내가 타이페이에 머무는 기간에 '설마 이런 분과 만날 수 있을까?'라고 생각될 정도로 전혀 생각해 보지도 못했던 묘검추(苗劍秋) 선생과 일본어로 자유롭게 대화하며 중국 공산주의와 중국공산당에 대해 배울수 있었는데, 이야말로 나에게는 천금 같은 기회였다. 묘 선생은 저 유명한 서안(西安) 사건의 주역 중 한 분이시다.

1937년 일본이 중국대륙을 침략하자 동북 3성(만주)의 군벌인 장학량(張學良)이 국민당 주석 겸 공산당 소토군(掃討軍) 총사령관인 장개석(蔣介石)에게 공산당 소토작전을 중지하고 국공합작(國共合作)을 맺고 중국인민으로 하여금 항일전 수행에 총력을 다할 것을 제의하면서 장개석 총사령을 서안(西安)으로 유인했다. 장개석이 서안에 오자 장학량과 양호성(楊虎城) 일당은 총사령을 연금하였다.

연금된 장개석 총사령관은 그들의 요구에 응하지 않을 수 없어 공산당 소토작전을 중지하고 국공합작에 응한다는 문서에 서명했다. 이로써 국민당군의 공산당 소탕작전은 좌절되었다. 제2차 세계대전 기간 중 세력을 확장한 마오쩌둥(毛澤東)의 중국공산당은 일본의 항복선언 이후 3년 만에 중국대륙에서 국민당 정권을 대만으로 쫓아냈다.

이처럼 국민당 정권의 패배를 안겨준 1937년 제2차 국공합작의 원흉, 서안사건(西安事件)의 기획자인 장학량을 체포하여 대만으로 호송한

장 총통은 세상을 떠날 때까지 그를 연금시켰다. 지금도 타이페이에는 장학량의 거주한 가옥이 관광코스로 지정돼 있다.

그런데 장학량이 장개석 총 사령에게 체포될 당시 국공합작 계획을 세우는데 주도적 역할을 담당했던 배후인물인 묘 선생은 용케 피신했으나 공산 치하에서 살 수 없다고 판단, 일본으로 건너가 장 총통의 용서를 간청하며 기다렸다. 그러나 장 총통은 자신이 서거할 때까지 묘 선생의 대만 입국을 허용치 않아 20여 년간 그는 일본에서 망명 생활을 하며 서안사건의 전말과 국공합작 등에 대한 저술 활동에 전념했다. 1975년 장 총통이 서거하고 장경국(蔣經國, 장개석 총통의 장남) 선생이 행정원장(국무총리)으로 부임하자 대만 입국 허가가 나와 타이페이로 건너왔다.

말 그대로 국민당과 중국공산당 간의 전쟁과 합작에 대해 어느 누구보다 많이 알고 있는 인물인 묘 선생은 거의 매주 나와 함께 식사를 하면서 국공합작을 비롯한 공산당의 집권과정을 설명해주셨을 뿐만 아니라 12폭 병풍과 매운몽(梅雲夢)의 휘호 족자를 써주셨다. 이미 나이 70을 훨씬 넘긴 묘 선생과의 만남은 나에게는 더 없이 귀중한 면학(勉學)의 재충전의 시간이었다.

━ 귀국 후 연구와 출판 활동에 전념

이처럼 유용하게 대만에서 한가하게 쉬면서 중국의 공산화 과정을 공부하고 있던 그해 7월 어느 날 자유중국 주재 우리나라 대사인 옥만호(玉滿鎬, 전 공군참모총장) 대사로부터 전화 연락이 왔다. 타이페이로 나와 저녁이나 함께 하자는 것이었다. 그러고 보니 3개월 간이나 대만에 체류하면서 우리 대사관을 방문하지 않은 것이 송구스럽게 생각되어

대사관저를 방문했다. 오래 간만에 우리 음식과 함께 맛있는 저녁 대접을 받았다.

저녁 식사가 끝나자 옥 대사는 2통의 편지를 내 앞에 내놓는 것이었다. 한 통은 윤일균(尹鎰均) 중앙정보부 정보차장의 편지였고, 다른 한 통은 김태서 북한국장의 편지였다. 이 2통의 편지 내용은 유사했다. 더 이상 중앙정보부의 간섭이 없을 것이니(김재규 부장이 약속했으니) 서울로 돌아오라는 것이었다.

나는 구차하게 내가 대만으로 도피했다고는 말할 수 없어 옥 대사 앞에서 곧 귀국할 의사를 밝혔다. 그러나 이미 옥 대사는 대사관에 파견된 중앙정보부 파견관을 통해 내가 대만에 온 이유를 듣고 있는 것 같았고, 심지어 여차하면 미국으로 건너갈지도 모른다고 생각했던 것 같다.

그 후 나는 1주일 동안 더 머물면서 왕승 장군과 묘 선생을 비롯하여 신세진 여러분들에게 국내사정으로 귀국하겠다고 인사한 후 타이페이를 떠났다.

귀국 후 나는 마포출판단지 극동문제연구소에서 『공산권연구』와 『어린이세계』 그리고 『세계 공산권 총람』, 『북한총람』 등의 종합참고서를 출판하는데 여념이 없었다. 그런 와중에 1979년 10월 26일 김재규 부장에 의한 천인공노할 박정희 대통령 시해 사건이 발생했다.

나는 김 부장이 중앙정보부라는 큰 직책을 감당할만한 인물이 아니었기에 까마득한 후배인 차지철이라는 경호실장과의 권력투쟁에서 패한 그 원한으로 자기를 동생처럼 사랑하며 아껴준 박정희 대통령을 시해하는 대역죄를 자행한 것이 아닌가 생각했다.

나는 중정을 사직하고 몇몇 후배들과의 술자리에서 "김재규 부장은 연대장으로 끝났으면 딱 좋았을 인물이 군단장, 장관 그리고 중앙정보부장이라는 큰 짐을 졌다"고 평한 일이 있다. 결국 자신의 능력으로 감당할 수 없는 직책을 맡은 데다가 저돌적이고 자기 과신 그리고 권력욕의 화신 같은 차지철과의 권력싸움으로 인해 심한 스트레스가 쌓여 건강을 해치고 분별력을 상실하여 저런 범행을 자행했다고 생각했다. 참으로 통탄할 일이고 국가적 불행을 자초한 것이다.

「10·26 사건」
평고 동기동창 정인형의 순직

    1979년 10월 27일 새벽 4시 30분, 내 침실의 전화기가 요란하게 울렸다. 나는 '도대체 이 꼭두새벽에 누가 전화를 하는가? …미국에서 온 전화인가?'라고 선잠결에 수화기를 들었다.

    그런데 들려오는 말은 여러 명이 큰 소리로 주고받는 소음이었다. 그리고 나서 "…선생님, 합동통신 기자인데요. 방금 대통령이 유고(有故)라는 청와대 발표가 있었습니다. 그런데 이 유고라는 말이 무엇을 뜻하는 말입니까?"라는 질문이었다.

    나는 얼떨결에 "유고? 대통령이 집무할 수 없는 상태라는 말이 아닌가? 무슨 일이 생겼는데? 심장마비, 뇌출혈 아니 무슨 이유로 쓰러졌다는 얘기가 아닌가? 이 사람아, 어젯밤 뉴스에 공사를 완료한 아산 방조제를 시찰하고 삽교호에 새로 세운 KBS 중계소의 테이프 끊는 장면이 보도되었는데, 밤새 무슨 일이 생겼대?"라고 되물었다. 하지만 그 기자는 "알겠습니다. 고맙습니다"라고 답하면서 전화를 끊었다.

    나는 황당한 느낌, 그러나 심한 불안감에 싸여 잠옷을 고쳐 입고 집 마당으로 나가 10여 분간 바람을 쐬며 생각에 잠겼다가 '혹시?' 하는 생각에서 방에 들어와 수화기를 잡았다. 항상 대통령을 수행하는 청와대 경호실 경호처장 정인형(鄭仁炯, 평양고등학교 동창생)이 떠올랐기 때문이다.

    나는 그의 집 전화 다이얼을 돌렸다. 그러자 그의 부인이 잠에서 채

깨어나지 않은 목소리로 전화를 받았다. 나는 다짜고짜 "아주머니, 인형이 좀 바꿔주세요" 그러자 부인은 "정욱(내 큰애 이름)이 아빠군요. 어젯밤 숙직인지 돌아오지 않았는데요. 무슨 일이 있나요? 이 꼭두새벽에 전화를 하시고…"라는 것이었다. 나는 "아주머니, 지금 통신사 기자의 전화를 받았는데 대통령이 유고라고 합니다. 무슨 큰 일이 생긴 것 같아 전화했으니 인형이에게 내게 전화하라고 전해주세요…"라고 말하고 전화를 끊었다.

다시 침실을 나와 거실 소파에서 '무슨 일인가?' 하는 불안감에 휩싸였다. 10여 분이 지나도 답전화가 없기에 다시 인형이 집으로 전화를 걸었다. 그랬더니 인형의 부인이 아니라 가정부가 전화를 받으면서 "강 박사님, 주인 아주머니가 급히 나가시면서 서울대학 병원으로 오시랍니다…"라는 것이었다. 나는 '아뿔싸, 큰일이 생겼구나. 인형이가 서울대 병원에 입원했다면 대통령 신변에 대사건이 일어난 것 아닌가!?'라고 자문자답하며 허둥지둥 옷을 갈아입었다.

이런 나의 행동과 통화 내용을 듣고 있던 집사람도 일어나 "무슨 일이예요?"라고 물었다. 나는 뒤돌아보며, 오른손을 들어 방아쇠 당기는 시늉을 하면서 "이것 같아…"라고 답했다. "누가 그런 짓을 할까요?"라는 집사람의 물음에 나는 "가장 가까운 사람이 했겠지. 본래 궁중 쿠데타는 가까운 측근이 자행하는 것이 통상이니까…. 서울대 병원에 와달라고 하니 갔다올게…" 하고 정릉 집을 나섰다.

때마침 영업을 나가는 택시가 있어 잡아타고 서울대 병원으로 갔다. 병원 정문을 지나 높지 않은 고개를 올라 정면에 보이는 병동 정문에 이르자, 안내자가 아래 쪽으로 내려가라는 것이었다. 그래서 차 창문을 열고 "저 아래 건물은 장례식장 아닌가?" 하고 물었더니 "그렇습니다. 지금 몇 대가 그 쪽으로 내려갔습니다…"라는 것이었다. 본격적으로 불안감이 엄습해왔다.

나는 곧장 큰 길 건너 창경원(지금의 창경궁)과 마주하고 있는 장례식장 건물에서 내렸다. 그리고 뛰어가듯 건물 안으로 들어갔다. 그곳에는 정인형 처장의 부인과 두 아들이 함께 있었다. 넋이 나간 듯 나를 쳐다보다 왈칵 울음이 터지는 것이었다. 이미 사망한 인형이의 유해가 안치되어 있었다. 나는 더 이상 아무 말도 할 말이 없었다.

한두 시간 지나 아침 9시 가까운 시각에 최규하 총리의 의전비서관인 정동렬(鄭東烈, 역시 평고 동기동창생) 군이 들어왔다. 나를 보자 "잠깐 밖으로 나오라"고 하기에 나갔더니, 어젯밤 궁정동 안가(이후락 부장 때부터 사용하는 중앙정보부 안가, 나도 여러 차례 출입했던 적이 있다.)에서 김재규 부장이 대통령과 차지철 경호실장을 사살했고, 안가 내 별채에서 기다리던 정인형과 2~3명의 경호관이 박선호(朴善浩) 중정부장 의전과장이 쏜 총에 맞아 사망했다는 사실을 알려주었다. 그리고 김재규 부장은 육군본부 내에서 체포되었고, 이미 비상사태에 들어갔다고 알려주었다.

나로서는 너무나 놀랍고 황당한 얘기였다. '정인형 경호처장과 박선호 중정부장 의전과장은 해병학교 16기 동기생이고 가까운 친구 사이가 아닌가? …….' 나에게는 더없이 가슴 아프고 통탄할 일이 아닐 수 없었다.

1950년 가을 유엔군이 38선을 넘어 북진할 때 나는 고향 시골집에서 아버님이 옥수수밭 도랑을 끼고 마련해주신 땅굴 피신처에서 나와 시골집 건넌방 천정에 새로 마련해준 피신처에 숨어 있었다. 땅굴 피신처는 습기가 너무 차서 하루 종일 숨어있기가 어려웠는데, 인민군의 후퇴 소식을 들은 아버님이 새로 만들어주신 천정 위 은신처는 건조하고 음식물을 받아먹기도 쉬어 훨씬 편하다고 느끼고 있었다.

그런데 10월 초 아버님이 천정 문을 여시더니 "애야, 저 밖에 인민군

복장을 한 젊은이가 네 평고 동창생이라며 찾아왔는데, 이름이 정인형이라고 한다…"는 것이었다. 나는 깜짝 놀라며 "아버지, 내 가장 가까운 친구입니다. 곧 내려가겠으니 안방으로 들어오라고 하세요" 하고 천정에서 내려와 안방으로 갔다. 바로 인민군 복장의 인형이가 지친 모습으로 서 있었다.

우리는 서로 껴안으며 "살아있었구나!"라며 감격의 상봉을 했다. "언제 (인민군에) 끌려갔니?"라고 내가 물었더니 "대성산 밑 고향 시골집에 숨어 있다가 지난 8월 초에 발각되어 인민군에 끌려갔고, 지난달(9월 하순) 남쪽으로 내려가던 중 유엔군의 반격으로 후퇴한다고 해서 다시 북으로 올라오던 중 황주 근방에서 탈출하여 집으로 가는 길에 네 생각이 나서 길을 물어 찾아왔다"고 인형이가 답했다.

우리 둘을 번갈아 보시던 어머님은 즉각 닭 한 마리를 잡아 저녁 준비를 해주시었다. 우리는 정말로 반갑고 기쁜 마음으로 저녁을 함께 먹었다. 그 후 나는 "인형아, 기왕 우리 집에 왔으니 내가 숨어 있는 은신처에서 같이 지내자. 아버님의 말씀은 인민군의 패배는 확실하고, 곧 남조선군과 유엔군이 여기까지 올라올 것 같으니 우리 집에서 같이 숨어 있자…"고 권고했다. 그랬더니 인형이는 "아니야, 내 아버지 어머니도 나를 기다리고 있을텐데 어떻게 여기 있겠니? 집으로 가야지…(그는 이미 결혼한 상태였다.)"라고 말했다.

나는 "하지만 대성산 아래 너희 집까지는 여기서 30리가 넘는데, 대동강을 건너 평양 시내를 통과하는게 너무 위험하지 않니…"라고 말했다. "위험이 있더라도 가야 한다"는 그의 말에 우리는 다시 껴안고 아쉬움을 달랠 수밖에 없었다. 어둠이 깃들었을 때 아버님은 인형이를 통리 밖까지 안내해주었다.

그후 우리들은 서로 소식을 전할 겨를도 없었고 각기 유엔군의 후퇴와 함께 월남했다. 인형이는 월남과 동시에 해병대에 입대하여 싸웠고, 휴전을 전후하여 해병학교 16기로 입교하여 소위로 임관했고, 5·16 혁명 때 해병 대위로 김윤근 해병 여단장의 지휘 하에 한강을 넘어온 혁명군의 일원이 되었다.

군사혁명이 성공하고 박정희 장군이 국가재건최고회의 의장에 취임하자, 의장의 요청으로 의장 경호원으로 선발되었고, 민정이양 후 청와대 대통령 경호실(실장 박종규)의 대통령 수행 경호관으로 18년 동안 근무했다.

내가 중앙정보부 근무 때 대통령께 보고하기 위해 청와대를 방문할 때는 물론 평시에도 자주 만나 항간에서는 미처 알 수 없는 사실을 주고받으며 국가의 장래를 함께 걱정하기도 했다.

박정희 대통령의 국장이 끝난 무렵 정인형 군의 유해는 가족들의 요청으로 국립묘지가 아닌 그 자신이 마련했던 김포 근방의 조용한 시골집 근처에 묻혔다.

솔직히 말하여 10월 26일은 나에게 '박 대통령의 서거일'로 기억되기보다 나의 가장 가까웠던 죽마고우(竹馬故友), 고향친구, 평양고급중학교 동기동창생 '정인형의 기일(忌日)'로 기억되며, 매년 이날이 오면 나는 평생 잊을 수 없는 오랜 친구와의 추억을 되새기곤 한다.

저자 소개

1. 인적사항

성명 : 강인덕 (康仁德)
출생 : 1932년 평양

2. 학력

1945.04 - 1950.09	평양 제1 고급중학교 졸업
1954.03 - 1958.02	한국외국어대학교 학사
1966.03 - 1968.02	한국외국어대학교 대학원 정치학석사
1973.03 - 1977.02	경희대학교 대학원 정치학박사
	- 논문제목, "통일전선연구: 북한의 대남전략과 통일전선"

3. 주요 경력

1963.07 - 1965.01	중앙정보부 해외정보국 중소과장
1965.01 - 1970.12	동 해외정보국 북한과장
1971.01 - 1975.07	동 해외정보국장, 북한국장 겸 남북대회사무국장, 남북조절위원회 위원
1975.07 - 1977.01	동 심리전국장
1977.01 - 1978.05	동 북한국장
1979.01 - 1998.03	재단법인 극동문제연구소 이사장·소장
1998.03 - 1999.03	통일부장관
1999.06 - 2013.03	일본 세이가쿠인(聖學院)대학 초빙교수
2013.03 - 현재	경남대학교 극동문제연구소 석좌교수

4. 주요 포상관계

1970. 03. 13	홍조근정훈장	(대한민국 정부)
1976. 06. 10	보국훈장 천수장	(대한민국 정부)
1988. 02. 11	국민훈장 모란장	(대한민국 정부)
1992. 05. 16	5·16민족상[안보부문]	(5·16민족상 재단)
2002. 06. 15	청조근정훈장	(대한민국 정부)

5. 주요 저술

- 2017. 『朝鮮半島 地政學クライシス』. 日本經濟新聞出版社 (編著)
- 2016. 『解剖 北朝鮮リスク』. 日本經濟新聞出版社 (編著)
- 2004. 『남북회담 : 7.4에서 6.15까지』. 극동문제연구소.
- 2004. 『北朝鮮問題をどう解くか-東アジアの平和と民主主義のために』. 聖學院大學出版會. (小田川興 共編)
- 2001. "和解と協力科程入った南北關係: 南北首腦會談の成果と今後の展望," 『轉換期の東アジア』. 御茶の水書房
- 2000. "金大中大統領の「太陽政策」と韓國の立場," 『朝鮮半島: 南北統一と日本の選擇』. 日本評論社
- 1992. 『언어·정치·이데올로기』. 을유문화사.
- 1988. 『개혁과 개방 : 중국주요논문선집』. 극동문제연구소.
- 1988. 『페레스트로이카 : 소련주요논문선집』. 극동문제연구소.
- 1987. 『이념교육 지도전서』. 극동문제연구소.
- 1985. 『원전공산주의 대계 : 상·하』. 극동문제연구소.
- 1984. 『공산주의 비판』. 극동문제연구소.
- 1983. 『공산주의 사전』. 극동문제연구소
- 1981. 『알기쉬운 공산주의』. 극동문제연구소.
- 1978. 『공산주의와 통일전선』. 극동문제연구소.
- 1974. 『북한전서 : 상·중·하』. 극동문제연구소.
- 1972. 『공산권 총람』. 극동문제연구소.
- 1970. 『국민승공사상 대계』. 신현실사.
- 기타 단행본 및 국내외 강연, 세미나 발표, 논문, 칼럼, 기고문 등 다수

한 중앙정보 분석관의 삶 1

– 편조백방(遍照百邦), 투시백년(透視百年)의 기세로 –

초판 1쇄 인쇄 2022년 12월 20일
초판 1쇄 발행 2022년 12월 30일

지 은 이   강인덕
발 행 인   한정희
발 행 처   경인문화사
편   집   유지혜 김지선 한주연 이다빈 김윤진
마 케 팅   전병관 하재일 유인순
출판번호   제406-1973-000003호
주   소   경기도 파주시 회동길 445-1 경인빌딩 B동 4층
전   화   031-955-9300   팩   스   031-955-9310
홈페이지   www.kyunginp.co.kr
이 메 일   kyungin@kyunginp.co.kr

ISBN 978-89-499-6652-6 03300
값 33,000원